中国检验检疫科学研究院粤港澳大湾区研究院专项支持

北京岐黄中医药文化发展基金会"中药材保护与传承"项目支持

中国中医科学院科技创新工程"60种药食同源资源营养特性和安全风险评估"项目支持

中国药食同源产业发展报告

（2022）

陈 敏 杨 光 肖苏萍 ｜ 主编

（中国中药协会药食同源物质评价与利用专业委员会）

北京科学技术出版社

图书在版编目（CIP）数据

中国药食同源产业发展报告. 2022 / 陈敏，杨光，肖苏萍主编. —北京：北京科学技术出版社，2023.11
ISBN 978 - 7 - 5714 - 3315 - 4

Ⅰ．①中…　Ⅱ．①陈…　②杨…　③肖…　Ⅲ．①中药材—制药工业—产业发展—研究报告—中国—2022　Ⅳ．①F426.77

中国国家版本馆 CIP 数据核字（2023）第 199403 号

责任编辑：侍　伟
责任校对：贾　荣
责任印制：李　茗
出　版　人：曾庆宇
出版发行：北京科学技术出版社
社　　　址：北京西直门南大街 16 号
邮政编码：100035
电　　　话：0086 - 10 - 66135495（总编室）　0086 - 10 - 66113227（发行部）
网　　　址：www.bkydw.cn
印　　　刷：北京捷迅佳彩印刷有限公司
开　　　本：710 mm × 1 000 mm　1/16
字　　　数：431 千字
印　　　张：25.5
插　　　页：20
版　　　次：2023 年 11 月第 1 版
印　　　次：2023 年 11 月第 1 次印刷
ISBN 978 - 7 - 5714 - 3315 - 4

定　价：128.00 元

编写委员会

前　言

　　《黄帝内经太素》中的"用之充饥则谓之食，以其疗病则谓之药"是我国古代药食同源思想的最早记载。药食同源物质既可作为食物为人体提供营养，也可作为药物来治疗疾病。我国药食同源物质品种丰富，使用历史悠久，人们在长期实践中积累了大量应用经验，药食同源理论体系也在此过程中形成。随着人类社会的发展，物质条件不断改善，生产和生活方式改变，人们的身体素质和健康状态也随之发生了变化。随着亚健康人群越来越多，人们的健康意识不断增强，人们对药食同源物质提出了新的要求，希望药食同源物质能在营养机体、调节功能、特殊保健等方面发挥更多作用。

　　《中医药发展战略规划纲要（2016—2030 年)》将中医药发展上升为国家战略。2017 年 7 月 1 日，《中华人民共和国中医药法》颁布实施，为中医药发展提供了法律支持和政策保障，药食同源作为中医药的重要组成部分，迎来了高速发展的新机遇。《国务院办公厅关于进一步促进农产品加工业发展的意见》《中共中央 国务院关于深入推进农业供给侧结构性改革 加快培育农业农村发展新动能的若干意见》《国民营养计划（2017—2030 年）》等文件明确提出"重点支持果品、蔬菜、茶叶、菌类和中药材等营养功能成分提取技术研究，开发营养均衡、养生保健、食药同源的加工食品""加强新食品原料、药食同源食品开发和应用""大力发展传统食养服务。……进一步完善我国既是食品又是中药材的物品名单"。2021 年 11 月，国家卫生健康委同国家市场监督管理总局制定、印发了《按照传统既是食品又是中药材的物质目录管理规定》。《"健康中国 2030"规划纲要》《国务院关于实施健康中国行动的意见》《健康中国行动（2019—2030 年）》和《健康中国行动 2023 年工作要点》等，进一步推进了健康中国战略的实施，将国民健康状况上升到国家战略层面，为药食同源产业的发展提供了良好契机。

　　发展药食同源产业，满足人们对药食同源物质日益增长的需求，是实现健康中国的重要保障之一。促进药食同源产业的健康发展，是保障中药大健康产业供给、减少健康产业带来的安全风险、增强中医药国际地位的重要抓手。目前，我国药食同源产业的发展还不够成熟，相关的政策、法规有待进一步完善。在企业、高校、科研机构多方的持续努力下，药食同源产业在政策管理、功效评价模式、功效机制研究、功效成分开发、产品组方配伍、质量标准、加工制备工艺和专利布局等方面取得了长足进展，为药食同源产业的健康发展奠定了基础。目前，有关药食同源产业发展的报告较少，缺少系统的梳理、总结。

本报告由中国中药协会药食同源物质评价与利用专业委员会发起，并由药食同源物质研究开发和生产经营的专业人士组成的编写组撰写。本报告的主要内容包括：概述中国药食同源的起源与发展及管理政策的演变，并对其进行解读；分析药食同源产业的发展现状与策略；总结药食同源科技创新研究的进展，深入分析药食同源专利保护发展趋势、技术热点和布局态势；建设药食同源数据库，剖析产业消费需求及存在的问题，并针对这些问题提出应对策略；统计药食同源物质现行有效食品标准、种植面积和近年来的价格趋势。本报告旨在加快药食同源物质的开发与利用，推进产品的研究开发和产业化进程，为制定药食同源的相关政策和标准提供依据，促进中医药产业发展和健康中国战略实施。

尽管药食同源产业发展迅速，但笔者仍力争在有限的时间内对产业发展的态势进行较全面的分析整理。如有不足之处，望读者不吝赐教，批评指正。让我们共同努力，进一步推动我国药食同源产业的良性发展。

编　者

2023 年 5 月

目　录

第一章　药食同源的起源与发展 ……………………………… 1

　第一节　药食同源的起源 …………………………………… 3

　第二节　药食同源本草源流 ………………………………… 6

第二章　药食同源的管理政策 ………………………………… 11

　第一节　食品、药品管理法规的演变 ……………………… 13

　第二节　药食同源物质名单的诞生 ………………………… 14

　第三节　药食同源物质名单的演变 ………………………… 15

　第四节　《按照传统既是食品又是中药材的物质目录管理

　　　　　规定》解读 ……………………………………… 20

第三章　药食同源产业发展现状与策略 ……………………… 27

　第一节　药食同源产业发展政策环境 ……………………… 29

　第二节　药食同源物质原料发展现状 ……………………… 31

　第三节　药食同源产品发展现状 …………………………… 33

　第四节　药食同源物质功效评价现状 ……………………… 46

　第五节　药食同源产业标准现状 …………………………… 49

　第六节　药食同源产业现存问题 …………………………… 54

　第七节　药食同源产业发展应对策略 ……………………… 58

第四章　药食同源科技创新研究进展 ………………………… 61

　第一节　药食同源研究热点趋势变化 ……………………… 63

　第二节　主要功效成分研究进展 …………………………… 69

　第三节　药理作用研究进展 ………………………………… 89

　第四节　加工制备新工艺 …………………………………… 96

第五章　国内药食同源相关专利格局分析 …………………… 99

第六章　中国药食同源数据库建设与应用展望 ················· 127
　　第一节　药食同源数据库建设背景 ············· 129
　　第二节　药食同源数据库建设意义与目标 ············· 130
　　第三节　药食同源数据库架构设计 ············· 132
　　第四节　药食同源数据库功能与应用 ············· 138

参考文献 ················· 143
附录 ················· 165
　　附录 1　药食同源物质种植面积和价格趋势分析 ············· 167
　　附录 2　《已使用化妆品原料目录（2021 版）》 中与药食同源
　　　　　　物质相关的信息 ············· 271
　　附录 3　药食同源物质相关标准 ············· 308
　　附录 4　药食同源物质产品形态 ············· 382
　　附录 5　中国中药协会药食同源物质评价与利用专业委员会简介 ······ 388
　　附录 6　中国中药协会药食同源物质评价与利用专业委员会
　　　　　　典型委员单位介绍 ············· 389
　　附录 7　中国中药协会药食同源物质评价与利用专业委员会
　　　　　　大事记 ············· 393

·第一章·

药食同源的起源与发展

我国自古以来就重视"药"和"食"的结合。早在周朝的医疗机构中就设有"食医"这一职位，食医主要负责君主的食疗养生。诸多古代中医药典籍中也有关于"药食结合"的记载，如长沙马王堆汉墓出土的《五十二病方》《养生方》和《胎产书》记载有药食和药膳的相关资料。经考证，药食同源思想起源于远古时代，这是人类在长期与疾病和饥饿做斗争的过程中总结出来的宝贵经验。"神农尝百草"这一典故反映了药物的发现源于人类的生活实践；《黄帝内经太素》《神农本草经》等中医药典籍记录了中医理论下的药食同源及其演变过程。随着中医理论的发展和成熟，人们对药食同源的认识从最初简单归纳为药物和食物来源相同，逐渐转变为将药物的天然属性有机地应用到饮食中，逐步形成了完善且成熟的药食同源理念。

本章论述了"药食同源"的起源、"药"与"食"的同源性和界限的辨析，并通过梳理先秦时期、秦汉时期、魏晋南北朝时期、隋代、唐宋时期、元明清时期、民国时期及中华人民共和国成立以来的"药食同源"本草源流，以期深化对"药食同源"的认识，促进药食同源物质的开发与利用。

第一节　药食同源的起源

药食同源这一说法目前尚无法准确溯源。20世纪30年代，我国已有医食同源的说法。20世纪80年代，随着养生保健热潮的兴起，我国开始出现一些关于药食同源或医食同源的论述。药食同源这一概念主要反映了我国传统医学中食疗、药膳和养生等思想，显示了我国传统医学对药物和食物之间内在联系的深刻理解。

有观点认为，药物的发现和人类的饮食活动密切相关。1973年，有研究者在河北藁城台西商代遗址中发现了30余枚植物种子，经鉴定，这些种子主要为蔷薇科植物的种子，以桃仁为主，还包括郁李仁、杏仁等。这些种子似乎组成了一个药方，而这些种子的原植物的果实又可以作为食物，这显示了药物的发现与人类饮食活动的相关性。

药物和食物的紧密关系，在"神农尝百草"的故事中得到了突出体现。陆贾《新语·道基第一》中描述："民人食肉饮血，衣皮毛，至于神农，以为行虫走兽难以养民，乃求可食之物，尝百草之实，察酸苦之味，教民食五谷。"可见神农氏使远古时代的中华民族由狩猎时代逐步进入了以食草为主的农耕时代。《医膳》云："（神农）尝百草之滋味，水泉之甘苦，令民知所避就，当此之时，一日而遇七十毒。此其尝百草为别民之可食者，而非定医药也。"这表明了神农尝百草的目的是寻找食物而非药物，也体现了药物的发现和食物的发现相关。这个典故也为后人将神农氏视为本草（药物）的发现者提供了依据。陶弘景《本草经集注》云："藕皮散血，起自庖人；牵牛逐水，近出野老。"这也反映了药物的发现源于人们的生活实践，尤其是饮食活动。

商朝伊尹善调五味，"教民五味调和，创中华割烹之术，开后世饮食之河"。他在我国食养文化中占有重要地位，被我国烹饪界尊为"烹调之圣""烹饪始祖"和"厨圣"。伊尹烹制的"紫苏鱼片"可能是我国最早使用中药紫苏制作的药膳。彭祖研制的"稚羹"被后世认为是我国最早的复合汤羹。

"神农尝百草"的故事同时也表明了早期食物和药物的界限是模糊的。《周礼·天官》将"医"分为"食医、疾医、疡医、兽医"，其中"食医"列首位，主要负责调配君主的"六食""六饮""大膳""百馐"和"百酱"之滋味，与现在的营养师类似；"疾医"主张"以五味、五谷、五药养其病"，可见部分食物和药物一样具有治疗作用。

"食医"的出现催生了"食治"和"药膳"。东汉张仲景在治疗上除了用药外，还采用了大量的饮食调养方法。唐代孙思邈对食物疗法特别推崇，在《备急千金要方》中专列有"食治"一卷。后孟诜撰写了世界上现存最早的中医食疗学专著——《食疗本草》。《太平圣惠方》则专设"食治论"。元代饮膳太医忽思慧的《饮膳正要》为我国最早的饮食卫生与营养学专著，记载的药膳方和食疗方非常丰富。

我国古代医家一开始对"药"和"食"的界限很模糊，但随着对"药""食"的认识不断深入，又认识到"药"和"食"并非绝对分立，于是有了既可作药物又可作食物的物种，称之为药食同源或药食两用物种。从药食同源的角度出发，我们可以看到，古人对食物功能的认识经历了两个阶段。首先是无毒且能够食用，提供基本营养。然后，随着人们对食物的不断探索和发现，食物的治疗和保健功能逐渐被重视起来。

中国传统饮食相关理论起源于《黄帝内经》。《黄帝内经》是我国现存最早的一部中医经典著作，包括《灵枢》和《素问》两部分，它不但奠定了中医理论体系的基础，还提出了中国传统饮食相关理论，初步形成了食药的整体理论体系。《黄帝内经》提出食物和药物一样具有五味，并各有所走，如《灵枢·五味》云："愿闻谷气有五味，其入五脏……五味各走其所喜，谷味酸，先走肝；谷味苦，先走心；谷味甘，先走脾；谷味辛，先走肺；谷味咸，先走肾。"这是我国历史上首次按性味将食物归于五行中。

古人对"药""食"区分的第一个认识是基于药、食的安全性。《神农本草经》记载毒性的有无和大小是判断药物上、中、下三品的一个重要标准。如："上药一百二十种，为君，主养命以应天。无毒。多服、久服不伤人。欲轻身益气、不老延年者，本上经。"说明上品药物与食物之间有较大的共性，无毒且具有补益的作用，可以多服、久服。《周礼·天官》中"医师掌医之政令，聚毒药以供医事"的记载及中医传统所云"是药三分毒"均说明了毒和药的联系。以"毒"作为药食界限的标准，说明古人认为食物必须安全无毒。

古人对"药""食"区分的第二个认识是基于药、食在维持人体生命活动的基本功用方面。《素问·脏气法时论篇》云："毒药攻邪，五谷为养，五果为助，五畜为益，五菜为充，气味合而服之，以补精益气。"表明药和毒主要用于治病，食物用于补精气。《备急千金要方》记载："安身之本，必资于食，救疾之速，必凭于药。"更加明确了食物主要用于提供营养，药物则主要用于治病。

古人对"药""食"区分的第三个认识是基于药、食的性味。《备急千金要方》云："夫为医者，当须先洞晓病源，知其所犯，以食治之，食疗不愈，然后命药。药性刚烈，犹若御兵。"强调了药物性味猛烈，食物性味平缓。食物常具有补益作用，主要体现在"食养"和"治未病"方面。《备急千金要方》记载："人体平和，惟须好将养，勿妄服药。药势偏有所助，令人脏气不平，易受外患。夫含气之类，未有不资食以存生，而不知食之有成败，百姓日用而不知，水火至近而难识。"强调了"食养"的重要性，体现了古代保健的思想。

从上述内容可以看出，古人区分食物和药物主要基于功能，而首要原则是安全性。药物主要用于治疗疾病，食物则需要确保安全并为人体提供营养。由于这二者的界限有时会变得模糊，一些性味平缓的食物同时具有治疗作用，常被用于食疗方面，这体现了药食两用的理念。

第二节　药食同源本草源流

一、先秦时期

《黄帝内经》是该时期最重要的医学著作，在药食同源方面确定了原则和使用方法，对药食的配伍、药食对五脏的影响及作用等方面均有论述，其中"药以祛之，食以随之"的记载对药膳学的发展产生了深远影响。

二、秦汉时期

该时期与药食同源相关的书籍有《淮南子》《神农本草经》等，其中《神农本草经》详载了 365 种药物，包括木、米、虫、谷、草、鱼、禽、果等，并分为上、中、下三品，为药食同源理论提供了坚实的物质基础。

长沙马王堆汉墓出土的医药书籍众多，其中与药食同源理论相关的帛书、帛画有《却谷食气》《导引图》《养生方》《杂疗方》等。这些书籍和画作中所载的养生方法多数与"以食治之"或"以食养"有关，表明药食同源理论已初见端倪。

三、魏晋南北朝时期

西晋时期，人们非常重视"食养"之道，宫廷流行食用一种以大枣、胡桃仁为馅的药膳——酵面蒸饼。葛洪的《肘后备急方》虽没有明确提及药食同源理论，但和大多数医籍一样均载有"防微杜渐"和"未病先防"的养生思想，为药食同源理论的传播和发展奠定了基础。另外，雷敩的《雷公炮炙论》、虞悰的《食珍录》、刘休的《食方》、崔浩的《食经》、贾思勰的《齐民要术》及陶弘景的《本草经集注》《陶隐居集》《集金丹黄白方》等均涉及食疗养生的理论。

四、隋代、唐宋时期

隋代太医巢元方的《诸病源候论》详细阐述了"导引法"和"养生方"，继承和发扬了《黄帝内经》的药食同源思想，把食疗和食治落实到日常生活中。

唐宋时期出现了大量的食疗养生书籍，药食同源理论和实践得到极大发展。唐代苏敬的《新修本草》、陈藏器的《本草拾遗》和孙思邈的《备急千金要方》和《千金翼方》被公认为该时期重要的医药学著作，其中《备急千金要方》中关于食治、食养和药膳等内容的记载十分丰富。孟诜的《食疗本草》是世界上现存最早的中医食疗学专著，集古代药食同源理论之大成，与当今营养学有密切的联系，为"药食同源"理论的发展做出了巨大的贡献，因此孟诜被誉为食疗学的鼻祖。陈仕良的《食性本草》、郑樵的《食鉴》、陈直的《养老奉亲书》、娄居中的《食治通说》和蒲虔贯的《保生要录》都对药膳、食疗传承与发展起到了积极的推动作用。其中，蒲虔贯根据五味入五脏、五脏同时旺于四时及五行相生相克理论，首次提出了四时的饮食五味要求——"四时无多食所旺并所制之味，皆能伤所旺之脏也。宜食相生之味助其旺气"，其"旺盛不伤，旺气增益，饮食合度，寒温得益，则诸疾不生，遐龄自永矣"的观点在食膳发展史上具有一定的意义。宋代《圣济总录》记载了285个食疗保健方，适用于29种病证。这些食疗保健方在制作方法和类型方面非常多样化，不仅有饼、羹、粥，还有面、散、酒、汁、饮、煎等。此外，王焘的《外台秘要》、王怀隐的《太平圣惠方》、孟钺的《东京梦华录》也以各自的方式诠释着药食同源的理念。

五、元明清时期

在元代，蒙医思想融入中医学，为中医学的创新发展提供了新的动力。与此同时，药膳文化也在这个时期大放异彩。元代饮膳太医忽思慧的《饮膳正要》总结了古人保健养生的经验及烹饪技术，提出了食养和食疗须"四时所宜"的理论，即"春气温，宜食麦以凉之""夏气热，宜食菽以寒之""秋气燥，宜食麻以润其燥""冬气寒，宜食黍，以热性治其寒"。此外，他还根据君主食疗的需求，精心设计了"生地黄鸡""木瓜汤""良姜粥""山药面"

"渴忒饼儿""葛根羹""姜黄腱子""五味子汤"等药膳方剂。《饮膳正要》可谓是药膳学的百科全书。朱震亨的《丹溪心法》《格致余论》《金匮钩玄》《局方发挥》等著作中记载了多种药膳的配方和做法，如"参麦团鱼""沙参麦冬炖猪肘"和"玉竹心子"就是其中具有滋阴功效的药膳方。

明代是继唐宋之后的又一文化盛世，此时的名医药家们留下了大批的著作，如卢和的《食物本草》、宁源的《食鉴本草》，均有多个版本流行于世。李时珍的《本草纲目》是这个时期最为璀璨的明珠，它包含了诸多养生保健内容，以中医五行学说为核心，将"五味"与五行学说相结合，集前朝养、疗本草之大成，对"药食同源"理论和实践进行了总结，并在此基础上形成了自己独特的理论体系，有力地推进了"药食同源"理论的发展。张景岳的《景岳全书》中的养生思想以"治形保精"与"保养阳气"为主，他创制的"天麻鱼头""人参生脉鸡汤""附片羊肉汤""归芪鸡汤"等均为著名食疗方，至今仍在使用。此外，明代鲍山的《野菜博录》、姚可成的《救荒野谱补遗》、王磐的《野菜谱》、屠本畯的《野菜笺》和周履靖的《茹草编》等著作，对"药食同源"理论均有指导意义。

清代宫廷的御膳多为药膳或营养之品，清末尤其注重养生和药膳、食疗的发展。清代中医药养生著作极多，如尤乘的《食治秘方》、沈李龙的《食物本草会纂》、龙柏的《脉药联珠药性食物考》、文晟的《本草饮食谱》、何克谏的《增补食物本草备考》、王孟英的《随息居饮食谱》、章穆的《调疾饮食辨》、袁枚的《随园食单》、费伯雄的《食鉴本草》及《食养疗法》、顾仲的《养小录》、李化楠的《醒园录》等。其中，龙柏的《脉药联珠药性食物考》首次以脉类药，以脉的"浮、沉、迟、数"为纲，先言脉理，因脉言症，因症治药，再对药食之性味、归经、功能、主治一一分考，对于临床辨证施膳具有重要的指导意义；王孟英的《随息居饮食谱》对每类食材多先解释名称，后阐述其性味、功效、宜忌、单方、效方，甚至是详细制法，同时对产地的优劣进行了比较。

六、民国时期

民国时期，随着西方先进科学知识的传入，药食同源理论得到了进一步发展。这一时期，许多著作中融入了现代医学知识，如张若霞的《食物治病新书》、程国树的《伤寒食养疗法》、杨志一与沈仲圭合编的《食物疗病常识》、丁福保的《食物疗病法》、上官悟尘的《食物常识》、朱仁康的《家庭食物疗病法》、秦伯未的《家庭医药常识·饮食指南》和陆观豹的《食用本草》等，均对中医食养、食疗及药膳的传承起到了重要作用。

七、中华人民共和国成立后

自中华人民共和国成立以来，党和国家十分重视中医药的发展。众多从事中医药学教学工作的学者与教授纷纷著书立说，积极推动药膳和食疗类著作的出版。如叶橘泉的《食物中药与便方》对"药食兼用"的食物与中药的功能做了全面详细的介绍，并列出了相关的药膳配方，为《既是食品又是药品的品种名单》的拟定做出了重要贡献；叶锦先的《实用食物疗法》对中医药膳食疗的教学起到了最为直接的作用。改革开放后，有关药食同源的作品相继问世，丰富了养生学科的理论知识。如翁维健的《食补与食疗》、彭铭泉的《中国药膳学》、钱伯文和孟仲法等的《中国食疗学》及谭兴贵的《中医药膳学》，这些作品都对药食同源理论与药膳学科的发展奠定了坚实的基础。

·第二章·

药食同源的管理政策

我国药食同源理论基础深厚，历史文化悠久，但药食同源现代管理制度的发展时间却较为短暂。近30年来，随着我国食品和药品管理制度的不断完善，药食同源的管理也有了相对科学、完善的标准体系。1987年10月，原卫生部发布了《禁止食品加药卫生管理办法》（〔87〕卫防字第57号），在附表中公布了第一批《既是食品又是药品的品种名单》。此后，该办法经过了6次修订。从此，我国药食同源管理制度逐步建立起来。从某种程度上讲，药食同源管理制度是食品管理与药品管理相协调的产物，同时又有自身特色。因此，有必要对药食同源管理制度进行深入的研究和解读，以便更好地理解和落实相关管理制度，不偏离其宗旨，为药食同源产业的现代化发展提供更加科学、合理的制度化保障。

第一节 食品、 药品管理法规的演变

食品与药品作为维护人类生命健康的重要物质，在法律和管理制度方面存在较大的差异。

根据2001年修订的《中华人民共和国药品管理法》（以下简称《药品管理法》）第三条内容，国家发展现代药和传统药，充分发挥其在预防、医疗和保健中的作用。2019年修订的《药品管理法》规定："本法所称药品，是指用于预防、治疗、诊断人的疾病，有目的地调节人的生理机能并规定有适应症或者功能主治、用法和用量的物质，包括中药、化学药和生物制品等。"该版《药品管理法》仍将中药饮片作为药品进行监管。

为了保证食品安全，食品相关法律法规禁止在食品中添加药品，但在生产和生活实践中，生姜、乌梅、八角茴香等中药材，一直作为食品或调味品广泛使用。对这类既是食品又是中药材物质的管理和使用，此前一直没有相关法律监管。为了解决"食品"与"药品"在监管上的矛盾，我国在食品相关法律法规中补充了关于"既是食品又是药品的品种"的相关规定。

1982年颁布的《中华人民共和国食品卫生法（试行）》[以下简称《食品卫生法（试行）》]第二章第八条规定："食品不得加入药物。按照传统既是食品又是药品的以及作为调料或者食品强化剂加入的除外。"第九章第四十三条规定："食品：指各种供人食用或者饮用的成品和原料以及按照传统既是食品又是药品的物品，但是不包括以治疗为目的的物品。"1987年，原卫生部根

据《食品卫生法（试行）》制定出台了《禁止食品加药卫生管理办法》。1995年颁布的《中华人民共和国食品卫生法》（以下简称《食品卫生法》）第二章第十条规定："食品不得加入药物，但是按照传统既是食品又是药品的作为原料、调料或者营养强化剂加入的除外。"2015年颁布的《中华人民共和国食品安全法》（以下简称《食品安全法》）第三十八条规定："生产经营的食品中不得添加药品，但是可以添加按照传统既是食品又是中药材的物质。按照传统既是食品又是中药材的物质目录由国务院卫生行政部门会同国务院食品药品监督管理部门制定、公布。"

从上述食品与药品的监管演变历史可以发现，药食同源相关管理办法的诞生解决了部分中药材在食品和药品领域双重身份的问题。

第二节　药食同源物质名单的诞生

为了解决"食品"与"药品"监管之间的矛盾，1987年第一批《既是食品又是药品的品种名单》正式发布。《禁止食品加药卫生管理办法》明确规定批准生产经营的食品禁止宣传疗效或保健作用；而利用《既是食品又是药品的品种名单》和《食品营养强化剂使用卫生标准》以外的物品（包括药材）作为食品新资源的，需要按照《食品新资源卫生管理办法》规定的程序报请审批。

1990年6月9日，为贯彻中央治理整顿精神，加强对加药食品、新资源食品的卫生管理，原卫生部卫生监督司准备组织第二批《既是食品又是药品的品种名单》的审定工作，并下发了《关于征集第二批〈既是食品又是药品的品种名单〉的通知》，文后还附了既是食品又是药品的物品推荐表。

1998年，原卫生部发布了《关于1998年全国保健食品市场整顿工作安排的通知》（卫监法发〔1998〕第9号），将油菜花粉等6类14个品种的新资源食品作为普通食品管理，增补蒲公英等8种天然植物为既是食品又是药品的品种。

随着1995年《食品卫生法》和1996年《保健食品管理办法》的发布实施，肖培根等参考《神农本草经》中被列为上品的中药，重新拟定《药食同源物品名单》和《可用于保健食品的物品名单》。2002年，原卫生部发布了

《卫生部关于进一步规范保健食品原料管理的通知》（卫法监发〔2002〕51号），其中附件一为《既是食品又是药品的物品名单》。

第三节　药食同源物质名单的演变

从 1987 年至今，药食同源物质名单共历经 6 次修订，收录的物质品种不断增加，收录物质的相关信息也不断完善和丰富。

一、1987年公布的第一批名单中的第二部分

1987 年，《禁止食品加药卫生管理办法》公布了第一批《既是食品又是药品的品种名单》。该名单包括两部分内容：第一部分是《中国药典》（1985年版）和中国医学科学院卫生研究所编著的《食物成分表》（1981 年第 3 版，野菜类除外）中同时列入的品种（注：该部分未详细列出品种的名称）；第二部分内容包括乌梢蛇、蝮蛇、酸枣仁、牡蛎、栀子、甘草、代代花、罗汉果、肉桂、决明子、莱菔子、陈皮、砂仁、乌梅、肉豆蔻、白芷、菊花、藿香、沙棘、郁李仁、青果、薤白、薄荷、丁香、高良姜、白果、香橼、火麻仁、桔红、茯苓、香薷、红花、紫苏。

二、1988年公布的第一批名单中的第一部分

1988 年 4 月 6 日，为便于各地执法，原卫生部责成原卫生部食品卫生监督检验所详细公布了第一批《既是食品又是药品的品种名单》中第一部分的品种，分别是：八角茴香、刀豆、姜（生姜、干姜）、枣（大枣、酸枣、黑枣）、山药、山楂、小茴香、木瓜、龙眼肉（桂圆）、白扁豆、百合、花椒、芡实、赤小豆、佛手、青果、杏仁（甜、苦）、昆布、桃仁、莲子、桑椹、菊苣、淡豆豉、黑芝麻、黑胡椒、蜂蜜、榧子、薏苡仁、枸杞子。因此，第一批名单历时近半年，分 2 次公布，共计 61 种（注：第一部分中的第 16 号青果与第二部分中的第 50 号青果是重复项，统计时已去除）。

三、1991—1998 年公布的第二批名单

1991 年 11 月 22 日，原卫生部发布了《关于批准颁布第二批"既是食品又是药品"名单的通知》（卫监发〔1991〕第 45 号），规定新增品种 8 个，分别是：麦芽、黄芥子、鲜白茅根、荷叶、桑叶、鸡内金、马齿苋、鲜芦根。

1998 年，原卫生部发布了《关于 1998 年全国保健食品市场整顿工作安排的通知》（卫监法发〔1998〕第 9 号），又增加了 8 个品种，分别是：蒲公英、益智、淡竹叶、胖大海、金银花、余甘子、葛根、鱼腥草。

至此，第一、二批名单共计 77 种。

四、2002 年公布的第三批名单

2002 年，原卫生部公布了第三批《既是食品又是药品的物品名单》（卫法监发〔2002〕51 号），该名单中改"陈皮"为"橘皮"，剔除了原有的红花，新增了阿胶、白扁豆花、覆盆子、槐花、槐米、桔梗、小蓟、玉竹、枳椇子、紫苏籽、黄精 11 个品种。第一、二、三批名单共计 87 种。

五、2019 年公布的增补物质名单

2019 年，国家卫生健康委发布《关于当归等 6 种新增按照传统既是食品又是中药材的物质公告》，新增了当归、山柰、西红花、草果、姜黄和荜茇 6 个品种。

六、2019 年公布的开展管理试点工作的物质名单

2019 年，国家卫生健康委、国家市场监督管理总局发布《关于对党参等 9 种物质开展按照传统既是食品又是中药材的物质管理试点工作的通知》，新增党参、肉苁蓉、铁皮石斛、西洋参、黄芪、灵芝、天麻、山茱萸、杜仲叶 9 个品种。我国已有超过 20 个省（自治区、直辖市）开展了管理试点工作，如广东开展了铁皮石斛、西洋参、灵芝的管理试点工作，重庆、四川开展了铁

皮石斛、灵芝、天麻的管理试点工作，浙江开展了铁皮石斛、灵芝、山茱萸的管理试点工作，内蒙古开展了肉苁蓉的管理试点工作等。

七、已公布的药食同源物质名单

目前，国家卫生健康委已公布的药食同源物质名单共收录药食同源物质93种；同时，对党参、肉苁蓉、铁皮石斛、西洋参、黄芪、灵芝、天麻、山茱萸和杜仲叶9种物质正在开展管理试点工作，在充分论证其安全性后再纳入药食同源物质名单。

目前，已公布的104种[①]药食同源物质（包括93种已收录物质和9种正在试点的物质）中，其使用部位包括根、茎（根茎、鳞茎、块茎、肉质茎等）、叶（肉质鳞叶、叶状体等）、花（花粉、花蕾、头状花序等）、成熟果实（果穗）、成熟种子（种仁、假种皮等）等。从物质来源来看，多为植物类（表2-1）；从品种基原来看，多为豆科、蔷薇科、姜科等植物（表2-2）。结合《神农本草经》对药食同源物质保健功效的描述与中药的性味等特征，可将这些物质归纳为益气补精类（载有"益气""补虚""补五脏"等功能）、轻身延年类（载有"增年""轻身""增年不老"等功能）、养心益智类（载有"养精神""养神""安心""不忘""不梦寐"等功能）、综合美容类（载有"耳聪""目明""好颜色""润泽"等功能）、泻火除烦类（载有"轻身""除烦"等功能）和其他类（表2-3）。

表2-1 已公布的药食同源物质的来源分类表

序号	类别	数量/个
1	植物类	96
2	动物类	6
3	菌类	2

① 编者注：由于《中国药典》版本内容更新，已公布的药食同源物质名单中的金银花、葛根已发生变化。原金银花（1995年版《中国药典》）被拆分为金银花、山银花（2020年版《中国药典》），原葛根（1995年版《中国药典》）被拆分为葛根、粉葛（2020年版《中国药典》）。因此，目前已公布的药食同源物质的实际数量为104种。

表2-2 已公布的药食同源物质的基原分类表

序号	所属科名	数量/个	序号	所属科名	数量/个
1	豆科	12	25	肉豆蔻科	1
2	蔷薇科	7	26	樟科	1
3	姜科	7	27	大戟科	1
4	芸香科	6	28	胡颓子科	1
5	唇形科	5	29	海带科	1
6	禾本科	5	30	葫芦科	1
7	百合科	4	31	橄榄科	1
8	菊科	4	32	三白草科	1
9	伞形科	3	33	茄科	1
10	睡莲科	3	34	茜草科	1
11	桑科	3	35	梧桐科	1
12	鼠李科	3	36	鸢尾科	1
13	多孔菌科	2	37	列当科	1
14	桔梗科	2	38	五加科	1
15	十字花科	2	39	山茱萸科	1
16	兰科	2	40	杜仲科	1
17	忍冬科	2	41	胡麻科	1
18	胡椒科	2	42	红豆杉科	1
19	桃金娘科	1	43	游蛇科	1
20	木兰科	1	44	牡蛎科	1
21	薯蓣科	1	45	马科	1
22	马齿苋科	1	46	雉科	1
23	银杏科	1	47	蜜蜂科	1
24	无患子科	1	48	蛙科	1

表2-3 已公布的药食同源物质的功效分类表

类型	品种	现代生理作用
益气补精类	黄芪（试点）、西洋参（试点）、甘草、白扁豆、白扁豆花、木瓜、芡实、枣（大枣、酸枣、黑枣）、党参（试点）、蜂蜜、山药、益智、阿胶、龙眼肉、肉苁蓉（试点）、杜仲叶（试点）、百合、枸杞子、黑芝麻、黄精、玉竹、铁皮石斛（试点）、桑椹、薏苡仁、决明子	增强免疫力、促进生长发育、缓解贫血、调节肠道菌群等

类型	品种	现代生理作用
轻身延年类	荷叶、茯苓、薏苡仁、麦芽、莱菔子、菊花、赤小豆、鸡内金、决明子、火麻仁、郁李仁、榧子、代代花、甘草、白芷、枸杞子、黑芝麻、山药、芡实、杜仲叶（试点）、枣（大枣、酸枣、黑枣）、酸枣仁、铁皮石斛（试点）、牡蛎、阿胶、山茱萸（试点）、龙眼肉	减脂、降血脂、降血糖、抗衰老、缓解疲劳、促进消化、通便等
养心益智类	茯苓、姜（干姜）、龙眼肉、杜仲叶（试点）、桔梗、牡蛎、沙棘、酸枣仁、灵芝（试点）	改善记忆力、改善睡眠等
综合美容类	决明子、芡实、菊花、山药、桑叶、杜仲叶（试点）、白芷、茯苓、枸杞子、黑芝麻、桃仁	缓解视疲劳、健齿固齿、调经、美白、改善皮肤水分等
泻火除烦类	鲜芦根、淡竹叶、决明子、栀子、胖大海、金银花、蒲公英、马齿苋、青果、鱼腥草、枳椇子、薄荷	清喉利咽、缓解炎症、抗病毒等
其他类	温里：丁香、八角茴香、肉桂、黑胡椒、花椒、高良姜、小茴香 收涩：乌梅、莲子、覆盆子、肉豆蔻 解表：葛根、淡豆豉、紫苏、姜（生姜） 理气：橘皮、佛手、刀豆、薤白、香橼、山楂 活血、止血：小蓟、槐花、槐米、鲜白茅根、余甘子 祛风湿：乌梢蛇 芳香化湿：砂仁、香薷、藿香 化痰、止咳、平喘：紫苏籽、白果、罗汉果、杏仁（苦、甜）、桔梗、黄芥子、桔红 软坚散结：昆布 祛湿、清肝利胆：菊苣 祛风止痉：蝮蛇、天麻（试点） 仅作为香辛料和调味品使用：当归、山柰、荜茇、西红花、姜黄、草果	改善微循环、解热、抗炎、止吐、止泻、抗癫痫、保护心脑血管、改善记忆力等（具体视品种而定）

注：备注有"（试点）"的品种目前仅限传统食用方法。

第四节 《按照传统既是食品又是中药材的物质目录管理规定》解读

在我国传统饮食文化中，一些中药材在民间也作为食材使用，此即按照传统既是食品又是中药材的物质（以下简称食药物质）。食药物质是我国传统饮食文化和中药文化融合的产物，极大地满足和丰富了公众对营养、健康饮食的多样化需求。

从《食品卫生法（试行）》《食品卫生法》至《食品安全法》，我国对食药物质的管理一直采取目录名单制。在食药物质的遴选方面，除尊重传统饮食习惯和中药文化外，越来越注重运用现代毒理学研究、流行病学分析等方法，系统开展食品安全风险评估工作，以确保食药物质的安全性；同时，还统筹兼顾中药材资源保护、野生动植物保护、生态保护等。

为依法、科学、规范地进行食药物质遴选及目录制定管理等工作，国家卫生健康委会同国家市场监督管理总局于 2021 年 11 月制定印发了《按照传统既是食品又是中药材的物质目录管理规定》（以下简称《规定》）。《规定》全文共 13 条，逐条解读如下。

第一条 根据《中华人民共和国食品安全法》及其实施条例，为规范按照传统既是食品又是中药材的物质（以下简称食药物质）目录管理，制定本规定。

解读：《食品安全法》第三十八条规定，生产经营的食品中不得添加药品，但是可以添加按照传统既是食品又是中药材的物质。按照传统既是食品又是中药材的物质目录由国务院卫生行政部门会同国务院食品安全监督管理部门制定、公布。《食品安全法实施条例》第十六条规定，对按照传统既是食品又是中药材的物质目录，国务院卫生行政部门会同国务院食品安全监督管理部门应当及时更新。

第二条 以保障食品安全和维护公众健康为宗旨，遵循依法、科学、公开的原则制定食药物质目录并适时更新。

解读：我国地域广阔，地方饮食习惯和食材多样，某种物质是否适宜纳入食药物质目录是个比较复杂的问题。例如，一些地区在特殊的气候环境下，使用一些独特的食材，形成了特有的饮食文化，但这些食材不适合在其他地区推广食用，不宜纳入食药物质目录。

衡量某种物质是否能够纳入食药物质目录，要以食品安全为底线，以维护和促进公众健康为目的，并综合考虑中药材资源保护、野生动植物保护、生态保护等各方面因素。为了确保所制定的食药物质目录不偏离宗旨，应遵循"依法、科学、公开"的原则，并适时更新目录，方便公众知晓及产业应用。

第三条 食药物质是指传统作为食品，且列入《中华人民共和国药典》（以下简称《中国药典》）的物质。

解读：此条明确了食药物质的范围，是对《食品安全法》第三十八条中按照传统既是食品又是中药材的物质的进一步阐述。"传统作为食品"是有最低时间跨度和地域范围要求的，通常指有 30 年以上并且在至少 2 个县域作为食品食用的历史。将列入《中国药典》作为食药物质的前提条件，是因为我国各类中药典籍丰富，地方药志文献繁杂，对于某种物质是否确实为中药材难以一一考证，因此以列入《中国药典》作为统一标准，同时要求基原和使用部位必须与《中国药典》的记载一致。

第四条 国家卫生健康委会同市场监管总局制定、公布食药物质目录，对目录实施动态管理。

解读：此条是《食品安全法》及其实施条例规定的部门职责。

第五条 纳入食药物质目录的物质应当符合下列要求：

（一）有传统上作为食品食用的习惯；

（二）已经列入《中国药典》；

（三）安全性评估未发现食品安全问题；

（四）符合中药材资源保护、野生动植物保护、生态保护等相关法律法规规定。

解读：此条列出了纳入食药物质目录的 4 个条件，其中（一）、（二）、（四）前文已做解读。《食品安全法》第十七条规定，国家建立食品安全风险评估制度，运用科学方法，根据食品安全风险监测信息、科学数据及有关信息，对食品、食品添加剂、食品相关产品中生物性、化学性和物理性危害因素进行风险评估。据此，国家卫生健康委于 2021 年 11 月修订印发了《食品安全风险评估管理规定》，对食品安全风险评估的定义范围、工作程序、结果应用等作了详细规定。食品安全风险评估制度是食药物质安全应用的科学保障，也是食药物质安全性获得国际认可的重要依据。此条中明确规定纳入食药物质目录的物质应当经安全性评估未发现食品安全问题，这是食药物质遴选从既往以传统经验为主向科学循证迈出的一大步，也是食药物质目录管理与国际接轨的重要措施。

第六条　省级卫生健康行政部门结合本辖区情况，向国家卫生健康委提出修订或增补食药物质目录的建议，同时提供下列材料：

（一）物质的基本信息（中文名、拉丁学名、所属科名、食用部位等）；

（二）传统作为食品的证明材料（证明已有30年以上作为食品食用的历史）；

（三）加工和食用方法等资料；

（四）安全性评估资料；

（五）执行的质量规格和食品安全指标。

解读：食药物质来自地方的饮食习惯和生活实践，因此，应由地方动议提出增补修订食药物质目录的建议，由省级卫生健康行政部门向国家卫生健康委提出，同时提供相应的材料。

需要提供物质的拉丁学名，是因为同一物质在不同省份或地区可能存在不同的名称，即中药材存在"同名异物""一物多名"的现象，而拉丁学名作为国际上公认的命名标准，具有唯一性和可识别性。

需要提供食用部位，是因为《中国药典》收录的很多中药材有使用部位限制，纳入食药物质目录的部位应当与《中国药典》中规定的部位一致。

需要提供传统作为食品的证明材料，是因为地方最了解某种物质在当地是否在传统中作为食品食用，证明材料可以是地方志、文献资料等。省级卫生健康行政部门应当核实该物质在当地不少于2个县域有30年以上作为食品食用的历史的真实性，并出具证明文件。

需要提供加工和食用方法、安全性评估、执行的质量规格和食品安全指标等资料，实质是在省级层面设置了自审自查程序。省级卫生健康行政部门组织食药物质相关材料审查的过程，即为属地初审。《食品安全风险评估管理规定》中对省级卫生健康行政部门如何组织开展相应的食品安全风险评估等工作作了详细规定。

第七条　安全性评估资料应符合以下要求：

（一）成分分析报告：包括主要成分和可能的有害成分监测结果及检测方法；

（二）卫生学检验报告：3批有代表性样品的污染物和微生物的检测结果及方法；

（三）毒理学评价报告：至少包括急性经口毒性试验、3 项遗传毒性试验、90 天经口毒性试验和致畸试验；其中，在古代医籍中有两部以上食疗本草记载无毒性、无服用禁忌（包括不宜久食）的品种，可以只提供本条第（一）、（二）项试验资料；

（四）药理作用的特殊针对性指标的试验资料，包括对主要药理成分的风险评估报告。

解读：国家在依法审查评估某种物质的食用安全性方面，已有一套完整的制度和工作程序。2013 年印发的《新食品原料安全性审查管理办法》和《新食品原料申报与受理规定》，全面细致地规定了新食品原料安全性审查所需提交的各种材料和具体工作流程。

食药物质的安全审查，虽然在工作流程上与按照审批制管理的新食品原料有所不同，但审查的实质内容和所用技术一致，核心均为食品的安全风险评估。考虑到所申请的食药物质在地方已有食用历史，因此，食药物质较新食品原料在安全性审查方面所需提供的资料有所简化。

第八条 国家卫生健康委委托技术机构负责食药物质目录修订的技术审查等工作。委托的技术机构负责组织相关领域的专家，开展食药物质食品安全风险评估、社会稳定风险评估等工作，形成综合评估意见。市场监管部门根据工作需要，可指派专家参与开展食药物质食品安全风险评估、社会稳定风险评估工作。

根据工作需要，委托的技术机构可以组织专家现场调研、核查，也可以采取招标、委托等方式选择具有技术能力的单位承担相关研究论证工作。

解读：此条对修订食药物质目录的技术审查主体、审查内容、工作方式等作出规定。在食药物质目录修订工作中，国家卫生健康委委托的技术审查机构，通常指国家食品安全风险评估中心、中国中医科学院中药资源中心、中国疾病预防控制中心营养与健康所等国家级权威技术机构。在组织开展食品安全风险评估工作时，需统筹兼顾食品安全、中医药、营养健康、临床医学等方面专家的意见，确保审查结果科学、权威。在组织开展社会稳定风险评估工作时，需听取相关行业协会（学会）、企业代表等方面的意见，确保审查结果透明、公正。

《食品安全法》规定，食药物质目录由国务院卫生行政部门会同国务院食品安全监督管理部门制定、公布。市场监管部门根据工作需要，可指派专家参与开展食药物质食品安全风险评估、社会稳定风险评估工作，这是对"会

"同"内容的进一步实化，即市场监管部门参与风险评估工作。

第九条　国家卫生健康委对技术机构报送的综合评估意见进行审核，将符合本规定要求的物质纳入食药物质目录，会同市场监管总局予以公布。

公布的食药物质目录应当包括中文名、拉丁学名、所属科名、可食用部位等信息。

解读：国家卫生健康委对技术机构报送的综合评估意见进行审查，重点对工作程序的严谨性和社会稳定风险等进行审查。审查后认为不符合本规定要求的，将意见反馈给技术机构进一步补充研究；审查后认为符合本规定要求的，会同国家市场监督管理总局予以公布。

第十条　有下列情形之一的，应当研究修订目录：

（一）食品安全风险监测和监督管理中有新的科学证据表明存在食品安全问题；

（二）需要对食药物质的基本信息等进行调整；

（三）其他需要修订的情形。

委托的技术机构根据最新研究进展，可以向国家卫生健康委提出修订食药物质目录的建议和风险监测方案。

解读：此条为食药物质目录建立了动态的完善和纠偏机制。食药物质的安全性是基于当前的科学认知水平和现有能掌握的数据资料进行评估的，因此当在食品安全风险监测和监督管理中有新的科学证据表明某物质存在食品安全问题时，或由于相关学科的发展需要对食药物质的基本信息等进行调整，或运用新技术研究发现某物质存在食品安全风险等情况时，国家卫生健康委应及时启动食药物质目录修订工作。此外，受委托的技术机构根据国内外最新研究进展，也可以向国家卫生健康委提出修订食药物质目录的建议。

第十一条　对新纳入食药物质目录的物质，提出建议的省级卫生健康行政部门应当将其列入食品安全风险监测方案。根据风险监测和风险评估结果，适时提出制定或指定适用食品安全国家标准的建议。

解读：对新纳入食药物质目录的物质开展食品安全风险监测工作，重点是做好相关的食源性疾病监测，及时报告发现的不良反应等信息，为跟踪管理提供科学支撑。提出建议的相关省级卫生健康行政部门应当将相关风险监测内容列入本辖区的《食品安全风险监测方案》并组织实施，及时向国家食品安全风险评估中心报送风险监测结果。为便于对食药物质进行规范监管，国家卫生健康委将根据食品安全风险监测和风险评估结果，研究制定或指定适用的食品安全国家标准。

第十二条　食品生产经营者使用食药物质应当符合国家法律、法规、食品安全标准和食药物质目录的相关规定，产品标签标识和经营中不得声称具有保健功能、不得涉及疾病预防治疗功能。

解读：纳入食药物质目录的物质，具有中药材和食品双重身份，但当其作为食材使用时，无论从实用角度还是管理角度来看，都聚焦在其食品属性。因此，食品生产经营者使用食药物质应符合《食品安全法》第七十一条的规定，食品和食品添加剂的标签、说明书，不得含有虚假内容，不得涉及疾病预防、治疗功能。同时，也不得声称食药物质具有保健功能，不得故意与保健食品管理相混淆。

第十三条　本规定自发布之日起实施。

解读：《按照传统既是食品又是中药材的物质目录管理规定》自 2021 年 11 月 10 日起实施，解释权归国家卫生健康委所有。

·第三章·

药食同源产业发展现状与策略

近年来，国家在药食同源产业发展方面制定了一系列政策，中医药大健康产业正在成为国民经济支柱产业，在此背景下，药食同源产业必将迎来发展的新机遇。2010—2019 年，104 种药食同源物质（含 9 个试点品种，不含大枣和赤小豆）贡献了中药材 80.06% 的需求率。药食同源物质富含黄酮类、皂苷类、多糖类、三萜类、甾体类等成分，具有抗氧化、延缓衰老、降血脂、降血糖等功能，可开发应用到药品、预包装食品、保健食品、日化用品、中兽药、中药饲料添加剂、生物源农药、果蔬保鲜剂等多个大健康产品领域中。

药食同源物质包括原料和产品，前者主要是指原材料，后者通常是指原材料按照一定的加工方法（或不同配伍）制成的成品，包括药膳和预包装食品等。其中，药膳是以药食同源物质为原材料，经过烹饪加工制成的一种具有食疗作用的特殊膳食，是"寓医于食"的体现，常用于病后机体康复和日常机体状态的调节。目前，国内外还没有知名的药膳餐饮企业，因此，本章节不包括药食同源物质应用于药膳的相关内容。

第一节　药食同源产业发展政策环境

一、国家政策支撑药食同源产业发展

2016 年 12 月 28 日，国务院办公厅印发了《关于进一步促进农产品加工业发展的意见》，明确提出重点支持果品、蔬菜、茶叶、菌类和中药材等的营养功能成分提取技术研究，开发营养均衡、养生保健、食药同源的加工食品。2017 年，中央一号文件《中共中央 国务院关于深入推进农业供给侧结构性改革 加快培育农业农村发展新动能的若干意见》明确提出了"加强新食品原料、药食同源食品开发和应用"的重大国家农业发展战略规划。2017 年 7 月 13 日，国务院办公厅发布《国民营养计划（2017—2030 年）》，强调要大力发展传统食养服务，并要进一步完善我国既是食品又是中药材的物品名单；深入调研，筛选一批具有一定使用历史和实证依据的传统食材及其配伍，对它们的养生作用进行实证研究；建设养生食材数据库和信息化共享平台。2021 年，国家卫生健康委发布关于印发《按照传统既是食品又是中药材的物质目录管理规定》的通知，对药食同源物质的定义范围进行了明确规定，并对药食同源物质的安全性评估程序和要求、风险检测以及动态管理进行了规范，推动了我国药食同源产业的发展。

二、地方政府和乡村振兴政策促进药食同源产业发展

各地政府高度重视药食同源产业发展。2019 年 11 月 28 日，四川省人民代表大会常务委员会发布的《四川省中医药条例》中提到，鼓励支持利用药食同源的川产道地中药材开展药膳、食疗的研究与开发。2021 年 7 月 30 日，广东省人民代表大会常务委员会发布的《广东省中医药条例》中提到，支持中药生产企业开发中药健康产品，推动以药食同源物质为原料的保健食品、药膳食疗等产业的发展。

《国家乡村振兴战略规划（2018—2022 年)》提出，乡村振兴，生活富裕是根本。实施乡村振兴战略，不断拓宽农民增收渠道，全面改善农村生产生活条件，促进社会公平正义，有利于增进农民福祉。国家卫生健康委在答复全国人大代表的建议中提到："我委将认真依法履职，继续结合乡村振兴战略和扶贫攻坚任务，会同国家市场监管总局等部门，共同加强食药物质目录管理，促进相关食品产业健康持续发展。"

三、大健康产业政策助力药食同源产业发展

《"健康中国2030"规划纲要》中提到"健康产业规模显著扩大。建立起体系完整、结构优化的健康产业体系，形成一批具有较强创新能力和国际竞争力的大型企业，成为国民经济支柱性产业"。此外，还提出到2030 年，健康服务业总规模将达 16 万亿元，并发展中医养生保健治未病服务。《促进健康产业高质量发展行动纲要（2019—2022 年)》提出"跨界融合、集聚发展。深化健康产业跨界融合，改造升级传统业态，壮大新业态，延长产业链，提高健康产业集聚效应和辐射能力"。内容紧紧围绕以"医、养、健、管、游、食"为主题的健康产业，实现了从"以治病为中心"到"以人民健康为中心"的转变。2021 年，国家"十四五"规划再次强调"全面推进健康中国建设"，在此背景下，各省、自治区、直辖市纷纷出台大健康产业发展"十四五"规划，借力大健康产业发展促进经济增收。到 2025 年，浙江省争取实现大健康产业总规模突破 1.5 万亿元，增加值突破 6 000 亿元，增加值占 GDP

比重超过 6.5%；湖北省大健康产业总规模力争达到 1.2 万亿元；广西壮族自治区争取实现大健康产业生产总值年均增长 8% 以上，总产值达 4 500 亿元；重庆市大健康产业总规模力争突破 2 300 亿元，增加值占 GDP 比重达到 7% 左右。

由此可见，大健康产业正在成为国民经济支柱产业，在此背景下，药食同源产业必将迎来新的发展机遇。

第二节　药食同源物质原料发展现状

一、药食同源物质原料种植现状

据不完全统计，世界主要国家的药食同源植物超过 3 000 种，我国的药食同源植物超过 1 000 种，用于药品（处方药和非处方药）、保健品、特医食品、新食品原料、药膳和化妆产品等方面。

我国药食同源植物种植区域的分布特点明显。酒泉市林业和草原局《关于对市政协五届一次会议第 128 号提案的答复》中提到，截至 2020 年，甘肃省枸杞种植面积达 66.51 万亩，枸杞干果产量 15.3 万吨，分别占全国枸杞种植面积和全国枸杞干果产量的 47.2% 和 47.32%。根据贵州省农业农村厅的统计数据，2019 年 1 月，贵州省 49 个草本类中药材在地面积 99.96 万亩，产量 2.46 万吨，产值 2.37 亿元，其中天麻产值 1.05 亿元，占比 44.3%；2019 年 2 月，贵州省天麻产量 0.16 万吨，产值 0.39 亿元；截至 2019 年底，贵州省天麻林下仿野生种植面积达 16.2 万亩；截至 2021 年底，贵州省天麻林下仿野生种植面积达 31.2 万亩，种植规模全国第一。根据福建省农业农村厅的统计数据，2021 年，福建省中药材种植面积 89.6 万亩，产值约 73.8 亿元，其中包含铁皮石斛（试点）、薏苡仁、黄精等药食同源物质的"福九味"种植面积约占 43%，产值约占 65%，武平县的紫芝产量占全国的 80% 以上。威海市农业农村局的公开信息显示，威海是全国最大的西洋参生产基地，全市西洋参种植面积 7 万亩，年产鲜参 6 500 吨，年加工干参 1 900 吨，其中"文登西洋参"被原农业部登记为国家地理标志产品。

二、药食同源物质原料出口现状

2022 年上半年，我国出口额排名前 10 位的中药材品种为肉桂、枸杞子、大枣、人参、茯苓、当归、罂粟籽、半夏、黄芪和党参，与去年同期变化不大，出口总额占中药材和中药饮片出口总额的 49%，除人参、罂粟籽和半夏外，其他 7 个品种均为药食同源物质（含试点品种）。

绝大多数中药材主要出口到越南、日本、韩国、印度及中国台湾、中国香港（表 3 – 1），主要用途为食用，而非药用。

表 3 – 1　2022 年上半年出口额排名前 10 位的中药材品种

排名	品种	出口数量/吨	出口额/万美元	出口额同比增幅	最大出口目的地	最大出口省份
1	肉桂	32 751	11 154	−28%	越南	广东
2	枸杞子	6 126	5 062	12%	中国台湾	宁夏
3	大枣	11 111	3 058	−11%	越南	河北
4	人参	725	2 999	0%	中国台湾	吉林
5	茯苓	3 239	2 436	81%	日本	广东
6	当归	2 112	1 766	−4%	中国台湾	广东
7	罂粟籽	6 866	1 632	1 691%	印度	甘肃
8	半夏	893	1 622	5%	日本	天津
9	黄芪	2 366	1 524	6%	韩国	广东
10	党参	985	1 306	17%	中国香港	安徽

三、药食同源物质原料市场现状

2010—2019 年，104 种药食同源物质（含 9 个试点品种，不含大枣和赤小豆）贡献了中药材 80.06% 的需求率。2019 年，全球罗汉果市场规模为 3.963 4 亿美元，预计到 2026 年将达到 5.321 7 亿美元，复合年均增长率约为 4.3%。

据魔镜数据（图 3-1），55~64 岁人群滋补养生渗透率达 29%，24 岁以下人群滋补养生渗透率达 19%，年轻人对传统养生的需求成为药食同源市场新的驱动力，并呈阶段性上升趋势。《2017—2022 中国健康养生行业市场发展现状及投资前景预测报告》中提到，当前我国健康养生市场规模已经超过万亿元，平均每位城市常住居民年均花费超过 1 000 元用于健康养生，其中 18~35 岁的年轻人群占比高达 83.7%。

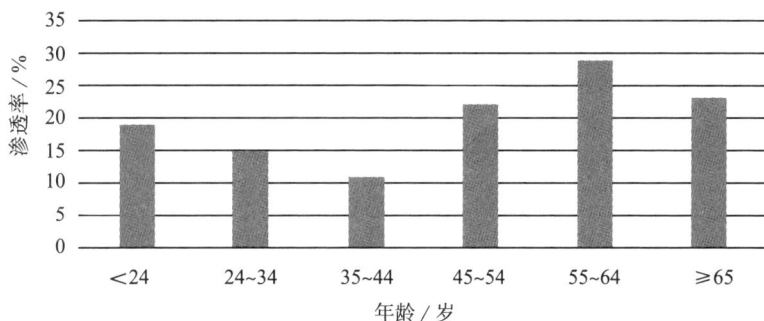

图 3-1   不同年龄阶段滋补养生渗透率

第三节   药食同源产品发展现状

一、药食同源产品种类

药食同源物质开发应用品类主要包括预包装食品、保健食品、保健用品、日化用品、天然食品添加剂和农业用品等。

（一）预包装食品

预包装食品主要包括固体饮料、配制酒、压片糖果、代用茶、调味料、干制食用菌、茶叶及相关制品等，既有单方的药食同源物质产品，也有复方药食同源物质配制的混合产品或药食同源物质加新资源食品开发的产品。单方的药食同源物质产品常见于日常食物，如莲子、山药、薏苡仁、白扁豆、龙眼肉等，丁香、八角茴香、肉桂、花椒等则常作为香辛料以丰富食品的香气和味道。

近年来，药品集采等政策的实施挤压了医药企业的利润空间，我国多家企业纷纷转向中医药大健康领域，各种药食同源预包装食品不断涌现，食品形态包括酒、饮料、果冻、膏、糖果、糕点、调味品等。随着加工技术的不断进步，药食同源普通食品朝着多元化、零食化、轻量化的方向发展，多以便携、即食的"生活态"形式出现，如枸杞汁、黄精膏、乌梅糖、铁皮石斛叶酒、铁皮石斛花叶速溶茶、铁皮石斛叶植物饮料、黄精葛根压片糖果、金银花罗汉果茶、佛手柠檬气泡水（佛手和栀子）等。同时，在传统中医药理论下，还发展了一批以猴菇米稀、八珍膏、红豆薏米芡实粉等为代表的药食同源食品。

这些药食同源预包装食品的出现，给消费者带来了视觉上的冲击和味觉上的享受。药食同源预包装食品种类丰富，但随着互联网的发展，消费者不断提出新的需求，因此，预包装食品在保证营养和养生保健的基础上，还需不断推陈出新。

以药食同源物质黑芝麻为例，最早为人熟知的黑芝麻糊，其主要原料为大米、白砂糖、食用葡萄糖、芝麻、麦芽糊精、核桃和花生，市场销售一直不温不火。2021 年，九蒸九晒黑芝麻丸在新媒体的宣传下成为爆品，当年"双十一购物狂欢节"销售额约达 2.8 亿元。随着不同生产企业的加入，黑芝麻丸的市场竞争日趋激烈，各品牌逐渐推出无糖产品，同时增加其他成分，如东北黑大豆、黑藜麦、黑米、燕麦和山药等，制成爆浆黑芝麻丸、黑芝麻饼、黑芝麻酥、黑芝麻糕和黑芝麻夹心糯米糍等新形态产品。这些新形态产品的出现，使销售增速达 20%。黑芝麻与更多具有食疗功效的食材搭配在一起制成的黑芝麻升级产品，成为黑芝麻产品的新热点。新消费品牌"根本（GENBEN）"推出的"黑麻立方"，以黑芝麻、红枣、藜麦、南瓜子和核桃等为主要原料，复配大豆膳食纤维、魔芋粉和乳清蛋白等，与传统黑芝麻丸不同的是，它采用无糖成型技术，产品呈小立方体，口感酥脆，无甜味且无油腻感。良品铺子的"完颜小主"被誉为中国版"费列罗"，优选五黑原料——黑芝麻、黑米、黑豆、黑桑椹和黑枸杞，采用无蔗糖配方，钙含量约为牛奶的 2.5 倍，同样获得大众喜爱。

（二）保健品

保健品是各种有益于身体健康的食品、药品、器具、器械的总称，按照对人体健康的影响方式大体分为 4 种：通过摄入外物质促进身体健康，如保健食品等；保健从业者提供保健服务所用的相关保健用品；保健与康复活动所用的保健产品；家庭保健所用的家用医疗保健器材、保健生活用品或检测设备。在中医药理论的指导下，大多数药食同源物质常与其他中药材组合，经现代科学加工技术制成不同用途的保健品，主要包括两大类，一类为内服的保健食品，另一类为外用的保健用品。

1. 保健食品

保健食品是指能调节人体机能、有特定保健功能、不以治病为目的的食品，适合特定人群食用。20 世纪末期，对植物化学物质（如多酚、硫代葡萄糖苷、皂苷等）保护机体健康和防治慢性疾病的作用的研究逐渐兴起。时至今日，基于功能因子开发的保健食品成为业内热点。黄精、黄芪（试点）、灵芝（试点）等药食同源物质的多糖类成分被证实有免疫调节的功效，沙棘油、绞股蓝皂苷具有降血脂的功效，葛根素、大豆异黄酮、姜黄素具有抗氧化的功效，基于这些功效开发出具有相应功能的保健食品已成为新热点。以葛根为例，常与枳椇子、五味子、灵芝（试点）及丹参配伍，开发出化学性肝损伤后肝保护的保健食品；与绞股蓝、银杏叶、泽泻等配伍，可开发出调节血脂的保健食品；与枸杞子、黄芪（试点）及西洋参（试点）配伍，可开发出提高免疫力的保健食品。

截至 2021 年 6 月 30 日，我国持有效生产许可证书的保健食品生产企业有 1 691 家，在产品种 15 375 个。注册保健食品数量在 1 000 件以上的药食同源物质有 5 个，分别是枸杞子、西洋参（试点）、麦芽、灵芝（试点）和黄芪（试点）；注册保健食品数量在 501～1 000 件的药食同源物质有 5 个，分别是枣（大枣、酸枣、黑枣）、茯苓、葛根、山楂和当归；注册保健食品数量在 100～500 件的药食同源物质有 25 个，包括山药、决明子、黄精、酸枣仁等；注册保健食品数量在 100 件以下的药食同源物质有 65 个，包括肉豆蔻、藿香、槐米等（表 3 – 2）。

我国获得批准的保健食品有 11 407 个（图 3 – 2）。2014—2019 年，我国获得批准的保健食品有 6 006 个，其中中药保健食品（包括纯中药、含中药或含中药提取物）2 820 个，占比达到了 46.95%，获批的中药保健食品的功效主要为增强免疫力、缓解疲劳、辅助降"三高"、改善睡眠等，其中增强免疫力、缓解疲劳的中药保健食品占比达 50.23%。

表3－2　注册保健食品中药食同源物质的使用频次情况

物质	频次	物质	频次	物质	频次	物质	频次
枸杞子	1 695	陈皮	169	青果	59	肉豆蔻	9
西洋参（试点）	1 305	龙眼肉（桂圆）	143	黑芝麻	51	藿香	9
麦芽	1 304	铁皮石斛（试点）	139	木瓜	49	槐米	8
灵芝（试点）	1 229	天麻（试点）	127	余甘子	47	西红花	7
黄芪（试点）	1 089	肉桂	127	紫苏籽	47	鲜白茅根	7
枣（大枣、酸枣、黑枣）	786	百合	124	益智	42	代代花	7
茯苓	773	山茱萸（试点）	121	丁香	39	小茴香	6
葛根	610	莱菔子	110	芡实	38	八角茴香	5
山楂	595	玉竹	103	杜仲叶（试点）	37	淡豆豉	5
当归	576	姜黄	102	郁李仁	36	花椒	3
山药	477	牡蛎	98	乌梢蛇	35	薤白	3
决明子	463	桃仁	94	橘皮	33	香薷	3
黄精	396	火麻仁	89	昆布	27	黄芥子	2
酸枣仁	384	栀子	82	鱼腥草	26	高良姜	2
蜂蜜	353	罗汉果	74	蝮蛇	22	荜茇	1
荷叶	285	白芷	71	白扁豆	20	刀豆	1
菊花	283	乌梅	68	生姜	20	黑胡椒	1
阿胶	276	蒲公英	67	槐花	20	山柰	0
甘草	276	桔梗	66	香橼	19	草果	0
薄荷	223	胖大海	63	淡竹叶	18	小蓟	0
桑椹	219	杏仁	62	赤小豆	13	白扁豆花	0
沙棘	211	砂仁	62	马齿苋	11	佛手	0
桑叶	204	肉苁蓉（试点）	60	桔红	11	干姜	0
党参（试点）	189	鸡内金	60	菊苣	10	枳椇子	0
金银花	173	莲子	59	白果	10	榧子	0

注：数据根据国家市场监督管理总局特殊食品安全监督管理司保健食品注册信息整理。

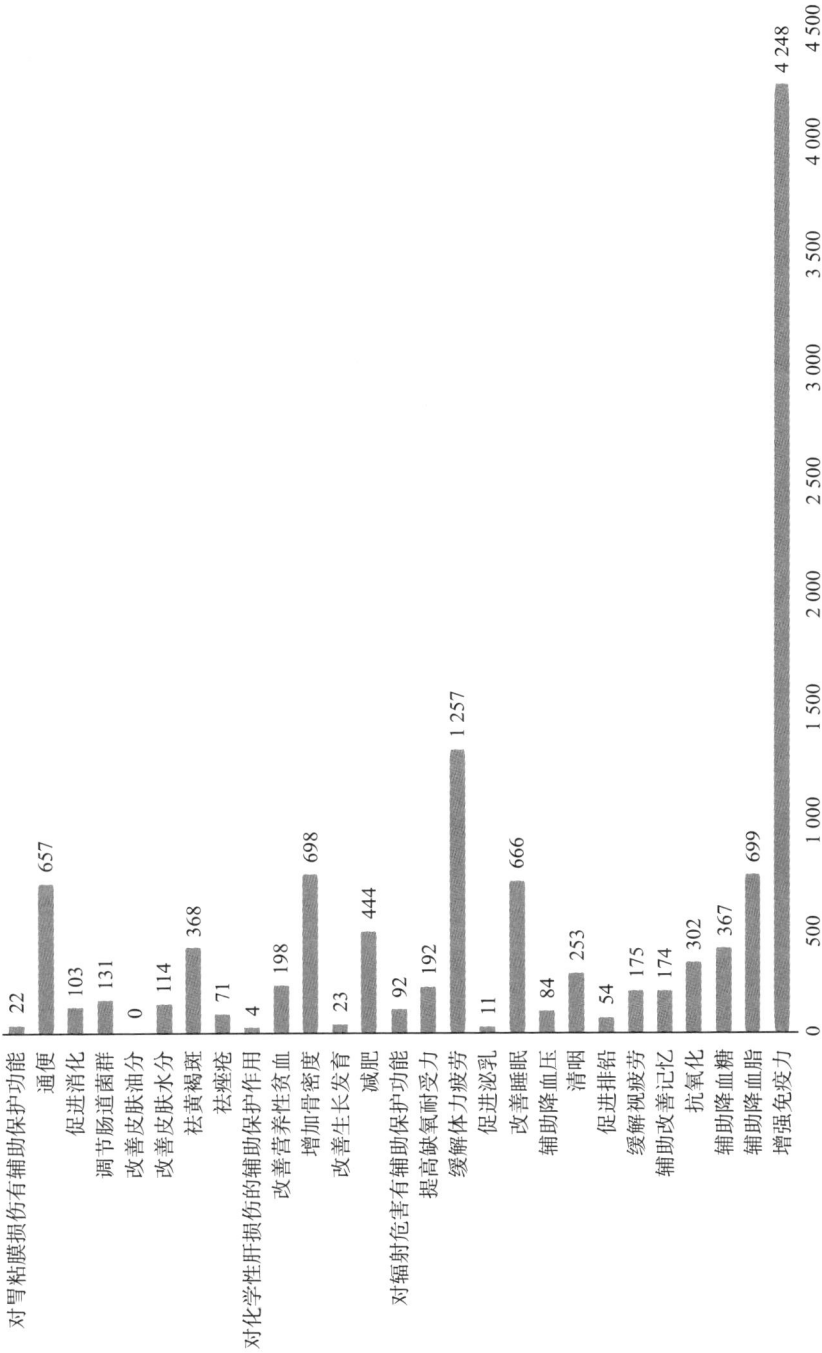

图3-2 不同功能类别保健食品注册情况

（注：数据根据国家市场监督管理总局特殊食品安全监督管理司保健食品注册信息整理）

2. 保健用品

保健用品是指个人直接或间接使用、不以治疗疾病为目的的具有缓解疲劳、调节人体机能、预防疾病、改善亚健康状态、促进康复等增进健康的特定功效的用品。目前，保健用品在国务院政策的指导下处于发展阶段，相关法律、法规也在不断完善，国家还没有授权具体监管部门，按照《中华人民共和国产品质量法》和工业产品生产许可证管理目录，保健用品属于"没有实施批准文号管理的产品"，目前不需要行政许可，适用《中华人民共和国行政许可法》第 13 条之市场自律和行业自律来管理。市场上常见的应用药食同源物质制成的保健用品有足浴包、香包、艾灸贴、暖胃贴、颈椎贴等。

（三）日化用品

中药提取物具有作用温和、刺激性小和安全性高等特点，特别是药食同源物质，具有良好的抗炎消毒、安神减压、美白保湿、防晒、抗衰老等功效，常作为原料或添加物来生产功能性日化用品。山银花、金银花、姜黄、薄荷等具有清热解毒、抗炎抑菌等功效，其提取物常被添加至牙膏中；藿香、香薷、蒲公英、栀子、鱼腥草等具有清热解毒、芳香化湿等功效，其提取物常被添加至消杀类产品中；白芷、藿香、薄荷、肉豆蔻、花椒、姜黄等芳香类药食同源物质常作为香薰、精油等产品的原料；甘草化学成分明确，药理作用广泛，是最常被应用于日化用品中的药食同源物质之一，研究显示，甘草查尔酮可抑制黑色素的形成，并对粉刺、痤疮有明显的祛除作用，可用于护肤品的研发，甘草酸及其盐有甜味，可作为矫味剂用于牙膏和漱口水中，如弗吕伽勒的抗过敏牙膏、日本优皓齿口腔护理牙膏及我国的云南白药抗过敏牙膏中均有甘草成分。

药食同源物质已被广泛应用于我国境内生产、销售的化妆品中，在国家药品监督管理局发布的《已使用化妆品原料目录（2021 年版）》中，药食同源物质有 87 种。据初步统计，药食同源物质已被用作化妆品原料的有提取物242 种、油 37 种、水 17 种、粉 41 种、汁 6 种、花末 4 种、化学成分 33 种、其他根和果实等 20 种；用于淋洗类产品最高历史使用量的前 10 大品种是香橼果水、覆盆子果提取物、香橼汁、覆盆子汁、蜂蜜、蜂蜜提取物、当归根提取物、桃花水、田野薄荷提取物、姜根提取物，使用率都在 10% 以上；用于驻留类产品最高历史使用量的前 10 大品种是杏仁油、肉豆蔻仁油、覆盆子果水、杏果水、姜根油、肉桂叶油、沙棘水、光果甘草根水、莲花水、莲根水，使用率都在 60% 以上。已纳入化妆品原料目录的药食同源物质品种见附录 2。

据不完全统计，关于灵芝（试点）、当归、甘草、沙棘、茯苓、姜、木瓜、杏仁、蜂蜜、蒲公英、葛根和覆盆子的国产特殊化妆品注册信息分别有 33 条、13 条、6 条、6 条、1 条、67 条、30 条、10 条、22 条、11 条、6 条和 1 条。

（四）天然食品添加剂

天然食品添加剂以动植物和微生物代谢产物为原料，一般经过物理方法制取，具有绿色安全、抗菌性好、水溶性好等特点，含有人体必需的微量元素，营养价值较高。天然食品添加剂包括香辛料、天然色素、天然营养强化剂、天然防腐剂、天然保鲜剂、天然调味剂、天然增稠剂等。

许多药食同源物质，如丁香、花椒、八角茴香、小茴香、肉桂、黑胡椒、肉豆蔻等，可直接作为香辛料使用。药食同源物质的提取物也可添加在食品中，如红花黄色素、姜黄色素、栀子黄色素、石斛色素、红枣红色素、桑椹红色素、紫苏色素，这些天然色素不仅可用于食品着色，还能作为营养强化剂起到保健作用；从药食同源物质中提取的罗汉果甜苷、甘草酸、紫苏苷等是目前最受欢迎的天然甜味剂，具有甜度高、热量低且安全无毒的特点，是传统糖类的最佳替代品，可与其他甜味剂混合使用，改善食品风味。

（五）农业用品

药食同源物质在农业中的开发主要集中于中兽药、中药饲料添加剂、生物源农药及保鲜剂等方面。相较于化学兽药及化学饲料添加剂，中兽药及中药饲料添加剂因其安全性、保健性及医疗性广受欢迎，兽用保健品亦成为药食同源物质开发的新风向。在养殖肉鸡的饲料中添加肉豆蔻、黑胡椒、丁香及生姜等，可改善肉鸡质量，使鸡肉香味更浓；黄芪（试点）、菊花、山楂、枸杞子、橘皮、金银花、山药、甘草、茯苓、党参（试点）、马齿苋等在提高动物生长性能、产品质量、饲料利用率等方面具有重要作用，常作为饲料添加剂。生物源农药因其绿色天然、低毒低残留、对环境及非靶标生物友好等优势成为农药领域关注的焦点。如八角茴香中的茴香油对害虫起杀卵、抑制生长发育的作用，具有开发成生物源杀虫剂的潜力；薄荷精油中的主要有效成分 L–薄荷醇可抑制酸腐菌的生长，可用于防控果蔬酸腐病；薄荷、花椒、肉桂、丁香等中药材中具有抑菌、杀菌、抗病毒成分，可被开发成杀虫剂、杀菌剂、除草剂。利用药食同源物质开发的生物源农药具有绿色、安全、不易产生抗药性的特点，这也是植物源农药筛选和应用研究的方向之一。中药源保鲜剂主要有中药浸泡、中药喷雾和中药成膜等应用形式，一些中药复方（复方中既有药食同源物质也有非药食同源物质）已被用作葡萄、番茄、苹果等果蔬的保鲜剂。肉桂、丁香、黄芪（试点）、生姜、山楂、花椒、栀子等具有抑菌和抗氧化作用，可被开发成中药源保鲜剂。

　　总之，药食同源物质含有黄酮类、皂苷类、多糖类、三萜类、甾体类等丰富的化合物成分，具有调节免疫、抗氧化、延缓衰老、降血糖、降血脂等功能，可开发应用到药品、预包装食品、保健食品、保健用品、日化用品、天然食品添加剂、中兽药、中药饲料添加剂、生物源农药、果蔬保鲜剂等多个大健康产品领域（图 3 – 3）。

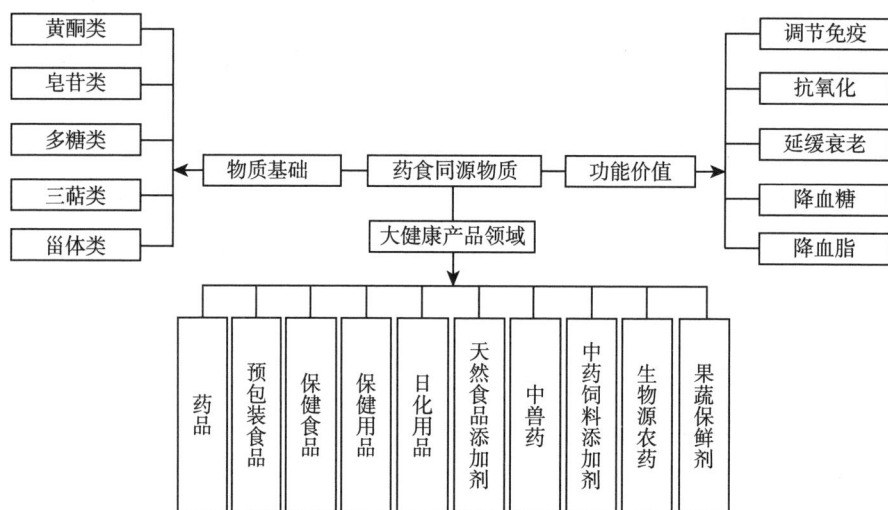

图 3 – 3　我国药食同源物质产品开发定位

二、药食同源产品开发上市路径

　　药食同源物质原料如果仅经过简单的净制、切片和包装，且包装标签上不标明"炮制规范""功能主治""用法用量"，就可以按照《食品安全法》第三十八条内容中的"中药材"进行分类、管理，药店可开架销售。但应用药食同源物质开发其他产品，需遵从产品开发上市路径的管理办法。

（一）我国药食同源产品开发上市路径

1. 预包装食品

根据《食品安全法》《市场监管总局关于仅销售预包装食品备案有关事项的公告》，当前，我国预包装食品的经营者市场准入方式由食品经营许可制度改为备案制度，即销售预包装食品的经营者取得营业执照或法人登记证、社团登记证等市场主体资格后，需在销售预包装食品前进行备案。

广东省市场监督管理局规定，食品生产单位在其生产加工场所或网上仅销售其生产的预包装食品的（食品小作坊有其他规定的从其规定），无需办理备案；食品生产单位在其生产加工场所或网上仅销售不是本生产单位生产的预包装食品的，应当办理备案。备案实施主体为食品经营场所所在地县级以上地方食品安全监督管理部门，食品生产和经营许可主体均采用一地一备案原则。

2. 保健食品

我国保健食品的注册与备案及其监督管理主要遵照 2016 年 7 月 1 日起施行的《保健食品注册与备案管理办法》，包括注册制管理和备案制管理。注册制一般指企业或科研单位提交申请材料，食品药品监督管理部门进行评审，决定是否批准其注册。备案制是指保健食品生产企业将材料提交食品药品监督管理部门进行存档、公开、备查。药食同源物质一般与其他中药材、保健食品原料等非药食同源物质配伍，以保健食品注册制的方式进行上市申请。

3. 日化用品

日化用品包括很多产品类别，本节主要提及化妆品。根据 2021 年 1 月 7日国家市场监督管理总局公布的《化妆品注册备案管理办法》，化妆品和化妆品新原料的管理均分为注册制和备案制。省、自治区、直辖市药品监督管理部门负责本行政区域内国产普通化妆品备案管理工作，在委托范围内以国家药品监督管理局的名义实施进口普通化妆品备案管理工作，并协助开展特殊化妆品注册现场核查等工作。特殊化妆品生产或者进口实行注册制，注册申请人按照国家药品监督管理局的要求提交申请资料。备案和注册实行动态管理，不再生产或者进口的，备案人或注册人需及时报告承担备案管理工作的药品监督管理部门，取消备案或申请注销注册证。

4. 天然食品添加剂

食品添加剂按照 2010 年 3 月 30 日原卫生部发布的《食品添加剂新品种管理办法》进行管理。申请食品添加剂新品种生产、经营、使用或者进口的单位或者个人提出食品添加剂新品种许可申请，原国家卫生和计划生育委员会负责审查许可，组织制定食品添加剂新品种技术评价和审查规范，对在技术上确有必要性和符合食品安全要求的食品添加剂新品种，准予许可并列入允许使用的食品添加剂名单予以公布。

5. 农业用品

目前，我国还没有发布正式的《药物饲料添加剂品种目录及使用规范》。2023 年 2 月 2 日，农业农村部办公厅印发了《植物提取物类饲料添加剂申报指南》，植物提取物类饲料添加剂分纯化提取物、组分提取物、简单提取物三大类进行申报。根据《新饲料和新饲料添加剂管理办法》的规定，在新饲料、新饲料添加剂投入生产前，研制者或者生产企业应当向农业农村部提出审定申请，并提交新饲料、新饲料添加剂的申请资料和样品；新饲料、新饲料添加剂在生产前，生产者应当按照农业农村部有关规定取得生产许可证；生产新饲料添加剂的，还应当取得相应的产品批准文号。

（二）国外药食同源产品开发上市路径

国外没有药食同源这一概念，与之相对应的产品一般被称为"功能性食品"。功能性食品是指具有营养功能、感觉功能和调节生理活动功能的食品。对功能性食品设立监管的国家和地区不多，其中监管体系比较完善的日本已明确将保健机能食品分为特定保健用食品、营养机能食品和功能性标示食品 3 类。

1. 特定保健用食品

须经日本厚生劳动省和消费者厅审查，取得许可证方可销售，相当于中国的蓝帽子认证。此类包括特定健康食品、特定健康用途的食品、特定保健食品、有条件指定保健食品等。管理政策于 1991 年出台。

2. 营养机能食品

符合标准者，无需许可申请和通知即可销售。此类目前限定为 13 种维生素、6 种矿物质和 1 种脂肪酸。管理政策于 2001 年出台。

3. 功能性标示食品

须在贩售前 60 天提出申请，企业承担责任提供相应的系统性文献或者临床实验数据，只要说明产品含有成分 A、具有 B 功能即可，条件非常宽松，如果后续监管中发现有虚伪夸大或者误导的情况会予以处罚。管理政策于 2015 年出台。

三、药食同源产品消费需求现状

目前，我国消费人群中，不同的年龄段有不同的消费需求。老年人侧重于营养充足，风味独特，易吸收，具有维护骨骼、心血管和脑部健康等功能的产品；儿童、青少年侧重于有益于智力发育、保护视力的产品；年轻女性侧重于美容养颜、瘦身类产品；年轻男性侧重于缓解体力疲劳、降血脂、调理肠道、护发养发的产品。消费者希望产品形态便携即食、零食化，产品配方低糖、低卡、健康化。国内消费者对药食同源产品主要呈现出以下 3 种心态：对于流行产品存在从众心理，认为国外产品质量好，物质基础明确，有疗效；认为纯天然产品无污染，吃得健康，吃得放心；对产品品牌的认可度高。

近年来，药食同源产品在形态和精细程度上均有明显的改进，价格也随之有所增涨，国内产品创新目前主要呈现 3 种趋势：从包装到口感给人以美好的享受；烹饪和食用方便快捷；天然，滋补，清淡，低热量。消费者对认知度高的成熟原材料较易接受，对产品包装精致化、形态丰富化的需求仍然高涨。

四、药食同源产品市场规模与现状

（一）国内药食同源产品市场规模与现状

2020 年，我国中药保健品在主要购物平台的销售量达 4.34 亿件，销售额为 229 亿元，同比增长 94.7%。药食同源产品需求持续增加，市场规模呈现稳定增长趋势。

随着亚健康人群的增加，人们对传统养生产品的需求持续增加。2021 年 9 月至 2022 年 8 月，"淘宝""天猫"购物平台上药食同源产品的销售额近

234 亿元，同比增长 22.3%。但是受中药原材料价格上涨的影响，药食同源产品均价上涨至原来的 1.5 倍，销售量为 3.2 亿件，同比下滑 15.0%。其中枸杞子、阿胶、蜂蜜、黑芝麻、灵芝、菊花、西洋参、决明子、茯苓是销售额最高的 9 个品种，五黑芝麻丸、阿胶固元糕、红参石榴饮、鲜炖燕窝、袋泡茶等是 2022 年电商销售的药食同源热点产品。

2022 年"双十一购物狂欢节"期间，具有抗氧化、祛斑、护眼功能的植物精华或提取物相关产品的销量增长迅速，其中灵芝或参类相关产品的销售额较高，超过 9 500 万元，同比增长 16.6%；普通植物提取物相关产品的销售额达 4 329 万元，同比增长 95.8%；葛根相关产品的销售额达 430 万元，同比增长 76.9%。药食同源食品的销量同比增长 50.0%，其中沙棘或沙棘原浆食品的销售额为 1 310 万元，同比增长 153.2%；橘皮相关食品的销售额为 470 万元，同比增长 100.3%；黄精相关食品的销售额为 410 万元，同比增长 29.8%；鸡内金相关食品的销售额为 400 万元，同比增长 24.7%；酸枣仁相关食品的销售额为 590 万元，同比增长 18.0%；其他药食同源食品的销售额为 8 160 万元，同比增长 89.2%。热卖产品及其主要卖点见表 3 – 3。

表 3 – 3　热卖产品情况

热卖产品	主要卖点
奈氏力斯人参皂苷	改善皮肤状态，紧致肌肤，延缓衰老
森山铁皮枫斗冲剂	科学制剂，无残渣，易吸收
胡庆余堂破壁灵芝孢子粉	增强免疫力
崇固滋灵芝孢子油软胶囊	大幅提高灵芝利用率，轻松食用，味道不苦
老农杞沙棘原浆	颜色鲜亮，口感浓郁，锁住营养
沙苑子枸杞黄芪百合袋泡茶	补益肝肾
可益康沙棘原浆、沙棘汁	配方纯净，低糖，补充维生素 C
陈皮	理气健脾，燥湿化痰
澳克罗健红酒葡萄籽精华液	奢养焕肤，高效速成

（二）国外药食同源产品市场规模与现状

随着健康观念和医学模式的转变，中医药在防治常见病、多发病、慢性病与重大疾病中的疗效得到国际社会的认可。目前，中医药已传播到 196 个国家和地区，我国与40余个外国政府、地区主管机构和国际组织签署了中医药合作协议。2019年，《国际疾病分类第十一次修订本（ICD－11）》纳入起源于中医药的传统医学章节，中医药的影响力不断增强。

以日本为代表的其他亚洲国家和我国有着同根异枝的中医药文化。日本有与药食同源类似的"药食一如"的说法，日本民众相信具有功效的饮食可以维持机体健康，崇尚中西融合的食疗保健方式，即在传统医学的指导下选择适宜的药食同源物质调节机体，并通过西方医学及营养学的思维去认识药食同源物质的功效成分，探究其作用机制。因此，功能因子型第三代功能性食品在日本非常受欢迎，2017年的市场规模约1.4万亿日元。此外，药膳在日本虽不允许用以经营，但大枣、莲子、薏苡仁、龙眼肉等药食同源物质常见于日常饮食中，乌梅更是此间典型代表，日本的饭食、茶饮、酒水中，都有乌梅的身影，甚至有"喝早茶的时候请享用梅干"的俗语。梅干中含有柠檬酸和丙酮酸，空腹服用能起到杀菌、醒神的作用。由此可见，药食同源理念早已融入日本的医食文化。

随着补充和替代医学在西方越来越得到认可，以药食同源物质为代表的天然药物逐渐受到关注。美国在20世纪初就把植物药纳入药典，允许"安全、有效、可控的混合物"而不仅仅是中药单体的进口。2015年美国膳食补充剂市场规模达347亿美元，消费者数量达2亿人，其中，草药或传统膳食补充剂市场规模达35亿美元。我国是世界天然药物的主要供应国，2018年对美国提取物的出口额达5.33亿美元，其中，大宗出口品种以药食同源物质的提取物为主，包括薄荷醇、甘草提取物等。2019年，全球食疗产品市场规模达2 667.4亿美元，10年复合年均增长率为3.6%。2020年，全球膳食补充剂市场规模达1 562亿美元，其中美国草药膳食补充剂的市场销售额达112.61亿美元，增长率达17.3%。据大视野研究有限公司预测，2025年全球功能性食品市场规模将达2 757.7亿美元。

在欧洲，德国、瑞士、英国、法国等国家联合成立了欧洲植物疗法联盟。德国早在1961年就把植物药纳入药品法，是欧洲消费中草药最多的国家。得益于针灸的流行，法国成为继德国后欧洲最大的中草药消费国。此外，英国、西班牙、意大利也具有一定的中医药发展基础。这些都促进了草药类功能性食品在欧洲的发展。据统计，欧洲是除亚洲、北美洲外我国第三大提取物出口地区，2018年我国对欧洲的提取物出口额达5.08亿美元。

总之，在我国与日本、韩国及东南亚地区对药食同源养生观具有共同的文化认知基础，以及欧美发达地区高水平的健康需求之下，中医药文化在友好的国际市场环境中积极输出，药食同源产业顺应时代需求，可获得飞速发展。

五、我国药食同源产品产业链及图谱

目前，国内企业对药食同源产品的开发还处于低水平阶段。药食同源产品上游原料主要集中在华熙生物、福瑞达医药、金达威集团等供应商手中，原药材主要分布在药材种植基地、药材饮片集散地、国内药材市场等；中游产品生产和品牌运营主要集中在药食同源产品的生产商和品牌商旗下；下游渠道主要集中在各大电商等线上渠道以及线下超市等零售大卖场。具体产业链及图谱见图 3 - 4。

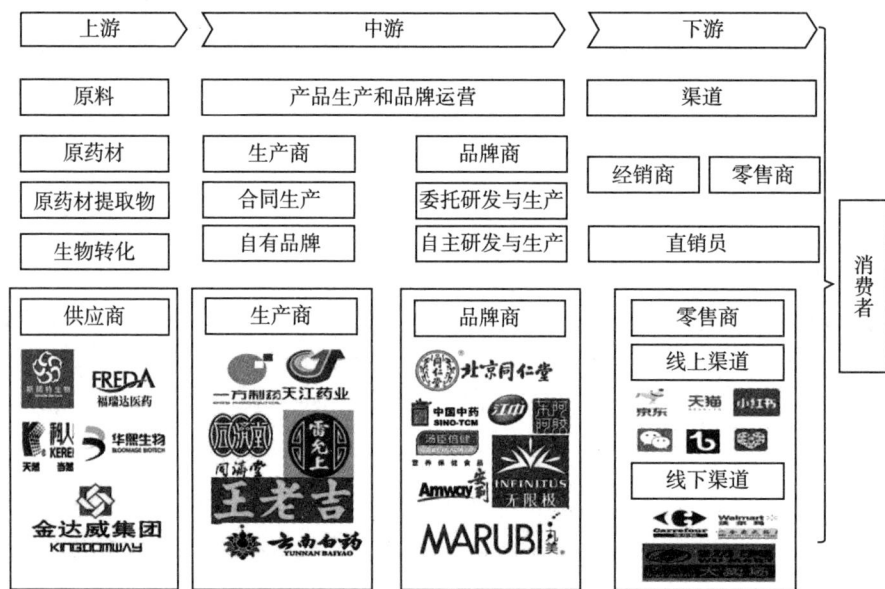

图 3 - 4　药食同源产品产业链及图谱

第四节　药食同源物质功效评价现状

目前，药食同源物质的功效还没有专门的评价体系。借鉴中药功效评价体系，药食同源物质的功效评价主要集中在人体临床评价和动物、细胞体内

46

外功效评价两方面。人体临床评价在近 5 年刚刚起步，已有备案的药食同源物质临床试验项目共 6 项（表 3－4）；未备案的研究探索性的临床试验项目，如中国人民解放军医学院开展了《癌症患者"药食同源"营养品功效的免疫机制探讨及短期生活质量评价研究》，研究证实破壁灵芝孢子粉、覆参片（含覆盆子和栽培人参）、覆花片（含覆盆子和灰树花）等"药食同源"营养品具有积极的免疫调节功效，对多个肿瘤相关细胞因子具有调节作用，可促进抗肿瘤免疫反应的激活，有助于提高肿瘤综合治疗效果。这些药食同源物质的临床试验主要用于观察药食同源物质对慢性病或癌症的干预或改善作用，而非观察其治疗作用。

表 3－4 已有备案的药食同源物质临床试验项目

试验题目	适应证	试验分期	申办单位	试验机构	登记日期
药食同源功能性食品辅助临床慢病患者管理干预研究	代谢综合征	探索性研究/预试验	山西医科大学第一医院	山西医科大学第一医院	2022－12－12
慢性疲劳综合征药食同源组方的效果观察	慢性疲劳综合征	其他	河北医科大学第一医院	河北中医学院（现河北中医药大学）	2022－01－11
药食同源新型魔芋食品对于肥胖与血糖、血脂异常人群的改善	肥胖与血糖、血脂异常	其他	西南医科大学附属中医医院	西南医科大学附属中医医院	2021－06－12
药食同源颗粒剂 YH0618 减少乳腺癌患者化疗脱发的临床研究方案	化疗引起的脱发	2 期	广州中医药大学	广东省中医院	2018－12－14

试验题目	适应证	试验分期	申办单位	试验机构	登记日期
药食同源膳食干预对2型糖尿病患者肠道菌群及血糖改善作用的研究	2型糖尿病	其他	苏州大学	苏州大学医学部护理学院	2018-09-25
药食同源配方干预对社区高血压患者肠道菌群及血压改善作用的研究	高血压	其他	苏州大学	苏州大学医学部护理学院	2018-09-20

药食同源物质的动物、细胞体内外功效评价主要分为基于动物的体内评价模式和基于细胞的体外评价模式，国内外研究学者对这两种评价模式所开展的相关研究在第四章中有详细的介绍，本节主要对这两种评价模式进行简述。

一、基于动物的体内评价模式

实验动物被喻为"活的精密仪器"，是生命科学研究发展的重要支撑条件。不同种属的实验动物在解剖特点、生物学特性、遗传背景、对疾病易感性等方面差异较大，目前常用的实验动物有豚鼠、兔、狗、斑马鱼等。研究表明，在不同种属的实验动物中，同一种药材或其有效成分在药效学方面存在区别。首先，这种区别表现为药效强度上量的差异，同一浓度在不同种属的实验动物中引起的药效强度不同，例如，在白藜芦醇对豚鼠、小鼠和家兔离体心肌收缩力和心率的影响研究中，白藜芦醇对三种动物的心脏均有负性频率作用，但在同一浓度下，白藜芦醇的药效强度存在种属差异，白藜芦醇对豚鼠的作用明显强于家兔；其次，这种区别还表现为质的差异，即同种药物对于不同种属的实验动物可能表现出截然相反的药效，例如，槐白皮水提液对家兔、大鼠、小鼠的十二指肠有明显的抑制作用，但对豚鼠的十二指肠却有兴奋作用。因此，实验动物的种属差异是研究者在动物实验设计过程中不能忽视的重要因素。

二、基于细胞的体外评价模式

为满足医药产业快速发展的需要，近年来，基于细胞的体外评价模式在复杂药效成分（群）及活性筛选的效率、通量、准确度以及自动化程度方面的应用有了质的飞跃。

细胞培养技术在药食同源物质功效评价中的应用，主要为利用免疫细胞和炎症细胞［如小鼠单核巨噬细胞（RAW264.7）、自然杀伤细胞（NK）］、肿瘤细胞［如人非小细胞肺癌细胞（A549）、小鼠肝癌细胞（Hepa1－6）］、神经细胞［如大鼠肾上腺嗜铬细胞瘤细胞（PC12）、小鼠海马神经元细胞（HT22）］、胰岛细胞［如仓鼠胰岛 β 细胞（HIT－T15）、小鼠胰岛瘤细胞（MIN6）］等构建药食同源物质安全和功效评价模型，通过不同的细胞模型分别研究药食同源物质抗氧化、抗炎、抗肿瘤、神经保护、降血糖等性能，同时建立科学的细胞功效评价体系，为开发和应用药食同源新原料及功效性产品提供重要的科学评价依据和指导方案。

第五节　药食同源产业标准现状

标准（含标准样品），是指农业、工业、服务业以及社会事业等领域需要统一的技术要求。标准包括国家标准、行业标准、地方标准和团体标准、企业标准。国家标准分为强制性标准、推荐性标准，行业标准、地方标准属于推荐性标准。强制性标准必须执行。国家鼓励采用推荐性标准。强制性国家标准由国务院批准发布或者授权批准发布。推荐性国家标准由国务院标准化行政主管部门制定。推荐性国家标准、行业标准、地方标准、团体标准、企业标准的技术要求不得低于强制性国家标准的相关技术要求。

药食同源物质来源于中药，既有药品属性又有食品属性，除枳椇子等几个未被收录于《中国药典》外，其他均被收录于《中国药典》。《中国药典》即药食同源物质作为药品属性的标准，但药食同源物质涉及营养物质成分、次生代谢产物，以及农药残留等外源性污染物限量等方面作为食品属性标准的部分，目前还没有制定。建议在制定药食同源物质标准时，除参考药品标准外，还应参考食品标准。

一、药食同源物质标准数量

对于药品属性标准，在已公布的 104 种药食同源物质中，未被《中国药典》收录的品种有蝮蛇、代代花、枳椇子、白扁豆花。被《中国药典》收录的品种有 100 种，其中有 8 种与《中国药典》中的名称略有不同，分别是橘皮、桔红、黑胡椒、黄芥子、鲜白茅根、鲜芦根、槐米、紫苏籽，此 8 种对应《中国药典》中的名称为陈皮、橘红、胡椒、芥子、白茅根、芦根、槐花、紫苏子。

对于食品属性标准，据调查，共有 64 个品种具有国家标准，其中蜂蜜的数量最多，为 93 个，其次是枣、姜、肉桂、麦芽、牡蛎、木瓜、花椒、薄荷、丁香、山楂等；共有 75 个品种具有地方标准，其中枣的数量最多，为 87 个，其次是姜、百合、山药、灵芝（试点）、花椒、铁皮石斛（试点）、金银花、沙棘等；共有 77 个品种具有团体标准，其中枣的数量最多，为 150 个，其次是蜂蜜、姜、灵芝（试点）、山药、花椒、金银花、铁皮石斛（试点）、百合、黄精等；共有 98 个品种具有食品安全企业标准，其中黄精数量最多，为 412 个，其次是灵芝（试点）、葛根、茯苓、山药、阿胶、姜、牡蛎、沙棘、蜂蜜等，榧子、鲜白茅根、白扁豆花、山柰、荜茇没有食品安全企业标准，表明这几个品种目前可能还未被开发成相关食品，而黄精、灵芝（试点）、葛根、茯苓、山药、阿胶、姜、牡蛎、沙棘、蜂蜜这些品种被开发成食品的品种数量较多，由此可以看出，不同的药食同源物质，其标准的制定具有较高的不均一性（表 3－5）。

表 3－5　药食同源物质现行有效的食品标准数量

单位：个

名　称	国家标准	地方标准	团体标准	食品安全企业标准	总计
酸枣仁（酸枣）	—	8	8	115	131
牡蛎	19	6	3	168	196
栀子	3	9	5	44	61

名　称	国家标准	地方标准	团体标准	食品安全企业标准	总计
甘草	9	9	14	110	142
代代花	1	—	—	6	7
罗汉果	5	6	10	59	80
肉桂	18	7	8	51	84
决明子	—	1	1	89	91
莱菔子				6	6
橘皮	—	2	18	96	116
砂仁	—	8	10	20	38
乌梅	—	1	1	40	42
肉豆蔻	2	2	1	7	12
白芷	—	5	9	33	47
菊花	7	14	8	80	109
藿香	1	2	7	11	21
沙棘	4	17	16	165	202
郁李仁	—	—	—	5	5
青果	1	—	—	4	5
薤白	—	1	—	5	6
薄荷	12	1	3	29	45
丁香	10	3	2	22	37
高良姜	1	2	—	9	12
白果	2	2	2	23	29
香橼	—	—	—	13	13
火麻仁	—	1	3	22	26
桔红（橘红）	1	5	9	49	64
茯苓	—	9	10	232	251
香薷	—	—	—	3	3
紫苏	3	11	8	49	71
乌梢蛇	—	—	—	16	16
蝮蛇（蕲蛇）	—	—	—	21	21

名　称	国家标准	地方标准	团体标准	食品安全企业标准	总计
八角茴香	3	2	3	2	10
刀豆	4	1	2	4	11
姜	26	60	45	169	300
枣	32	85	43	127	287
山药	4	36	32	226	298
山楂	10	6	9	164	189
小茴香	—	4	2	9	15
木瓜	19	11	5	74	109
龙眼肉（桂圆）	2	6	2	58	68
白扁豆	—	1	—	6	7
百合	6	39	22	135	202
花椒	12	25	28	14	79
芡实	—	6	4	44	54
赤小豆	1	1	—	8	10
佛手	3	7	10	53	73
杏仁	8	1	6	59	74
昆布	4	3	6	7	20
桃仁	2	—	—	39	41
莲子	2	4	7	59	72
桑椹	2	8	13	75	98
菊苣	1	7	3	24	35
淡豆豉	—	—	—	6	6
黑芝麻	6	—	10	75	91
黑胡椒	2	1	2	3	8
蜂蜜	88	15	54	164	321
榧子	—	—	—	—	0
薏苡仁	—	—	1	44	45
枸杞子	9	17	17	30	73
麦芽	21	2	3	79	105

名　称	国家标准	地方标准	团体标准	食品安全企业标准	总计
黄芥子	—	—	—	2	2
鲜白茅根	—	—	—	—	0
荷叶	3	7	5	54	69
桑叶	2	10	13	62	87
鸡内金	—	—	—	51	51
马齿苋	1	1	—	12	14
鲜芦根	—	—	1	2	3
蒲公英	1	8	5	61	75
益智	1	—	1	40	42
淡竹叶	—	—	—	13	13
胖大海	—	—	—	8	8
金银花	4	21	27	104	156
余甘子	3	1	1	17	22
葛根	3	9	4	267	283
鱼腥草	—	—	—	23	23
阿胶	—	3	21	177	201
白扁豆花	—	—	—	—	0
覆盆子	2	3	2	28	35
槐花、槐米	—	3	2	19	24
桔梗	2	12	7	31	52
小蓟	—	—	—	8	8
玉竹	—	2	2	69	73
紫苏籽	1	—	1	19	21
黄精	—	11	22	412	445
当归	2	3	12	19	36
山奈	—	—	—	—	0
西红花	1	3	3	1	8
草果	4	—	3	2	9
姜黄	7	4	3	9	23

名 称	国家标准	地方标准	团体标准	食品安全企业标准	总计
荜茇	—	—	—	—	0
党参（试点）	2	17	10	29	58
肉苁蓉（试点）	1	—	5	26	32
铁皮石斛（试点）	1	26	23	93	143
西洋参（试点）	3	9	18	116	146
黄芪（试点）	2	13	15	79	109
灵芝（试点）	7	34	43	346	430
天麻（试点）	2	12	12	14	40
山茱萸（试点）	—	4	—	5	9
杜仲叶（试点）	1	4	1	10	16
山银花	—	2	1	2	5
粉葛	—	12	5	3	20
枳椇子	—	1	1	2	4
总计	422	715	754	5 594	7 485

二、药食同源物质各类标准侧重

药食同源物质的国家标准主要是对单体成分的质量标准和检测方法以及作为食品添加剂时的安全标准等进行规定和要求；地方标准主要是对栽培和生产技术规程等进行规定；团体标准涉及单体成分和提取物的质量标准、检测方法以及栽培、生产等技术规程内容；食品安全企业标准主要是对药食同源物质应用于各种预包装食品的安全标准进行规定。

第六节　药食同源产业现存问题

在"健康中国"的政策环境下，我国药食同源产业在物质原料、产品、技术、标准方面有了很大的进步。随着我国研发和技术水平的提高，药食同源产品种类不断丰富，市场规模逐步扩大，药食同源产业正面临前所未有的发展机遇，但我国药食同源产业尚处于起步阶段，存在产品同质化现象严重、研发水平低、标准体系缺失等问题。

一、管理政策制约产业发展

我国药食同源物质有 1 000 多种，但国家公布的药食同源物质品种有限，市场多元化需求与有效供给严重不匹配。党参、肉苁蓉、铁皮石斛、西洋参、黄芪、灵芝、天麻、山茱萸和杜仲叶 9 种物质目前仅作为试点品种，不能应用于经营性食品的开发中；当归、山柰、西红花、草果、姜黄和荜茇 6 种物质仅可作为香辛料和调味品使用，在进出口市场流通中，药食同源物质原料因无法归类（如小茴香、肉豆蔻等调味品香料既属于药品也属于食品），进出口监管部门一般将它们作为药品进行严格核检，通关程序繁琐。药食同源物质开发为预包装食品时，包装说明的描述中不可涉及保健食品功能声称的内容。此外，药食同源产品易被职业打假人恶意投诉（"非法添加""标签标识偏差"等）。这些药食同源物质管理政策严重制约了药食同源产业的发展。

二、量 - 效关系不明确

药物毒性分为固有毒性和特殊毒性。固有毒性是指毒性的发生与药物及其活性代谢产物的作用机制有关，是可以预测的，呈剂量相关性。特殊毒性是指毒性的发生与宿主的反应有关，与剂量的关系不密切，通常发生率较低，难以预测，例如药物过敏等。药食同源物质名单 20 世纪 80 年代被公布，受当时研究方法的局限，某些物质的固有毒性无法研究透彻，药食同源物质的量 - 效关系及其作用机制也没有系统研究，这些物质中的次生代谢产物、化学成分等功效成分在什么剂量下可用于治病，在什么剂量下可用作食品，这些都尚未可知，如果将治疗剂量用于食品中，可能会产生特殊毒性问题，如近年来有关栀子的文献报道表明，如果不注意栀子的服用剂量，可能会存在安全性问题。

三、功效因子研究落后

近年来，人们对大健康的关注度不断提高，这将全球食疗产业的发展推向了新高潮。各国结合自身的技术优势，依据食品成分和作用机制，进一步扩大了食疗产业。全球的功能性食品按科技水平可分为三代：第一代产品是根据产品的主要成分来推测功能，缺乏科学的验证和评价；第二代产品是通过动物和人体试验证明其功能的科学性和真实性；第三代产品是在第二代产品的基础上，明确产品的功效成分、量－效关系、功能因子等。目前以第二代和第三代产品为主要研究对象和需求导向。

我国结合中医药文化优势，整合中医养生思想和中药药性理论，开发了一大批药食同源产品，但由于企业不愿投入时间和经费研发、长线投入看不到经济效益、大多数跟风进行低水平重复开发等，导致产品生存周期短，生存能力差。此外，受限于药食同源物质名单和现代制剂技术，产品组方配伍无法完全遵从医学古籍所记载，效果无法确定，重新组方配伍后又缺乏合理有效的评价依据，导致我国药食同源产品基本处于第一代的水平，因此消费者往往更愿意购买国外的药食同源产品，这加剧了我国药食同源产品竞争力弱的局面。

四、标准体系缺乏

药食同源物质标准体系是确保药食同源物质及其产品安全有效的核心。药食同源物质的药食两用性及不同适用人群决定了药食同源产品的标准控制重点不同。药食同源物质来源于中药材，除枳椇子等几个未被收录于《中国药典》外，其他均被收录于《中国药典》，《中国药典》即药食同源物质作为药品属性的标准，但药食同源物质涉及营养物质成分、次生代谢产物，以及农药残留等外源性污染物限量等方面作为食品属性标准的部分，目前还没有制定，这严重影响了药食同源物质及其产品的质量控制和功效评价，药食同源物质及其产品的安全性、营养性和功能性无法得到保障。

五、产品同质化现象严重，质量参差不齐

我国药食同源物质受原料产地、采收季节、采收年限等方面因素的影响，加上功效成分不明确，功效评价方法不完善，产品无自身特色，没有独立知识产权，组方配伍产品受原料名单的限制，复配组成差异不大，导致产品同质化现象严重。大部分国内研发和经营企业会找生产商进行代加工，生产商

集中度高，由同一家代加工工厂生产出来的产品，配方差异化小，易被模仿。为增加卖点，国内研发和经营企业往往在与其他企业原料、配伍一致的基础上，通过更换新包装或新剂型等产品形态来吸引消费者。药食同源物质缺乏评价标准，产品质量完全由企业自己把控，在这种背景下，部分产品中的药食同源物质纯属概念添加或添加量不足，导致产品质量参差不齐。有的企业甚至通过传销的方式进行销售，误导消费者，导致社会各界对药食同源产品失去信心，影响行业信誉，不利于产业发展。

六、产品辨识度差，企业推广宣传成本高

目前，药食同源预包装食品的包装按食品标签要求标识，不能声称功能，为了加深消费者对产品的印象，企业需通过各种宣传推广方式提高产品的辨识度，这增加了产品成本。

药食同源物质的分布区域有一定的明显度，但葛根、山药、木瓜、枸杞子、覆盆子等具有产量优势、区域分布特色的药食同源物质，还没有辨识度高、知名度高的产品。

七、科学普及不够，专业人才不足

据统计，我国纳入药食同源物质名单的 104 种药材（包含正在试点的 9 种物质）中，只有 53 种在欧洲被用作保健食品、香料或草药。另外，在"2020 年美国主流多渠道最畅销的草药补充剂"前 40 个品种中，只有 14 个品种（或含有纯化提取物的产品）在我国被用作香料或中草药，例如，睡茄以超过 3 100 万美元的总销售额排名第 12 位，但在我国却鲜为人知。我国民众对药食同源物质的认识比较片面，科学普及不够。

目前，以药食同源命名的行业团体有中国中药协会药食同源物质评价与利用专业委员会、中国医药卫生文化协会药食同源专业委员会、中国医药物资协会药食同源专业委员会、药食同源养生全国专业委员会等。这些团队最早的也才成立于 2016 年，相对年轻，经验不足。药食同源物质功效评价和标准均未形成体系，国家和地方政府的政策也均是近几年出台的，药食同源产业属于朝阳产业，药食同源企业大多是由中药企业的分支机构成立的，缺乏专业的生产管理和营销团队，人才严重不足。

第七节　药食同源产业发展应对策略

一、制定合理管理政策，加强科学研究投入，持续专项资金扶助

《按照传统既是食品又是中药材的物质目录管理规定》对药食同源物质作出明确界定，为规范管理药食同源物质提供了法律依据。但要规范管理药食同源产品，还需建立药食同源产品标签、生产许可、功能声称、原料和产品标准、功效评价方法、安全警示、审批模式等配套管理制度。近年来，越来越多的中医药基础研究发现中药材中蛋白质、糖类、酯类等功能因子具有一定的活性。药食同源物质作为预防和干预疾病的重要物质基础，我们应加强对其活性功能因子和量－效关系的科学研究并应用于人民康养。发展药食同源物质基金项目和药食同源地方特色食品产业发展专项基金项目，可拉动产学研深度融合，助力企业"加速度"，推动科技人才创新，发展地方经济，提升药食同源产业的国际地位。

二、完善药食同源物质原料和产品标准体系，提升监管水平和服务能力

参考现有国家标准、行业标准和地方标准，完善药食同源物质原料标准体系，制定普适性的通用标准，细分至功能因子、功效评价、安全指标及相应检测方法等方面；建立药食同源物质应用于药膳、预包装食品、保健食品、食品添加剂、香料产品、农业用品、日化产品中的管理规范；深化对进口药食同源物质原料和产品的监管模式。深入调研药食同源物质的生产、科研、销售情况，建立地方特色物质进入药食同源物质名单的门槛制度，扩增药食同源物质名单。

建设药食同源数据库，如药食同源产品上市信息共享平台，构建从原料到产品全产业链监管追溯体系，以便于广大民众查询药食同源物质信息，扩大消费者监管沟通渠道，提升行业监管水平和服务能力。

三、整合企业供应链优势，加大产品研发力度，提高产品质量，适应市场需求

随着市场竞争的加剧，我国从事药食同源产品研发和销售的企业越来越多，出现产品从低端到高端、消费潮流从传统型到轻型化的转变。产品要想长足发展，企业就要对产品进行深度研究，利用研发促进原料的高质量应用，从而提高产品附加值。

产品供应链方面，代加工的生产供应商具有一定的加工经验，具备成熟的生产工艺技术，可通过延展原料的应用许可，提高代加工生产范围，促进产品创新和迭代。在具有销售渠道及客户资源的企业获得新形态产品产生的红利后，其他企业定会竞相模仿，导致该种企业利润空间被压缩，这势必会使该种企业加大研发力度，增加研发资金投入，从而促进产品"基因"原料的开发和产业结构升级。对于刚进入药食同源行业的初创公司，利用其团队的创新思维及灵活机制，可嗅到市场需求的新风向，通过创新产品形态，使产品形态多样化，从而促使企业存活进而做大做强。

四、优化产品配方，清晰产品定位，引导消费需求，提高行业信誉

通过中西医结合复配的方式优化产品配方，可以弥补仅添加药食同源物质起效慢或剂量不足的问题，如咖啡与枸杞子、透明质酸钠与西洋参、阿胶与维生素C和胶原蛋白等的结合。

调研消费者对产品的心理诉求，根据不同消费人群进行产品定位，通过沟通宣传，合理引导消费者对产品的心理预期，使消费者正确认识药食同源产品的功效和价值导向，树立对产品的信心。

五、培养专业人才，科学普及药食同源相关知识

规范药食同源产品生产、加工、宣传、销售等相关人员对产品的描述用语，加强相关人员对预包装食品、保健食品、化妆品等产品分类知识的了解及对《中华人民共和国广告法》《食品安全法》《食品安全国家标准 - 预包装食品标签通则》等法律、标准的学习，培养监管、研发、生产、营销等专业

人才，保障行业发展。

随着生活水平的提高，人们对健康养生的理念越来越注重。目前，我国已公布的药食同源物质有 100 多种，但消费者熟知的并不多，尤其是近年来新增的品种，随着互联网的普及，消费者获取产品信息的速度越来越快，因此，应加大对药食同源物质名单的推广与宣传。

· 第四章 ·

药食同源科技创新研究进展

基础研究是科技创新的源头，科技创新是高质量发展的重要内核。药食同源物质的研究经过几十年的发展已取得较为丰硕的成果，近年来，随着分析技术的发展，关于药食同源物质的研究愈发深入，药食同源物质中的活性小分子化合物结构解析、高分子化合物结构解析和化学成分快速鉴别等研究也取得了大量成果。目前，国内外的研究已向分子层面聚焦，交叉学科的系统性研究是未来研究药食同源物质的趋势。

本章对药食同源物质研究趋势、主要功效成分研究进展、药理作用研究进展、加工制备新工艺 4 个方面进行论述，为药食同源产业科技创新和高质量发展提供理论指导。

第一节　药食同源研究热点趋势变化

为了凸显药食同源领域的研究趋势，我们进行了文献计量分析。在全球引文数据库 Web of Science 的核心数据库输入 "Medicine and food homology"，共检索到 1 246 份英文文献；在中国知网（CNKI）核心数据库以 "药食同源" 和/或 "药食两用" 为检索词进行搜索，共检索到 1 183 份中文文献。使用引文图谱分析软件 HistCite、VOSviewer 对检索到的文献进行计量研究，发现药食同源研究在国内外极受重视。

一、药食同源研究文献计量分析及结果

药食同源研究英文文献的年产量见图 4 – 1，世界各国药食同源研究发文量占比见图4 – 2。

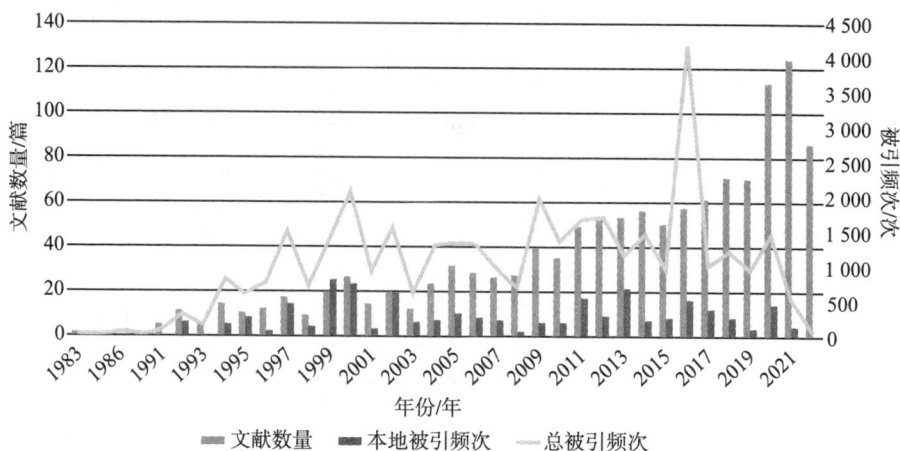

图 4 – 1　药食同源研究英文文献年产出量

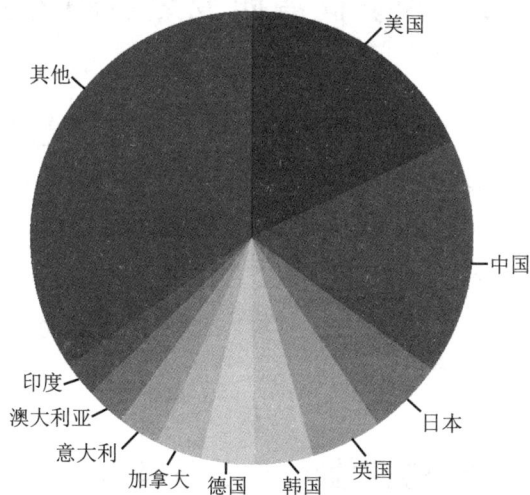

图 4 – 2　世界各国药食同源研究发文量占比

通过表 4 – 1 得知，目前对药食同源物质的研究是多维度的，包括肠道菌群、复方制剂、纳米颗粒等。在新冠疫情流行期间，药食同源物质的防疫作用也引起广泛关注。药食同源物质具有多成分、多靶点的特性，它的应用横跨食品、医药领域，学界应结合多学科进行系统探究，才能更好地对药食同源物质进行开发利用及质量控制。

表 4 - 1 被引用次数排名前 10 的文献情况

序号	文章题目	期刊	被引次数
1	Discovery of the curcumin metabolic pathway involving a unique enzyme in an intestinal microorganism	PNAS	154
2	Origin and concept of medicine food homology and its application in modern functional foods	FOOD & FUNCTION	65
3	An "essential herbal medicine" – licorice: A review of phytochemicals and its effects in combination preparations	JOURNAL OF ETHNO-PHARMACOLOGY	64
4	Melanin nanoparticles derived from a homology of medicine and food for sentinel lymph node mapping and photothermal in vivo cancer therapy	BIOMATERIALS	53
5	Potential compound from herbal food of Rhizoma Polygonati for treatment of COVID – 19 analyzed by network pharmacology: Viral and cancer signaling mechanisms	JOURNAL OF FUNC-TIONAL FOODS	43
6	The antiviral and coronavirus – host protein pathways inhibiting properties of herbs and natural compounds – Additional weapons in the fight against the COVID – 19 pandemic?	JOURNAL OF TRADITIONAL AND COMPLEMENTARY MEDICINE	41
7	Extracts from Hericium erinaceus relieve inflammatory bowel disease by regulating immunity and gut microbiota	ONCOTARGET	38
8	Neuro – protective Mechanisms of Lycium barbarum	NEUROMOLECULAR MEDICINE	36
9	The Pharmacological Effects and Health Benefits of Platycodon grandiflorus – A Medicine Food Homology Species	FOODS	36
10	The Fruits of Siraitia grosvenorii: A Review of a Chinese Food – Medicine	FRONTIERS IN PHARMACOLOGY	31

二、药食同源的概念及研究进展

药食同源是我国人民在生产实践中对药食关系的认识和概括。药物和食品中代谢产物种类和比例的不同，使二者的性味、口感和功效各异。食品的功效侧重于养生，药物则多用于治疗疾病。随着社会的发展和医疗水平的提高，药食同源的理论和应用日趋成熟。在提高生活质量方面，中医"治未病"理念得到人们的普遍认可，药食同源的养生理念也受到广泛关注。药食同源物质在世界各国普遍存在，许多广受欢迎的健康产品，如玛卡、紫锥菊和蔓越莓等，都属于此类物质。

早期学者偏于研究药食同源物质的养生保健作用等，如研究发现枸杞子、西洋参等中药具有抗疲劳、耐缺氧作用，能有效提高人体内肌糖原和肝糖原含量，提高运动耐力，降低人体运动后的血乳酸和血尿素氮含量。随着科技水平及医疗水平的发展，研究热点开始转向药食同源物质的基原鉴定、主要成分鉴定、作用机制等方面，并围绕功能因子制定了相关质量标准。根据VOSviewer 关键词检测（图 4 - 3、图 4 - 4），国外研究热点关键词从 2005 年的食物（food）、过敏反应（anaphylaxis）到 2010—2015 年的鉴定（identification）、蛋白表达（protein expression），再到 2020 年的抗氧化性（antioxidant）、分子对接（molecular docking）、基因表达（gene-expression），从传统应用到基原鉴定，再到分子、基因组层面。"通过基因表达探究机制""序列鉴定研究系统进化""研究大肠杆菌为主的肠道菌群"等是目前国外热门的研究领域。国内研究热点关键词从早期的食疗、保健食品、功能性食品变为药食同源中药、栽培技术、资源开发利用，近些年又变为药理作用和化学成分。山药、茯苓、金银花、黄精等传统药食两用植物的活性成分和药理作用是目前国内研究的热点。国内外研究趋势大致相同，都是由传统应用向药食同源物质的有效成分及作用机制转变，此外，聚合酶链式反应、高效液相色谱法、基因克隆纯化等技术的出现，也表明未来应结合更多组学技术在分子水平上对药食同源物质进行探究。

统计化学和药理领域文献权重前 20 的关键词（表 4 - 2、表 4 - 3）发现，国内外文献的热点关键词有部分重合，如化学领域的鉴定、生物活性、含量特征等，药理领域的抗氧化、作用机制、抗菌消炎等。国内研究在化学领域更注重质量控制、优良品种、加工工艺等方面，国外则偏向纯化、晶体结构、

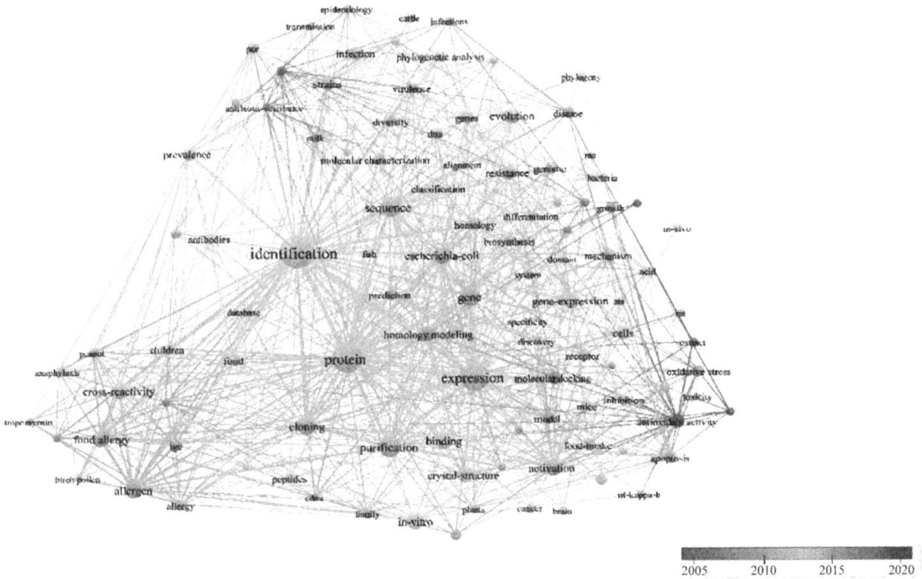

图 4 - 3 2005—2020 年国外药食同源研究关键词演变趋势

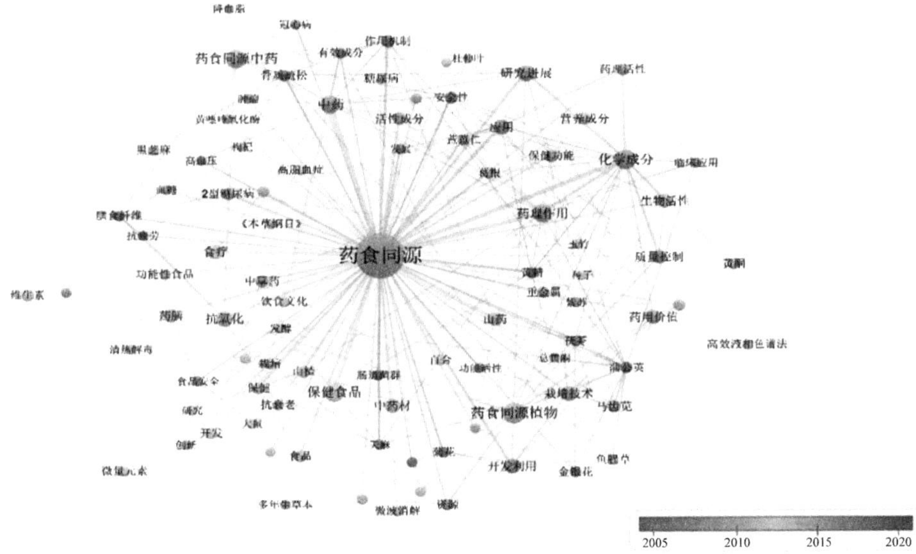

图 4 - 4 2005—2020 年国内药食同源研究关键词演变趋势

3D 结构等方面；国内研究药理作用时更注重与传统功效（清热解毒、滋阴润燥、清泻肝胆等）相结合，国外则更喜欢研究蛋白表达、酶活力、细胞凋亡等机制。结合图表，发现药食同源物质的研究重心从宏观应用转移到了分子机制层面，与蛋白组、基因组、代谢组等组学相关的术语出现频次较高，可知组学的发展与药食同源物质的深入研究和开发紧密相关。

表 4-2 英文文献权重前 20 的关键词

序号	化学领域		药理领域	
	关键词	被引次数	关键词	被引次数
1	identification	80	protein	72
2	purification	51	expression	67
3	crystal structure	40	food allergy	41
4	biosynthesis	21	in vitro	36
5	diversity	19	activation	33
6	growth	19	antibody	28
7	classification	14	cross reactivity	24
8	metabolism	14	mechanism	18
9	arachidonic acid	13	enzyme	18
10	phylogenetic analysis	12	resistance	18
11	amino acid	11	inhibition	18
12	3 dimensional structure	10	receptor	17
13	extract	10	apoptosis	16
14	allergen structure	10	oxidative stress	16
15	plant	9	active site	16
16	abscisic acid	7	inflammation	15
17	aqueous extract	7	immune response	11
18	biological activity	7	antioxidant	10
19	specificity	7	insulin resistance	10
20	phosphorylation	7	antimicrobial activity	10

表 4-3 中文文献权重前 20 的关键词

序号	化学领域		药理领域	
	关键词	被引次数	关键词	被引次数
1	化学成分	24	药理作用	22
2	中药	21	食疗	15
3	生物活性	9	保健功能	13
4	营养成分	7	清热解毒	9

序号	化学领域		药理领域	
	关键词	被引次数	关键词	被引次数
5	毒性物质	5	滋阴润燥	7
6	质量控制	5	抗氧化	7
7	优良品种	5	作用机制	6
8	氯霉素	4	抗菌消炎	5
9	低温提取	4	扩张血管	5
10	低温脱脂	4	功能活性	5
11	叶酸	4	关节炎	4
12	成分鉴定	4	不育症	4
13	加工工艺	4	清泻肝胆	4
14	抗生素	4	前列腺癌	4
15	膳食纤维	4	分子对接	4
16	次生代谢产物	4	网络药理学	4
17	半胱氨酸	3	安全性	4
18	来源鉴定	3	毒副作用	4
19	含量特征	3	传统养生	4
20	含量测定	3	温肾壮阳	4

药食同源物质的研究经过几十年的发展已取得较为丰硕的成果。目前，国内外的研究已向分子层面聚焦，但对于药食同源物质来说，单纯的基原鉴定、提取分离或机制研究都无法准确评价其质量和功效，药食同源物质的相关质量评价体系还有所欠缺。由于普通食品和中药保健食品的应用场景不同，药食同源产品的质量控制也应该具有多重性。因此我国传统药食同源物质研究需要结合传统功效及多元化分子技术进行综合性研究，才能合理地对药食同源物质进行质量评价及开发利用。交叉学科的系统性研究会是未来研究药食同源物质的趋势。

第二节　主要功效成分研究进展

研究化学成分对于药食同源产业的发展至关重要，明确化学成分对于理解药食同源物质的功效和作用机制有很重要的意义。近年来，随着分析技术的发展，药食同源物质中的小分子化合物结构解析、高分子化合物结构解析、化学成分快速鉴别等研究也取得了丰富的成果。本节将对近年来药食同源物质中多糖类、多酚类、萜类、有机酸类、生物碱类、蛋白质及多肽类等有效成分的研究进行综述。

一、多糖类成分

多糖是指由至少10个单糖通过糖苷键连接而成的高分子碳水化合物，是药食同源物质中重要的活性成分之一。由于多糖的相对分子量、单糖组成、链构型和环构象等方面的多样性，对其分析具有一定的挑战性。

多糖的化学特性可借助相关化学技术进行研究。高效凝胶渗透色谱法（HPGPC）是目前最常用的鉴定纯度和检测分子量的方法；单糖组成通常采用酸水解或衍生化的酸水解，经高效液相色谱法（HPLC）或气相色谱法（GC）分析来确定；糖构型、糖苷键类型及糖残基连接方式主要通过甲基化反应、高碘酸氧化、氧化开裂法（Smith 降解法）、红外光谱（IR）以及核磁共振（NMR）来判断；扫描电镜（SEM）用来分析酸性多糖样品的表面或断口形貌；X 射线衍射（XRD）用来分析酸性多糖的立体化学信息，如键长、键角和构型等，以确定多糖的立体构型。由于上述技术的发展和普及，近年来有关药食同源物质中多糖类成分的结构表征和生物活性的研究如雨后春笋般涌现。表4-4列举了近5年文献报道的具有代表性的药食同源物质中多糖类成分的化学特性及功效，从表中可以看出：药食同源物质中多糖类成分的平均分子量为10~1 000 kDa；多数多糖类成分中含有少量蛋白质，含量约1%；主要单糖组成有葡萄糖、半乳糖、半乳糖醛酸、阿拉伯糖、甘露糖、木糖、鼠李糖、葡萄糖醛酸、岩藻糖和核糖等；多糖类成分的结构特点较为复杂，包括糖构型、糖苷键类型及糖残基连接方式等，例如，Dairi 等根据单糖组成、甲基化反应和NMR分析的数据，提出了姜黄多糖TPs-0的推定结构（图4-5），这是该结构的首次报道；多糖类成分的微观形态特征多样，例如，山药多糖DOMP具有鳞状结构，类似于破裂的薄膜，玉竹多糖PORP-1表面形貌为致密、较光滑、带褶皱的网络状结构；多糖类成分的功效主要包括抗氧化、免疫调节、降血糖、保肝、抗肿瘤、保护肠道等。

表4-4 药食同源物质中多糖类成分的化学特性以及功效

来源	多糖名称	平均分子量/kDa	总糖含量/(g·100 g⁻¹)	蛋白质含量/(g·100 g⁻¹)	糖醛酸含量/(g·100 g⁻¹)	主要单糖组成	结构特点	形态特征	功效
姜黄	TPs-0	117.00	88.88	4.42	4.54	葡萄糖、半乳糖、半乳糖醛酸、阿拉伯糖、甘露糖	主链糖苷键：→4)-Glcp-(1→(68.17%)、→3)-Galp-(1→(2.52%)	呈不规则的片状，表面光滑，散布椭圆形颗粒	抗氧化
	TPs-1	10.00	20.54	6.98	2.18		—	呈不规则的团块状，表面有细小、黏合的颗粒	
	TPs-2	43.00	45.01	14.92	8.88		—	薄膜形貌，表面光滑，孔圆形，有椭圆形颗粒匀布	
	TPs-3	134.00	20.65	11.40	6.68		—	具有规则的表面结构，由聚合的多边形小块组成	

续表

来源	多糖名称	平均分子量/kDa	总糖含量/(g·100 g⁻¹)	蛋白质含量/(g·100 g⁻¹)	糖醛酸含量/(g·100 g⁻¹)	主要单糖组成	结构特点	形态特征	功效
干姜	HGP	1 831.75	98.32	0.36	—				
	EGP1	11.81	94.19	0.50	—	甘露糖、葡萄糖、半乳糖、阿拉伯糖	糖苷键：→4)-α-D-Glc(1→、α-Manp-(1→；具有三螺旋结构		抗肿瘤
	EGP2	688.73	90.07	1.08	—				
	UGP1	769.19	93.58	0.73	—				
	UGP2	1 432.80	80.63	7.11	—				
白扁豆	SLPS4	830.00	73.00	12.10	6.00	葡萄糖、阿拉伯糖、半乳糖醛酸	由线性1,3和1,5-阿拉伯糖和线性1,4-葡聚糖组成的多分支结构	静电吸附在蛋白质颗粒表面，形成一层厚厚的保护层	—
	SLPS8	1 130.00	46.70	27.90	13.20				
决明子	CSP-W	—	80.76	4.80	20.14	甘露糖、半乳糖、木糖、半乳糖醛酸、葡萄糖	—	—	抗氧化
	CSP-M	—	85.38	5.50	18.44				

药材	名称					单糖组成	结构	描述	功能
薏苡仁	UFCSP	—	—	—	—	—	—	—	助消化
铁皮石斛	DOP	—	—	—	—	甘露糖、葡萄糖、阿拉伯糖	—	具有小气泡状孔隙和不规则聚集的杂多糖	—
菊花	ICP-1	2 980.00	91.11	—	—	鼠李糖、阿拉伯糖、甘露糖、葡萄糖	主链为(1→6)-linked-α-D-glucopyranose的中性多糖	—	增强免疫
荷叶	LLWP-1	85.10	99.10	0.10	46.30	鼠李糖、阿拉伯糖、半乳糖、葡萄糖	糖苷键：(1→4)和(1→5)ar-abinose,(1→4)galac-turonic acid	—	增强免疫
	LLWP-3	12.50	98.40	0.03	52.90		有螺旋构象		
桔梗	LMw-PGP	1.90	94.88	1.27	1.45	半乳糖醛酸、阿拉伯糖、半乳糖、鼠李糖		—	抗氧化
	PGP-Ⅱ	27.90	—	—	—	半乳糖醛酸、半乳糖、阿拉伯糖、鼠李糖	典型的果胶、有一个短的鼠李糖半乳糖醛酸Ⅰ(RG-Ⅰ)主链	—	

73

续表

来源	多糖名称	平均分子量/kDa	总糖含量/(g·100 g⁻¹)	蛋白质含量/(g·100 g⁻¹)	糖醛酸含量/(g·100 g⁻¹)	主要单糖组成	结构特点	形态特征	功效
灵芝	GLP-1*	107.00	—	—	—	葡萄糖、甘露糖、半乳糖	半乳葡聚糖，有→6)-β-D-Glcp-(1→3)-β-D-Glcp-(1→6)-α-D-Galp-(1→残基	具有柔性、随机、线性的构象	免疫调节
	GLP-2**	19.50	—	—	—	葡萄糖、半乳糖、岩藻糖	β-D-葡聚糖，有→6)-β-D-Glcp-(1→和→3)-β-D-Glcp-(1→残基	具有刚性的短杆构象	
	GLP-1*	517.00	83.80	7.05	34.63	鼠李糖、阿拉伯糖、木糖、甘露糖	只存在α和β构型的吡喃糖；存在三螺旋结构	—	降血糖
	GLP-2**	524.00	88.69	7.21	33.50		均存在α和β构型的吡喃糖和呋喃糖；不存在三螺旋结构	—	
	GLP-3	465.00	81.94	2.86	50.67				
龙眼肉	LPIIa	159.00	69.11	0.48	10.32	鼠李糖、核糖、阿拉伯糖、木糖	主链7.9%的1,4-连接的鼠李糖残基和92.1%的半乳糖残基	—	抗炎、保护肠屏障

来源	组分					单糖组成	结构	形态	功能
蒲公英	PD1-1	2.60	95.35	6.61	—	葡萄糖、甘露糖	菊粉型多糖；含有末端α-D-Man/Glcp-(1→和→1)-β-D-Man/Glcf-(2→糖苷键构象；具有三螺旋结构	—	抗氧化、降血糖
沙棘	SPD.1-1	26.20	—	—	—	甘露糖、葡萄糖、半乳糖、阿拉伯糖	主链为1,4-linked-α-D-Glcp, 1,4,6-linked-α-D-Glcp and 1,4-linked-α-D-Manp残基	—	保护肠道、抗氧化、抗衰老
砂仁	AVPG-1	514.00	—	—	—	葡萄糖、半乳糖、木糖、阿拉伯糖、葡萄糖醛酸	骨架：→4)-α-D-Glcp-(1→3,4)-β-D-Glcp-(1→4)-α-D-Glcp-(1→；无螺旋构象	由大量类似棒状和椭球状的粒子聚集而成	免疫调节
	AVPG-2	14 800.00	—	—	—	葡萄糖、半乳糖、阿拉伯糖、葡萄糖醛酸	骨架：→4)-α-D-Glcp-(1→3,6)-β-D-Galp-(1→4)-α-D-Glcp-(1→；有三螺旋结构	表面形态卷曲，紧密，呈片状，在片材有很少的小颗粒	

续表

来源	多糖名称	平均分子量/kDa	总糖含量/(g·100 g⁻¹)	蛋白质含量/(g·100 g⁻¹)	糖醛酸含量/(g·100 g⁻¹)	主要单糖组成	结构特点	形态特征	功效
鱼腥草	HCA4S1	21.70	—	—	—	半乳糖醛酸、半乳糖、阿拉伯糖、鼠李糖	骨架:1,4-α-D-吡喃半乳糖醛酸和1,2,4-α-1-鼠李糖	—	抗肿瘤
黄精	PSP1	4.42	—	0.00	0.00	半乳糖、甘露糖、葡萄糖、鼠李糖、木糖	—	—	免疫调节
	PSP2	2.24	—	0.00	0.00				
	PSP3	7.74	—	0.00	0.00				
	PSP4	6.47	—	0.00	0.00				
党参	CERP1	4.84	—	—	—	葡萄糖、半乳糖、阿拉伯糖	主链为1,3-β-D-葡萄糖、1,6-β-D-葡萄糖、1,3,6-β-D-半乳糖	—	降血糖
天麻	GEP-1	20.15	—	0.78	—	葡萄糖	—	不规则的、层状的、起皱的、片状的形态、表面略粗糙	调节肠道菌群

来源	名称	分子量	含量			单糖组成	分子结构	微观结构	功能
天麻	GaE-B	—	65.62	2.72	—	—	—	片状结构，多孔隙，表面粗糙	抗氧化，降血糖
	GaE-R	—	60.21	4.11	—	葡萄糖、木糖、甘露糖、鼠李糖	—	片状结构，但表面比较光滑，没有小气孔	—
	GaE-Hyb	—	67.18	3.21	—	半乳糖、甘露糖、鼠李糖	—	片状结构，多孔隙，表面粗糙	—
	GaE-G	—	73.85	1.34	—	—	—	有相当数量的颗粒和丝状结构，3D结构相对松散	—
枸杞子	LBP1B-S-2	80.00	—	—	—	阿拉伯糖、半乳糖、半乳糖醛酸、阿拉伯糖、鼠李糖	以1,3-Galp与1,6-Galp为主链的一种酸性阿拉伯半乳聚糖	—	—
	XLBP-II	419.60	—	—	—	—	以重复的1,4-GalA结构为主链的一种果胶类多糖	—	肠内质网应激保护
山药	DOMP	9.00	—	13.39	—	甘露糖、葡萄糖、阿拉伯糖	以1-3-α-D-葡萄糖、β-D-葡萄糖和1-2-α-甘露糖为主链，多糖链可能呈螺旋状出现	呈鳞状结构，类似干破裂的薄膜	—

77

续表

来源	多糖名称	平均分子量/kDa	总糖含量/(g·100 g⁻¹)	蛋白质含量/(g·100 g⁻¹)	糖醛酸含量/(g·100 g⁻¹)	主要单糖组成	结构特点	形态特征	功效
茯苓	PCP-1C	17.00	—	—	—	岩藻糖、半乳糖、葡萄糖、甘露糖	主要由 1,6-α-D-半乳糖和 α-D-甘露糖构成其重复单元	—	保肝
	PCWPW	37.00	87.99	0.81	1.42			—	
	PCWPS	186.00	81.55	6.80	6.93				
酸枣仁	JKPs	10 000.00	—	—	—	葡萄糖醛酸、甘露糖、鼠李糖、葡萄糖、半乳糖、木糖	—	呈明显的疏松、多孔、絮状的形态	抗抑郁
	JKPs-2	2.34	—	—	—			外观形态较均匀、光滑、紧密和规则	免疫调节
桑椹	MFPs-70-1	316.00	87.64	1.29	6.26	木糖、葡萄糖、鼠李糖、甘露糖、半乳糖醛酸	—	—	保肝
	MFPs-90-1	398.00	91.33	0.32	5.53				
	MFPs-70-2	1 584.00	60.27	1.06	11.95				
	MFPs-90-2	229.10	71.41	0.56	10.46				

名称	样品					单糖组成			活性
桑椹	BMP-1-1	615.00	83.01	0.00	13.26	鼠李糖、半乳糖醛酸、阿拉伯糖	—	—	抗氧化
	BMP-2-1	405.00	88.15	0.00	29.71				
	MFPs-30-60	—	79.75	0.33	—				
	MFPs-30-80	—	68.92	1.16	—	阿拉伯糖、半乳糖、葡萄糖、半乳糖醛酸	—	—	抗氧化、降血糖、降血脂
	MFPs-90-40	—	86.94	1.69	—				
	MFPs-90-60	—	75.18	1.06	—				
	MFPs-90-80	—	58.09	0.84	—				
玉竹	PORP-1	4 025.00	—	—	—	甘露糖、葡萄糖醛酸、半乳糖醛酸、葡萄糖	不具有三螺旋结构	呈致密、较光滑、带褶皱的网络状结构	抗氧化

注：1. "—" 为未找到相关数据。

2. 标注 "*" 的两种物质名称虽然相同，但出自不同文献记载，故编者分开论述。标注 "*" 的同此。

骨干　α-Araf-(f→4)-α-Glcp-(1→3)-α-Arap-(1→3)-β-Galp-(1→3,6)-α-

　　　　　Ⅰ　　　　Ｊ　　　　Ｇ　　　　　Ｄ

　　　Galp-(1→5)-α-Araf-(1→3)-β-Galp-(1→R

　　　　　Ａ　　　　Ｈ　　　　Ｄ

支链　α-Galp-(1→3)-β-Galp-(1→R　　　　→4)-α-Glap-(1→4)-β-Galp-(1→R)

　　　　　Ｆ　　　　Ｄ　　　　　　　　Ｊ　　　　Ｃ

　　　　α-Galp-(1→4)-β-Galp-(1→R　　　　α-Glap-(1→4)-β-Galp-(1→R

　　　　　Ｅ　　　　Ｂ　　　　　　　　Ｅ　　　　Ｃ

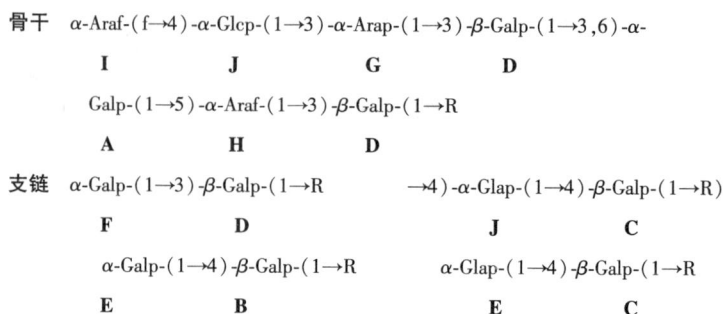

图 4 - 5　姜黄多糖 TPs-0 的推定结构

　　由于采用不同的提取纯化技术所分离的药食同源物质中多糖类成分的结构特点不同，其生物活性也存在一定的差异。Wang 等研究发现，具有不同化学结构和单糖组成的黄精多糖 PSP1、PSP2、PSP3 和 PSP4 在体外显示出不同的激活巨噬细胞吞噬活性的能力，半乳糖含量越高，吞噬作用越强，且高分子量多糖的活性高于低分子量多糖。Ji 等在天麻中分离出 4 种多糖，其中GaE-R的产量、总糖含量和分子量最低，木糖、结合蛋白和多酚含量较高，抗氧化和降血糖活性最强，相比之下，GaE-G 的产量、总糖含量和分子量最高，木糖、结合蛋白和多酚含量最低，抗氧化和降血糖活性最弱。Zhang 等在桑椹中分离出 5 种多糖组分，其中低分子量的 MFPs-30-80 表现出最强的抗氧化活性，葡萄糖和糖醛酸含量较高的 MFPs-30-80 和 MFPs-90-40 降血糖活性最强，糖醛酸含量和分子量较高的 MFPs-90-40、MFPs-90-60 和 MFPs-30-60 具有很强的胆汁酸结合能力。

　　通过近年来的研究，发现药食同源物质中多糖类成分的理化性质较为独特，有开发成各种天然食品添加剂的潜力。Li 等从多花黄精中分离出 4 种多糖组分，分别命名为 DASS、CASS、HBSS、CHSS，并且发现这 4 种多糖组分的非牛顿流体性质受多糖种类、浓度、温度、pH、盐离子种类和浓度的影响。Nomura 等发现扁豆多糖 SLPSs 在酸性条件下能够分散和稳定乳蛋白，在 0.4%（w/w）的浓度下，SLPS4 和 SLPS8 能够分别在 3.6～4.4 和3.8～4.4 的 pH 范围内保持细颗粒的单峰分布。Ma 等发现山药黏液多糖DOMP 具有假塑性，它的乳化性良好，可以作为一种天然的食品添加剂，用于改善食品的感官属性。

　　药食同源物质中的多糖类成分的含量与药食同源物质的产地、采收年限、生产方式等有关。郑璇等研究发现，云南产的皱皮木瓜比重庆、安徽和浙江产的皱皮木瓜的多糖含量要高。张娇等研究发现，多糖含量最高的滇黄精的采收时间是种植后第 4 年，且该研究发现抑制须根发育可促进多糖积累。与此相反，陈怡等研究发现，多花黄精的多糖含量以 1 年龄节（14.65%）最高，1～3 年龄节的多糖含量符合药典标准，而 4～5 年龄节的多糖含量低于药典标准。用液体发酵的茯苓菌丝体替代人工种植的茯苓菌核具有经济和环保的双重意义，因此，菌丝体多糖和菌核多糖的异同成为当前的研究热点之一。程玥等总结多项研究，发现从茯苓菌丝体中提取出的多糖种类与茯苓菌核产生的多糖种类大体相同。研究表明，茯苓菌丝体中的碱溶性多糖和三萜类化合物的含量是茯苓菌核的数倍，且茯苓菌丝体多糖中的甘露糖和半乳糖组分含量均显著高于茯苓菌核多糖。

药食同源物质中的多糖类成分经过硫酸化、磷酸化、乙酰化、硒化、铁络合等衍生化结构改造后，生物活性可能会得到改善。近年来药食同源物质中多糖的结构改造方式及其活性变化见表 4－5。霍达等采用浓硫酸法对玉竹多糖 PORP-1 进行硫酸化改性修饰，得到玉竹多糖 SPORP-1，从而使其体外抗氧化活性得到极大提高。胡康等从茯苓中分离得到 1 种具有抑制人乳腺癌 MDA-MB-231 细胞迁移作用的均一多糖 PPSW-1，经硫酸衍生化得到产物 Sul-W-1，虽然其抗肿瘤活性未有明显增强，但水溶性有明显提高。

表 4－5　药食同源物质中多糖的结构改造方式及其活性变化情况表

来源	原多糖名称	衍生化后多糖名称	衍生化方式	活性变化	参考文献序号
山药	P	S-P	硫酸化	—	［264］
		P-P	磷酸化	—	
		C-P	羧甲基化	抗氧化活性有所提高	
		A-P	乙酰化	抗氧化活性有所提高	
党参	CPPS	sCPPS	硒化	免疫调节活性增强	［265］
	CPP	CPPI	铁络合	抗氧化活性提高	
枸杞子	LBP1B-S-2	Sul-LBP1B-S-2	硫酸化	—	［45］
茯苓	PPSW-1	Sul-W-1	硫酸化	抗肿瘤活性未有明显增强，水溶性有明显提高	［85］

续表

来源	原多糖名称	衍生化后多糖名称	衍生化方式	活性变化	参考文献序号
桑椹	MFPs-90-1	S-MFPs-90-1	硫酸化	抗急性酒精性肝损伤的作用增强	[75]
玉竹	PORP-1	SPORP-1	硫酸化	抗氧化作用增强	[50]

二、多酚类成分

多酚是几类具有多个酚羟基的化合物的统称，广泛存在于植物中。有学者根据酚环结构、数量及连接的基团将多酚分为4个亚类：黄酮类、酚酸类、木脂素类和二苯乙烯类。一般认为，摄入多酚或富含多酚的食物对人类健康有益，能预防或延缓部分炎症、心血管疾病、神经退行性疾病的发生与发展，因此，在药食同源物质的研究中，多酚常作为生物活性成分得到重点关注。

近年来，由于对药食同源物质研究的深入和新仪器、新技术的应用，有相当数量的新多酚类化合物被报道（图4－6）。Duan等在马齿苋中发现了属于多酚类化合物的新骨架类黄酮oleracone G和新木脂素oleralignan B，通过紫外光谱（UV）、红外光谱（IR）、一维核磁共振（1D NMR）、二维核磁共振（2D NMR）等技术确定了新化合物的结构，同时研究了其抗氧化活性，并提出了有可能性的生物合成途径。Yang等从决明子粗提物中分离出3种新的多酚类化合物cassiabrevone、9-dehydroxyfiliferol、cassiaglycoside V和25种已知化合物，通过光谱分析确定了新化合物的结构，并报道了6种化合物对人类免疫缺陷病毒1型（HIV－1）的体外抑制作用。Zheng等从云南枸杞中分离出1种新的木脂酰胺——lyciumamide K，以及4种类似物，基于高分辨质谱（HR－ESI－MS）、NMR光谱数据和量子化学计算，确认了其绝对构型，并测定了其抗氧化活性。Yang等从菊花中发现了chrysanthelignanosides A等2种新的芳基萘木脂素，以及Ethylene glycol 1-*O*-(6-*O*-caffeoyl)-*β*-D-glucopyranoside等4种新的酚苷，部分新化合物在过氧化氢诱导的神经毒性模型中，对人骨髓神经母细胞瘤细胞（SH－SY5Y）具有显著保护作用。

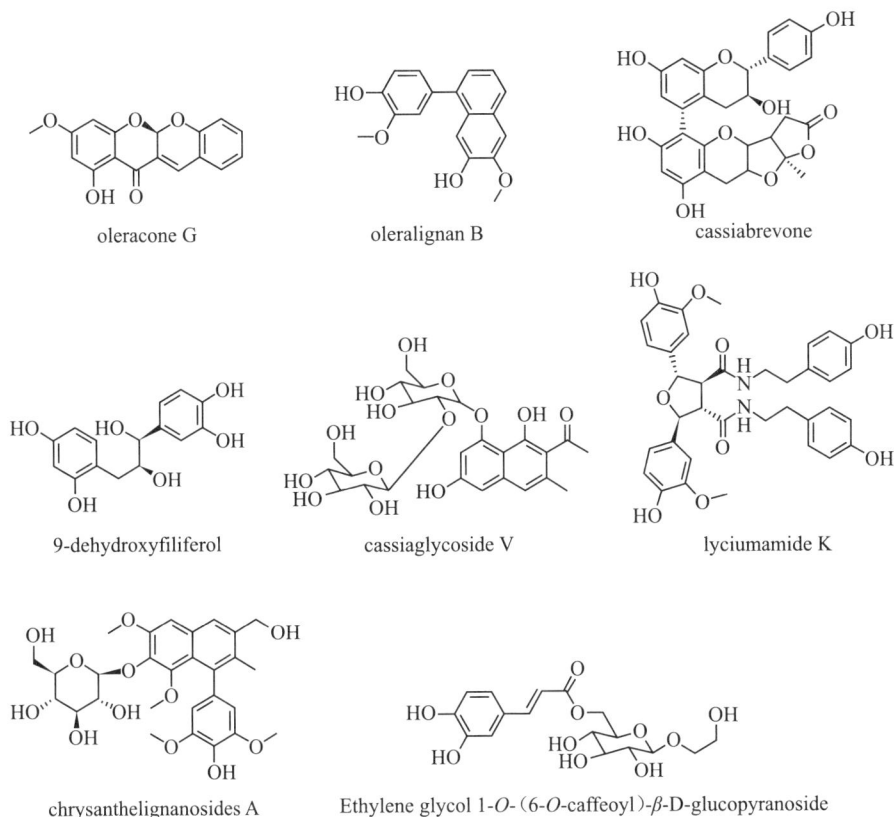

oleracone G

oleralignan B

cassiabrevone

9-dehydroxyfiliferol

cassiaglycoside V

lyciumamide K

chrysanthelignanosides A

Ethylene glycol 1-*O*-（6-*O*-caffeoyl）-*β*-D-glucopyranoside

图 4-6 药食同源物质中的新多酚类化合物

　　与此同时，得益于色谱、光谱等分析手段的普及，更多科研工作者得以对药食同源物质富含多酚的粗提物进行分离提纯和结构解析，明确具体的活性成分。张妍等采用固相萃取技术，将桑叶多酚粗提液分离纯化为花色苷、非花色苷多酚和水层 3 个组分，采用反相高效液相色谱（RP-HPLC）和液相色谱-质谱联用法（LC-MS/MS）进行定性和定量，共鉴定出 6 种花色苷和 42 种非花色苷多酚，其中矮牵牛素-3-葡萄糖苷和原花青素衍生物含量很高，非花色苷多酚的抗 α-淀粉酶活性较强。解悦等以酸枣仁为原料，采用酸消化法从中提取出水溶性多酚类物质，并通过细胞水平和小鼠肿瘤模型对其抗大肠癌效应进行评价，确定斯皮诺素钠是酸枣仁多酚提取物发挥功效的主要活性成分，通过抑制丝氨酸生物合成路径抑制大肠癌细胞增殖。杜江超等采用 MCI、Sephadex LH-20、RP-18 和反相高效液相色谱法等多种柱色谱法对石香薷进行分离纯化，从石香薷 70% 丙酮提取液中分离得到 11 个酚酸类化合物，其中紫草酸甲酯具有一定的抗流感病毒活性。

对于已有较好研究基础的药食同源物质，其相关研究将重点更多转向产地、土壤条件、加工工艺等因素对多酚的种类、含量、活性的影响。郎多勇等以内蒙古、甘肃、宁夏 3 个产区栽培的三年生甘草药材及根围土壤为材料，测定甘草中黄酮类成分含量，分析其与相应土壤理化特性及矿质元素等含量的关系，发现甘草素的土壤决定因子为锰、钙和 pH，异甘草素的土壤决定因子为钾、钙、交换性钾离子、过氧化氢酶活性和速效钾，该研究为甘草规范生产中土壤环境管理提供了科学依据。Li 等采用超高效液相色谱 – 四极杆 – 飞行时间质谱法分析生山楂中游离和结合酚类化合物的组成，共鉴定出 26 种可溶性酚类物质，主要为绿原酸、原花青素 B_2、表儿茶素、芦丁、牡荆素鼠李糖苷、金丝桃苷和异槲皮素等，以及 10 种不溶性结合酚类物质。此外，该研究发现将山楂制成食品或药品的热处理过程会使可溶性酚总含量显著降低，不溶性结合酚总含量显著增加。Hu 等探讨了植物乳杆菌和酿酒酵母联合发酵的桑椹酒中，多酚类物质的含量和产品品质与发酵时间的相关性，发现总花青素浓度、多酚浓度、类黄酮浓度和抗氧化能力随发酵时间的延长而下降，利用电子舌传感器检测，发现桑椹酒的涩味和苦味也随发酵时间的延长而减少。

在分子生物学领域，药食同源物质的研究也在蓬勃发展，这使我们对药食同源物质中多酚类成分的生物合成和次生代谢产物累积的机制有了新的认识。Cai 等采收不同盐胁迫下的金银花，通过生长指数、光合色素、渗透物、脂质过氧化和抗氧化酶水平评估其耐盐性，并对 47 种活性成分的动态变化进行定量分析，发现在 100 mmol/L 氯化钠（NaCl）诱导下多酚等活性成分累积最多，为提高金银花质量提供了新线索。孙敬茹等以叶丛期、根茎膨大期和干物质积累期植物姜黄的根茎为实验材料，分析这 3 个发育时期的代谢变化和转录变化，总结规律发现干物质积累期姜黄素类代谢物含量较高，关键酶基因表达最高，为药材的生产和应用提供了参考。

三、萜类成分

从化学结构来看，萜类化合物是分子骨架以异戊二烯单元为基本结构单元的化合物。萜类成分是天然物质中数量最多的化合物，在植物界中的分布极为广泛，且骨架庞杂，具有多样的生物活性。萜类成分的研究一直是较活跃的研究领域，在药食同源物质的研究中也一直备受关注。

近年来，随着研究的深入和科学技术的进步，越来越多地来源于药食同源物质的新萜类化合物被发现（图4-7），其生物活性也被进一步探究。Li等从木瓜果实提取物中分离出1种新的倍半萜类化合物——chaenomelesterpenoid A，通过核磁共振波谱法（NMRS）和质谱法（MS）确定了新化合物的结构，并发现其具有增强PC12细胞的细胞活力和改善皮质酮诱导的损伤的作用。Chen等从栽培供食用的茯苓中分离和鉴定出了47种羊毛脂烷型三萜类化合物，其中包括16种新发现的化合物，通过NMRS、MS和电子圆二色谱（ECD）法分析确定了新化合物的结构。

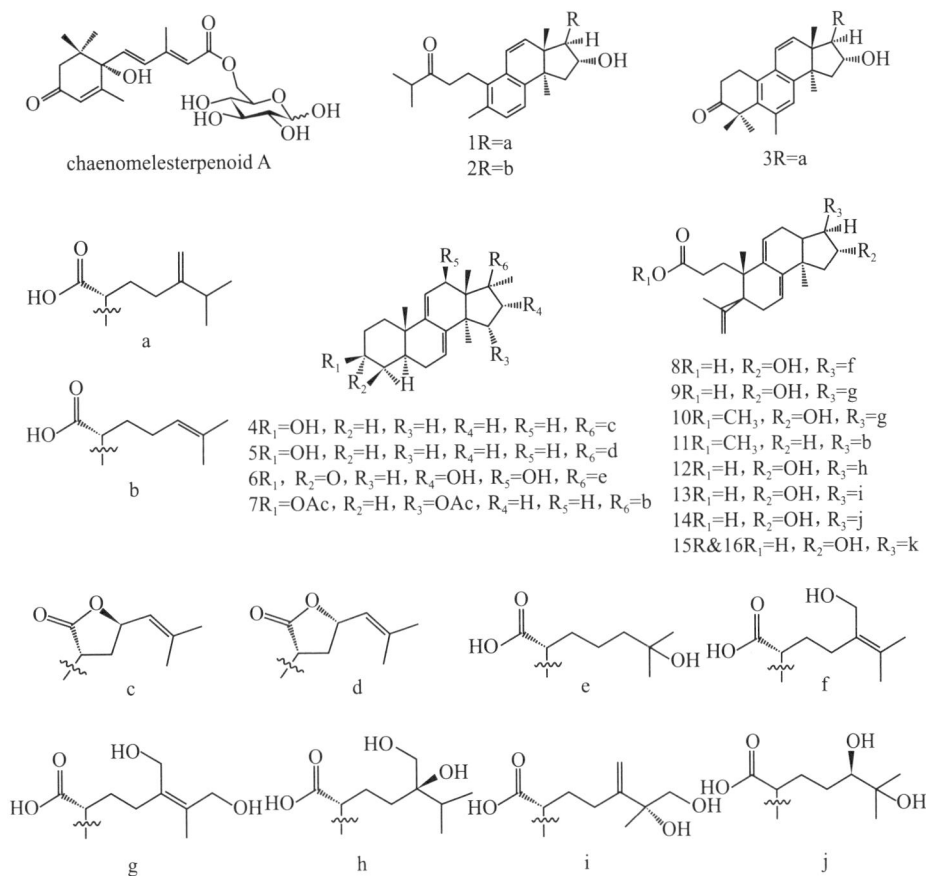

图4-7　木瓜和茯苓中发现的新萜类化合物

与此同时，得益于分离提取方法的不断进步，更多科研工作者得以对药食同源物质富含萜类化合物的粗提物进行分离提纯和结构解析，以明确具有药用价值的活性成分。李孟等对木瓜提取物的化学成分进行分离，得到9种在该植物中首次分离出的倍半萜类化合物，如 2 – 反式 – 4 – 反式 – 脱落酸、(±)-abscisin methyl ester、(9+)-dehydrovomifoliol、blumenol A、blumenol C glucoside 等。王亚玲等对益智进行提取、分离、纯化，得到了倍半萜类成分 bullatantriol，发现其具有抑制细胞增殖和抑菌的作用。

近几年对药食同源物质中新萜类化合物的研究多集中于栽培条件、入药部位等变量因素对其含量的影响及其含量的检测方法。邹娟等采用反相高效液相色谱法分析了茯苓不同组织中 5 种主要萜类化合物（去氢土莫酸、猪苓酸 C、茯苓酸、茯苓新酸、去氢齿孔酸）的含量，发现在无公害培养的茯苓菌核的表皮层中这 5 种萜类化合物的含量最高，其次是在天然菌核的表皮层中，而在茯苓菌丝体中未检测出猪苓酸 C 和茯苓新酸。李娜等首次采用超高效合相色谱 – 光电二级阵列管 – 四级飞行时间质谱联用技术（UPC2 – PDA – Q – TOF/MSE）确立定性和定量方法，筛选出茯苓新酸 A、茯苓新酸 B、去氢齿孔酸、松苓新酸为主要三萜酸类差异化合物，结合茯苓类药材中的共有活性成分猪苓酸 C，进一步进行测定，发现三萜酸含量由高到低依次为茯苓皮、赤茯苓、茯神和茯苓。木瓜中的化学成分以五环三萜类化合物为主，其中熊果酸和齐墩果酸是《中国药典》选定的木瓜指标成分。代琪等采用 HPLC 法，流动相为乙腈 – 0.1% 氨水溶液（用磷酸调节 pH = 7.5）（70:30），解决了测定齐墩果酸和熊果酸时，齐墩果酸和熊果酸的分离效果不佳的问题，为木瓜总指标成分的含量测定提供了新方法。王青霞等以我国北部、中部、南部的脱皮、未脱皮的 8 种薏苡仁为原料，采用 HPLC 法测得其油脂中萜类化合物角鲨烯的含量为 5.13 ~ 8.30 mg/g，同时还发现不同品种的薏苡仁油脂中角鲨烯含量不同，未脱皮品种比脱皮品种油脂中角鲨烯的含量高。

四、有机酸类成分

有机酸是指一些具有酸性的有机化合物。大多数具有酸味的中药都含有有机酸类成分，常见的有机酸类化合物主要有柠檬酸、苹果酸、琥珀酸、酒石酸、草酸等。我国天然有机酸资源丰富，近年来，药食同源物质中的有机酸类成分也受到一定的关注。

随着分离提取方法的不断进步，更多学者对药食同源物质富含有机酸类化合物的粗提物进行分离提纯和结构解析，以明确具有药用价值的活性成分。姜鸿宇等利用 HPLC 等方法从白茅根的 70% 乙醇提取液中分离提取到了有机酸类化合物丁香酸和阿魏酸，并通过多种波谱技术确定了其化学结构，同时发现丁香酸可能具有体外抗炎的生物活性。另有学者从山楂、佛手、沙棘、枸杞子等药用植物中分离提取出了苹果酸、柠檬酸、酒石酸等有机酸类化合物。

药食同源物质在不同生长阶段其体内的有机酸含量也各不相同。Zhang 等以 3 种不同成熟阶段的冬枣果肉匀浆为原料，采用 HPLC 法检测和 UV 法进行测定，发现冬枣在成熟过程中，除柠檬酸、抗坏血酸和琥珀酸外，其他有机酸含量均增加。

五、生物碱类成分

生物碱是存在于自然界中的一类含氮的碱性有机物，大多数具有含氮杂环。生物碱结构繁多，种类复杂，按照其基本结构可以大致分为 60 种，主要类型有有机胺类、吡咯烷类、吡啶类、吲哚类等。生物碱作为一种有效的活性成分广泛存在于中草药中，具有抗菌、抗肿瘤、免疫调节等多种生物活性。因此，有必要对药食同源物质中的生物碱进行系统研究。

近年来，得益于光谱、色谱等分析手段的普及和应用，更多药食同源物质中的生物碱被分离和提取出来，其中相当一部分未在同属、同种植物研究中有过报道。对于相对常见的生物碱，其研究重点更趋向于药效学、药理学领域。马齿苋中的生物碱类化合物种类繁多，其中又以吲哚类生物碱为主，近年来，被报道的此类化合物包括 oleraisoindole A、oleraisoindole、β - 咔啉 - 3 - 羧酸、四氢 - β - 咔啉 - 3 - 羧酸、soyalkaloidA、indole-3-aldehyde 等。荜茇中的生物碱及酰胺类化学成分多有报道，胡椒碱作为其主要的生物活性成分，已被发现具有抗癌、抗菌、抗炎、保肝、神经保护等多种治疗作用。在对药食同源物质提取物的研究过程中，也有一些全新的生物碱类化合物被鉴定出来，其生物活性和潜在药用价值也得到了初步探索。王淑慧等采用硅胶柱色谱法、ODS 柱层析法、Sephadex LH - 20 柱色谱和半制备 HPLC 及重结晶法对余甘子总提取物乙酸乙酯部位进行分离，通过四级杆串联飞行时间质谱法（QTOF - MS/MS），在余甘子中不仅首次发现了 2,5 - 二羧基吡咯，还得到了 1 种新的生物碱类化合物——1 - (4' - 甲氧基 - 4' - 氧代丁基) - 一氢 - 吡咯 - 2,5 - 二羧酸，同时二者被证实对动脉粥样硬化和炎症均具有抑制作用。Jin 等从马齿苋中得到了 3 个新的异喹啉生物碱，分别为 1 - (5 - 羟甲基呋喃 - 2 - 基) - 6,7 - 二羟基 - 3,4 - 二氢异喹啉、1 - (呋喃 - 2 - 基) - 6,7 - 二

羟基 –3,4 –二氢异喹啉、2 –（2 –呋喃基甲基）–6,7 –二羟基 –3,4 –二氢异喹啉。胡水瑶利用717 阴离子交换树脂柱色谱、正相硅胶柱色谱、聚酰胺柱色谱、Sephadex LH –20 柱色谱等进行分离纯化，利用 MS、IR、NMR 等鉴定结构，从马齿苋中分离出了 2 个含磺酸基的新化合物，并命名为5 –磺酸基 –6,7 –二羟基 –1,2,3,4 –四氢异喹啉和1 –甲磺酸基 –6,7 –二羟基 –1,2,3,4 –四氢异喹啉。Wei 等首次从马齿苋中分离出 3 种新的苯并异喹啉酮及 7 种已知的苯并异喹啉酮衍生物。上述从马齿苋中得到的部分新化合物的结构见图 4 – 8。

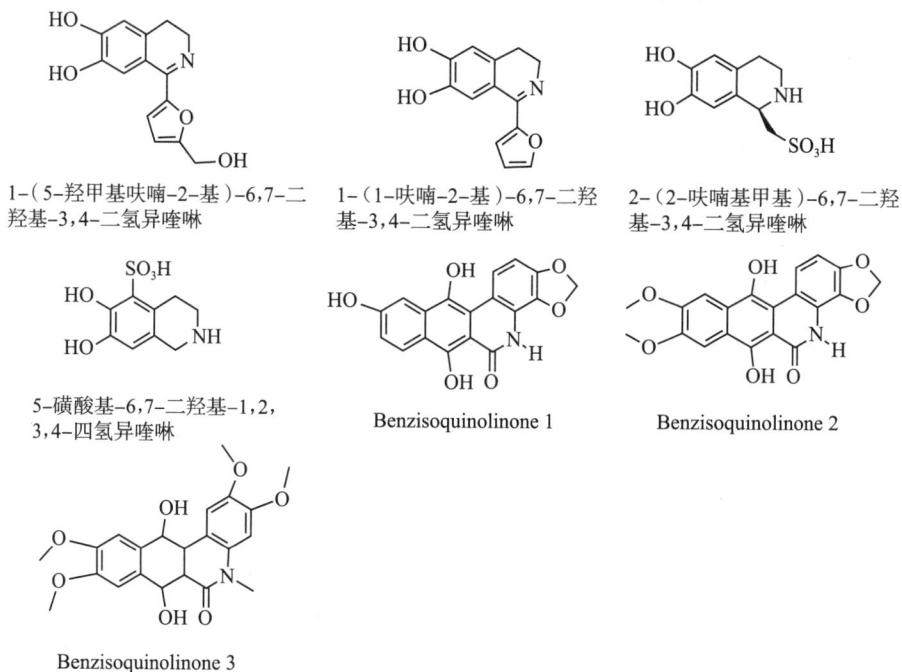

1-（5-羟甲基呋喃-2-基）-6,7-二羟基-3,4-二氢异喹啉

1-（1-呋喃-2-基）-6,7-二羟基-3,4-二氢异喹啉

2-（2-呋喃基甲基）-6,7-二羟基-3,4-二氢异喹啉

5-磺酸基-6,7-二羟基-1,2,3,4-四氢异喹啉

Benzisoquinolinone 1

Benzisoquinolinone 2

Benzisoquinolinone 3

图 4 – 8 马齿苋中发现的部分新生物碱类化合物的化学结构式

与此同时，高通量技术的不断涌现，解决了普通分析仪器费时费力等问题，给药食同源物质中生物碱的检测带来了新进展。Wang 等通过超高效液相色谱 – 四级杆 – 静电场轨道阱高分辨质谱法（UPLC – Q – Exactive Orbitrap/MS）检测并鉴定了枸杞子中 77 种甲醇提取物，其中 15 种成分在枸杞子的研究中没有被报道过。Guo 等利用液相四级杆 – 飞行时间质谱法（LC – Q – TOF – MS/MS）在橘红中分离出 4 种生物碱，通过与数据库对比，确定其分别是水苏碱、哌啶乙酸、哌啶甲酸和嘌呤核苷。

六、蛋白质及多肽类成分

蛋白质和多肽高分子化合物通常见于种子类和动物类药食同源物质中。近年来，新的仪器、技术也逐渐应用到药食同源物质中蛋白质和多肽的测定和结构解析中。范三红等将紫苏籽蛋白通过碱性蛋白酶酶解，酶解物经超滤法、色谱法进行分离纯化，并对纯化后抗氧化活性最好的多肽进行液质分析，确定了目标多肽 G1 的分子质量（1 718.82 u）和氨基酸序列。徐鹏伟等构建了 HPLC 检测氨基酸组成的方法，发现火麻仁蛋白包含人体所需的 8 种必需氨基酸，且含量高于 30%，其中精氨酸含量可达 15.09%，火麻仁蛋白的主要成分为麻仁球蛋白，由 6 个分子量为 55 kDa 的亚基组成，每个亚基由 1 个分子量为 34 kDa 的酸性基团和 1 个分子量为 18 kDa 或 19 kDa 的碱性基团通过二硫键连接组成。

刘畅等优化了罗汉果籽蛋白的最适提取条件，提取时间为 2 小时、提取温度为 37 ℃、pH 为 10.0、液固比为 17.5 ml/g，在此条件下其蛋白提取率为 63.33%。他们又对罗汉果籽蛋白的功能特性进行研究后发现，其乳化性和发泡性优于大豆分离蛋白，而其溶解性和持水性稍逊，二者的凝胶特性接近，这表明罗汉果籽蛋白是一种优质的植物蛋白，可用于食品工业。每一种动物都有特有的标志肽，明胶被认为是阿胶中含量最多并且最具生物活性的化学成分，它是部分胶原蛋白水解后多肽和蛋白质的混合物。Li 等通过液相色谱 – 质谱联用法（LC – MS/MS）多反应监测和蛋白质组学方法来检测阿胶中是否含有其他动物成分，可以更好地对阿胶进行质量控制。

第三节　药理作用研究进展

一、调节糖脂代谢功能研究进展

糖脂代谢性疾病包括血糖异常、血脂异常、非酒精性脂肪性肝病、超重、高血压、动脉粥样硬化性心脑血管疾病等，是糖、脂代谢紊乱引起的全身多系统损害，严重危害人类健康，其综合防治是世界难题。

现代药理学研究表明，许多传统药食同源物质对糖脂代谢性疾病有一定的治疗作用。

山楂总黄酮和三萜是山楂降血脂的主要活性成分，通过抑制参与脂质生物合成的必需酶羟甲基戊二酰辅酶 A（HMG－CoA）的表达来减少血清总胆固醇（TC）的吸收，发挥降脂作用。网络药理学研究显示，山楂果活性成分对 2 型糖尿病（T2DM）的防治主要涉及磷脂酰肌醇－3－激酶－蛋白激酶 B（PI3K－Akt）信号通路、叉头状转录因子 O 亚家族蛋白（FoxO）信号通路、催乳素信号通路、肿瘤坏死因子信号通路、低氧诱导因子－1（HIF－1）信号通路等。

桑叶含有的多糖、生物碱、黄酮均可以作为 α－葡萄糖苷酶抑制剂，降低肝组织中葡萄糖－6－磷酸酶的活性，竞争性地抑制碳水化合物底物与 α－葡萄糖苷酶的结合，降低淀粉降解为葡萄糖的速率，减缓胃肠道对葡萄糖的吸收速度，抑制餐后血糖和胰岛素的升高，从而降低餐后血糖水平。桑叶提取物能有效抑制固醇调节元件结合蛋白（SREBPs）、核激素受体过氧化物酶体增殖物激活受体（PPARs）转录因子、脂肪特异性蛋白 A－FABP 和 FAS 的表达，抑制前脂肪细胞（3T3－L1）的分化和诱导前脂肪细胞凋亡，进而抑制脂肪的生成，也可以通过调节丝裂原活化蛋白激酶（MAPK）信号通路诱导 3T3－L1 凋亡，诱导线粒体功能障碍来减少脂肪细胞数量和脂肪质量，降低血脂。

山药在我国传统医学中常用于治疗消渴（糖尿病），其降糖机制主要包括：促进胰岛素分泌，抑制脂质过氧化，增加胰岛素受体数量或提高其亲和力，提高胰岛素敏感性等。山药多糖还在抑制由肿瘤坏死因子－α（TNF－α）或活性氧（ROS）诱导的胰岛素抵抗中发挥重要作用，可使胰岛素受体底物磷酸化，使胰岛素信号通路（如 PKB/Akt 等）活性增加。

薏苡仁粗提物可通过调节大鼠瘦素和 TNF－α 的表达，降低高脂饮食喂养的肥胖大鼠的体重、脂肪率及血脂；薏苡仁乙醇提取物可导致脂肪酸合酶、甾醇调节元件结合蛋白－1c、过氧化物酶体增殖物激活受体 γ 和 CCAAT/增强子结合蛋白 α 等代谢因子的表达水平降低；薏苡仁水提物可通过调节神经内分泌来治疗肥胖。近年来的研究发现，肠道菌群的紊乱与代谢性疾病的发生有着密切的联系。薏苡仁具有良好的调节肠道菌群的功效。经薏苡仁多糖治疗后，糖尿病小鼠肠道菌群的组成和多样性变化显著，乳酸杆菌及发酵乳杆菌丰度明显增加，这些可能与薏苡仁多糖代谢有关。

二、神经保护功能研究进展

神经系统作为机体对生理功能活动的调节起主导作用的系统，主要由神经组织组成，其细胞高度分化，损伤后修复困难，因此，神经保护剂的研究具有重要意义。药食同源物质具有较强的神经保护作用，尤其是有益智、安神等功效的物质。

许多文献报道，益智提取物对氧化应激、缺血再灌注、化学物质等引起的神经损伤具有显著的保护作用。益智乙醇提取物可刺激施万细胞迁移，显著上调 MAPK 通路、PI3K/Akt 通路、细胞外调节蛋白激酶（ERK1/2）、c-Jun氨基端激酶（JNK）和 p38 MAPK，增加细胞周期蛋白 A、细胞周期蛋白 D1、细胞周期蛋白 E 和基质金属蛋白酶2/9（MMP2/9）的表达，促进神经元再生。益智中倍半萜类活性成分 2-羟基-钙调蛋白可降低暴露于 β-淀粉样蛋白（Aβ）的细胞的 ROS 含量，上调原胱天蛋白酶-3 蛋白表达，降低裂解胱天蛋白酶-3 蛋白表达。

银杏内酯是白果的次生代谢产物，可通过抑制核因子 κB（NF-κB）通路，下调大脑皮层肿瘤抑制蛋白 P53 蛋白、胱天蛋白酶-3 的表达水平，实现对神经损伤的再修复，还可修复因神经元谷胱甘肽趋势启动的氧化应激信号传导障碍，降低神经元损伤程度，恢复细胞超氧化物歧化酶（SOD）的功能。白果内酯是银杏提取物中唯一的倍半萜类成分，为银杏内酯的降解产物，可通过糖原合成酶激酶-3（GSK-3β）磷酸化，进而启动 Wnt/β-连环蛋白信号通路，使 β-连环蛋白易位至细胞核，对下游基因进行转录与翻译，促进神经细胞的增殖。

网络药理学分析显示，栀子治疗阿尔茨海默病（AD）的靶点主要是酶类物质，同时也包括细胞膜受体、离子通道和传导因子等。基于 STRING 数据库构建栀子解热靶点交互作用网络，分析发现 MAPK1、雌激素受体1（ESR1）、MAPK8、表皮生长因子受体（EGFR）、热休克蛋白90α家族 A 类成员1（HSP90AA1）是关键靶点，这5个靶点可能在栀子治疗 AD 中发挥重要作用。西红花苷是栀子发挥神经保护作用的主要活性成分之一，可提高老年痴呆果蝇及学习记忆损伤小鼠的学习记忆能力，抑制 Janus 激酶-信号转导及转录激活因子（JAK-STAT）信号通路，抑制神经炎症。

三、抗氧化功能研究进展

随着当今社会的发展，人们对天然食品的需求逐渐提高，也逐渐认识到抗氧化的重要性。体外研究表明，水果、蔬菜和谷物的抗氧化活性与多酚含量呈正相关。以甘草、沙棘等为代表的药食同源物质中含有丰富的多酚类物质，具有良好的抗氧化活性。此外，近年来发现决明子、芡实等物质中的多糖和蛋白质成分也有较好的抗氧化活性。

决明子中的蒽醌类、萘并吡喃酮类、多糖、蛋白质等成分均具有抗氧化活性。董玉洁等采用网络药理学方法对决明子中的抗氧化活性成分及作用机制进行研究，最终筛选出 11 个抗氧化活性成分，主要是蒽醌类及萘并吡喃酮类，这 11 个成分作用于 34 个靶点，通过调控 ROS 代谢、参与细胞氧化还原反应、调控细胞增殖等多种途径发挥抗氧化作用。有研究报道，决明子蛋白水解产物具有抗氧化活性，在模拟胃肠道消化及热处理后仍然具有清除自由基的活性且无毒，可作为抗氧化剂。

自由基清除能力和还原能力共同决定了中药材中活性成分的抗氧化能力。沙棘多糖对 1,1 - 二苯基 - 2 - 三硝基苯肼（DPPH）自由基、羟基（OH）自由基的清除能力比较强，对超氧阴离子自由基的清除能力较弱。当沙棘多糖浓度为 2 mg/ml 时，其还原能力稍高于同浓度维生素 C，具有良好的抗氧化活性。甘草黄酮及甘草多糖对 DPPH 自由基、OH 自由基有较强的清除能力，对铁离子的还原能力也较好。通过甘草指纹图谱及测定甘草的抗氧化活性，得知甘草中的芒柄花苷、刺甘草查尔酮、光甘草定等含量越高，甘草抗氧化活性越强。芡实的体外抗氧化试验结果显示，芡实多糖及芡实蛋白具有较强的还原能力，并且能清除 DPPH 自由基、2,2′ - 联氮双（3 - 乙基苯并噻唑啉 -6 - 磺酸）二铵盐（ABTS）自由基和 OH 自由基，表现出一定的抗氧化活性。

近年来，对抗氧化活性的研究主要集中在调节氧化还原酶活性方面。沙棘油、甘草等对快速衰老模型小鼠的谷胱甘肽过氧化物酶（GSH - Px）基因、SOD 基因具有上调作用，通过上调抗氧化酶的表达，发挥抗氧化作用，延缓衰老。沙棘黄酮能提高四氯化碳诱导的肝损伤大鼠体内相关抗氧化酶的水平，同时能降低单胺氧化酶（MAO）活性及一氧化氮（NO）含量。

四、抗衰老功能研究进展

在中医体系下，多用补肾类的药食同源物质进行抗衰老治疗。主要的两大学说是补虚说和补虚实说，二者的共同之处是认为肾虚是导致衰老的主要原因。最新研究表明，枸杞原液在一定的浓度范围内能提高果蝇的寿命和性活力，对果蝇有显著的抗衰老作用。枸杞多糖可能通过改善衰老相关信号通路 p70 核糖体 S6 激酶（S6K）通路、雷帕霉素靶蛋白（mTOR）通路和 MAPK 通路，以及寿命相关基因来延缓衰老。

益气类药食同源物质在抗衰老方面也具有独特作用。在 D－半乳糖诱导小鼠建立的衰老动物模型中，山药多糖通过清除体内自由基，调节体内衰老素基因的表达水平来实现其抗衰老作用。在秀丽隐杆线虫模型实验中，牡蛎中的几个多肽组分可以通过提高过氧化氢酶和 GSH－Px 活力，提高线虫的应激抵抗能力，提高线虫寿命相关基因的表达水平从而发挥抗衰老作用。莲子中富含酚类与糖蛋白，具有较强的清除自由基及抗衰老能力。

老年病中认知障碍性疾病占比较大，如 AD、血管性痴呆等。目前，在认知功能减退方面具有一定治疗作用的药食同源物质包括火麻仁、姜黄、昆布、肉桂等。多个动物实验证明，火麻仁提取液在改善衰老大鼠记忆障碍方面具有一定疗效，且较为安全可靠。从常见药材姜黄根茎中提取出的姜黄素能够改善记忆，延缓前额叶皮质锥体神经元的衰老进程，并抑制神经炎症的发生。

五、美容、抗疲劳功能研究进展

随着天然美容产品受到越来越多消费者的推崇，一些药食同源物质被逐步开发成各种美容产品。许多被开发成美容护肤产品的药食同源物质中都含有抗氧化活性成分，如马齿苋、白芷等。

桔梗中的活性成分主要是通过抑制细胞酪氨酸酶活性、抑制细胞黑色素生成活性、抗氧化活性和抗炎活性发挥美白作用，达到美容效果。马齿苋提取液对多个常见菌均有抑制作用，提取液中含有丰富的维生素和铜元素，其中的维生素 C 能够分解黑色素，消除色素斑，维生素 E 具有良好的抗氧化、美白祛斑、延缓衰老作用。临床研究也证实外用含马齿苋的美白液能够明显改善黄褐斑的斑点、棕色斑和红色区等。

由于社会生活节奏加快，当代人常出现疲惫、焦虑、失眠等亚健康症状，寻找安全、有效、无毒副作用的抗疲劳物质逐渐成为研究热点。市场上出现了许多以药食同源为卖点的抗疲劳产品，如活力滋源宝、熟制枸杞提取物等。活力滋源宝由枸杞子、蒲公英、蛹虫草等组成，药理实验证明它能够明显延长小鼠力竭游泳的时间，明显降低疲劳模型小鼠血乳酸的含量，明显升高疲劳模型小鼠肝糖原的含量。熟制枸杞提取物能够显著促进小鼠的肝糖原产生，抑制血乳酸和尿素氮分泌，同时还能显著提高体内抗氧化酶活性，起到抗疲劳的作用。

六、增强免疫功能研究进展

近年来，随着人们生活品质和健康意识的提高，越来越多的人认识到增强免疫力的重要性。多项研究已经表明，一些常见的药食同源物质具有提高免疫力的功能。阿胶是女性常用补品，药理实验证明，阿胶中的阿胶肽等小分子物质能够缓解小鼠的迟发型变态反应，升高血清溶血素水平，增强小鼠的细胞免疫能力。百合和阿胶相似，都颇受女性消费者的青睐。百合提高免疫力的活性基础主要在于百合多糖，百合多糖既能调节非特异性免疫，又能增强体液免疫，还可增强细胞免疫，可作为免疫调节剂使用。除百合外，多种药食同源物质中的多糖成分均被证明有一定的免疫调节活性。荷叶多糖能通过 MAPK 通路和 NF－κB 通路激活巨噬细胞中相应信使核糖核酸（mRNA）的表达，从而有效地增强细胞增殖和吞噬作用，以及促进 NO、细胞因子的分泌。在体内免疫调节活性实验中，灵芝多糖能够提高模型鼠的免疫器官脏器系数、淋巴细胞增殖能力，增加耳肿胀度及溶血空斑数，表明其对脾和胸腺具有较好的保护作用。

七、改善胃肠道功能研究进展

药食同源理论在我国发展历史悠久，众多古籍文献记载了具有改善胃肠道功能的药食同源物质，主要有乌梅、甘草、山楂、麦芽、铁皮石斛、山药、蒲公英等。近年来，学者对药食同源物质改善胃肠道功能的作用机制进行研究，发现药食同源物质主要通过抑制幽门螺杆菌，调节肠道菌群组成及肠道菌群活性产物的释放等，发挥"厚肠胃"的作用。

幽门螺杆菌是引起胃肠道疾病的主要原因，细胞毒素相关基因 A（CagA）是幽门螺杆菌感染进入胃上皮细胞的关键毒力因子，通过调节致癌或抑癌基因，参与 DNA 损伤、炎症反应、异常细胞增殖和凋亡。有研究表明，生姜提取物可有效抑制 CagA 菌株的生长，减少幽门螺杆菌感染导致的胃炎的发生率，预防胃损伤。胃炎、胃溃疡和胃癌等疾病的发生与发展均伴随着胃黏膜损伤。胃黏膜损伤的主要病理机制为抗炎或促炎细胞因子失衡，导致胃黏膜受到持续攻击，发生充血、溃烂等现象。

最近越来越多的研究表明，肠道菌群结构的失调及肠道细菌来源的代谢物的改变与胃肠道疾病的发生和进展密切相关。从铁皮石斛茎中分离出平均分子量为 39.4 kDa 的多糖可增加小鼠肠道菌群的多样性，促使有益微生物如瘤胃球菌、真杆菌、梭状芽孢杆菌、双歧杆菌、副拟杆菌和嗜粘蛋白阿克曼菌增多，而变形杆菌等有害细菌减少。不仅如此，该多糖还可促进肠道微生物产生更多的丁酸酯，改善结肠的免疫反应。

八、其他药理作用研究进展

药食同源物质具有助眠、抑菌、利胆、抗心律失常等药理作用。酸枣仁主要用于改善睡眠，其药理机制主要是酸枣仁皂苷 A、酸枣仁皂苷 B、当药黄素与酸枣仁碱 A 等通过 5 - 羟色氨（5 - HT）及糖脂代谢等途径发挥镇静催眠作用。丁香在医药、食品、化妆品等行业中应用广泛，能够抑制或杀灭食品中的多种腐败菌及致病菌，抑制亚硝胺合成并降低亚硝酸盐含量，是食品行业中较为绿色的抗菌剂。栀子可泻火除烦、清热利湿、凉血解毒，有研究表明栀子苷具有一定的保肝作用，它能够调节肝微粒体酶的活性，促进相关信号通路的激活，进而调控相关肝细胞的凋亡和炎症因子的释放，抑制氧化应激反应并清除自由基，促进脂肪代谢，修复代谢障碍引起的肝脏损伤。莲子心中的莲心碱、甲基莲心碱、异莲心碱具有抗多种实验性心律失常的作用，其中莲心碱能抑制钠、钾、钙等离子的跨膜转运，甲基莲心碱通过改变胺碘酮的药物代谢动力学产生协同抗心律失常的作用。最新研究表明，蒲公英具有一定的心脏保护作用，主要通过抑制 ROS 和花生四烯酸的产生，减少血小板表面受体暴露来发挥作用。

第四节　加工制备新工艺

一、传统炮制工艺

近年来，随着现代科学技术的发展，对药食同源物质炮制的研究也逐渐深入，光谱、色谱、光谱色谱联用技术、网络药理学、组学技术及分子生物学等先后被应用于中药炮制工艺的评价。张雪等利用色彩分析仪对焦栀子炒制过程中的样品进行色度值测定，并利用 HPLC 整体图谱分析法对焦栀子炒制过程中样品的共有成分进行指认和相对峰面积计算，发现羟异栀子苷、西红花苷 – I 为焦栀子炒制过程中与其外观颜色变化高度相关且含量变化显著的成分，可作为焦栀子质量控制的潜在质量标志物。姚玲玲等利用 LC – MS 技术对不同炮制程度的蜜炙甘草饮片的差异化合物进行了分析，发现甘草酸在炮制适度时含量最高，随着炮制时间的延长，其含量相对减少，因此甘草酸可作为不同炮制程度甘草饮片的质量标志物，用于中药饮片炮制程度的把控。茅玉炜等为解决枸杞子表面黏度大、易结块破损、难以进行工业化生产的问题，以酒炖法取代传统的蒸法，通过正交实验设计确定了酒炖的最佳炮制工艺为加入 5% 干型黄酒，闷润至黄酒刚刚吸尽，置于圆气蒸锅内密闭炖制 4 小时。聂春霞等采用核磁共振氢谱（^1H – NMR）代谢组学技术分析食积模型大鼠血清中内源性代谢物的变化情况，研究炮制对山楂消食导滞作用的影响，发现焦山楂的促消化作用显著，炒山楂次之，净山楂较弱，为中医临床精准化用药提供了理论依据。

二、加工储藏工艺

药食同源物质的加工储藏工艺也有一定的发展，有学者利用新技术对中药材和中药饮片的最佳储藏条件进行筛选，并探索不同加工工艺对储藏的影响。唐文文等以大宗药材天麻、党参、当归、黄芪等为研究对象，比较储藏前后其主要活性成分的变化，发现储藏环境的温度和相对湿度对药材品质的影响较大，在温度为 3 ~ 20 ℃、相对湿度为 65% 时，药材变质率低，质量损耗少，成分变化程度小。李蓉等将新鲜余甘子果实置于 5 ℃恒温冰箱中冷藏，测定其贮藏 20 天内酚类成分含量、多酚氧化酶（PPO）活性、pH、褐变指数等各项指标的变化情况，为新鲜果实类中药的贮藏和养护提供了一定的参考。廖晓芳等使用基于动态水分吸附法的等温吸湿曲线测定仪，记录莲子及其粉末对水分的等温吸附和解吸附曲线，给出了莲子的最优储藏条件，以防止莲子在储藏过程中因吸水过多而霉变产毒。翁渝洁等为降低桑椹采收后贮藏和加工的损失风险，研究了热风、微波、IR、微波–热风、IR–热风等干燥方式对桑椹的干燥效果，对含水量、干燥速率、硬度、色泽、感官评价等指标进行了比较，为桑椹的深加工利用提供了技术支持。Melilli 等在费奥迪拉奶酪生产过程的拉伸阶段添加菊苣菊粉，与对照组相比，添加菊苣菊粉的奶酪在微生物稳定性、感官可接受度等方面都具有优势。

三、提取工艺

近年来，药食同源物质的提取工艺发展迅速，有学者对传统提取工艺的最优条件进行筛选，同时，大孔树脂吸附法、超临界流体萃取法、膜分离技术、超声提取法、微波提取法、半仿生提取法、酶提法、分子蒸馏法等现代技术也被大量应用于药食同源物质的提取中。熊乐文等以提取温度、液料比、提取时间与醇浓度为研究对象，以总酸（绿原酸、异绿原酸 A 和异绿原酸 C）含量为评价指标，通过响应面法确定了金银花总酚酸的最佳提取工艺：提取温度 39 ℃、液料比 27:1（ml/g）、提取时间 56 分钟、醇浓度 72%。陈珏锡等为解决传统提取工艺操作复杂、有机溶剂残留等问题，采用无溶剂微波萃取工艺萃取肉桂精油，降低了肉桂油中含氧化合物的水解速率并有效提高了肉桂油得率。郝临雨等使用超临界二氧化碳萃取法萃取紫苏籽油，与 2 种传统食用油萃取工艺（压榨法和浸提法）相比，超临界二氧化碳萃取法在得率、总酚和总黄酮含量、抗氧化活性等方面都具有优势。田颖鹏等采取热水提法、碱提法、酸提法和酶提法提取覆盆子多糖，对其结构、组成、流变学特性、结合能力等进行研究，发现酶提法得到的覆盆子多糖具有较强的抗氧化活性、持油能力和胆固醇结合能力，有成为治疗糖尿病、高脂血症的药物和功能性食品成分的潜力。Chanioti 等为提高对橄榄（青果）榨油后残渣的综合利用率，使用微波、均质化、超声和高静水压力等技术与低共熔混合物萃取技术相结合，确定了 60 ℃下氯化胆碱–乳酸和均质化技术是联合使用的最佳组合，为从橄榄果渣中回收酚类化合物提供了新思路。

四、制剂工艺

由于药食同源的特性，大量该类物质被开发成植物饮料、保健食品，有学者对药食同源物质的提取物进行剂型改造，以提高其生物利用度。申晗等采用藿香、玫瑰为原料研制藿香玫瑰复合饮料，以感官得分作为评价指标，通过单因素与响应面优化试验确定了藿香玫瑰复合饮料的最佳配方，分析其品质，并通过小鼠爬杆实验考察其抗运动疲劳的活性。贺韶钦等为开发具有祛湿利水、健脾宁心功效，且食用方便、利于吸收的新型保健食品，以赤小豆、薏苡仁和茯苓的提取物为原料，采用喷雾干燥法制备出三者的复合速溶粉。王卉等为解决难溶性中药中黄酮成分生物利用度低的问题，采用反溶剂－高压均质法制备黄豆苷元、沙棘黄酮的纳米混悬剂，通过考察溶剂种类、药物浓度、溶剂反溶剂比例、稳定剂等处方因素和均质压力、均质次数等工艺参数，确定制剂工艺。陈宇婷等为缓解当代人普遍存在的视疲劳，以具有明目功效的决明子、枸杞子为原料，将提取物干粉与填充剂、润滑剂、矫味剂等混合，制粒、干燥、整粒、压片制得复方决明子咀嚼片。Paglarini 等制作了基于菊苣菊粉和大豆蛋白的高纤维乳液凝胶作为博洛尼亚香肠中的脂肪替代品，为制作低盐低脂的肉制品提供了新思路。

· 第五章 ·

国内药食同源相关
专利格局分析

专利是行业技术创新和产业发展的标杆指标。对药食同源相关专利的发展态势和产业格局进行深入分析，可以为药食同源产业的技术发展、市场开发、产业应用提供参考，为国家层面的专利战略规划与政策制定提供依据。

专利文献兼有学术性、商业性、法律性等特点，承载了大量最具时效性和实用性的科研成果，在科技含量上不逊于科技论文，在时效性方面也更具优势。我国从 1985 年开始实行《中华人民共和国专利法》，1993 年正式对药品和化学物质实行专利保护。知识产权制度的建立为食品、药品和保健品的创新研发和成果转化提供了有利的法律环境，是我国自主创新发展进入新阶段的重要标志。专利在传统药物研究的成果保护和产业转化方面起到了重要作用，新组方、新剂型、新工艺、新治疗用途、新分析方法、新种植方法等各类符合新颖性、创造性和实用性的产品和技术均可以申请专利进行保护，进而通过成果转化和产业化实现市场价值。

食品、药品和保健品的研发是高技术知识密集型产业，始终处于激烈的市场竞争中。中药专利是重要的医药科技情报文献资源和科研成果转化的载体，药食同源相关专利在我国专利制度的背景下产生，伴随中药现代化事业的快速发展，至今已经成为一种数量可观、内容丰富的重要科技文献资源。深度挖掘专利信息对于降低新产品研发成本、拓展世界市场、保护我国传统医药知识产权具有重要意义。

近年来，药食同源保健品受到广泛关注，技术创新和产业发展迎来了新机遇，因此，有必要对药食同源相关专利的发展态势、产业格局进行深入分析，理清发展脉络，明确发展趋势。

一、专利分析流程

专利分析是在对专利文献进行筛选、鉴定、整理的基础上，利用文献计量学方法，对其所含的各种信息要素进行统计、对比、分析和研究，从而揭示技术发展的深层特征，了解技术发展的历史及现状，进行技术评价和技术预测的过程。本报告在执行专利分析过程中，主要经过数据检索获取、清洗加工、分析应用 3 个阶段，整体流程如图 5 - 1 所示。数据检索获取是专利分析的基础性工作，清洗加工是为了保证分析结果的准确性而对数据进行的二次加工处理，分析应用则是专利数据和专利分析价值的体现，分析的方法与应用的目的紧密相关。

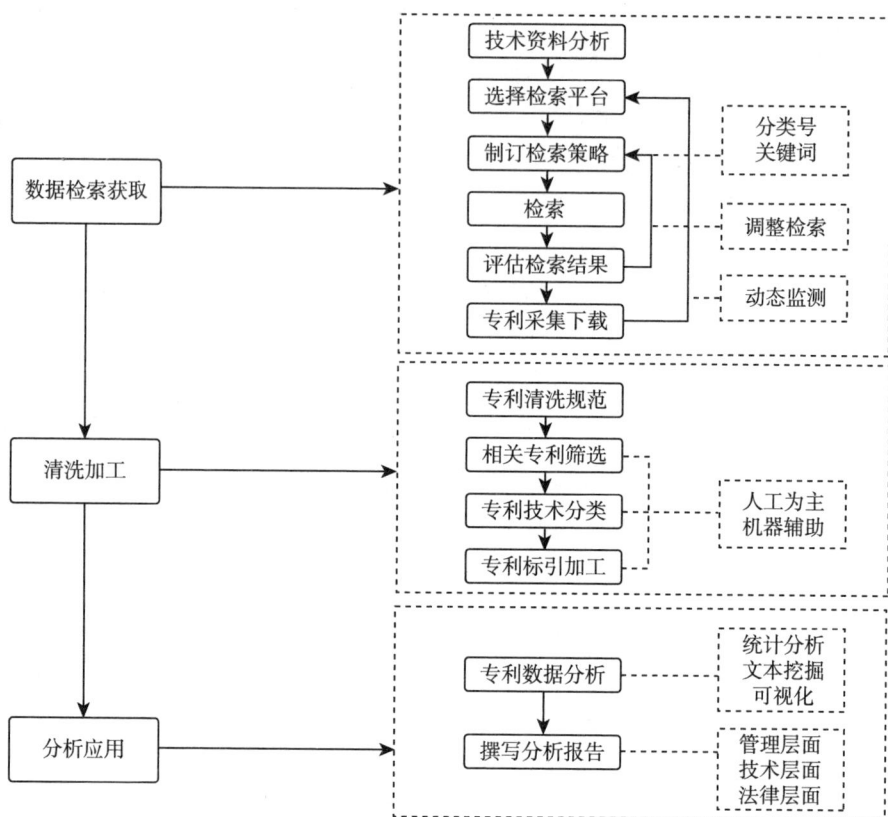

图 5-1　专利分析整体流程

二、数据来源与检索方法

（一）专利信息来源及检索范围

　　本报告使用润桐专利数据库完成对药食同源保健品相关专利的检索。检索时间范围为 2002 年 1 月 1 日—2022 年 12 月 1 日。

　　我们又使用德温特专利数据库对我国以外的国家如日本、美国、韩国等，以及欧洲专利局（EPO）、世界知识产权组织（WIPO）等组织的中药保健品专利进行了预检索，发现国外药食同源相关专利总数在 200 件以下，数量远低于我国。因此，为减少信息干扰，将检索区域限定为我国。

检索专利类型限定为发明专利。

（二）专利检索策略制订

以"卫生部关于进一步规范保健食品原料管理的通知"（卫法监发〔2002〕51号）中发布的《既是食品又是药品的物品名单》和《可用于保健食品的物品名单》中给出的中药品种（前者共87种，后者共114种）为检索对象，组合之后进行检索。

对特定中药品种的专利进行检索，关键词通常要包含该中药的原植物拉丁名、英文名、药材拉丁名、汉语拼音，由于本报告主要检索中国专利，考虑到实际情况，每种药食同源物质只使用中文正名和常用异名作为检索词。

在检索过程中，只收录药食同源物质作为整体使用的专利，排除以非法定使用部位、主要成分或提取物的形式进行使用的专利。有一些主要成分中含有药材名，例如红景天中的红景天苷、红景天素等，这些不可避免地出现在检索结果中，这种情况通过后期清洗加工进行删除。"人参皂苷"和"麦芽糊精"两个词产生的误检情况比较多，因此在检索式中专门设定条件进行排除。

本报告以食品、药品及保健品的专利为主要研究对象，排除种植、采收、仓储、生产和工艺流程等方面的专利，并在检索式中设定国际专利分类（IPC）号。

最终的检索式如下。

（CLM=（保健））AND（CLM="丁香" OR "八角茴香" OR "刀豆" OR "小茴香" OR "小蓟" OR "山药" OR "山楂" OR "马齿苋" OR "乌梢蛇" OR "乌梅" OR "木瓜" OR "火麻仁" OR "代代花" OR "玉竹" OR "甘草" OR "白芷" OR "白果" OR "白扁豆" OR "白扁豆花" OR "龙眼肉" OR "桂圆" OR "决明子" OR "百合" OR "肉豆蔻" OR "肉桂" OR "余甘子" OR "佛手" OR "杏仁" OR "沙棘" OR "牡蛎" OR "芡实" OR "花椒" OR "赤小豆" OR "阿胶" OR "鸡内金" OR "麦芽" OR "昆布" OR "红枣" OR "大枣" OR "酸枣" OR "黑枣" OR "罗汉果" OR "郁李仁" OR "金银花" OR "青果" OR "鱼腥草" OR "生姜" OR "干姜" OR "枳椇子" OR "枸杞子" OR "栀子" OR "砂仁" OR "胖大海" OR "茯苓" OR "香橼" OR "香薷" OR "桃仁" OR "桑叶" OR "桑椹" OR "桔红" OR "桔梗" OR "益智" OR "荷叶" OR "莱菔子" OR "莲子" OR "高良姜" OR "淡竹叶" OR "淡豆豉" OR "菊花" OR "菊苣" OR "黄芥子" OR "黄精" OR "紫苏" OR "紫苏籽" OR "葛根" OR "黑芝麻" OR

"黑胡椒" OR "槐米" OR "槐花" OR "蒲公英" OR "蜂蜜" OR "榧子" OR "酸枣仁" OR "鲜白茅根" OR "鲜芦根" OR "蝮蛇" OR "橘皮" OR "薄荷" OR "薏苡仁" OR "薤白" OR "覆盆子" OR "藿香" OR "人参" OR "人参叶" OR "人参果" OR "三七" OR "土茯苓" OR "大蓟" OR "女贞子" OR "山茱萸" OR "川牛膝" OR "川贝母" OR "川芎" OR "马鹿胎" OR "马鹿茸" OR "马鹿骨" OR "丹参" OR "五加皮" OR "五味子" OR "升麻" OR "天门冬" OR "天麻" OR "太子参" OR "巴戟天" OR "木香" OR "木贼" OR "牛蒡子" OR "牛蒡根" OR "车前子" OR "车前草" OR "北沙参" OR "平贝母" OR "玄参" OR "生地黄" OR "生何首乌" OR "白及" OR "白术" OR "白芍" OR "白豆蔻" OR "石决明" OR "石斛" OR "地骨皮" OR "当归" OR "竹茹" OR "红花" OR "红景天" OR "西洋参" OR "吴茱萸" OR "怀牛膝" OR "杜仲" OR "杜仲叶" OR "沙苑子" OR "牡丹皮" OR "芦荟" OR "苍术" OR "补骨脂" OR "诃子" OR "赤芍" OR "远志" OR "麦门冬" OR "龟甲" OR "佩兰" OR "侧柏叶" OR "制大黄" OR "制何首乌" OR "刺五加" OR "刺玫果" OR "泽兰" OR "泽泻" OR "玫瑰花" OR "玫瑰茄" OR "知母" OR "罗布麻" OR "苦丁茶" OR "金荞麦" OR "金樱子" OR "青皮" OR "厚朴" OR "厚朴花" OR "姜黄" OR "枳壳" OR "枳实" OR "柏子仁" OR "珍珠" OR "绞股蓝" OR "胡芦巴" OR "茜草" OR "荜茇" OR "韭菜子" OR "首乌藤" OR "香附" OR "骨碎补" OR "党参" OR "桑白皮" OR "桑枝" OR "浙贝母" OR "益母草" OR "积雪草" OR "淫羊藿" OR "菟丝子" OR "野菊花" OR "银杏叶" OR "黄芪" OR "湖北贝母" OR "番泻叶" OR "蛤蚧" OR "越橘" OR "槐实" OR "蒲黄" OR "蕤藜" OR "蜂胶" OR "酸角" OR "墨旱莲" OR "熟大黄" OR "熟地黄" OR "鳖甲" NOT "人参皂苷" NOT "麦芽糊精"）（SICCUN = "A23L" OR "A61K" OR "A61P" OR "A23F" OR "C12G" OR "A47G" OR "A61H" OR "A43B" OR "A61F" OR "C12P" OR "C12J"）AND（AD =［20020101 TO 20221201］）

使用上述检索式共检索到 33 457 条记录。

（三）数据清洗

将检索得到的专利信息从润桐专利数据库中导出，进行数据清洗。首先通过人工和软件相结合的方式，剔除不符合要求的专利，之后分别对专利权人名称、专利号、申请号、各类日期、IPC 号等信息进行标准化处理以方便统计分析。经数据清洗后，得到 32 789 条专利记录，作为分析用数据集。

（四）数据管理和分析工具

清洗后的专利数据使用微软 Excel 和 Access 进行存储和管理，使用 Excel 和 R 语言进行分析，使数据可视化。

三、整体分析

（一）发展趋势分析

年度专利申请情况可以在总体上直观反映药食同源物质研发的发展历程。

由图 5 - 2 可知，在过去 20 年间，药食同源物质专利申请量呈波型发展态势，2016 年达到历史最高峰，当年专利申请量达 4 434 件。

根据专利申请量可将过去 20 年分为 4 个阶段：起步发展期（2002—2010年），该阶段年均申请量为 527 件；快速发展期（2011—2016 年），该阶段专利申请量出现井喷式增长，年申请量由 1 139 件陡升到 4 434 件，并于 2016 年达到顶峰，整体增加了约 3 倍；下降期（2017—2019 年），在这一阶段中，受国家专利申报政策的影响，年申请量由 2016 年的峰值陡然降回相当于 2011年的水平；调整期（2020—2022 年），这一时期年均申请量在 1 000 件左右，其中 2021 年和 2022 年的专利数据由于公开时间滞后，其收录数量会小于真实申请量，预计申请量与 2020 年处于同一水平。

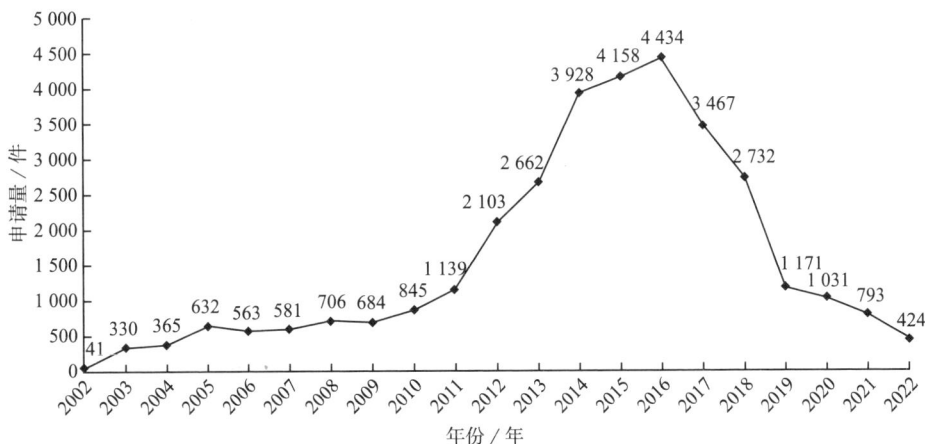

图 5 - 2　2002—2022 年药食同源相关专利申请量变化趋势

由图 5 - 3 可知，2017 年之前，药食同源相关专利申请增长率基本处于上升态势，其中在起步阶段的 2003 年，更是达到了 700% 的增长率，2005 年和 2012 年的增长率也都超过了 70%。2017 年之后，整个产业专利申请增长率均为负值，2019 年甚至达到了 -57%，反映出产业研发发展进入低谷期。

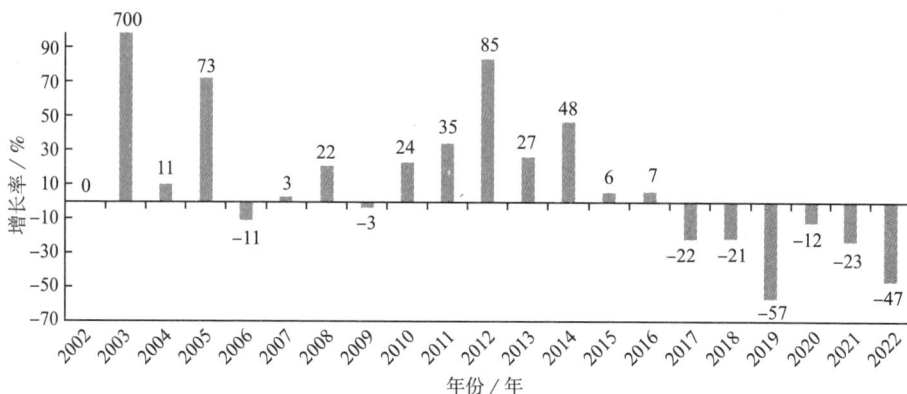

图 5 - 3　2002—2022 年药食同源相关专利历年申请增长率

（二）地域分布情况

技术来源地区为发明人所在省份，是研发所在地。各省份专利申请量在一定程度上可以反映出该地技术研发的活跃程度。由表 5 - 1 可知，我国药食同源相关专利申请主要来自安徽、江苏、山东、广东、广西等地，其中，安徽的申请量遥遥领先，值得深入研究。

值得注意的是，新疆、青海、海南、宁夏、内蒙古、西藏的药食同源相关专利申请量在全国排名靠后，总体申请量均在 200 件以内。由此可见，这些地方的民族药和药用植物资源的优势没有得到充分挖掘利用，相关产品的研发水平较低，具有较大的发展潜力。

表 5 - 1　2002—2022 年各省份药食同源相关专利申请量情况表

排名	省份	申请量/件	排名	省份	申请量/件	排名	省份	申请量/件
1	安徽	5 116	4	广东	2 656	7	北京	1 363
2	江苏	3 682	5	广西	2 300	8	河南	1 354
3	山东	3 266	6	浙江	1 681	9	辽宁	994

续表

排名	省份	申请量/件	排名	省份	申请量/件	排名	省份	申请量/件
10	四川	944	18	福建	541	26	新疆	171
11	湖北	813	19	云南	535	27	青海	151
12	湖南	809	20	黑龙江	521	28	海南	131
13	贵州	755	21	河北	448	29	宁夏	122
14	陕西	720	22	甘肃	429	30	内蒙古	120
15	上海	595	23	江西	384	31	港澳台	71
16	天津	570	24	重庆	370	32	西藏	40
17	吉林	562	25	山西	367			

结合图 5-4 和表 5-2 可知，各省份药食同源相关专利申请量的时间分布整体趋势与图 5-2 中的趋势一致，但也有少许差别。江苏、北京 2 个省份申请量快速增长的时间略早于其他省份，江苏在 2012 年达到申请量最高峰，北京在 2007 年前后有 1 个申报的小高峰，说明这 2 个省份较早注意到了药食同源物质的市场价值，并投入了研发力量。另外，以广东和四川为代表的省份，其专利申请高峰略晚于其他省份，但产业发展显示出良好的持续性。

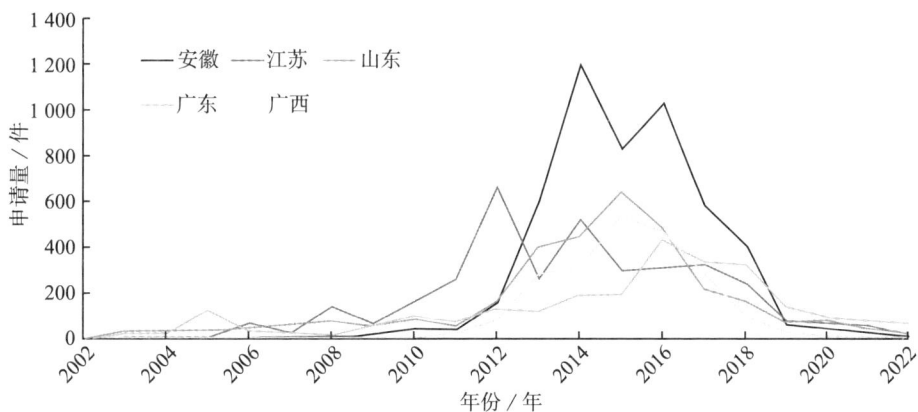

图 5-4　2002—2022 年排名前 5 的省份药食同源相关专利申请量变化趋势

单位：件

表5-2 2002—2022年排名前20的省份药食同源相关专利历年申请量

排名	省份	2002年	2003年	2004年	2005年	2006年	2007年	2008年	2009年	2010年	2011年	2012年	2013年	2014年	2015年	2016年	2017年	2018年	2019年	2020年	2021年	2022年
1	安徽	0	5	3	3	8	10	10	27	50	45	162	604	1195	828	1025	583	405	66	42	30	15
2	江苏	2	11	10	19	75	35	146	72	160	265	666	268	523	305	309	329	241	84	70	64	28
3	山东	1	34	31	34	49	65	82	59	86	59	162	406	447	641	485	220	166	74	84	53	28
4	广东	1	25	35	129	37	18	22	59	102	82	135	123	191	194	435	341	324	141	98	90	74
5	广西	2	14	16	7	15	15	15	12	13	28	89	286	315	539	474	288	103	34	15	15	5
6	浙江	3	23	34	150	47	15	33	30	28	63	80	86	148	295	179	199	102	55	50	43	18
7	北京	13	16	26	21	33	132	71	54	51	82	111	67	86	81	127	94	104	63	65	44	22
8	河南	1	12	18	13	29	33	41	54	42	30	82	116	181	195	153	117	111	44	42	26	14
9	辽宁	2	21	25	33	29	50	39	21	34	98	68	113	92	48	91	94	57	27	27	13	12
10	四川	1	9	11	17	23	15	30	32	20	35	25	53	59	101	122	154	95	38	46	37	21
11	湖北	0	9	7	12	20	11	29	26	23	17	35	49	32	53	99	113	118	44	65	33	18
12	湖南	1	14	15	14	13	18	22	13	21	23	23	36	68	70	104	86	109	62	58	28	11
13	贵州	1	5	4	7	14	8	3	3	13	14	36	26	75	83	126	126	134	27	24	21	5
14	陕西	3	12	8	9	9	17	13	22	11	24	66	56	42	76	51	133	101	26	22	12	7
15	上海	3	17	19	16	20	12	10	19	12	25	46	24	27	47	71	44	49	31	32	35	36
16	天津	3	17	2	12	39	30	23	35	11	23	44	36	44	60	60	31	44	13	15	22	6
17	吉林	1	6	6	15	14	9	15	18	29	27	34	38	39	61	65	47	48	25	38	21	6
18	福建	0	3	10	7	6	10	4	15	13	23	18	51	43	69	83	64	40	19	25	27	11
19	云南	0	11	13	13	15	11	14	17	14	35	28	27	41	39	49	50	58	37	24	24	15
20	黑龙江	1	10	12	29	17	13	14	16	9	15	28	21	80	62	43	37	25	28	27	22	12

图 5 - 5 显示了国外和我国港澳台地区研究机构在我国大陆地区的专利申请情况。如图可见，这 2 个来源的药食同源相关专利的申请量均不足 200 件，年均申请量为十几件，虽然数量远少于我国大陆地区多数省份，但是这 2 个来源的专利申请量在整体上一直保持着波动上升的趋势，这一点与我国大陆地区波型发展态势有比较大的差异。在某种程度上可以说明，国外和我国港澳台地区研究机构越来越注重我国大陆地区的药食同源产品市场，并逐步投入更多的研发力量。

图 5 - 5　2002—2022 年国外和我国港澳台地区药食同源相关专利申请量变化趋势

（三）技术主题分析

1. IPC 大类分布情况

通过统计主要 IPC 大类级别的药食同源相关专利申请情况，可以准确把握药食同源领域专利的技术类别分布情况。表 5 - 3 显示了主要 IPC 大类级别的专利申请情况，其中，食品类专利申请数量最多，是新产品研发的主体部分。

表 5 - 3　2002—2022 年药食同源相关专利主要 IPC 大类总申请量及占比情况表

大类	含义	总申请量/件	百分比/%
A23	其他类不包含的食品或食料；及其处理	18 527	56.5
A61	医学或兽医学；卫生学	9 470	28.9
C12	生物化学；啤酒；烈性酒；果汁酒；醋；微生物学；酶学；突变或遗传工程	3 941	12.0
A47	家具；家庭用的物品或设备；咖啡磨；香料磨；一般吸尘器	702	2.1
A43	鞋类	149	0.5

通过统计药食同源相关专利主要 IPC 大类历年申请量（图 5 - 6）可以发现，食品类专利的申请量在 2012—2019 年间快速升高又迅速回落，其波动幅度远高于其他 4 类，因此，图 5 - 2 中药食同源相关专利申请量的波动，主要是由食品领域的专利申请量变化决定的。相比之下，医药类专利的申请量发展态势比较平缓，而且在 2020 年之后，已经略超过食品领域，成为药食同源相关专利申请量的第一大领域，显示出了巨大的发展潜力。我们认为，医药类产品的研发需要较高的科技水平，是药食同源领域技术发展的中坚力量，食品、饮品的研发受市场和政策等外部因素影响比较大，容易发生大幅度波动。

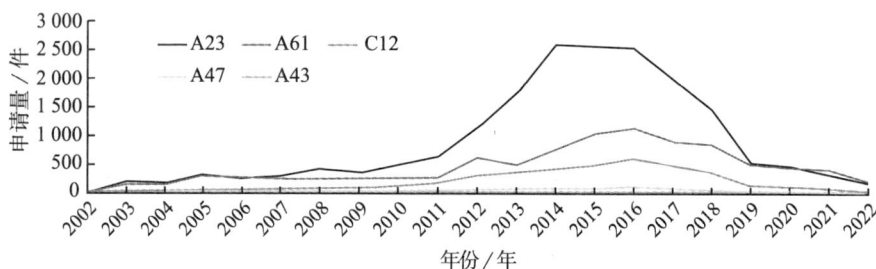

图 5 - 6　2002—2022 年药食同源相关专利主要 IPC 大类申请量变化趋势

2. IPC 小类分布情况

表 5 - 4 中显示了主要 IPC 小类级别的药食同源相关专利申请情况。

表 5 - 4　2002—2022 年药食同源相关专利主要 IPC 小类总申请量及占比情况表

大类	含义	总申请量/件	百分比/%
A23L	不包含在 A21D 或 A23B 至 A23J 小类中的食品、食料或非酒精饮料；它们的制备或处理，例如烹调、营养品质的改进、物理处理	13 887	42.4
A61K	医用、牙科用或梳妆用的配制品	9 355	28.5
A23F	咖啡；茶；其代用品；它们的制造、配制或泡制	4 640	14.2
C12G	葡萄酒；其制备；含酒精饮料	3 455	10.6
A47G	家庭用具或餐桌用具	702	2.1
C12J	醋；其制备或纯化	366	1.1
其他	—	366	1.1

従from图5-7药食同源相关专利主要IPC小类历年申请量变化趋势可以看出，各小类与大类的发展趋势基本一致。值得注意的是，茶饮和果酒类领域的专利申请量在2009—2019年间有一个蓬勃发展的"黄金十年"，之后又回到10年前的水平，这到底是相关产业真正的快速发展，还是由某些政策、风口引发的虚假繁荣，值得深入研究。

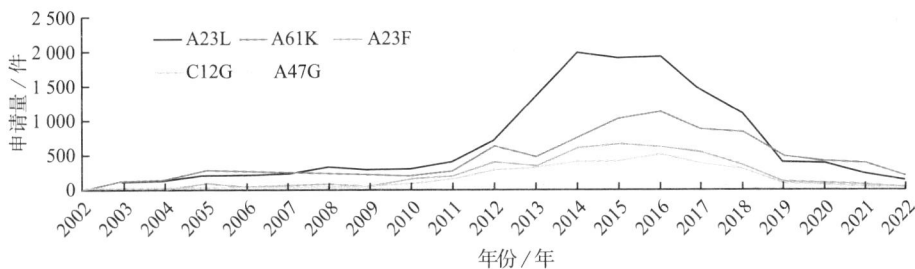

图5-7　2002—2022年药食同源相关专利主要IPC小类申请量变化趋势

我们选择9个代表性省份，对药食同源相关专利主要IPC小类的比例进行分析，由此得出各省份产业结构的特点。基于图5-8中的信息，可以将9个省份分为4类：①以安徽为代表的食品专利大省，食品类专利比例超过50%，茶饮类专利也占有不小的比例；②食品类专利为主，酒饮类专利为辅，包括浙江和广西；③医药类专利占有较大比例，包括上海、北京和吉林；④食品、茶饮、酒饮、医药等各类专利占比均衡，包括江苏等。

3. IPC大组分布情况

进一步对主要小类下的主要大组进行统计分析（表5-5、图5-9），以发现更深层次上的技术发展趋势。A61K小类中，036组（含有草药的药物制剂）专利申请量最多，占比高达23.69%，2004—2010年以及2019年后，A61K36大组专利申请量都远多于其他组别，具有稳定的发展趋势，是促进药食同源相关专利整体发展的主要力量。A23L食品类专利当中，001组和002组都属于综合性类别，专利申请量较多，但后期分组细化，多了一些具体的组别。A23L33组（营养补充剂）可能是未来食品类专利中的主体部分，A23L2（非酒精饮料）和C12G3（其他酒精饮料）的发展趋势具有较高的相似性，经过一个发展高峰之后，目前进入了低谷期。

111

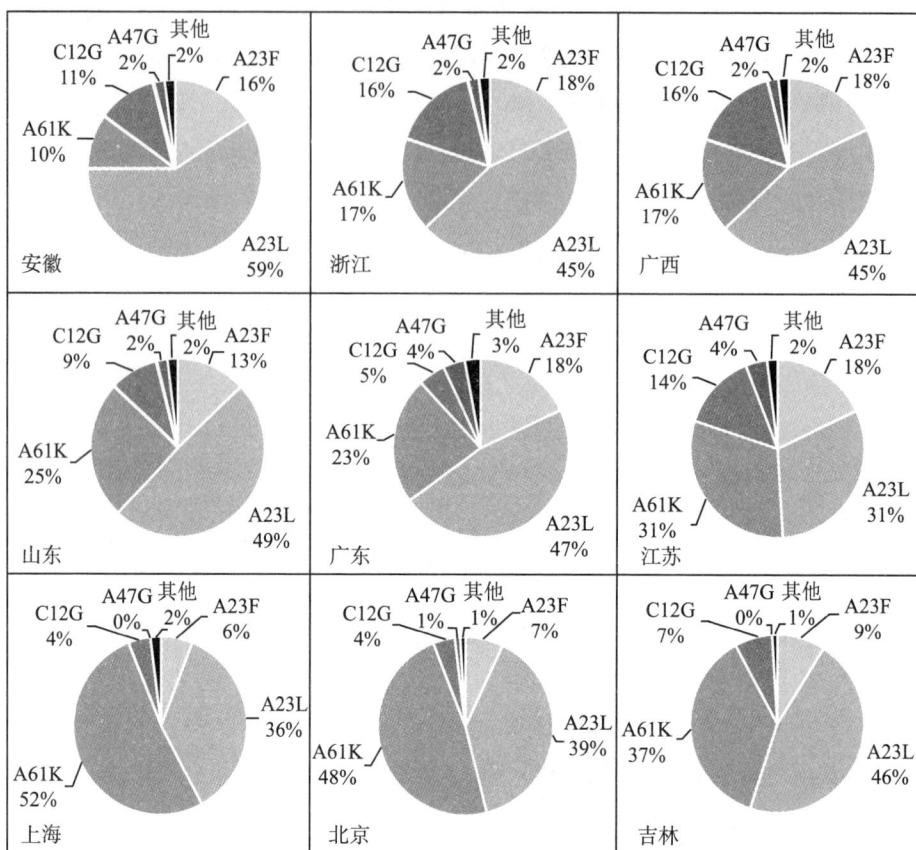

图 5 – 8　2002—2022 年代表性省份药食同源相关专利主要 IPC 小类占比

表 5 – 5　2002—2022 年药食同源相关专利主要 IPC 大组总申请量及占比情况表

小类	大组	含义	总申请量/件	百分比/%
A23F	A23F3	茶；茶代用品；其配制品	4 600	14.0
A23L	A23L1	食品或食料；它们的制备或处理	6 151	18.8
	A23L11	豆类植物，即豆科植物果实的处理以制备食品；豆类制品；它们的制备或处理	81	0.3
	A23L13	肉类制品；肉食；它们的制备或处理	213	0.7
	A23L17	水产食物制品；鱼类制品；鱼肉；鱼卵代用品；它们的制备或处理	130	0.4

小类	大组	含义	总申请量/件	百分比/%
	A23L19	水果或蔬菜制备；它们的制备或处理	332	1.0
	A23L2	非酒精饮料；其干组合物或浓缩物；它们的制备	2 706	8.3
	A23L21	马茉兰，果酱，果子冻或类似物；蜂产品；它们的制备或处理	211	0.6
	A23L23	汤；酱汁	73	0.2
	A23L25	主要含由坚果仁或籽组成的食品；它们的制备或处理	82	0.3
	A23L27	调味料；增香剂或佐料；人造甜味剂；食盐；食用盐代用品；它们的制备或处理	280	0.9
	A23L29	含有添加剂的食品或食料	78	0.2
	A23L31	真菌的可食用提取物或配制品；其制备或处理	130	0.4
	A23L33	改变食品的营养性质；营养制品；其制备或处理	2 437	7.4
	A23L7	含有谷类得到的产品；麦芽制品	888	2.7
A43B	A43B17	插入的内底，如鞋垫或嵌体，鞋面结合后依附到鞋	91	0.3
A47G	A47G9	床罩；床单；旅行毯；睡毯；睡袋；枕头	680	2.1
A61K	A61K31	含有机有效成分的医药配制品	117	0.4
	A61K35	含有其有不明结构的原材料或其反应产物的医用配制品	432	1.3
	A61K36	含有来自藻类、苔藓、真菌或植物或其派生物，例如传统草药的未确定结构的药物制剂	7 768	23.7
	A61K38	含肽的医药配制品	288	0.9
	A61K8	化妆品或类似的梳妆用配制品	552	1.7
	A61K9	以特殊物理形状为特征的医药配制品	115	0.4

续表

小类	大组	含义	总申请量/件	百分比/%
C12G	C12G1	葡萄酒或起泡葡萄酒的制备	222	0.7
	C12G3	其他酒精饮料的制备	3 233	9.9
C12J	C12J1	醋；其制备或纯化	366	1.1
C12P	C12P21	肽或蛋白质的制备	85	0.3

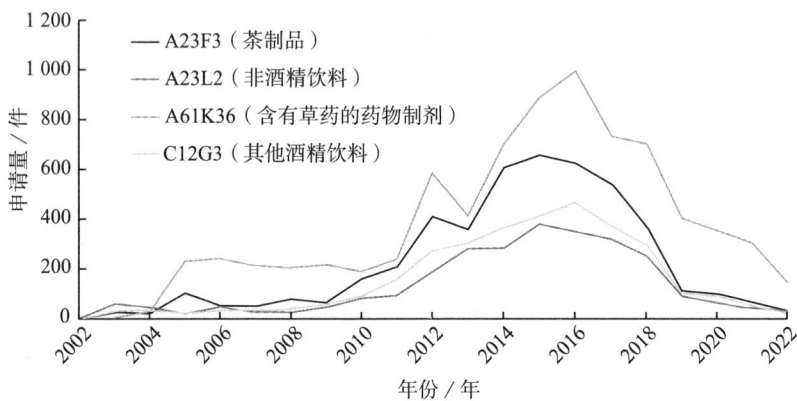

图 5-9　2002—2022 年药食同源相关专利主要 IPC 大组申请量变化趋势

（四）技术生命周期分析

技术生命周期的概念源自产品生命周期，与产品生命周期侧重产品和市场的不同之处是，技术生命周期理论的出发点和落脚点都是技术自身。技术生命周期包括萌芽期、成长期、成熟期和衰退期 4 个阶段，除衡量单项技术随时间变化的发展趋势外，技术生命周期理论还可用于对同类技术市场总量变化或技术的性能进行评价。使用专利申请数据可以分析技术生命周期，其优点在于：专利包含许多隐性技术知识，可透露出技术的发展脉络；专利能揭示技术的商业潜能，因为专利申请的前提是具有商业应用的可能；与产品生命周期分析比较，基于专利申请数据的技术生命周期分析可以更早进行；专利申请数据可以通过专利数据库进行检索，方便快捷且数据可靠。

根据 2002—2022 年历年专利申请数量与专利申请人数量，分别绘制个人和机构的技术生命周期图（图 5-10）。如图可见，在药食同源领域，个人申请人的研发在 2014 年进入成熟期，2016 年后进入衰退期，目前已经退回到 2003 年的水平，机构申请人的研发在 2016 年进入成熟期，之后有所回退，但情况相对乐观。

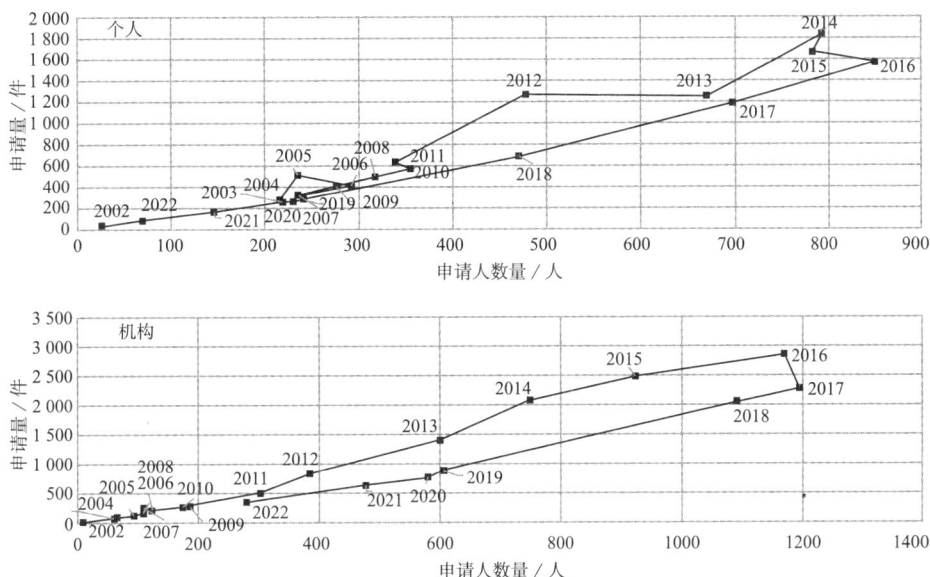

图 5 - 10　2002—2022 年个人和机构药食同源相关专利申请量、申请人数量变化趋势

（五）专利权人分析

对专利权人进行统计分析，可以获知药食同源研发领域的整体竞争态势。统计表明，2002—2022 年期间，共有 9 304 名机构专利权人和 7 940 名个人专利权人申请该领域的专利。药食同源产品研发所需的技术条件比较高，个人独立开展研发所能调动的资源非常有限，因此专利质量和相关技术成果水平均不能和机构申请人相比。

通过统计分析可以看出，个人和机构申请量的变化趋势基本一致（图 5 - 11），在 2013 年前，个人申请量略多于机构申请量，2013 年后机构申请量大大超过了个人申请量，说明 2013 年前后各类机构对药食同源产品开始加大研发力度，并更加重视药食同源产品专利的保护作用。在 2016 年，机构申请量与个人申请量的差距达到最大，在此之后，虽然二者申请量均有所回落，但机构申请人仍然为药食同源产业的研发主体。

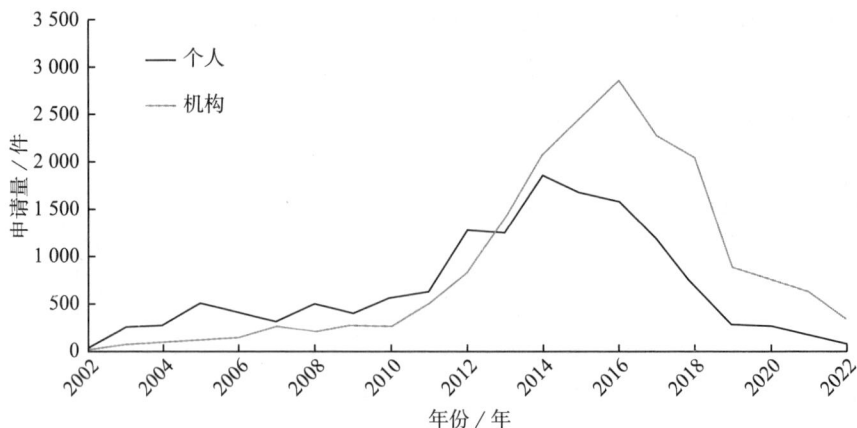

图 5 – 11　2002—2022 年个人和机构药食同源相关专利申请量变化趋势

从各类型机构药食同源相关专利申请量来看（图 5 – 12），内企一直是专利申报的主要来源，其申请量远高于其他类型机构，在 2011—2019 年间出现了 1 个申报高峰。在其他类型机构中，大学和研究机构的申请量比较多，整体趋势均较为平缓。

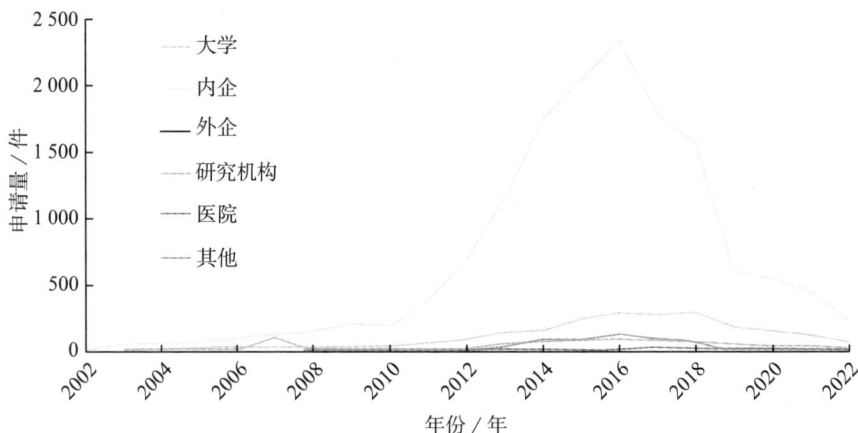

图 5 – 12　2002—2022 年各类型机构药食同源相关专利申请量变化趋势

进一步对各类型机构申请人药食同源相关专利历年申请量进行统计（表 5 – 6），可以分析出各类型机构专利申请量的时间分布趋势。各类型机构中专利申请数量最多的分别是：广西大学（98 件）、劲膳美生物科技股份有限公司（172 件）、大江生医股份有限公司（10 件）、中国科学院西北高原生物研究所（32 件）、成都中医药大学附属医院（13 件）、芜湖市三山区绿色食品产业协会（108件）。但值得注意的是，广西大学、劲膳美生物科技股份有限公司、芜湖市三山区绿色食品产业协会等机构虽然总申请量较高，但在时间分布上较为集中，推测是由于各种原因进行了突击申报，这种情况在内企和其他机构当中尤为普遍。

由表5-6可以看出，多数大学、医院和研究机构对某类药食同源物质的研究往往持续时间比较长，虽然申请数量不多，但更为持久和稳定。内企和其他机构的申请，具有一定的爆发性，不排除有投机因素，因此其专利质量需要仔细鉴别。值得关注的是，某些公司专利申请数量虽多，但其并无相关产品或产业布局，可能属于以专利申报、技术占位为经营策略的科技公司，此类公司对药食同源相关产业的发展没有促进作用，应当在专利信息分析中进行重点甄别。

表5-6　2002—2022年各类型机构申请人药食同源相关专利历年申请量

单位：件

类别	排名	申请人	总申请量	A	B	C	D	E	F	G	H	I	J	K	L	M	N	O	P	Q	R	S	T	U
大学	1	广西大学	98	0	0	0	0	0	0	0	0	0	0	0	7	66	23	2	0	0	0	0	0	0
	2	南京中医药大学	47	0	0	0	0	0	0	0	4	3	0	2	4	4	6	3	4	3	5	4	2	3
	3	吉林大学	39	0	0	0	2	1	0	0	0	0	1	1	0	5	14	4	4	0	1	2	3	1
	4	福建农林大学	38	0	0	0	1	1	4	1	0	0	1	1	2	2	4	12	7	0	0	1	0	1
	5	江南大学	36	0	1	0	0	0	2	0	1	0	1	0	2	1	5	0	1	5	2	3	5	7
	6	成都中医药大学	32	0	0	1	1	0	0	0	2	0	2	0	2	2	0	1	6	8	2	5	0	0
	7	湖北工业大学	30	0	0	0	0	0	0	0	0	0	0	0	3	18	4	1	0	0	0	0	1	2
	8	天津科技大学	29	0	0	0	0	1	1	0	1	0	0	1	0	1	3	6	2	3	7	0	1	0
	9	上海中医药大学	27	0	0	0	0	0	0	0	0	0	1	1	1	2	0	0	1	5	8	2	1	4
	10	江西中医药大学	26	0	0	0	0	0	0	0	0	0	0	0	0	1	2	0	9	8	4	1	1	0
内企	1	劲膳美生物科技股份有限公司	172	0	0	0	0	0	0	0	0	0	0	0	0	168	4	0	0	0	0	0	0	0
	2	桂林洁宇环保科技有限责任公司	131	0	0	0	0	0	0	0	0	0	0	0	0	118	12	1	0	0	0	0	0	0
	3	无限极（中国）有限公司	118	0	0	0	0	0	0	0	2	1	1	0	9	10	34	21	29	11	0	0	0	0
	4	青岛嘉瑞生物技术有限公司	89	0	0	0	0	0	0	0	0	0	0	0	45	14	17	13	0	0	0	0	0	0
	5	青岛浩大海洋保健食品有限公司	83	0	0	0	0	0	0	0	0	0	0	0	0	58	25	0	0	0	0	0	0	0

中国药食同源产业发展报告（2022）

类别	排名	申请人	总申请量	A	B	C	D	E	F	G	H	I	J	K	L	M	N	O	P	Q	R	S	T	U
	6	青岛金佳慧食品有限公司	73	0	0	0	0	0	0	0	0	0	0	0	53	20	0	0	0	0	0	0	0	0
	7	江苏康缘药业股份有限公司	64	0	0	0	0	0	0	0	0	0	0	0	0	1	9	19	7	6	12	5	4	1
	8	威海御膳坊生物科技有限公司	61	0	0	0	0	0	0	0	0	0	0	0	0	4	30	27	0	0	0	0	0	0
	9	青岛恒波仪器有限公司	60	0	0	0	0	0	0	0	0	0	0	20	25	15	0	0	0	0	0	0	0	0
	10	安徽燕之坊食品有限公司	49	0	0	0	0	0	0	0	0	0	3	4	10	6	8	18	0	0	0	0	0	0
外企	1	大江生医股份有限公司	10	0	0	0	0	0	0	0	0	0	0	0	0	0	0	0	5	4	0	1	0	0
	2	爱茉莉太平洋集团	9	0	0	0	0	0	0	0	5	0	0	0	0	0	1	2	1	0	0	0	0	0
	3	雀巢产品技术援助有限公司	7	0	0	0	0	0	1	1	0	1	2	0	1	0	1	0	0	0	0	0	0	0
	4	琛蓝(美国)营养制品股份有限公司	5	0	0	0	0	0	0	0	0	0	0	0	0	0	0	0	0	0	0	2	2	1
	5	西雅图咖米公司	5	0	0	0	0	0	0	0	0	0	0	0	0	0	0	0	5	0	0	0	0	0
研究机构	1	中国科学院西北高原生物研究所	32	0	1	0	0	0	0	0	0	0	1	0	0	4	10	2	2	6	4	2	0	0
	2	中国科学院大连化学物理研究所	17	0	0	2	1	1	0	1	0	0	0	2	0	2	2	0	1	2	3	0	0	0
	3	中国科学院新疆理化技术研究所	15	0	0	0	0	1	2	1	1	0	0	2	2	0	1	1	0	0	1	1	1	1
	4	广东省农业科学院蚕业与农产品加工研究所	13	0	0	0	0	0	0	0	0	0	0	1	0	1	2	6	2	0	0	1	0	0

类别	排名	申请人	总申请量	A	B	C	D	E	F	G	H	I	J	K	L	M	N	O	P	Q	R	S	T	U
	5	四川省中医药科学院	13	0	0	0	0	0	0	0	1	0	2	0	0	0	0	1	2	1	6	0	0	0
	6	中国医学科学院药用植物研究所	13	0	0	0	0	0	0	0	1	0	2	0	0	0	0	2	1	1	3	0	2	1
	7	广东省微生物研究所(广东省微生物分析检测中心)	12	0	0	0	0	0	0	0	0	0	0	0	0	0	0	0	2	8	2	0	0	0
	8	中国农业科学院特产研究所	12	0	0	0	0	0	0	0	0	0	0	0	0	0	0	3	1	4	3	0	1	0
	9	吉林省中医药科学院	11	0	0	0	0	0	0	0	0	0	2	2	4	2	1	0	0	0	0	0	0	0
	10	云南省药物研究所	11	0	0	0	0	0	0	0	0	0	0	3	0	0	2	2	0	0	3	0	0	1
医院	1	成都中医药大学附属医院	13	0	0	0	0	0	0	0	0	0	0	3	1	0	1	3	5	0	0	0	0	0
	2	上海中医药大学附属曙光医院	7	0	0	0	0	0	1	0	0	0	0	0	0	0	0	0	0	0	0	0	3	3
	3	青岛大学附属医院	6	0	0	0	0	0	0	0	0	0	0	0	0	0	0	0	0	6	0	0	0	0
	3	中国人民解放军第三军医大学第一附属医院	6	0	0	0	0	0	0	0	0	0	0	2	0	0	3	1	0	0	0	0	0	0
	4	金秀瑶族自治县瑶医医院	5	0	0	0	0	0	0	0	0	0	0	2	0	0	0	2	1	0	0	0	0	0
	4	石家庄市中医院	5	0	0	0	0	0	0	0	0	0	0	5	0	0	0	0	0	0	0	0	0	0
	4	四川大学华西医院	5	0	0	0	0	0	0	0	0	0	0	3	0	0	0	0	0	0	1	1	0	0
	4	中国人民解放军第二军医大学第二附属医院	5	0	0	0	0	0	0	0	0	0	0	0	0	0	0	0	1	3	1	0	0	0
	4	中国中医科学院广安门医院	5	0	0	0	0	0	0	0	0	0	0	0	0	0	1	0	0	1	0	0	3	0

类别	排名	申请人	总申请量	A	B	C	D	E	F	G	H	I	J	K	L	M	N	O	P	Q	R	S	T	U
其他	1	芜湖市三山区绿色食品产业协会	108	0	0	0	0	0	0	0	0	0	0	0	0	0	33	49	26	0	0	0	0	0
	2	郑州市沃田配肥站	57	0	0	0	0	0	0	0	0	0	0	0	32	25	0	0	0	0	0	0	0	0
	3	柳州市螺蛳粉协会	18	0	0	0	0	0	0	0	0	0	0	0	0	0	0	17	1	0	0	0	0	0
	4	合肥丰宝杂粮专业合作社	17	0	0	0	0	0	0	0	0	0	0	0	9	8	0	0	0	0	0	0	0	0
	5	镇江市丹徒区南山溪园茶叶专业合作社	16	0	0	0	0	0	0	0	2	2	3	6	0	0	0	3	0	0	0	0	0	0
	6	西林县大银子铁皮石斛种销农民专业合作社	11	0	0	0	0	0	0	0	0	0	0	0	0	0	0	11	0	0	0	0	0	0
	7	马鞍山市心洲葡萄专业合作社	10	0	0	0	0	0	0	0	0	0	0	0	8	2	0	0	0	0	0	0	0	0
	8	桂平市蒙圩镇火炎种养专业合作社	9	0	0	0	0	0	0	0	0	0	0	0	0	0	0	1	8	0	0	0	0	0
	9	都安瑶族自治县技术开发中心	8	0	0	0	0	0	0	0	0	0	0	0	0	0	0	8	0	0	0	0	0	0
		固镇县新园果蔬专业合作社	8	0	0	0	0	0	0	0	0	0	0	0	0	0	0	8	0	0	0	0	0	0
		南陵县玉竹协会	8	0	0	0	0	0	0	0	0	0	0	0	5	3	0	0	0	0	0	0	0	0

注：横表头中的 A、B、……U 分别代表 2002 年、2003 年、……2022 年。

从个人申请人专利历年申请量（表 5－7）中可以看出，个人申请主要集中在 2011—2015 年，而且突击申报的情况更为突出，出现了不少一年申报几十项专利的个人申请人。南方省份高申请量的个人申请人数量多于北方省份，其中前 10 位申请人中有 8 位来自江苏。我们认为这可能是由于南方地区的药食同源物质使用历史更为悠久，经济发达，市场活动更为活跃，相关产业的发展更为广泛和成熟，政府可能也有相关鼓励措施。相比之下北方地区存在一定差距。

表 5 - 7　2004—2021 年主要个人申请人的药食同源相关专利的历年申请量

单位：件

排名	省份	申请人	总申请量	2004年	2005年	2006年	2007年	2008年	2009年	2010年	2011年	2012年	2013年	2014年	2015年	2016年	2017年	2018年	2019年	2020年	2021年
1	江苏	江月锋	131							8	45	78									
2	江苏	杨海军	116							10	28	78									
3	江苏	芮育健	114			32		20						57	5						
4	江苏	钱国祥	108							9	21	78									
5	江苏	胡安然	107										35	72							
6	江苏	潘亚琴	99							6	25	68									
7	广东	颜怀伟	98		98																
8	浙江	王浩贵	95		79	14						1		1							
9	江苏	丁小燕	92							7	22	63									
10	江苏	钱宝明	59									59									
11	河南	贾书超	48										1	47							
12	浙江	蓝子花	44	9	23	2		8						2							
13	安徽	柳培健	40										9	24	2		5				
14	陕西	李常青	35														35				
15	山西	李红光	34														2	8	13	7	4
16	北京	黄晓青	33									33									
17	江苏	王和平	33											33							
18	安徽	李春燕	30											1		29					
18	广东	万勤劳	30										30								
18	安徽	王萍	30										15	1	14						
18	广东	肖鸣春	30											22	4	1			2	1	

我们选取了 6 个代表性省份进行申请人类型分析（图 5 - 13）。在专利申请量较多的安徽、江苏、广西等地，企业和个人是申请的主体，与这 3 个省份相比，在北京、上海、吉林的申请人中，大学和科研机构占有更高的比重。

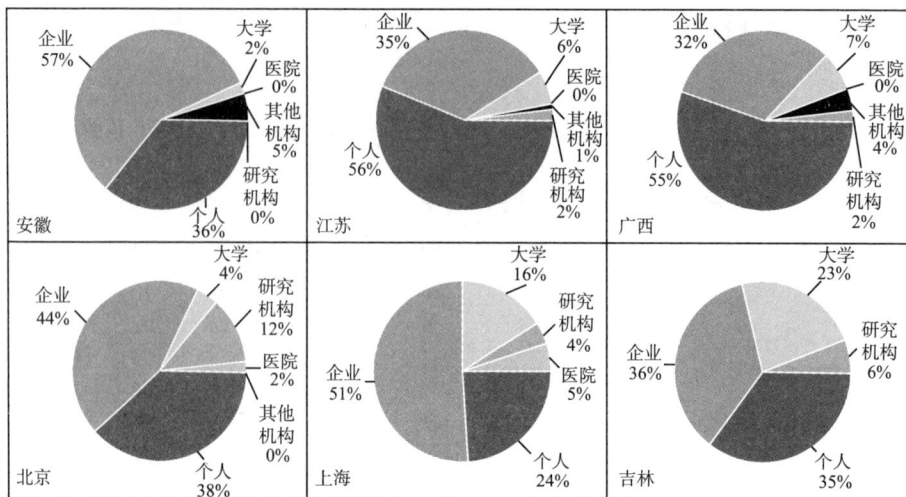

图 5 – 13　代表性省份申请人类别占比

（六）法律状态分析

对法律状态进行统计分析，可以获悉药食同源研发领域的专利授权情况，为专利申请布局工作提供参考。从图 5 – 14 中可知，有超过 50% 处于在审和有权状态的专利都来源于内企，其次是来源于个人的专利。在处于无权状态的专利中，个人申请的专利占比最高，达到 48%，内企申请的专利占比为42%，二者占去了绝大多数份额，说明个人和内企占用了大量专利审查资源。

在审专利可以反映近期研发的活跃度，有权专利可以反映申请人的技术实力和水平，从图 5 – 14 中可以判断出内企在药食同源领域的研发活跃程度以及技术实力、水平都较高。大学和研究机构申请的专利在有权专利中的占比要远大于在无权专利中的占比，说明这 2 类申请人申请的专利质量较高，获得授权的比例也较高。

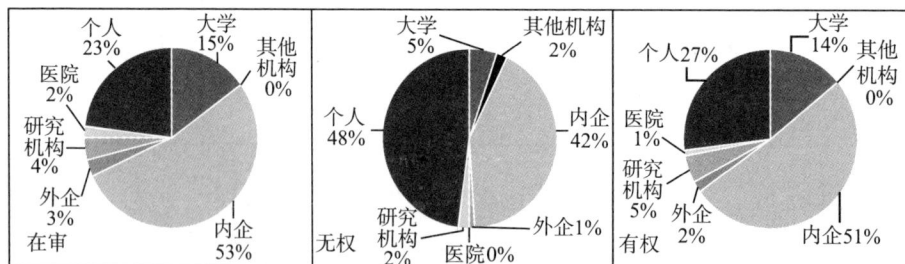

图 5 – 14　各法律状态专利的申请人类别情况

从图 5 – 15 中可以得知,"机构 – 未授权"和"个人 – 未授权"的专利数量的变化幅度较大,其中"机构 – 未授权"的专利数量的变化幅度最大;2014—2020 年,"机构 – 未授权"的专利数量均多于"个人 – 未授权"的专利数量。

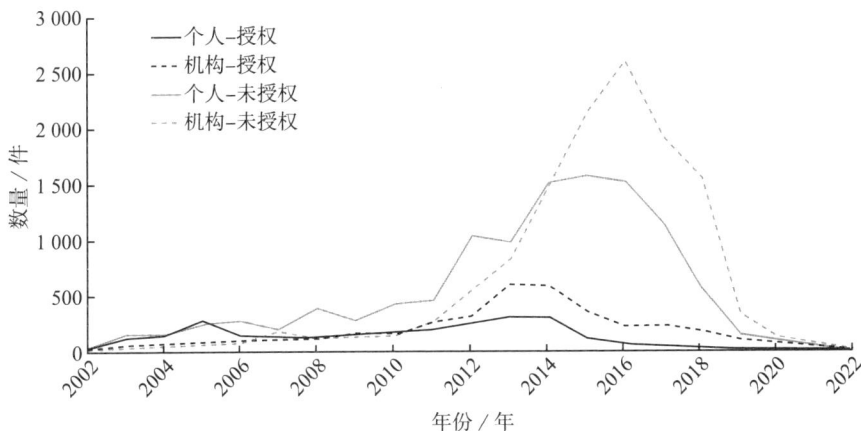

图 5 – 15 2002—2022 年个人、机构申请人专利授权情况变化趋势

由图 5 – 16 可见,个人申请人的专利授权率整体处于下降趋势,机构申请人的专利授权率在 2002—2016 年之间整体处于下降趋势,之后迅速回升。机构申请人的专利授权率整体高于个人申请人的专利授权率,2016 年后,机构申请人的专利授权率呈大幅上升趋势,而个人申请人的专利授权率在略有上升后再次下跌。

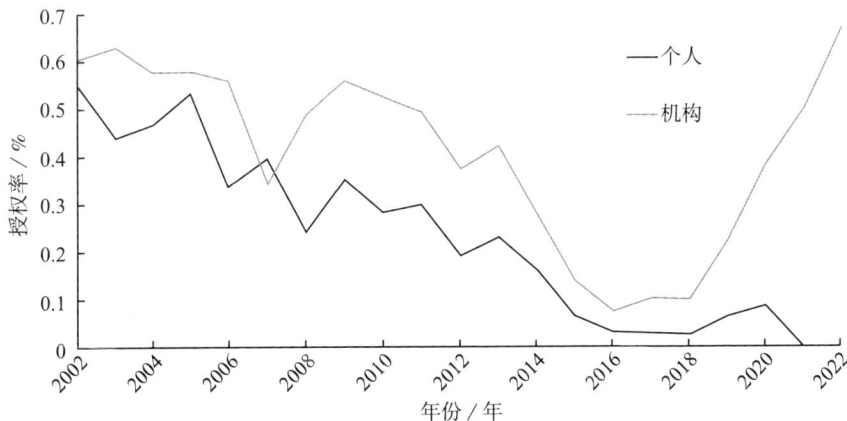

图 5 – 16 2002—2022 年个人、机构申请人专利授权率变化趋势

从图 5 - 17 中可以得知，个人申请人和机构申请人在审专利数量的变化趋势相似，但机构申请人在审专利数量的变化幅度较大，并且一直多于个人申请人在审的专利数量，2017 年后，二者拉开了差距，机构申请人在审的专利数量远多于个人申请人在审的专利数量。

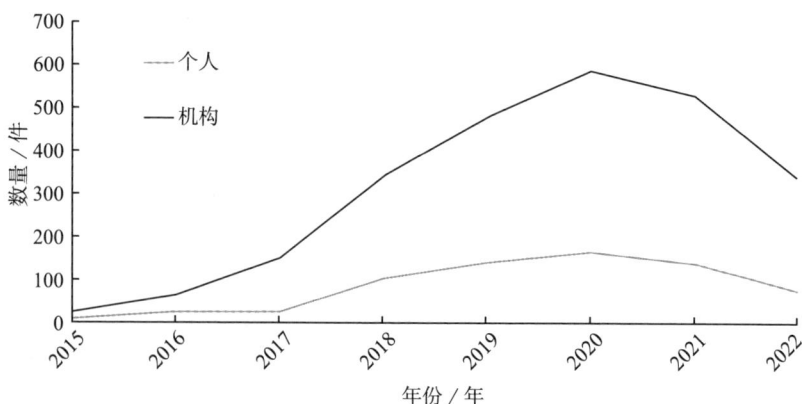

图 5 - 17　2015—2022 年个人、机构申请人在审专利数量变化趋势

从图 5 - 18 中可以得知，安徽、江苏、广西处于无权状态的专利占比较高，均在 90% 左右，北京、上海和吉林处于 3 种状态的专利占比更为均衡，但无权状态的专利仍然占据主导地位，占比在 60% 左右。无权状态的专利占比较高的原因可能包括专利有效期满、申请人未缴年费、不符合授权条件、申请人自行撤回等，但各省份的具体原因以及处于有权和在审状态的药食同源相关专利的高效转化情况还有待分析。

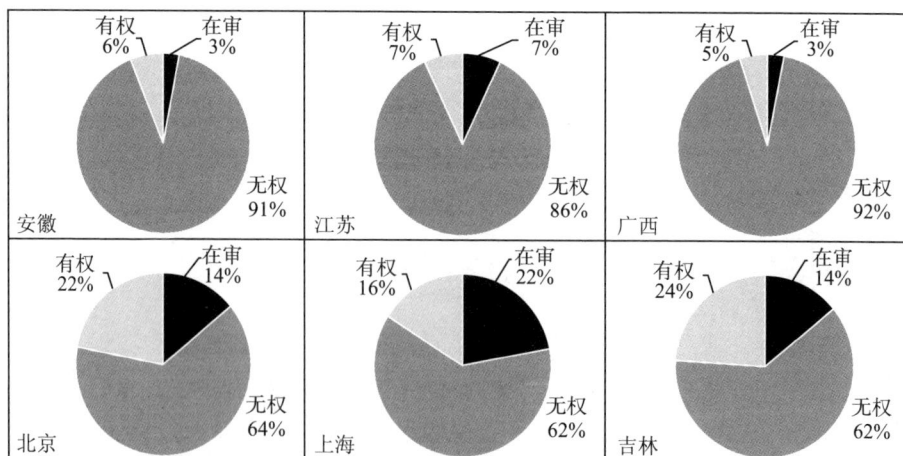

图 5 - 18　代表性省份药食同源相关专利法律状态情况

表 5-8 展示了主要 IPC 小类专利的授权情况，医药类（A61K）专利的授权率相对比较高，咖啡、茶饮类（A23F）和果酒类（C12G）专利授权率较低，食品类（A23L）专利总量虽然多于医药类（A61K），但由于授权率比较低，出现现存有效专利数量少于医药类（A61K）的情况。

表 5-8 药食同源相关专利主要 IPC 小类法律状态情况表

小类	含义	在审专利数量/件	无权专利数量/件	有权专利数量/件	总专利数量/件	有效专利比例/%
A23F	咖啡；茶；其代用品；它们的制造、配制或泡制	316	4 081	243	4 640	5.2
A23L	不包含在 A21D 或 A23B 至 A23J 小类中的食品、食料或非酒精饮料；它们的制备或处理，例如烹调、营养品质的改进、物理处理	1 372	11 221	1 294	13 887	9.3
A47G	家庭用具或餐桌用具	21	600	81	702	11.5
A61K	医用、牙科用或梳妆用的配制品	1 178	6 722	1 455	9 355	15.6
C12G	葡萄酒；其制备；含酒精饮料	290	2 874	291	3 455	8.4
C12J	醋；其制备或纯化	27	302	37	366	10.1

四、结论与启示

综合本研究的各项结果，可以得到以下结论：（1）从整体趋势看，在过去 20 年中，我国药食同源相关专利发展经历了萌芽、发展、爆发和调整 4 个阶段，而药食同源产业的发展也经历了类似的过程，目前正处于由粗放型发展模式向高质量发展模式转化的时期，未来有可能会迎来第 2 次发展高潮；（2）从地域看，东南部地区研发活动比较活跃，中西部地区，尤其是少数民族聚居地的研发水平相对落后，民族药资源未能得到充分挖掘，这有可能是未来技术和产品研发的重点领域；（3）从技术领域看，食品和医药是药食同源产品研发的 2 个重点领域，其中食品领域所需技术水平低，该领域的专利发展更早地进入了快速发展时期，医药领域所需技术水平高，虽然该领域的

125

专利发展进入快速发展时期比较晚，但后劲足，故医药领域可能是药食同源产品未来发展的主要领域；（4）从专利申请人类别看，个人和内企一度是我国药食同源相关专利的主要来源，但是突击申报的情况比较普遍，专利质量堪忧，不排除有投机因素，这一情况在 2016 年之后有较大改观，大学和科研机构具有较大的发展潜力，未来有可能成为高质量、核心专利的主要来源。

基于以上结论，提出以下建议。

（1）从申请环节入手，提高我国药食同源相关专利质量。我国药食同源相关专利的专利权人半数为个人，且存在研发人员直接撰写专利申报文件的情况，这导致了大量专利申请文件质量不高。因此，有必要从申请环节入手，强调发明选题要契合市场和技术发展方向，同时强调提高专利申请文件的撰写质量，对专利申请的技术特征和主题分布进行合理布局。通过专利挖掘和布局，使产品体系下所申请的专利技术主题交叉联结，技术特征之间相辅相成，形成高价值的专利体系。

（2）鼓励大学和科研机构开展药食同源相关技术和产品的研发；加强研究机构与企业和市场的联系，使研发契合市场的需求；制定政策促进科研成果产业化，使科研机构已有的专利成果尽早转化为经济效益，推动我国药食同源产业发展。

（3）对已经形成区域优势的中药材、中成药、保健品等药食同源相关产业，可以通过地方政府引导、行业协会指导等方式，加强相关企业知识产权保护意识，促进企业统筹专利布局，提高我国药食同源相关专利质量，真正实现专利对技术创新的激励和保护作用。

·第六章·

中国药食同源数据库建设与
应用展望

随着人类对健康的认识不断提升，科学饮食越来越受到重视，药食同源物质的安全性和营养物质含量等公共营养学知识变得日益重要，建设一个能够科学反映药食同源物质的安全性与营养物质含量的数据库已势在必行。此外，在中医药国际化的过程中，建设中国药食同源数据库也是建立一套世界性的中医药认知框架与语言系统，世界其他国家和地区可通过此数据库快速、直接了解中医药。基于上述原因，中国中药协会药食同源物质评价与利用专业委员会（简称专委会）在国家卫生健康委、中国中医科学院，以及药食同源企事业单位等的共同支持下，开始逐步建设中国药食同源数据库，旨在为需要了解药食同源相关知识的群体提供科学、及时、准确的信息服务，同时引导药食同源产业的良性发展。

第一节　药食同源数据库建设背景

一、药食同源成为中医药行业战略转型的重要支撑点

中华人民共和国成立以来，中医药得到了历届党和国家领导人的重视，中医药产业规模逐步扩大，尤其是在现代化制药工业的引领下，中成药产业规模增长最为迅速，成为支撑中药工业产值的主体。从 2017 年开始，在医保控费、竞争模式转变等多种因素的影响下，中成药产业由单纯规模增长向高质量增长转变，不少制药企业将药食同源作为新的增长点，研发的凉茶、饼干等一系列药食同源产品获得了良好的市场反馈。药食同源产品在丰富了食品种类的同时，也为企业发展提供了巨大的空间。但是，在药食同源产业发展的过程中也遇到了一些问题，如使用非药食同源物质、夸大药食同源产品的功效等。因此，从可持续发展的角度来说，需要一个公共平台规范药食同源行业发展。

二、药食同源成为中医药国际化发展的突破口与先锋队

在中医药国际化的过程中，缺乏共识性成为制约中医药国际化规模的关键因素。不同于一般消费品，中医药产品从设计、组方、理念等方面都具有较为浓厚的中国传统文化色彩，导致此类产品在国际化的推广与使用中面临

着一定的困难。在中药药理药效研究以及食品营养功能研究过程中有许多共识性的知识，这些共识性的知识可以阐明药食同源物质的营养与保健功能，对推动中医药国际化具有重要意义。现代中药学的发展在很大程度上受到了天然药物化学的影响，导致近50年来对中药的研究更侧重于含量较小的次生代谢产物，关于中药的营养成分与功能问题的研究较少，建设药食同源数据库的重要目的之一是补全药食同源物质的营养学基础。

三、药食同源与大数据技术结合成为认知中药的新途径

在中药的现代化研究过程中，质量复杂性是科研人员面临的主要困难之一，产地、规格、等级、炮制加工方法、存储等都是影响中药质量的重要因素。中药材种类繁多（常用中药材就有500种以上，人工种植、养殖的中药材超过300种），由于研究经费与人员的限制，很难系统阐明中药质量问题。近5年来，大数据技术的发展与迭代非常迅速，利用人工智能与大数据技术来阐释中药机制和指导产品开发已成为现实，以药食同源为抓手，构建涵盖中药药效成分与营养成分的数据库，开发数据挖掘工具与职能配方系统，对指导中药科学研究具有非常重要的意义。

第二节　药食同源数据库建设意义与目标

一、药食同源数据库解决的问题

建设药食同源数据库主要解决以下问题。①解决药食同源无序发展与过度宣传问题，通过建设数据库来规范药食同源物质的范围，为公众提供权威、专业的信息展示平台。②解决药食同源产品科研基础薄弱问题，通过数据库建设来夯实药食同源物质数据基础，为药食同源产品研发提供基础数据支持。③解决药食同源认知问题，以数据为抓手，以科学、严谨、标准的语言向世界展示具有中国特色的大健康产品体系与文化内涵。

二、药食同源数据库服务对象及内容

（1）服务于药食同源相关政府部门［如国家卫生健康委食品安全标准与监测评估司、国家市场监督管理总局食品生产安全监督管理司、国家中医药管理局科技司（中药创新与发展司）等］进行管理。

（2）支撑相关科研院所（如中国中医科学院、国家食品安全风险评估中心等）开展药食同源产品的研究。

（3）服务于药食同源相关企业（如研发企业、生产企业、销售企业等）进行产品研发和推广。

（4）服务于公众查询药食同源有关知识，如查询药食同源物质的产地、企业和产品情况。

（5）服务于境外机构及个人认识药食同源，如了解药食同源物质的管理政策和科学研究。

三、药食同源数据库建设意义

（1）明确应用范围，规范药食同源身份。

（2）以数据为基础，指导产品开发应用。

（3）动态客观反馈，服务市场监督管理。

（4）贯穿产业环节，降低产业信息成本。

四、药食同源数据库建设目标

（1）为药食同源产业提供数据支持。药食同源数据库为药食同源产业提供综合性、完整性、公共性、开放性、及时性和动态性数据。

（2）为药食同源产业提供准确信息。药食同源数据库以公开数据为基础，结合相对中立的第三方检测机构数据，通过权威机构共建、行业专家指导，保证信息的准确性。

（3）为药食同源产业提供便捷的查询平台。药食同源数据库采用微信小程序与电脑程序相结合的方式，便于公众随时随地查询。

第三节　药食同源数据库架构设计

一、数据总体设计思路

（一）标准化、规范化

药食同源数据库建设将遵循标准化、规范化原则。标准化、规范化是支撑药食同源算力引擎大数据平台搭建的重要原则，也是数据库智能化的基础。首先，应根据国际通用的标准、规范和协议，确定药食同源数据库包含的字段和概念；其次，要遵照执行我国现行有效的法律、标准以及即将推出的各类规范；最后，基于项目建设的具体需要，建立标准化数据格式，为项目建设和后期工程建设打下坚实基础。

（二）高安全性

药食同源算力引擎大数据平台对安全性要求高，建成后须具有较强的系统安全性和灾难恢复能力。数据库主机采用双机交互备份模式，能够根据用户的实际需求设定不同的安全等级来保证系统的高安全性，在达到安全要求之前，数据库采取物理隔绝的内网使用方式。在系统设计过程中，要有足够的安全措施来避免敏感信息遭到破坏和泄漏。对信息访问与使用进行严格的权限管理，在技术上支持与数字证书结合的单点登录认证方式，支持与安全认证结合，确保整个系统安全可靠。

（三）高可靠性

药食同源算力引擎大数据平台一旦投入运行，就会成为开展各项业务的基础，随着药食同源数据库应用的普及，其作用将越来越大，因此，整个系统必须具有高可靠性及一定程度的冗余。

（四）系统先进性

药食同源数据库系统应具备先进的架构，采用先进成熟的技术和产品，以满足未来发展的需要，确保系统建设的质量和进度，保证系统符合大数据技术发展的趋势，防范开发集成过程中的技术和产品风险。在保证系统实用性、安全性的前提下，应最大程度地提高系统的可升级性、平台无关性和可扩展性。系统建设中所选用的软、硬件系统应可以方便地实现集成，以降低系统维护的难度和要求，方便用户日后的应用和管理。

（五）兼容性

系统建设技术选型应最大限度地利用现有资源和已有业务系统，以便于在较长时间段内满足用户业务发展以及技术发展的潜在需求。系统建设应遵循"标准和开放"原则，广泛采用符合国际通用标准的系统和产品，以便于实现与其他网络系统之间的互联和扩展，同时便于今后向先进技术迁移，充分保护用户的现有投资，系统建设综合体现在可移植性、互操作性、系统独立性和集成性等方面。

（六）高可扩展性

随着大数据平台业务的发展，未来越来越多的业务系统将在大数据平台上运行。为适应业务规模和结构的发展变化，系统应具有良好的可扩展性和可移植性，能够随着应用的逐步完善和信息量的逐渐增加不断地进行扩展，可以顺利地过渡到升级后的新系统中，同时在软件系统的开发中，应确保各个功能模块可重复利用，以降低系统扩展的复杂性。

（七）高可维护性

良好的组织和管理对系统的正常运转和高效使用至关重要。方便的监控、良好的管理界面、完备的系统记录使得管理员能够在不改变系统运行的情况下，对系统进行检测、修改以及故障恢复等管理、维护工作。

二、数据架构设计

从数据来源与数据公开的角度，将药食同源数据库整体设计为 4 个模块：物质数据库（01）、产品数据库（02）、物质样品数据库（11）、产品样品数据库（12）。

（一）物质数据库（01）

公开数据库，服务于公众，主要收载药食同源物质的基本信息。数据库字段包括：

- 0101 名称及来源
- 0102 主要成分
- 0103 功效
- 0104 质量标准
- 0105 安全性评价
- 0106 风险评估
- 0107 应用
- 0108 使用禁忌
- 0109 本草记载与考证
- 0110 国家和地区法规
- 0111 DNA 条形码
- 0112 图像及视频

（二）产品数据库（02）

公开数据库，服务于公众，主要收载药食同源产品的基本信息。数据库字段包括：

- 0201 产品名称
- 0202 产品组成
- 0203 产品类型
- 0204 产品规格
- 0205 产品营养成分表
- 0206 产品研发依据
- 0207 产品相关研究
- 0208 产品品牌
- 0209 产品生产厂家
- 0210 产品生产地址
- 0211 产品上市时间

（三）物质样品数据库（11）

非公开数据库，数据来源于第三方检测机构，服务于专业用户和企业、政府监管部门，主要收载由专委会检测的产品信息。数据库字段包括：

- 1101 样品名称
- 1102 样品来源
- 1103 样品来源拉丁学名
- 1104 样品规格等级
- 1105 样品产地（县）
- 1106 样品采集人
- 1107 样品采集人联系方式
- 1108 样品检测指标
- 1109 样品检测方法
- 1110 样品检测结果
- 1111 样品检测结果判定

（四）产品样品数据库（12）

非公开数据库，数据来源于第三方检测机构，服务于专业用户和企业、政府监管部门，主要收载由专委会检测的产品信息。数据库字段包括：

- 1201 产品样品名称
- 1202 产品样品组成
- 1203 产品样品类型
- 1204 产品样品规格
- 1205 产品样品批号
- 1206 产品样品采集人
- 1207 产品样品采集人联系方式
- 1208 产品样品品牌
- 1209 产品样品生产厂家
- 1210 产品样品生产地址
- 1211 产品样品检测指标
- 1212 产品样品检测方法
- 1213 产品样品检测结果

● 1214 产品样品检测结果判定

三、药食同源数据库检测指标

（一）营养成分

浸提物、蛋白质（总）、脂肪（总，单体化合物①）、粗纤维、碳水化合物、淀粉、直链淀粉、支链淀粉、微量元素（铁、碘、锌、硒、铜、钼、铬、锰、硅、镍、硼、钒、氟、砷、铝、锂、锡等）、常量元素（钾、钠、钙、镁、硫、磷、氯）、水分、灰分、氨基酸［总，游离（天冬氨酸、苏氨酸、丝氨酸、谷氨酸、甘氨酸、丙氨酸、胱氨酸、缬氨酸、蛋氨酸、异亮氨酸、亮氨酸、酪氨酸、苯丙氨酸、赖氨酸、组氨酸、精氨酸、脯氨酸等）］、维生素（维生素 B_1、维生素 B_2、维生素 B_6、维生素 B_{12}、烟酸、泛酸、叶酸、生物素、维生素 C、维生素 A、维生素 D、维生素 E、维生素 K）。

（二）次生代谢产物

黄酮（总，单体）、有机酸（总，单体）、皂苷（总，单体）、多糖（总，单体或多糖糖谱信息）、儿茶素（总，单体）、萜类（总，单体）、甾体（总，单体）、木脂素（总，单体）、生物碱（总，单体）、非生物碱含氮化合物（总，单体）、香豆素（总，单体）、醌类化合物（总，单体）。

（三）抗营养因子

植酸、非淀粉多糖、凝集素、胰蛋白酶抑制剂等。

（四）重金属

镉、铅、砷、汞、铜、钴、钒、镍、铊、金、钯、铱、锇、铑、钌、硒、银、铂、锂、锑、钡、钼、锡、铬。

（五）生长调节剂残留

多效唑、氯化胆碱等。

---

① 单体化合物是能与同种或他种分子聚合的小分子，下文"（二）次生代谢产物"中凡是在括号内注明"单体"的化合物皆是单体化合物。

（六）真菌毒素

黄曲霉毒素、赭曲霉毒素等。

四、药食同源数据库功能与安全性数据

（一）传统功效

四气、五味、归经、功能、主治。

（二）现代功效

动物试验（包括采用模型、试验条件、主要结论等。下同）、体外试验、临床研究资料等。

（三）质量标准

药典标准、食品安全标准、地方标准、进出口标准、行业标准、团体标准、国际标准化组织（ISO）标准等。

（四）安全性评价

急性毒性试验（包括执行标准、机构、测试部位、试验动物、采用方法、试验结果、主要结论等。下同）、30 天喂养试验、90 天喂养试验、细菌回复突变试验、哺乳动物红细胞微核试验、小鼠精原细胞畸变试验、大鼠致畸试验等。

（五）风险评估报告

摘要、前言、基本信息、成分分析［营养成分分析、天然活性成分分析、有害成分（重金属、抗营养因子）分析］、毒理学分析、人群不良反应、药用和食用情况、暴露风险（次生代谢产物暴露评估、抗营养因子暴露评估）、安全评估意见、安全评估参考文献等。

五、药食同源数据库演化的4个阶段

随着数据量和功能的完备，药食同源数据库的建设分 4 个阶段——数据

库阶段、数据仓阶段、数据平台阶段、算力引擎阶段。

（一）第一阶段——数据库阶段

数据库的设计包括内容和数据格式的设计、对包含字段进行定义和标准化、搭建基础数据平台、实现数据的上传与存储，具备简单查询功能。

（二）第二阶段——数据仓阶段

在完成部分数据积累的基础上，对数据进行有效管理与初步利用，根据业务需要实现分析数据报表等功能。

（三）第三阶段——数据平台阶段

在数据有效管理的基础上，进一步梳理不同客户和场景对数据库的需求，根据用户需求实现数据挖掘和深入分析，建立报表和商业智能系统，满足企业迅速分析数据的需求。

（四）第四阶段——算力引擎阶段

随着用户尤其是定制化用户数量和使用频率的增加，将数据库系统对接联机事务处理（OLTP）和联机分析处理（OLAP），实现数据库实时获取及管理海量信息的功能。

第四节　药食同源数据库功能与应用

一、药食同源数据库全景

（一）针对多元化用户需求

赋能用户：为普通用户提供信息浏览、注册、查询、扫码等方面的服务，便于普通用户了解药食同源的相关概念、研究进展、产品资讯等基本功能。

赋能政府：为政府用户提供药食同源物质的药用食用历史、安全性、重金属含量、相关产品等方面的信息，以数据全景图、仪表盘等方式展现。

赋能企业：为企业用户提供药食同源物质及产品的基础数据支持、研发工具与过程管理、产品上市后评价管理、产品对比分析、原料质量及溯源管理等服务，以定制化服务的方式展现。

（二）强化数据资产的管理

围绕药食同源数据资产的管理，开发数据资产地图、数据资产分析、数据资产管理、数据资产应用、数据资产运营等模块。主要的数据分类为文献数据、检测数据、行为数据，对每类数据采取可溯化管理。

（三）优化数据处理流程与算法

数据录入：纸质原件编号、扫描电子版、数据结构化。

数据管理：以业务板块、业务过程、分析维度为架构，构建公共数据中心，包括商品赋能、查询接口、营销赋能、检测接口。

数据萃取：以业务自然对象、萃取标签为架构，构建数据萃取中心，包括用户数据体系、企业数据体系、产业数据体系、商品数据体系。

数据智能研发：数据仓规划、数据处理模型构建、数据指标规范、数据同步、数据产品开发、任务调度、监控报警。

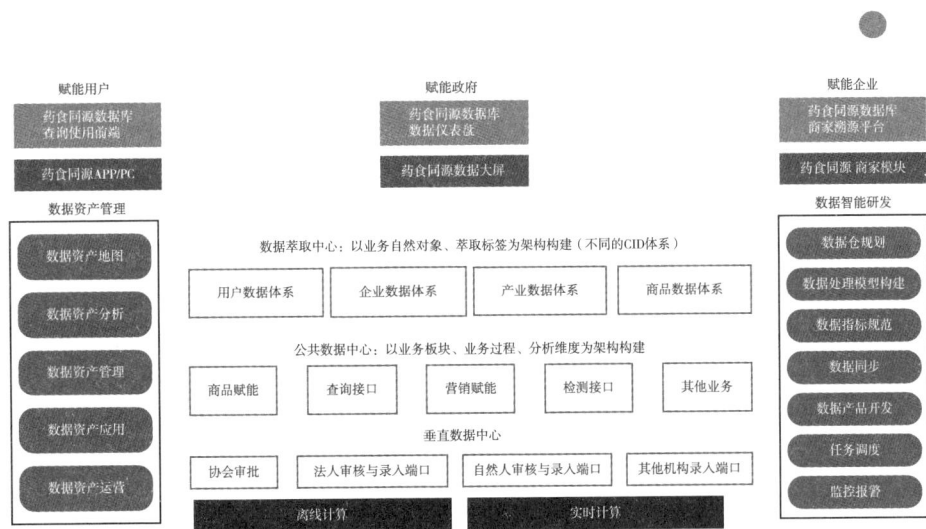

图 6-1 药食同源数据库数据服务中台全景

二、业务与数据的双中台生态

（一）基础设施

Kubernetes 集群、弹性计算服务（ECS）、服务负载均衡（SLP）、对象存储服务（OSS）、关系数据库服务（RDS）、内容分发网络（CDN）。

（二）中间件层

企业级分布式应用服务（EDAS）、消息队列（MQ）、应用实时监控服务（ARMS）、分布式 RDS、全局事务服务（GTS）。

（三）业务中台

开放式应用程序接口、数据大屏应用程序接口、物质检测数据应用程序接口、物质数据仓库应用程序接口、样品数据仓库应用程序接口、公众开放查询应用程序接口。

（四）数据中台

大数据计算服务、大数据开发套件、画像分析、数据可视化、数仓规划、数据服务。

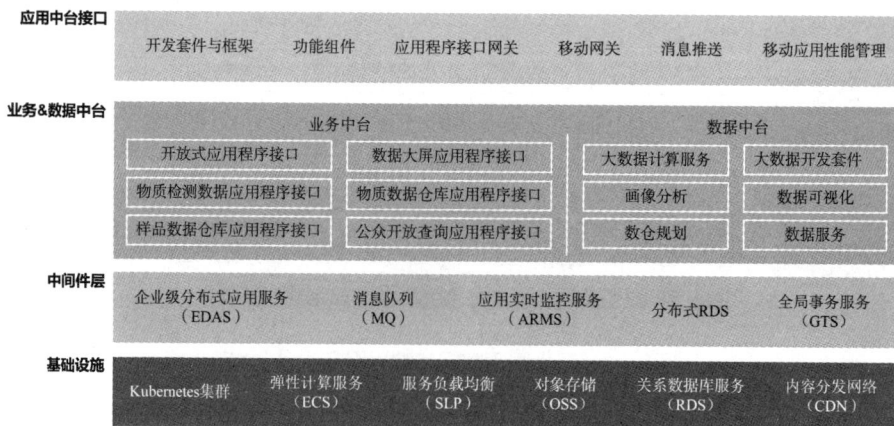

图 6-2　药食同源数据库业务与数据的双中台生态

（五）应用中台接口

开发套件与框架、功能组件、应用程序接口网关、移动网关、消息推送、移动应用性能管理。

三、药食同源数据库应用场景

（一）公众查询

药食同源数据库首要功能是输出具有科学性、准确性、完整性的药食同源知识，便于公众查询。

（二）专业研发

药食同源数据库核心数据基于多批次药食同源物质全成分分析的检测数据，供从事药食同源产品研发的科研机构和企业等使用。

（三）产品溯源

药食同源数据库对每个产品留有独立、完整的追溯体系，包括产品立项研发、生产工艺、质量标准、原料采购、检测信息等内容，生产企业可以通过数据库进行产品的溯源管理。

（四）行政管理

药食同源数据库通过提取与分析底层数据，为政府部门了解药食同源安全性、对比药食同源物质、管理药食同源物质名单等提供仪表盘式数据。

（五）国际交流

药食同源数据库设置多语种版本，为我国药食同源产业走向国际市场，帮助海外人士了解药食同源提供工具和平台。

四、药食同源数据库应用展望

通过建设药食同源数据库，形成以数据中心、数据中台、数据运营为一体的产业架构，打造药食同源大健康产业"数据大脑"，为中医药服务大健康产业提供战略支点。药食同源数据库的主要盈利模式为数据服务、赋码服务、检测认证服务、重点品种商业合作。

（一）强化数据库服务能力，提升中医药公众认知度

药食同源数据库便于公众查询药食同源相关知识，有助于药食同源相关政府部门进行管理，从而提升专委会在中医药行业及公众心中的地位与影响力。

（二）服务药食同源科研机构，提高产品研发水平

建设药食同源数据库，夯实数据基础，优化模型与算法，建立产品追溯体系，服务药食同源科研机构，提高产品研发水平，促进药食同源产业发展。

（三）联络药食同源企业，深入参与药食同源发展

参与药食同源数据库建设，有利于加强与各大药食同源企业及事业单位的合作，对招引药食同源企业参与专委会发展、输出研发、检测等方面具有重要意义。

（四）支撑药食同源国际化，挖掘中心数据服务价值

打造药食同源数据服务产业的创新模式，构建数据产业创新生态；加强数据资源汇聚融合与创新应用；深化药食同源数据要素价值的开发与利用，激发数据生产力潜能，更好地赋能产业、科研、教学及大众消费。通过多语种数据库的开发，可以推动药食同源产品走出国门，向"一带一路"共建国家推广我国优秀产品，为中医药事业的发展做出重要的贡献。

参考文献

[1] 马继兴. 中医药膳学 [M]. 北京：人民卫生出版社，2009.

[2] 金生源. 对祖国医学"药食同源"的现代理解与展望 [J]. 浙江中医药大学学报，2011，35（1）：11 – 12.

[3] 单峰，黄璐琦，郭娟，等. 药食同源的历史和发展概况 [J]. 生命科学，2015，27（8）：1061 – 1069.

[4] 刘勇，肖伟，秦振娴，等. "药食同源"的诠释及其现实意义 [J]. 中国现代中药，2015，17（12）：1250 – 1252，1279.

[5] 耿鉴庭，刘亮. 藁城商代遗址中出土的桃仁和郁李仁 [J]. 文物，1974（8）：54 – 55.

[6] 国学整理社. 诸子集成：第七册 [M]. 北京：中华书局，1954.

[7] 薛愚. 中国药学史料 [M]. 北京：人民卫生出版社，1984.

[8] 丹波元简. 皇汉医学丛书：医膳 [M]. 北京：人民卫生出版社，1955.

[9] 林尹. 周礼今注今译 [M]. 北京：书目文献出版社，1985.

[10] 陶弘景. 本草经集注（辑校本）[M]. 尚志钧，尚元胜辑校. 北京：人民卫生出版社，1994.

[11] 许慎. 说文解字段注：下册 [M]. 段玉裁注. 成都：成都古籍书店，1981.

[12] 孙诒让. 十三经清人注疏：周礼正义：第二册 [M]. 北京：中华书局，1987.

[13] 孙思邈. 备急千金要方 [M]. 沈阳：辽宁科学技术出版社，1997.

[14] 孟诜，张鼎. 食疗本草 [M]. 北京：人民卫生出版社，1984.

[15] 忽思慧. 饮膳正要 [M]. 李春方译注. 北京：中国商业出版社，1988.

[16] 牛兵占，陈志强，徐树楠，等. 黄帝内经 [M]. 石家庄：河北科学技术出版社，1996.

143

［17］ 吴普. 神农本草经［M］. 北京：人民卫生出版社，1982.

［18］ 江苏新医学院. 中药大辞典：下册［M］. 上海：上海人民出版社，1977.

［19］ 李时珍. 本草纲目（校点本）：第二册［M］. 北京：人民卫生出版社，1979.

［20］ 佚名. 卫生部颁布既是食品又是药品名单［J］. 中医药信息，1988，（2）：50.

［21］ 周耀华. 卫生部确定两批既是食品又是药品的名单［J］. 食品与健康，1994（3）：11.

［22］ 佚名. "健康中国2030"规划纲要［J］. 中国肿瘤，2019，28（10）：724.

［23］ 浙江省发展和改革委员会. 省发展改革委关于印发《浙江省健康产业发展"十四五"规划》的通知：浙发改规划〔2021〕96号［EB/OL］. (2021－03－31). https：//fzggw. zj. gov. cn/art/2021/5/19/art_ 1229123366_ 2284893. html.

［24］ 重庆市人民政府办公厅. 重庆市人民政府办公厅关于印发重庆市大健康产业发展"十四五"规划（2021—2025年）的通知：渝府办发〔2021〕155号［EB/OL］. (2021－12－29)［2022－01－11］. http：//wap. cq. gov. cn/zwgk/zfxxgkml/szfwj/qtgw/202201/t20220111_ 10293027. html.

［25］ 湖北省卫生健康委员会. 关于印发《湖北省卫生健康事业发展"十四五"规划》的通知：鄂卫发〔2021〕1号［EB/OL］. (2021－11－19). http：//wjw. hubei. gov. cn/zfxxgk/fdzdgknr/ghxx/202111/t20211123_ 3878474. shtml.

［26］ 广西壮族自治区人民政府. 广西壮族自治区人民政府关于印发广西卫生健康发展"十四五"规划的通知：桂政发〔2022〕15号［EB/OL］. (2022－06－13)［2022－06－17］. http：//www. gxzf. gov. cn/zfwj/zxwj/t12039703. shtml.

［27］ LIM T K. Edible medicinal and non-medicinal plants［M］. Berlin：Springer International Publishing，2012.

［28］ 艾铁民. 中国药用植物志：第十三卷：中国药用植物志词汇［M］. 北京：北京大学医学出版社，2021.

［29］ 酒泉市林业和草原局. 酒泉市林业和草原局关于对市政协五届一次会议

第 128 号提案的答复. ［EB/OL］. （2022 – 07 – 06）. http：//lyhcy. ji-uquan. gov. cn/lyhcyj/c106656/202207/1a20c1fa6e5444a59e92f019c9d54ed4. sht-ml.

［30］植提桥. 盘点｜2022 药食同源新品风向标！看传统食材如何轻松拿捏年轻人 ［J/OL］. （2022 – 11 – 03）［2023 – 01 – 24］. https：//zhuan-lan. zhihu. com/p/581608530.

［31］贾海彬. 2019 年中药材市场盘点及 2020 年市场趋势展望 ［J］. 中国现代中药，2020，22（3）：332 – 341.

［32］范文昌，任冬梅，梅全喜.《肘后备急方》中 "药食同源" 与药膳食疗之探讨 ［J］. 亚太传统医药，2016，12（12）：48 – 51.

［33］郝晓晓，朱方石，王小宁，等. 从 "治未病" 思想论中医药膳养生 ［J］. 中医杂志，2012，53（24）：2075 – 2077.

［34］刘伟力，李笑然，周亚滨. 中国食疗的发展概况 ［J］. 中医药学报，1989（1）：21 – 23.

［35］贾春伶，王锦燕，赵奎君，等.《本草纲目》木部药食同源药用植物的记载及其启示 ［J］. 中国现代中药，2021，23（6）：1094 – 1102.

［36］夏新斌，刘金红，谢梦洲，等. 日本功能性食品发展对中国药膳产业发展的启示 ［J］. 食品与机械，2018，34（11）：205 – 207，220.

［37］天地云大数据. 2021 年中药材行业发展现状与趋势：供求仍不平衡，疫情大热品种恐处境尴尬 ［EB/OL］. （2021 – 01 – 27）［2022 – 03 – 20］. https：//mp. weixin. qq. com/s？src = 11&timestamp = 1698556468&ver = 4863&signature = h45y – R ＊ rFNfvGES3ePlnRTfu7f1azao849jsT6bk0Sr ORGNr7epnu4mY42sdSrylR2Y2B54fm – 49YI3VxA – wFVZCmxSBHHh3V7 Sy-iHJtUb – 64QzO – Tpa ＊ 0FR5bqpUqft&new = 1.

［38］网易财经. 234 亿的药食同源市场，谁能拿捏 "有病自医" 的年轻人？［EB/OL］. （2022 – 10 – 18）［2023 – 01 – 24］. https：//mp. weixin. qq. com/s/aljzgU – TMoNuEY7exw – wyQ.

［39］黄璐琦，张水寒. 新修食疗本草 ［M］. 上海：上海科学技术出版社，2020.

［40］杨光，苏芳芳，陈敏. 药食同源起源与展望 ［J］. 中国现代中药，2021，23（11）：1851 – 1856.

［41］胡思，王超，孙贵香，等. 大健康产业背景下药食同源资源开发的现状

与对策研究［J］. 湖南中医药大学学报，2021，41（5）：815 – 820.

［42］肖伟，刘勇，肖培根，等. 药食互渗透 健康新趋向［J］. 中国现代中药，2014，16（6）：486 – 492.

［43］刘淼，吴玉冰. 药食同源植物茯苓的研究现状与展望［J］. 湖南中医药大学学报，2018，38（12）：1476 – 1480.

［44］XU J Q, ZHANG J L, SANG Y M, et al. Polysaccharides from medicine and food homology materials：A review on their extraction，purification，structure，and biological activities［J］. Molecules，2022，27（10）：3215.

［45］叶兴乾，周声怡，姚舒婷，等. 枸杞多糖的提取方式、结构及生物活性研究进展［J］. 食品与发酵工业，2020，46（6）：292 – 300.

［46］雷曦，邸晶蕊，付志飞，等. 酸性多糖的结构鉴定及生物活性研究发展趋势［J］. 天津中医药大学学报，2021，40（6）：796 – 801.

［47］CAI W F, HU T, BAKRY A M., et al. Effect of ultrasound on size，morphology，stability and antioxidant activity of selenium nanoparticles dispersed by a hyperbranched polysaccharide from *Lignosus rhinocerotis*［J］. Ultrasonics Sonochemistry，2018，42：823 – 831.

［48］DAIRI N, FERFERA-HARRAR H, RAMOS M, et al. Cellulose acetate/AgNPs-organoclay and/or thymol nano-biocomposite films with combined antimicrobial/antioxidant properties for active food packaging use［J］. Interrational Journal of Biological Macromolecules，2019，121：508 – 523.

［49］MA F Y, WANG R J, LI X J, et al. Physical properties of mucilage polysaccharides from *Dioscorea opposita* Thunb［J］. Food Chemistry 2020，311：126039. 1 – 126039. 7.

［50］霍达. 水溶性玉竹多糖的分离纯化、结构表征、硫酸化修饰及活性研究［D］. 广州：华南理工大学，2020.

［51］LIAO D W, CHENG C, LIU J P, et al. Characterization and antitumor activities of polysaccharides obtained from ginger（*Zingiber officinale*）by different extraction methods［J］. International Journal of Biological Macromolecules，2020，152：894 – 903.

［52］NOMURA K, SAKAI M, OHBOSHI H, et al. Extraction of a water-soluble polysaccharide fraction from lentils and its potential application in acidified protein dispersions［J］. Food Hydrocolloids，2021，117（12）：106740.

1 –106740. 13.

［53］ WU D T, LIU W, HAN Q H, et al. Extraction optimization, structural characterization, and antioxidant activities of polysaccharides from cassia seed (*Cassia obtusift*)［J］. Molecules, 2019, 24（15）: 2817 – 2832.

［54］ HU X T, XU F R, LI J L, et al. Ultrasonic-assisted extraction of polysaccharides from coix seeds: Optimization, purification, and *in vitro* digestibility ［J］. Food Chemistry, 2022, 374（4）: 131636. 1 – 131636. 10.

［55］ GUO X H, LIU S H, WANG Z K, et al. Ultrasonic-assisted extraction of polysaccharide from *Dendrobium officinale*: Kinetics, thermodynamics and optimization ［J］ Biochemical Engineering Journal, 2022, 177: 108227. 1 – 108227. 11.

［56］ LIU C Y, MENG J, QIU J Y, et al. Structural characterization and prebiotic potential of an acidic polysaccharide from *Imperlal chrysanthemum*［J］. Natural Product Research, 2022, 36（2）: 586 – 594.

［57］ SONG Y R, HAN A R, LIM T G, et al. Isolation, purification, and characterization of novel polysaccharides from lotus（*Nelumbo nucifera*）leaves and their immunostimulatory effects［J］. International Journal of Biological Macromolecules, 2019, 128: 546 – 555.

［58］ DONG X D, LIU Y N, YU S S, et al. Extraction, optimization, and biological activities of a low molecular weight polysaccharide from *Platycodon grandiflorus* ［J］. Industrial Crops and Products, 2021, 165: 113427 – 113434.

［59］ ZOU Y F, CHEN M S, FU Y P, et al. Characterization of an antioxidant pectic polysaccharide from *Platycodon grandiflorus*［J］. International Journal of Biological Macromolecules, 2021, 175: 473 – 480.

［60］ LI J F, GU F F, CAI C, et al. Purification, structural characterization, and immunomodulatory activity of the polysaccharides from *Ganoderma lucidum* ［J］. International Journal of Biological Macromolecules, 2020, 143: 806 – 813.

［61］ 汪梦雯. 灵芝、香菇和茯茶多糖的提取、结构表征及降糖活性研究 ［D］. 西安: 陕西科技大学, 2021.

［62］ BAI Y J, JIA X C, HUANG F, et al. Structural elucidation, anti-inflammatory activity and intestinal barrier protection of longan pulp polysaccharide LPIIa［J］. Carbohydrate Polymers, 2020, 246: 116532. 1 – 116532. 9.

[63] SHEN C, WANG T, GUO F, et al. Structural characterization and intestinal protection activity of polysaccharides from *Sea buckthorn* (*Hippophae rhamnoides* L.) berries [J]. Carbohydrate Polymers, 2021, 274: 118648.1 – 118648.13.

[64] ZHOU Y, QIAN C, YANG D, et al. Purification, structural characterization and immunomodulatory effects of polysaccharides from *Amomumvillosum* Lour. on RAW 264.7 Macrophages [J]. Molecules, 2021, 26 (9): 2672.

[65] HAN K, JIN C, CHEN H, et al. Structural characterization and anti-A549 lung cancer cells bioactivity of a polysaccharide from *Houttuynia cordata* [J]. International Journal of Biological Macromolecules, 2018, 120: 288 – 296.

[66] WANG Y J, LIU N, XUE X, et al. Purification, structural characterization and *in vivo* immunoregulatory activity of a novel polysaccharide from *Polygonatum sibiricum* [J]. International Journal of Biological Macromolecules, 2020, 160: 688 – 694.

[67] GAO Z Z, ZHANG C, JING L R, et al. The structural characterization and immune modulation activitives comparison of *Codonopsis pilosula* polysaccharide (CPPS) and selenizing CPPS (sCPPS) on mouse in vitro and vivo [J]. International Journal of Biological Macromolecules, 2020, 160: 814 – 822.

[68] HUO J Y, LEI M, LI F F, et al. Structural characterization of a polysaccharide from *Gastrodia elata* and its bioactivity on gut microbiota [J]. Molecules, 2021, 26 (15): 4443 – 4452.

[69] JI N, LIU P, ZHANG N, et al. Comparison on bioactivities and characteristics of polysaccharides from four varieties of *Gastrodia elata* Blume [J]. Frontiers In Chemistry, 2022, 10: 956724 – 956741.

[70] ZHOU L S, HUANG L L, YUE H, et al. Structure analysis of a heteropolysaccharide from fruits of *Lycium barbarum* L. and anti-angiogenic activity of its sulfated derivative [J]. International Journal of Biological Macromolecules, 2018, 108: 47 – 55.

[71] HUANG C, YAO R Y, ZHU Z K, et al. A pectic polysaccharide from water decoction of Xinjiang *Lycium barbarum* fruit protects against intestinal endoplasmic reticulum stress [J]. International Journal of Biological Macromolecules, 2019, 130: 508 – 514.

［72］ ZHOU S Y, HUANG G L, CHEN G Y. Extraction, structural analysis, derivatization and antioxidant activity of polysaccharide from Chinese yam ［J］. Food Chemistry, 2021, 361: 130089. 1 – 130089. 14.

［73］ ZHANG W X, CHEN L, LI P, et al. Antidepressant and immunosuppressive activities of two polysaccharides from *Poria cocos* (*Schw.*) *Wolf* ［J］. International Journal of Biological Macromolecules, 2018, 120: 1696 – 1704.

［74］ 林婷婷. 酸枣仁多糖的提取制备与免疫调节活性研究 ［D］. 天津: 天津商业大学, 2018.

［75］ 肖瑞希. 弱极性分级醇沉桑葚多糖结构表征及其抗急性酒精性肝损伤作用研究 ［D］. 贵阳: 贵州师范大学, 2019.

［76］ WANG W, LI X W, BAO X W, et al. Extraction of polysaccharides from black mulberry fruit and their effect on enhancing antioxidant activity ［J］. International Journal of Biological Macromolecules, 2018, 120: 1420 – 1429.

［77］ ZHANG J Q, LI C, HUANG Q, et al. Comparative study on the physicochemical properties and bioactivities of polysaccharide fractions extracted from *Fructus mori* at different temperatures ［J］. Food & Function, 2019, 10 (1): 410 – 421.

［78］ 赵晶丽. 人参多糖提取分离纯化、结构表征及免疫抗肿瘤机制研究 ［D］. 长春: 吉林农业大学, 2020.

［79］ LI L, LIAO B Y, THAKUR K, et al. The rheological behavior of polysaccharides sequential extracted from *Polygonatum cyrtonema* Hua ［J］. International Journal of Biological Macromolecules, 2018, 109: 761 – 771.

［80］ 郑璇. 不同产地皱皮木瓜主要化学成分及生物活性的研究 ［D］. 北京: 中国农业科学院, 2019.

［81］ 张娇. 基于多光谱结合化学计量学的滇黄精鉴别研究 ［D］. 昆明: 云南中医药大学, 2021.

［82］ 陈怡, 姚云生, 陈松树, 等. 多花黄精不同龄节药材质量研究 ［J］. 福建农业学报, 2020, 35 (1): 38 – 43.

［83］ 程玥, 丁泽贤, 张越, 等. 茯苓多糖及其衍生物的化学结构与药理作用研究进展 ［J］. 中国中药杂志, 2020, 45 (18): 4332 – 4340.

［84］ WANG D D, HUANG C G, ZHAO Y, et al. Comparative studies on polysaccharides, triterpenoids, and essential oil from fermented mycelia and cultivated sclerotium of a medicinal and edible mushroom, *Poria cocos* [J]. Molecules, 2020, 25（6）：1269.

［85］胡康，罗清，朱晓峰，等. 茯苓均一多糖的分离纯化及其硫酸化衍生物对人乳腺癌 MDA-MB-231 细胞迁移的影响 [J]. 中国中药杂志，2019，44（13）：2835 – 2840.

［86］MORTON L, BRAAKHUIS A J. The effects of fruit-derived polyphenols on cognition and lung function in healthy adults：A systematic review and Meta-Analysis [J]. 2021, 13（12）：4273.

［87］DUAN Y, YING Z M, HE F, et al. A new skeleton flavonoid and a new lignan from *Portulaca oleracea* L. and their activities [J]. Fitoterapia, 2021, 153：104993 – 104998.

［88］YANG X W, HE Z H, ZHENG Y, et al. Chemical constituents of *cassia abbreviata* and their Anti-HIV-1 activity [J]. Molecules, 2021, 26（9）：2455 – 2462.

［89］ZHENG X H, HUANG Y P, LIANG Q P, et al. A new lignanamide from the root of *Lycium yunnanense* Kuang and its antioxidant activity [J]. Molecules, 2018, 23（4）：770 – 777.

［90］YANG P F, YANG Y N, FENG Z M, et al. Six new compounds from the flowers of *Chrysanthemum morifolium* and their biological activities [J]. Bioorganic chemistry, 2019, 82：139 – 144.

［91］张妍，刘红蕾，姚月英，等. 桑叶多酚的鉴定及其抗氧化、抗 α – 淀粉酶活性分析 [J]. 食品工业科技，2023，44（4）：59 – 67.

［92］解悦. 酸枣仁多酚抗大肠癌效应的活性成分鉴定及其分子机制 [D]. 太原：山西大学，2020.

［93］杜江超，杨琳垚，邵亮，等. 石香薷中酚酸类成分及其抗流感病毒活性研究 [J]. 中药材，2021，44（11）：2584 – 2589.

［94］LI W, ZHANG X Y, CHEN R, et al. HPLC fingerprint analysis of *Phyllanthus emblica* ethanol extract and their antioxidant and anti-inflammatory properties [J]. Journal of Ethnopharmacology, 2020, 254：112740 – 112753.

［95］郎多勇，李小康，杨丽，等. 不同产地栽培甘草药材中黄酮类成分含量对比及其与土壤因子的相关性研究 [J]. 中药材，2022，45（7）：1531 – 1537.

［96］ LI M Y，CHEN X M，DENG J，et al. Effect of thermal processing on free and bound phenolic compounds and antioxidant activities of hawthorn ［J］. Food chemistry，2020，332：127429 – 127435.

［97］ HU J，VINOTHKANNA A，WU M，et al. Tracking the dynamic changes of a flavor，phenolic profile，and antioxidant properties of *Lactiplantibacillus plantarum*- and *Saccharomyces cerevisiae*-fermented mulberry wine ［J］. Food Science & Nutrition，2021，9（11）：6294 – 6306.

［98］ LI Y Q，KONG D X，BAI M，et al. Correlation of the temporal and spatial expression patterns of HQT with the biosynthesis and accumulation of chlorogenic acid in *Lonicera japonica* flowers ［J］. Horticulture Research，2019，6：73 – 86.

［99］ CAI Z C，LIU X H，CHEN H，et al. Variations in morphology，physiology，and multiple bioactive constituents of *Lonicerae japonicae* Flos under salt stress ［J］. Scientific Reports，2021，11：3939 – 3953.

［100］ 孙敬茹，卜俊玲，崔光红，等. 姜黄植物不同发育阶段根茎中姜黄素类和萜类代谢物的积累和合成研究 ［J］. 中国中药杂志，2019，44（5）：927 – 934.

［101］ 裴月湖，娄红祥. 天然药物化学：第 7 版 ［M］. 北京：人民卫生出版社，2016.

［102］ LI M，ZHANG Z G，SHI J Y，et al. Two new terpenoids from the fruits of *Chaenomeles sinensis*（Thouin）Koehne ［J］. Natural Product Communications，2021，16（2）：1934578X21996153.

［103］ CHEN B S，ZHANG J J，HAN J J，et al. Lanostane triterpenoids with Glucose-Uptake-Stimulatory activity from peels of the cultivated edible mushroom *Wolfiporia cocos* ［J］. Journal of Agricultural and Food Chemistry，2019，67（26）：7348 – 7364.

［104］ 李孟，张志广，石静亚，等. 木瓜中倍半萜类化学成分研究 ［J］. 中药材，2021，44（3）：600 – 603.

［105］ 王亚玲. 益智仁乙酸乙酯部位化学成分及生物活性的研究 ［D］. 郑州：郑州大学，2019.

［106］ 邹娟，付明，王梨，等. 茯苓不同组织中 5 种主要三萜的检测 ［C］//中国菌物学会. 中国菌物学会 2018 年学术年会论文汇编. ［出

版地不详]：[出版者不详]，2018：175.

［107］李娜，杨远贵，陈玥，等. 超临界流体色谱法分析茯苓不同药用部位中三萜酸类成分 ［J］. 药学学报，2021，56（4）：1120－1126.

［108］代琪，罗霄，叶俏波. HPLC 法测定木瓜中齐墩果酸和熊果酸的含量 ［J］. 亚太传统医药，2019，15（6）：81－85.

［109］王青霞，余佳浩，张连富. 8 种薏苡仁油的化学成分分析 ［J］. 中国油脂，2018，43（8）：63－67，75.

［110］汤喜兰，刘建勋，李磊. 中药有机酸类成分的药理作用及在心血管疾病的应用 ［J］. 中国实验方剂学杂志，2012，18（5）：243－246.

［111］姜鸿宇. 白茅根化学成分及其体外抗炎活性研究 ［D］. 天津：天津中医药大学，2021.

［112］MURADOGLU F，GÜRSOY S，KENAN Y. Quantification analysis of biochemical and phenolic composition in hawthorn（Crataegus spp.）fruits ［J］. Erwerbs-Obstbau，2019，61（2）：189－194.

［113］吴学峰，谢斌，黄晓兰，等. 基于 UPLC-Q-TOF MS 技术快速鉴定蒸制广佛手化学成分 ［J］. 质谱学报，2021，42（3）：207－217.

［114］周浩楠，胡娜，董琦，等. 沙棘化学成分及药理作用的研究进展 ［J］. 华西药学杂志，2020，35（2）：211－217.

［115］宋艳梅，张启立，崔治家，等. 枸杞子化学成分和药理作用的研究进展及质量标志物的预测分析 ［J］. 华西药学杂志，2022，37（2）：206－213.

［116］WANG X R，ZHANG C L，PENG Y J，et al. Chemical constituents，antioxidant and gastrointestinal transit accelerating activities of dried fruit of Crataegus dahurica ［J］. Food Chemistry，2018，246：41－47.

［117］ZHANG Q，WANG L L，WANG Z T，et al. Variations of the nutritional composition of jujube fruit（Ziziphus jujuba Mill.）during maturation stages ［J］. International Journal of Food Properties，2020，23（1）：1066－1081.

［118］李亚楠，朱磊，沈洪. 中药生物碱类化合物抗溃疡性结肠炎实验的研究进展 ［J］. 中华中医药学刊，2022，40（8）：118－121.

［119］MA Y F，LI X T，ZHANG W J，et al. A trace alkaloid，oleraisoindole A from Portulaca oleracea L. and its anticholinesterase effect ［J］. Natural Product Research，2021，35（2）：350－353.

[120] JIANG M Y, ZHANG W J, YANG X, et al. An isoindole alkaloid from *Portulaca oleracea* L. [J]. Natural Product Research, 2018, 32 (20): 2431 - 2436.

[121] XIU F, Li X T, Zhang W J, et al. A new alkaloid from *Portulaca oleracea* L. and its antiacetylcholinesterase activity [J]. Natural Product Research, 2019, 33 (18): 2583 - 2590.

[122] ZHAO C C, YING Z M, TAO X J, et al. A new lactam alkaloid from *Portulaca oleracea* L. and its cytotoxity [J]. Natural Product Research, 2018, 32 (13): 1548 - 1553.

[123] 王如梦, 杨宏新. 荜茇及其有效成分胡椒碱的研究进展 [J]. 中国药事, 2021, 35 (3): 350 - 356.

[124] 王淑慧. 中药余甘子化学成分研究与 GbUGT717L 酶的催化能力研究 [D]. 北京: 中国中医科学院, 2019.

[125] JIN T Y, LI S Q, JIN C R, et al. Catecholic isoquinolines from *Portulaca oleracea* and their anti-inflammatory and β_2-adrenergic receptor agonist activity [J]. Journal of Natural Products, 2018, 81 (4): 768 - 777.

[126] 胡水瑶. 马齿苋中儿茶酚胺类衍生物和硝基化合物的分离鉴定及其生物活性研究 [D]. 济南: 山东大学, 2019.

[127] WEI R R, MA Q G, ZHONG G Y, et al. Identification of benzisoquinolinone derivatives with cytotoxicities from the leaves of *Portulaca oleracea* [J]. Z Naturforsch C J Biosci, 2019, 74 (5 - 6): 139 - 144.

[128] WANG K H, TIAN J Y, LI Y S, et al. Identification of components in *Citri Sarcodactylis* Fructus from different origins via UPLC-Q-Exactive Orbitrap/MS [J]. ACS Omega, 2021, 6 (26): 17045 - 17057.

[129] GUO H, CHEN Y H, WANG T M, et al. A strategy to discover selective α-glucosidase/acetylcholinesterase inhibitors from five function-similar citrus herbs through LC-Q-TOF-MS, bioassay and virtual screening [J]. Journal of Chromatography B, 2021, 1174: 122722 - 122737.

[130] 范三红, 贾槐旺, 李兰, 等. 紫苏籽粕蛋白源抗氧化肽的纯化、结构鉴定及体外抗氧化活性 [J]. 中国粮油学报, 2022, 37 (3): 79 - 87.

[131] 徐鹏伟. 火麻仁蛋白制备、性能表征及超声改性研究 [D]. 北京: 中国科学院大学 (中国科学院过程工程研究所), 2020.

［132］ 刘畅，张东艳，邓珍菊，等. 罗汉果籽蛋白的提取及功能特性研究
［J］. 河南工业大学学报（自然科学版），2022，43（2）：93 – 102.

［133］ XUE L，FENG S，GONG L P，et al. Species-specific identification of col-
lagen components in *Colla corii asini* using a nano-liquid chromatography
tandem mass spectrometry proteomics approach［J］. International Journal
of Nanomedicine，2017，12：4443 – 4454.

［134］ 世界中医药学会联合会. 国际中医临床实践指南 糖脂代谢病（2021 –
10 – 14）［J］. 世界中医药，2021，16（22）：3278 – 3284.

［135］ 拓文娟，刘永琦，修明慧，等. 山楂及其有效成分治疗代谢综合征的
研究［J］. 中国中医基础医学杂志，2022，28（5）：831 – 838.

［136］ 宋晓漫，李文林，杨丽丽，等. 药食资源山楂果防治 2 型糖尿病成分
与作用靶点分析研究［J］. 食品安全质量检测学报，2021，12（8）：
3172 – 3181.

［137］ WANG R H，LI Y F，MU W，et al. Mulberry leaf extract reduces the gly-
cemic indexes of four common dietary carbohydrates［J］. Medicine，
2018，97（34）：e11996 – e12004.

［138］ 林闪闪，王梦娇，许金国，等. 基于化学成分与药理机制的桑叶质量
标志物预测分析研究［J/OL］. 中草药，2021，52（22）：1 – 18
［2023 – 11 – 07］. http：//kns. cnki. net/kcms/detail/12. 1108. r. 20210831.
1146. 002. html.

［139］ HUANG R，XIE J H，YU Y，et al. Recent progress in the research of yam
mucilage polysaccharides：Isolation，structure and bioactivities［J］. Interna-
tional Journal of Biological Macromolecules，2020，155：1262 – 1269.

［140］ ZENG Y W，YANG J Z，CHEN J，et al. Actional mechanisms of active
ingredients in functional food adlay for human health［J］. Molecules，
2022，27（15）：4808.

［141］ CHEN L C，JIANG B K，ZHENG W H，et al. Preparation，characteriza-
tion and anti-diabetic activity of polysaccharides from adlay seed［J］. In-
ternational Journal of Biological Macromolecules，2019，139：605 – 613.

［142］ CHANG Y M，CHANG H H，TSAI C C，et al. Alpinia oxyphylla Miq.
fruit extract activates IGFR-PI3K/Akt signaling to induce Schwann cell prolif-
eration and sciatic nerve regeneration［J］. Bmc Complementary Altern

Med, 2017, 17（1）: 184.

[143] JI Z H, ZHAO H, LIU C, et al. In-vitro neuroprotective effect and mech-anism of 2β-hydroxy-δ-cadinol against amyloid β-induced neuronal apoptosis [J]. NeuroReport, 2020, 31（3）: 245 – 250.

[144] 方立琛, 高小亮, 武明媚. 人参皂甙 Rd 在神经损伤中的保护作用 [J]. 神经损伤与功能重建, 2020, 15（2）: 108 – 110, 122.

[145] 刘璐. 白果现代药理学研究概况 [J]. 河南中医, 2022, 42（5）: 801 – 805.

[146] 杨京利, 张力, 向勇, 等. 海马区微量注射银杏内酯 B 对选择性神经损伤大鼠血小板活化因子合酶和促炎细胞因子表达的影响 [J]. 华中科技大学学报（医学版）, 2018, 47（4）: 427 – 430.

[147] 张锐, 张季林, 李冰涛, 等. 基于网络药理学研究栀子入血成分抗阿尔茨海默病的作用机制 [J]. 中国中药杂志, 2020, 45（11）: 2601 – 2610.

[148] 臧彩霞, 鲍秀琦, 张丹. 栀子藏红花色素部位 GJ-4 治疗阿尔茨海默症的药效学与作用机制研究 [J]. 神经药理学报, 2018, 8（3）: 38.

[149] LINGUA M S, FABANI M P, WUNDERLIN D A, et al. From grape to wine: Changes in phenolic composition and its influence on antioxidant activi-ty [J]. Food Chemistry, 2016, 208: 228 – 238.

[150] 杨耘, 卢雪蕊, 宋平顺, 等. 甘草 HPLC 指纹图谱及抗氧化活性的谱效关系 [J]. 药物分析杂志, 2022, 42（4）: 607 – 617.

[151] 任薇, 包晓玮, 张志芳, 等. 沙棘多糖清除自由基及抗脂质过氧化作用研究 [J]. 食品工业科技, 2019, 40（8）: 272 – 277.

[152] 蔡俊泰, 徐芷茵, 徐国强, 等. 决明子蛋白水解产物的抗氧化活性: 热和胃肠稳定性, 肽鉴定和计算机分析（英文）[J]. 现代食品科技, 2019, 35（9）: 38 – 48.

[153] 东方, 王鑫, 王伟伟, 等. 芡实多糖闪式提取工艺优化及抗氧化活性研究 [J]. 食品科技, 2020, 45（12）: 174 – 181.

[154] 金小花. 芡实中有效成分提取方法及抗氧化性 [J]. 食品界, 2019（2）: 111.

[155] 李磊, 赵花金, 伍子焘, 等. 决明子抗氧化作用机制的网络药理学分析 [J]. 浙江农业学报, 2020, 32（10）: 1855 – 1865.

［156］郑满荣. 沙棘籽油、果油、全果油抗氧化活性研究［D］. 天津：天津科技大学，2018.

［157］朱纯宇. 甘草素对 H_2O_2 诱导的小鼠胚胎氧化损伤影响的研究［D］. 延边：延边大学，2021.

［158］JI M Y, LI X, GONG X, et al. Advanced research on the antioxidant activity and mechanism of polyphenols from *Hippophae* Species—A review ［J］. Molecules, 2020, 25（4）：917.

［159］李敏，王德民，李峰，等. 药食同源中药抗衰老研究进展［J］. 食品与药品，2019，21（5）：414 – 418.

［160］马晓文，邱国斌，刘珽，等. 枸杞对果蝇的抗衰老作用［J］. 中兽医医药杂志，2019，38（1）：61 – 63.

［161］唐瑞. 基于果蝇模型的枸杞多糖抗衰老活性及分子作用机制研究［D］. 西安：西北大学，2019.

［162］SHEN X Y, DONG X N, HAN Y L, et al. Ginsenoside Rg1 ameliorates glomerular fibrosis during kidney aging by inhibiting NOX4 and NLRP3 inflammasome activation in SAMP8 mice ［J］. International Immunopharmacology, 2020, 82：106339 – 106350.

［163］刘哲. 怀山药多糖分离纯化、抗衰老活性及其对 Klotho 基因的表达调控研究［D］. 郑州：郑州大学，2019.

［164］王力，肖蜜方，陈弘培，等. 牡蛎多肽组分 OE-I 抗氧化活性及其对秀丽隐杆线虫抗衰老作用［J］. 食品科学，2022，43（3）：152 – 160.

［165］CHEN Z X, TANG Y N, LIU A, et al. Oral administration of *Grifola frondosa* polysaccharides improves memory impairment in aged rats via antioxidant action ［J］. Molecular Nutrition & Food Research, 2017, 61（11）：1367 – 1378.

［166］赵健，周忠光，黄家鹏，等. 药食同源中草药在防治认知功能障碍中的应用及作用机制研究进展［J］. 医学综述，2022，28（8）：1598 – 1605.

［167］王语聪，谢智鑫，李春雨，等. 火麻仁油及大麻二酚对抑郁模型小鼠行为及炎症反应的影响［J］. 食品工业科技，2021，42（9）：327 – 333.

［168］黄玲. SIRT1 介导的火麻仁提取液改善衰老大鼠学习记忆障碍的机制［D］. 南宁：广西医科大学，2018.

［169］朱丽娜. 火麻仁提取液对 D – gal 致衰老大鼠嗅觉辨识记忆障碍的影响

[D]. 南宁：广西医科大学，2019.

[170] CHANG W, WEAVER C M, MEDALLA M, et al. Age-related alterations to working memory and to pyramidal neurons in the prefrontal cortex of rhesus monkeys begin in early middle-age and are partially ameliorated by dietary curcumin [J]. Neurobiology of Aging, 2022, 109: 113 – 124.

[171] LIU G Z, SUN Y C, LIU F, Curcumin reduces neuroinflammation and improves the impairments of anesthetics on learning and memory by regulating the expression of miR-181a-5p [J]. Neuroimmunomodulation, 2021, 28 (1): 38 – 46.

[172] 马馨桐. 桔梗美白活性物质研究 [D]. 长春：长春中医药大学，2021.

[173] 刘晓敏，龙春霞. 马齿苋的多功效研究及安全性评价 [J]. 日用化学工业，2018，48 (2): 88 – 93, 108.

[174] 陆雯丽，陈军，夏栩琼. 含青刺果、马齿苋、滇山茶及三七的精华液治疗黄褐斑的临床观察 [J]. 皮肤病与性病，2020，42 (6): 789 – 792.

[175] 胥亦，刘俊宇，曾元莲，等. 活力滋源宝抗疲劳和镇静催眠的药效学研究 [J]. 西南民族大学学报（自然科学版），2022，48 (4): 410 – 414.

[176] 胡云峰，李岢祎，胡开蕾，等. 熟制枸杞提取物抗疲劳效果研究 [J]. 食品研究与开发，2022，43 (4): 29 – 33.

[177] 王学芳，任红贤，封颖璐. 人参皂苷单体的抗疲劳作用研究进展 [J]. 解放军医药杂志，2019，31 (12): 114 – 116.

[178] ARRING N M, MILLSTINE D, MARKS L A, et al. Ginseng as a treatment for fatigue: a systematic review [J]. The Journal of Alternative and Complementary Medicine, 2018, 24 (7): 624 – 633.

[179] 孔凡秀，董佳萍，杨琪，等. 人参饮料缓解免疫抑制小鼠运动性疲劳的研究 [J]. 黑龙江八一农垦大学学报，2021，33 (6): 48 – 53, 64.

[180] 郑厚胜，郑斯文，王英平，等. 人参皂苷 Rg3 对环磷酰胺致免疫功能低下小鼠的免疫调节作用 [J]. 中成药，2021，43 (11): 3202 – 3206.

[181] 王超楠，赵大庆，王隶书，等. 人参及复方人参制剂免疫双向调节机制及应用研究进展 [J]. 时珍国医国药，2021，32 (1): 177 – 180.

[182] 邸志权，姜一朴，王延涛，等. 小分子阿胶对小鼠免疫功能的影响 [J]. 药物评价研究，2018，41 (9): 1602 – 1605, 1667.

157

[183] 张靖，彭鼎，陈凯，等. 百合多糖免疫活性研究进展 [J]. 中国动物传染病学报，2021，29（3）：114 – 118.

[184] 董嘉成，顾晨曦，何雨婷，等. 灵芝多糖对小鼠免疫功能的调节作用 [J]. 江苏医药，2021，47（1）：10 – 13.

[185] 王彦芳，杨彬彬，陈倩，等. 薏苡仁多糖通过调控 JAK3/STAT5 通路改善细胞免疫功能的体内外研究 [J]. 中华中医药杂志，2021，36（11）：6414 – 6417.

[186] LI N S, Xu X B, YANG H, et al. Activation of Aquaporin 5 by carcinogenic *Helicobacter pylori* infection promotes epithelial-mesenchymal transition via the MEK/ERK pathway [J]. Helicobacter, 2021, 26（5）：e12842 – 1 – e12842 – 13.

[187] MAHADY G B, PENDLAND S L, YUN G S, et al. Ginger（*Zingiber officinale* Roscoe）and the gingerols inhibit the growth of CagA+ strains of *Helicobacter pylori* [J]. Anticancer Res, 2003, 23：3699 – 3702.

[188] MEYER A R, GOLDENRING J R. Injury, repair, inflammation and metaplasia in the stomach [J]. The Journal of Physiology, 2018, 596（17）：3861 – 3867.

[189] CHEN W C, WU D, JIN Y L, et al. Pre-protective effect of polysaccharides purified from *Hericium erinaceus* against ethanol-induced gastric mucosal injury in rats [J]. International Journal of Biological Macromolecules, 2020, 159：948 – 956.

[190] LOOIJER-VAN LANGEN M A C, DIELEMAN L A. Prebiotics in chronic intestinal inflammation [J]. Inflammatory Bowel Diseases, 2009, 15（3）：454 – 462.

[191] LI M X, YUE H, WANG Y Q, et al. Intestinal microbes derived butyrate is related to the immunomodulatory activities of *Dendrobium officinale* polysaccharide [J]. International Journal of Biological Macromolecules, 2020, 149：717 – 723.

[192] 李旭，和建政，陈彻，等. 酸枣仁镇静催眠活性成分及药理作用研究进展 [J]. 中华中医药学刊，2022，40（2）：23 – 31.

[193] 李莎莎，李凡，李芳，等. 丁香的化学成分与药理作用研究进展 [J]. 西北药学杂志，2021，36（5）：863 – 868.

[194] 王荣慧，吴虹，王梦蝶，等. 栀子苷保肝利胆和肝毒性双重作用的研究进展 [J]. 安徽中医药大学学报，2020，39（3）：88-91.

[195] 孟雪莲，陈曼玲，陈长兰. 莲子心生物碱活性成分的药理作用研究进展 [J]. 辽宁大学学报（自然科学版），2019，46（3）：229-236.

[196] BEATA O. New perspectives on the effect of dandelion, its food products and other preparations on the cardiovascular system and its diseases [J]. Nutrients, 2022, 14（7）：1350-1361.

[197] 张雪，李晓庆，王云，等. 焦栀子炒制过程中 HPLC 图谱变化与外观颜色的动态关联研究 [J]. 中草药，2018，49（17）：4029-4037.

[198] 姚玲玲. LC-MS 技术在不同炮制程度甘草、白芍质量标志物的发现及肠道菌对人参皂苷代谢转化研究中的应用 [D]. 南京：南京中医药大学，2021.

[199] 茅玉炜. 枸杞子炮制工艺及其科学内涵研究 [D]. 北京：北京中医药大学，2018.

[200] 聂春霞，郝艳艳，何盼，等. 基于 ^{1}H-NMR 代谢组学分析山楂不同炮制品对食积症的影响 [J]. 中国实验方剂学杂志，2019，25（13）：111-118.

[201] 唐文文. 不同储藏环境下 5 种药材品质比较 [J]. 中成药，2022，44（7）：2214-2218.

[202] 李蓉，龙小妹，陈平，等. 5 ℃ 贮藏条件下新鲜余甘子果实褐变相关指标研究 [J]. 中国药业，2022，31（12）：72-76.

[203] 廖晓芳，周立东，孔维军. 基于动态露点等温线法的莲子吸湿和解吸特性考察及模型确定 [J]. 世界科学技术 – 中医药现代化，2020，22（3）：817-822.

[204] 翁渝洁. 桑椹干燥特性及其相关生物学活性研究 [D]. 镇江：江苏科技大学，2018.

[205] SUN J, SUN B G, REN F Z, et al. Effects of storage conditions on the flavor stability of fried pepper（*Zanthoxylum bungeanum*）oil [J]. Foods, 2021, 10（6）：1292-1304.

[206] MELILLI M G, COSTA C, LUCERA A, et al. Fiordilatte Cheese fortified with inulin from *Cichorium intybus* or *Cynara cardunculus* [J]. Foods, 2021, 10（6）：1215-1226.

［207］ 熊乐文，张龙霈，李佳，等. 金银花总酚酸的提取优化及其成分分布［J］. 中药材，2022（8）：1929 - 1935.

［208］ 陈珏锡，张俊丰，李源栋，等. 无溶剂微波萃取肉桂精油及成分分析［J］. 现代食品科技，2021，37（8）：258 - 265，167.

［209］ 郝临雨. 紫苏籽及香樟精油的提取及活性研究［D］. 上海：上海应用技术大学，2021.

［210］ 田颖鹏，陈洁，汪磊，等. 提取方法对覆盆子多糖理化性质和体外生物活性的影响［J］. 食品工业科技，2022，43（8）：1 - 10.

［211］ CHANIOTI S, KATSOULI M, TZIA C. Novel processes for the extraction of phenolic compounds from olive pomace and their protection by encapsulation［J］. Molecules, 2021, 26（6）: 1781 - 1799.

［212］ 申晗，李红涛. 藿香玫瑰复合饮料研制及抗运动疲劳作用研究［J］. 食品工业科技，2022，43（4）：205 - 213.

［213］ 贺韶钦，吴思怡，张梅，等. 红豆薏米茯苓复合速溶粉的喷雾干燥工艺研究［J］. 当代化工研究，2022（8）：36 - 39.

［214］ 王卉. 纳米混悬技术改善大豆苷元、沙棘黄酮的口服生物利用度研究［D］. 上海：上海中医药大学，2019.

［215］ 陈宇婷. 复方决明子咀嚼片的研究［D］. 长春：吉林大学，2017.

［216］ DE SOUZA PAGLARINI C, VIDAL V A, RIBEIRO W, et al. Using inulin-based emulsion gels as fat substitute in salt reduced Bologna sausage［J］. Journal of the Scienc of Food and Agricul, 2021, 101（2）: 505 - 517.

［217］ 黄璐琦，何春年，马培，等. 我国药食两用物品产业发展战略思考［J］. 中国工程科学，2022，24（6）：81 - 87.

［218］ 郑帅. 药食同源——中医养生之道［J］. 生命世界，2011（3）：54 - 55.

［219］ ZHOU Z Q, FAN H X, HE R R, et al. Lycibarbarspermidines A-O, new dicaffeoylspermidine derivatives from wolfberry, with activities against Alzheimer's Disease and oxidation［J］. Journal of Agricultural and Food Chemistry, 2016, 64（11）: 2223 - 2237.

［220］ DAS A, HUANG G X, BONKOWSKI M S, et al. Impairment of an endothelial NAD^+-H_2S signaling network is a reversible cause of vascular aging［J］. Cell, 2019, 176（4）: 944 - 945.

［221］ 刘晓谦，杨红，赵靖源，等. UPLC-MS/MS 测定铁皮石斛及其同属近

源石斛品种中烟酰胺单核苷酸和烟酰胺腺嘌呤二核苷酸含量［J］. 中国中药杂志, 2021, 46（16）: 4034 - 4039.

[222] LIU Z P, LI W, GENG L L, et al. Cross-species metabolomic analysis i-dentifies uridine as a potent regeneration promoting factor［J］. Cell Discovery, 2022, 8（1）: 6 - 20.

[223] TIAN L, CAO J X, ZHAO T R, et al. The bioavailability, extraction, bio-synthesis and distribution of natural dihydrochalcone: Phloridzin［J］. International Journal of Molecular Sciences, 2021, 22（2）: 962 - 977.

[224] 杨军, 薛焰, 郭立玮, 等. "药食同源"物质基础研究是中医药膳产业化国际化的关键——关于新型中医药膳的思考（Ⅰ）［J］. 时珍国医国药, 2003（11）: 694 - 696.

[225] 中国医药保健品进出口商会膳食营养补充剂专业委员会. 2021 年膳食营养补充剂行业发展报告—跨境电商专题［R］. 北京: 中国医药保健品进出口商会, 2021.

[226] SMITH T, MAJID F, ECKI V, et al. Herbal supplement sales in US increase by record-breaking 17.3% in 2020［J］. Herbalgram, 2021（131）: 52 - 65.

[227] HEINRICH M, YAO R Y, XIAO P G. 'Food and medicine continuum'—Why we should promote cross-cultural communication between the global East and West［J］. Chinese Herbal Medicines, 2021, 14（1）: 3 - 4.

[228] 朱丹蓬. 新一代消费者正颠覆产业端发展模式——中国食品饮料行业2021 年十大行业发展趋势［J］. 中国食品, 2021（6）: 40 - 49.

[229] 雷晓霞, 张静, 许丹, 等. "药食同源"产品产业发展及对策探讨［J］. 医药前沿, 2013（6）: 85 - 86.

[230] 万晓文, 岳秋颖, 陈晓凡, 等. 中医药食疗产品定义、范畴在我国适用的探讨［J］. 江西中医药大学学报, 2019, 31（3）: 91 - 94.

[231] 肖建才, 刘建功, 赵子鹤, 等. 传统健康食疗产业发展现状与展望［J］. 食品与机械, 2022, 38（6）: 8 - 15, 236.

[232] 幸春容, 胡彦君, 李柏群, 等. 大健康产业背景下中药保健食品发展浅析［J］. 中国药业, 2020, 29（18）: 19 - 21.

[233] 中国保健协会, 中国社会科学院食品药品产业发展与监管研究中心. 中国保健用品产业发展报告 No.1［M］. 北京: 社会科学文献出版

社，2012．

[234] 孟令仪，张晶莹，宋忻恬，等．红花在吉林省保健用品中的功效学评价 [J]．中国实用医药，2013，8（32）：257-258．

[235] 黄丽群，陈丽琼，张梅芳．中药热罨包联合中药足浴对剖宫产产妇胃肠功能恢复的影响 [J]．中医外治杂志，2022，31（4）：50-51．

[236] 郑丽霞，葛珊，李飒，等．中药牙膏药物组分配方及其作用研究进展 [J]．甘肃中医药大学学报，2022，39（5）：73-78．

[237] 胡秀敏，何俊美，苏裕心．中草药在消毒领域应用现状及其潜在价值 [J]．中国消毒学杂志，2020，37（2）：145-148．

[238] 许攀，沈倩，杨明，等．中药精油止痛研究进展 [J]．中国实验方剂学杂志，2021，27（17）：211-216．

[239] 周格羽，王琪，柏林宇，等．常用中药精油的成分分析 [J]．广东化工，2022，49（18）：190-192．

[240] 霍韵滢，吕道飞，许军豪，等．中药化妆品的研究及应用进展 [J]．广州化工，2021，49（22）：22-24．

[241] 梁轶媛．天然食品添加剂相关技术探讨 [J]．食品安全导刊，2021（20）：174-175．

[242] 赵岩，邓君，宋心东，等．吉林省药食兼用资源开发的现状及对策 [J]．人参研究，2014，26（4）：52-54．

[243] 江姗，陈路，黄嘉咏，等．中药色素的研究进展 [J]．中国民族民间医药，2018，27（23）：80-84，129．

[244] 孙晓莎，任顺成．天然食用色素的研究进展 [J]．食品研究与开发，2016，37（18）：198-201．

[245] 谭家忠，廖娜，张宝堂，等．天然甜味剂的开发应用及展望 [J]．中国食品添加剂，2022，33（1）：32-39．

[246] 原雪峰，宋广星，暴丽梅．中草药饲料添加剂在农业养殖中的应用 [J]．现代畜牧兽医，2022（9）：70-73．

[247] 徐微，李茉莉，刘清玮．中药源保鲜材料的研究进展 [J]．吉林农业，2019（19）：58-59．

[248] 徐士超，董欢欢，曾小静，等．萜类植物源农药的筛选及活性研究进展 [J]．林产化学与工业，2019，39（1）：1-12．

[249] 胡春芳，肇楠，冯改静．基于专利文献的药食同源学科发展态势分析

［J］. 河北农业科学，2020，24（5）：93－96.

［250］魔镜市场情报. 2022 药食同源机会点洞察［EB/OL］.（2022－12－05）［2023－02－03］. https：//www. djyanbao. com/preview/3383065.

［251］唐雪阳，谢果珍，周融融，等. 药食同源的发展与应用概况［J］. 中国现代中药，2020，22（9）：1428－1433.

［252］萨翼，陈广耀，王进博，等. 已批准增强免疫力功能的中药类保健食品现状及监管建议［J］. 中国中药杂志，2019，44（5）：885－890.

［253］周欣. 中医药国际化的发展及趋势研究［D］. 广州：广州中医药大学，2011.

［254］焦奥南，王程程，莫颖宁. 基于 SWOT-PEST 分析的我国中药类保健食品市场发展研究［J］. 食品与药品，2021，23（5）：438－444.

［255］中国网. 2022 年四季度居民健康消费指数发布：主动健康消费趋势引关注［EB/OL］.（2023－02－20）［2023－02－23］. http：//www. senn. com. cn/sx/2023/02/20/159125. html.

［256］李华章，郁东海，娄继权，等. 中医药健康养老服务 SWOT 分析［J］. 中国卫生事业管理，2020，37（3）：197－200.

［257］王晓丽，孟玉敏. 大健康背景下药食同源产业发展对策研究——以安国为例［J］. 商业观察，2022（25）：26－29.

［258］付煜. 人口老龄化社会的健康风险研究——以失能风险为中心［D］. 北京：中央财经大学，2020.

［259］曹婷婷. 中药智能制造理论模型的构建与应用［D］. 北京：北京中医药大学，2021.

［260］金安琪，李斐琳，阙灵，等. 中成药上市企业科技创新指数研究初探［J］. 中国新药杂志，2021，30（18）：1642－1648.

［261］王进博，陈广耀，孙蓉，等. 对中药组方保健食品的几点思考［J］. 中国中药杂志，2019，44（5）：865－869.

［262］初侨，席兴军，王鹤妍，等. 中韩人参产业标准化程度对比分析研究［J］. 中国中药杂志，2017，42（10）：1996－2000.

［263］国家药品监督管理局. 国家药监局关于发布《已使用化妆品原料目录（2021 年版）》的公告（2021 年第 62 号）（2021－04－30）. https：//www. nmpa. gov. cn/xxgk/ggtg/hzhpggtg/jmhzhptg/20210430162707173. html.

［264］赵赛蕾，丁侃，胡玉龙等. 山药多糖生物活性及构效关系研究进展

163

［J］．粮食与油脂，2023，36（05）：29－33＋39.

［265］李芳，杨扶德．党参多糖提取分离、化学组成和药理作用研究进展［J］．中华中医药学刊，2023，41（04）：42－49.

· 附　录 ·

附录1 药食同源物质种植面积和
价格趋势分析

目前，国家卫生健康委已公布的药食同源物质名单共收录药食同源物质93 种；同时，对党参、肉苁蓉、铁皮石斛、西洋参、黄芪、灵芝、山茱萸、天麻、杜仲叶9 种物质正在开展试点管理工作，在充分论证其安全性后再纳入《药食同源物质名单》中。现对各药食同源品种的别名、来源、主产地、主产地种植面积和价格趋势分析进行介绍。

丁香 Dingxiang CARYOPHYLLI FLOS

【别名】公丁香、丁子香、支解香、雄丁香、大花丁香、紫丁香、公丁、丁子、百里香、如字香、索瞿香、瘦香娇。

【来源】桃金娘科植物丁香 *Eugenia caryophyllata* Thunb. 的干燥花蕾。

【主产地】主产于马达加斯加、斯里兰卡、坦桑尼亚、马来西亚、印度尼西亚等地。在我国产于海南、广东、广西、云南等。

【价格趋势分析】2017—2021 年，丁香的价格在 2017 年达 57 元/kg 高位，2018 年开始持续下跌，2020 年达 35 元/kg 低位，2021 年开始回升。丁香的种植面积与产量在不断增长，进口数量也呈上升态势，价格可能会持续小幅波动。

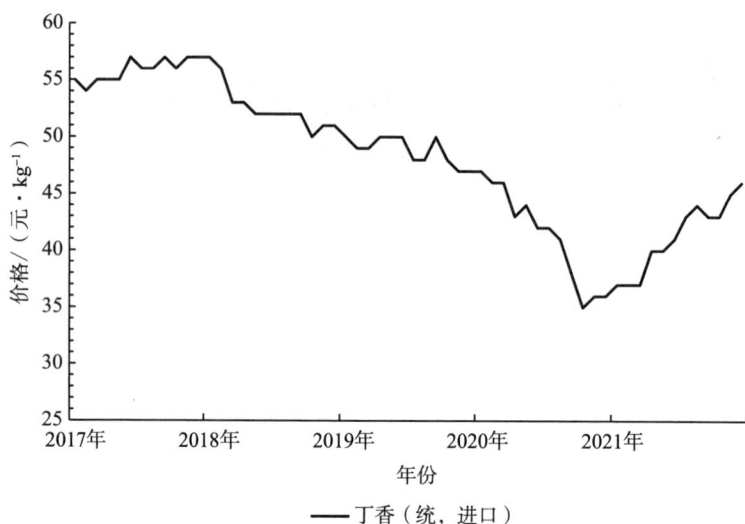

附图 1-1 2017—2021 年丁香价格

八角茴香 Bajiaohuixiang ANISI STELLAT FRUCTUS

【别名】大茴香、茴香八角珠、大八角、大料、八角。

【来源】木兰科植物八角茴香 *Illicium verum* Hook. f. 的干燥成熟果实。

【主产地】主产于广西、广东、贵州、云南、甘肃。

【地理标志产品】富宁八角。

【主产地种植面积】八角茴香资源主要分布在广西，云南次之，广东第三，全国八角茴香种植总面积 600 万亩。广西、云南和广东的八角茴香属于产业化规模种植发展，而其他省区属于零星小面积引种栽培试验。广西素有"世界八角之乡"的美称。广西八角茴香种植面积 525 万亩，占全国总面积的87.5%，主要分布在 7 个设区市的 24 个县（市、区），种植面积最大的为百色（135 万亩），其后依次是梧州（84 万亩）、崇左（69 万亩）、防城港（58.5 万亩）、来宾（43.5 万亩）、钦州（37.5 万亩）、玉林（31.5 万亩）；县城八角茴香种植面积超过 30 万亩的有防城、那坡、扶绥、金秀、德保、藤县、浦北 7 个县区，种植面积为 15～30 万亩的有凌云、右江、北流、苍梧、容县、田林、凤山、乐业 8 个县（市、区）。云南是我国八角茴香种植面积的第二大省，全省八角茴香种植面积约 101.4 万亩，主要分布在富宁、广南、

西畴、屏边和绿春等地区，其中富宁分布最多，其种植面积 66 万亩，是云南
八角茴香的核心产区。此外，江西、四川、贵州、湖南、福建等也有少量
种植。

【价格趋势分析】2017—2021 年，八角茴香价格持续平缓上涨，2021 年
大幅上涨，达 100 元/kg 高位，与 2017 年基本价格 22 元/kg 相比，相差近 4
倍，随后价格迅速回落至 55 元/kg 左右。八角茴香在广西种植面积大，产量
和销量均较稳定，价格出现大幅波动的可能性不大。

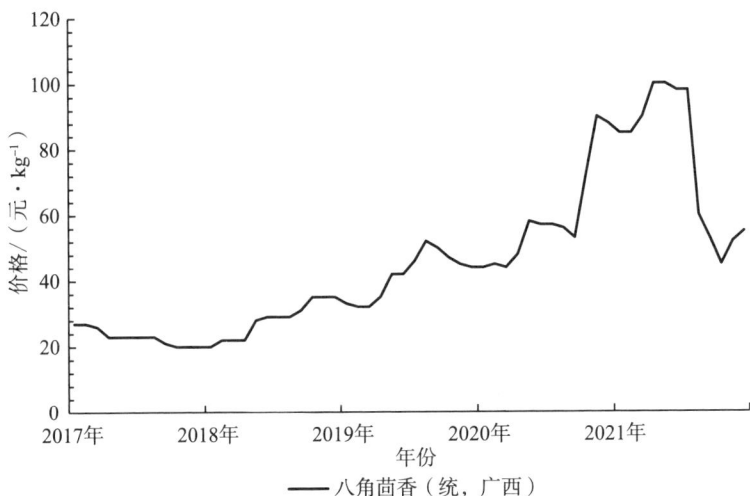

附图 1-2 2017—2021 年八角茴香价格

刀豆 Daodou CANAVALIAE SEMEN

【别名】挟剑豆、鞘豆。

【来源】豆科植物刀豆 *Canavalia gladiata*（Jacq.）DC. 的干燥成熟种子。

【主产地】原产于印度。在我国主产于湖南、广西、浙江、山东、安徽、
湖北、四川等。

【价格趋势分析】2017—2021 年，刀豆价格稳定，基本维持在 13 元/kg
左右，2021 年出现小幅上涨，后逐渐平稳，价格稳定在 17 元/kg 左右。从整
体趋势来看，刀豆主产地分布较广，产量和销量较为稳定，价格整体浮动
较小。

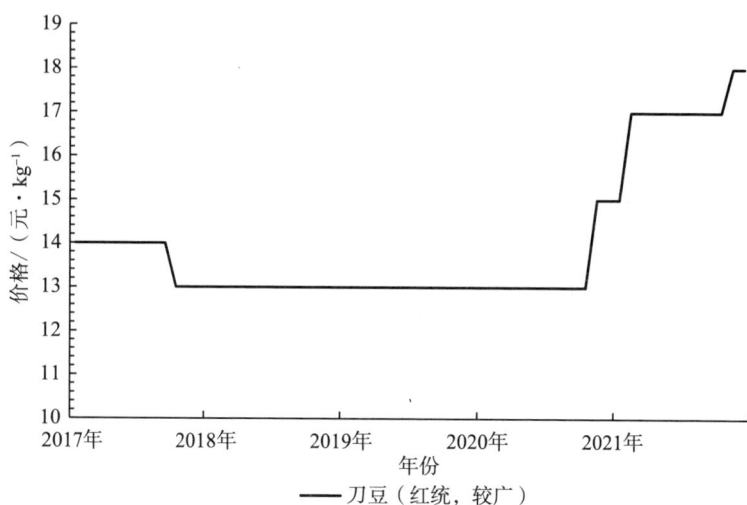

附图1-3 2017—2021年刀豆价格

小茴香 Xiaohuixiang FOENICULI FRUCTUS

【别名】谷茴、谷茴香、谷香、土茴香、茴香子、怀香、怀香子、香丝菜。

【来源】伞形科植物茴香 *Foeniculum vulgare* Mill. 的干燥成熟果实。

【主产地】原产于美国、印度及欧洲地中海地区。在我国主产于甘肃、内蒙古、陕西、山东。

【地理标志产品】策勒小茴香、海原小茴香。

【价格趋势分析】2017—2021年，小茴香价格小幅波动，价格高位14元/kg，价格低位9元/kg。小茴香在我国多地均有种植，产量和销量均较为稳定，价格出现大幅波动的可能性较小。

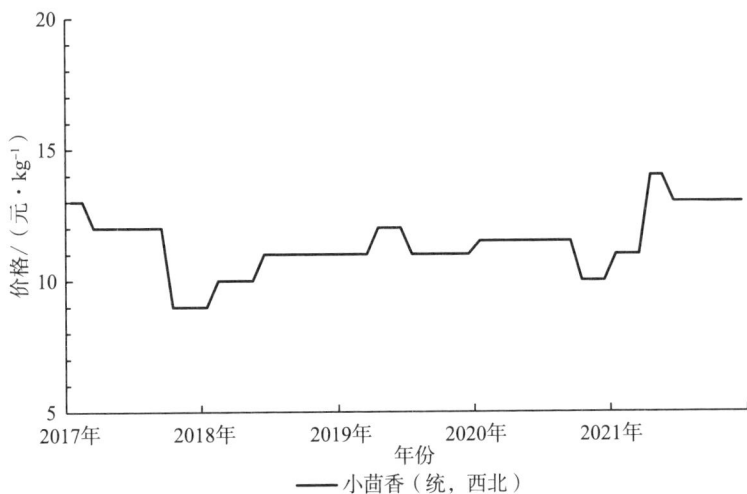

附图 1 - 4　2017—2021 年小茴香价格

小蓟　Xiaoji　CIRSII HERBA

【别名】刺菜、刺儿菜、刺蓟菜、曲曲菜、青青菜、荠荠菜、刺角菜、野红花、小鸡角刺、白鸡角刺、小牛扎口。

【来源】菊科植物刺儿菜 *Cirsium setosum*（Willd.）MB. 的干燥地上部分。

【主产地】在我国主产于湖南、湖北、江苏、江西、山东。日本、朝鲜、俄罗斯东部等也有生产。

【价格趋势分析】2017—2021 年，小蓟价格平稳，基本维持在 3 元/kg 左右，2021 年上涨后趋于稳定态势，维持在 7 元/kg 左右。小蓟产地分布广泛，产量与销量均较为稳定，价格出现大幅波动的可能性较小。

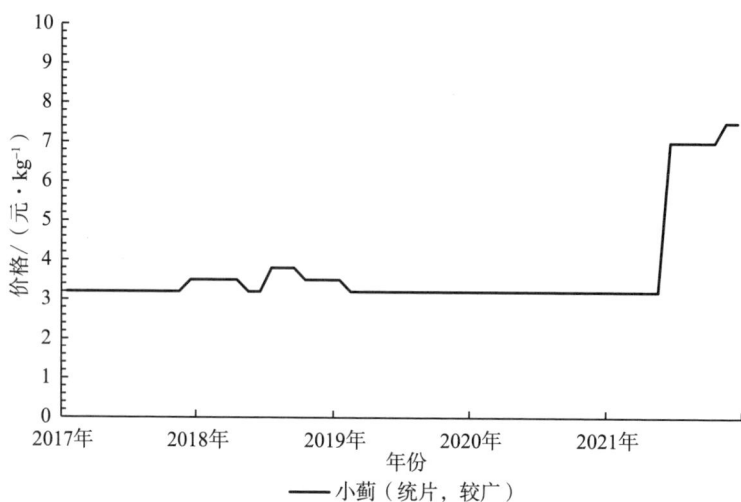

附图 1 - 5　2017—2021 年小蓟价格

山药　Shanyao　DIOSCOREAE RHIZOMA

【别名】薯蓣、土薯、淮山、大薯、薯芋、薯药、延章、延草、玉延、怀山药、白山药、山薯蓣。

【来源】薯蓣科植物薯蓣 *Dioscorea opposita* Thunb. 的干燥根茎。

【主产地】主产于河南、河北、广西、山东、湖北、江西等，道地产区为河南焦作。

【地理标志产品】利川山药、蕲山药、武穴佛手山药、瑞昌山药、安顺山药、祁山药、怀山药、惠楼山药、温县铁棍山药、启东沙地山药、嘉祥细长毛山药、鸡黍红花斑山药、苏岭山药、米易山药、皮山山药、南郑红庙山药、平遥长山药、冀村长山药、梧桐山药。

【主产地种植面积】山药在我国有广泛种植，分布于全国 11 个省区，种植总面积约 72.88 万亩。其中，种植面积较大的为河南、河北和广西。河南山药主要分布在温县、武陟、孟州、沁阳、博爱、修武等，这些地区山药种植规模均达万亩以上。河南山药种植总面积达 26.85 万亩，占全国种植总面积的 36.84%。河北山药主要集中在保定蠡县、容城、安国及衡水安平等，种植面积达 18.04 万亩，占全国种植总面积的 24.75%。广西山药种植面积较大、产业基础较好的地区是南宁、桂林、玉林及桂平，种植总面积达 5.85 万亩，占全国种植总面积的 8.02%。此外，福建、湖北、山东、新疆、山西等也有种植。

【价格趋势分析】2017—2021 年，山药价格平稳，基本维持在 10.5 元/kg 左右，2021 年逐渐上升，达 16 元/kg 价格高位。我国山药产地分布广，种植规模大，货源供应相对充足，价格大幅波动可能性较小。

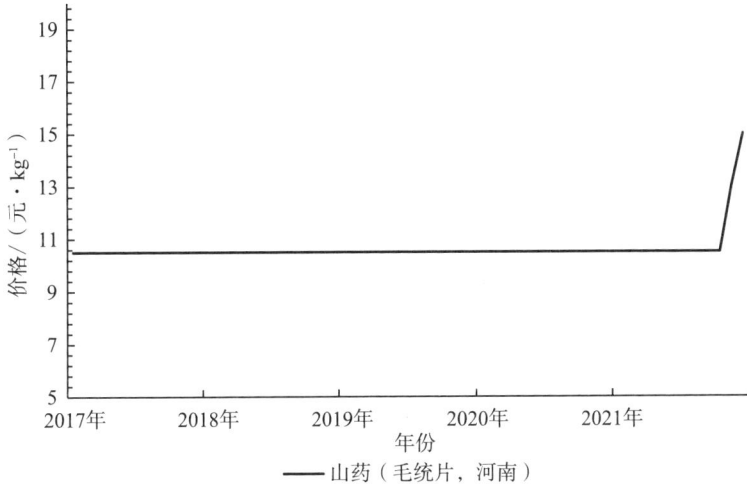

附图 1 - 6 2017—2021 年山药价格

山楂 Shanzha CRATAEGI FRUCTUS

【别名】山里红、胭脂果、红果、赤爪子。

【来源】蔷薇科植物山里红 *Crataegus pinnatifida* Bge. var. *major* N. E. Br. 或山楂 *Crataegus pinnatifida* Bge. 的干燥成熟果实。

【主产地】主产于山东、河南、江苏、浙江、安徽、湖北、贵州、广东、广西、辽宁等。

【地理标志产品】靖西大果山楂、天峨大果山楂、清河山楂、辉县山楂、绛县山楂、七里坡山楂、泽州红山楂、临朐三山峪大山楂、天宝山山楂。

【主产地种植面积】全国山楂种植总面积约 86.68 万亩，面积达万亩以上的有山东、山西、河南、河北、辽宁 5 个省份。山东山楂种植面积达 31 万亩，占全国山楂种植总面积的 35.76%。山东山楂种植面积较大的地区有泰安、临沂、菏泽、青州、莱芜，其中临沂、泰安的山楂种植面积均超过 1 万亩。山西山楂主要分布在运城、晋城、临汾，种植面积达 17.8 万亩，占全国山楂种植总面积的 20.54%。河南山楂集中分布于林州、辉县，种植面积达 16 万亩，占全国山楂种植总面积的 18.46%。河北山楂分布于承德与辽宁交界一带等，种植面积达 10.8 万亩，占全国山楂种植总面积的 12.46%。辽宁山楂种植面积达 10.57 万亩，占全国山楂种植总面积的 12.19%。此外，黑龙江、吉林、江苏、江西、湖北、湖南、云南、甘肃也有种植。

【价格趋势分析】2017—2021 年，山楂价格稳步上升，2020 年达10 元/kg 高位，与 2017 年 5.5 元/kg 相差近 1 倍，2021 年稍有回落后又呈上升趋势。山楂在我国多地均有种植，产量和销量均较为稳定，价格出现大幅波动的可能性较小。

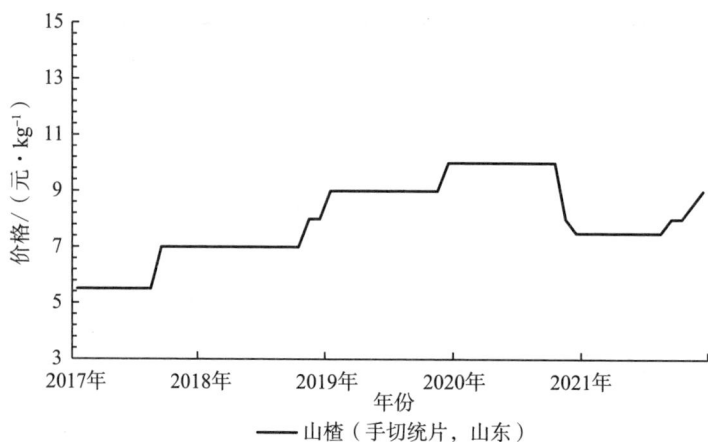

附图 1 - 7　2017—2021 年山楂价格

马齿苋　Machixian　PORTULACAE HERBA

【别名】马苋菜、石竹目、长命菜。

【来源】马齿苋科植物马齿苋 *Portulaca oleracea* L. 的干燥地上部分。

【主产地】我国各地均有生产。

【价格趋势分析】2017—2021 年，马齿苋价格处于稳定状态，基本维持在 6 元/kg 左右，2021 年小幅上涨，达 10 元/kg 高位。马齿苋产地分布广泛，产量和销量均较稳定，价格出现大幅波动的可能性不大。

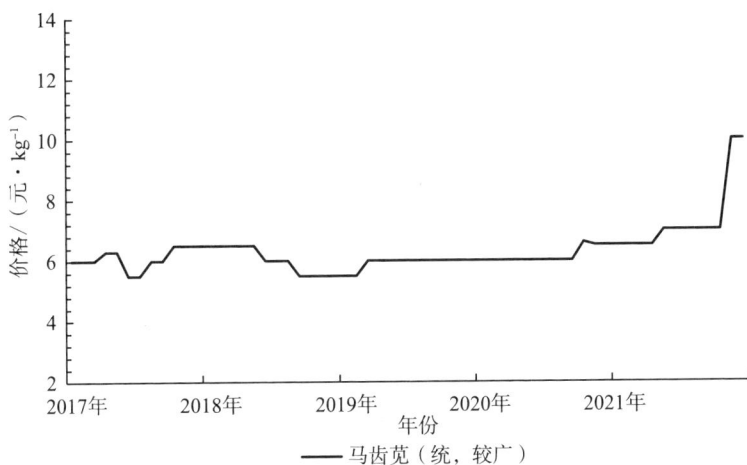

附图 1-8　2017—2021 年马齿苋价格

乌梢蛇　Wushaoshe　ZAOCYS

【别名】乌蛇、青蛇、乌梢鞭。

【来源】游蛇科动物乌梢蛇 *Zaocys dhumnades*（Cantor）的干燥体。

【主产地】产于浙江、江苏、安徽、福建、台湾、河南、湖南、湖北、广东、广西、四川、贵州、云南、陕西、甘肃等。

【价格趋势分析】2017—2021 年，乌梢蛇价格平稳，基本稳定在 520 元/kg 左右，2020 年开始上涨，到 2021 年基本维持在 950 元/kg 左右。乌梢蛇虽然在我国分布较广，但近些年货源供给减少，价格可能会出现持续波动。

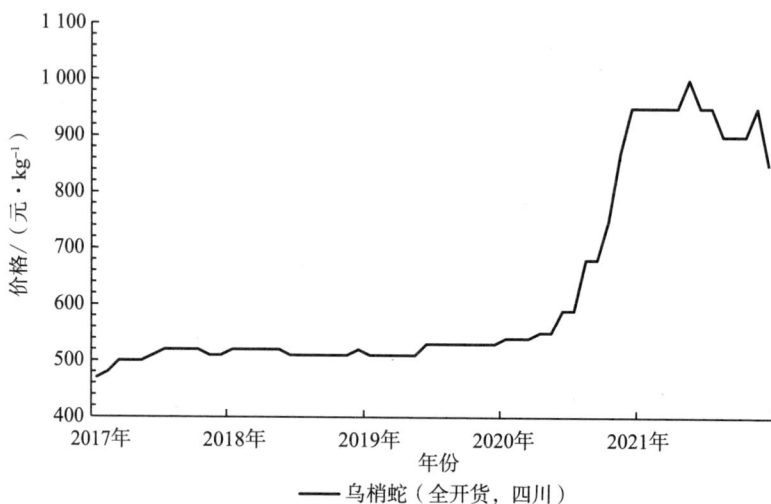

附图 1 - 9　2017—2021 年乌梢蛇价格

乌梅　Wumei　MUME FRUCTUS

【别名】酸梅、黄仔、合汉梅、干枝梅。

【来源】蔷薇科植物梅 *Prunus mume*（Sieb.）Sieb. et Zucc. 的干燥近成熟果实。

【主产地】主产于四川、浙江、福建、湖南、贵州等。

【地理标志产品】长兴乌梅、达县乌梅。

【主产地种植面积】我国乌梅种植总面积达 12. 84 万亩，面积达万亩的有四川、福建、云南 3 个省份。四川乌梅种植面积达 5 万亩，占全国乌梅种植总面积的38. 94% 。四川达川乌梅的原生资源地和主产区分布于达川百节、景市、平滩、渡市等乡镇，达川乌梅种植面积近 2 万亩；此外，雅安石棉和攀枝花等也有大规模种植。福建乌梅主产于龙岩上杭，种植面积达 5 万亩，占全国乌梅种植总面积的38. 94% 。云南乌梅种植面积达 2 万亩，占全国乌梅种植总面积的15. 58% 。云南乌梅多来自大理巍山、云龙、永平、鹤庆、南涧，普洱景东、镇沅，保山腾冲、施甸、昌宁，德宏梁河，丽江宁蒗、玉龙及迪庆德钦等，临沧、楚雄、玉溪、昆明等产量较小。此外，广东、安徽、浙江等也有种植。

【价格趋势分析】2017—2021 年，乌梅价格稳中有降，2018 年达 32 元/kg

高位，较 2019 年 25 元/kg 相差不大，2020 年开始下跌并逐渐趋于稳定，到 2021 年基本维持在 16 元/kg 左右。乌梅种植面积和产量不断增加，价格出现大幅波动的可能性不大。

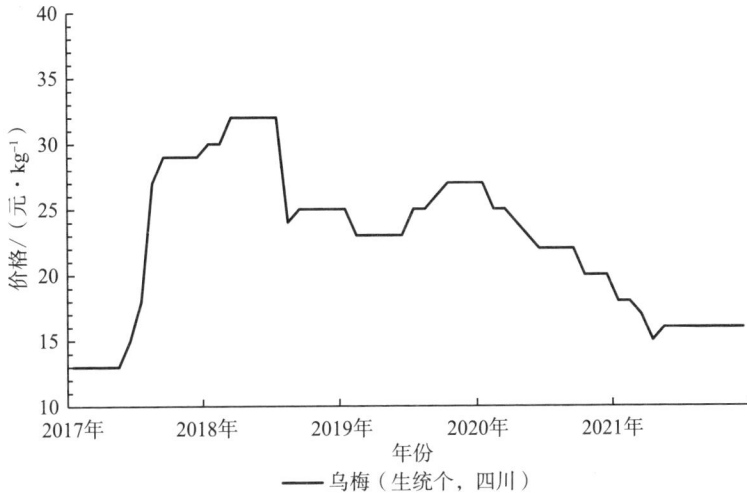

附图 1－10　2017—2021 年乌梅价格

木瓜　Mugua　CHAENOMELIS FRUCTUS

【别名】贴梗海棠、铁脚梨、皱皮木瓜、宣木瓜。

【来源】蔷薇科植物贴梗海棠 *Chaenomeles speciosa*（Sweet）Nakai 的干燥近成熟果实。

【主产地】主产于湖北、安徽、湖南、浙江、四川、重庆等。道地产区为安徽宣城。

【地理标志产品】郧阳木瓜、宣木瓜、白河木瓜。

【主产地种植面积】我国木瓜种植总面积约 32.27 万亩，面积达万亩以上的有湖北、重庆、四川 3 个省市。湖北木瓜种植总面积达 20.66 万亩，约占全国木瓜种植总面积的 64.02%。湖北木瓜主要分布在十堰郧阳，恩施鹤峰、宣恩、建始及宜昌长阳、五峰，其中，郧阳、鹤峰、长阳为木瓜种植大区，种植面积均在 2 万亩以上。重庆木瓜主产于綦江，种植面积达 7.51 万亩，约占全国木瓜种植总面积的 23.27%。四川木瓜集中分布在南充仪陇、南部及广元苍溪、旺苍，种植面积达 3.9 万亩，占全国木瓜种植总面积的 12.09%。此外，安徽、山西、江苏、福建、山东、河南、湖南、贵州、云南也有种植。

【价格趋势分析】2017—2021 年，木瓜价格走势平稳，基本稳定在20 元/kg 左右，2020 年小幅下降，2021 年迅速回升，达 28 元/kg 高位。木瓜在湖北种植面积大，产量与销量均较为稳定，价格出现大幅波动的可能性较小。

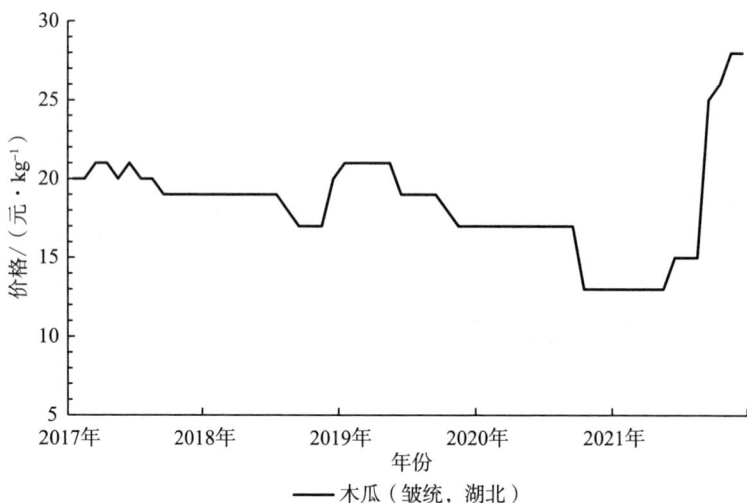

附图 1－11　2017—2021 年木瓜价格

火麻仁　Huomaren　CANNABIS FRUCTUS

【别名】大麻仁、火麻、线麻子。

【来源】桑科植物大麻 *Cannabis sativa* L. 的干燥成熟果实。

【主产地】主产于广西、云南、黑龙江。

【价格趋势分析】2017—2021 年，火麻仁价格 2017 年平稳，2018 年稍有下落后又回归稳定，带壳火麻仁价格基本稳定在 8.5 元/kg 左右，去皮火麻仁价格稳定在 18 元/kg，2021 年火麻仁价格上涨后呈现稳定趋势，带壳火麻仁价格稳定在 12 元/kg 左右，去皮火麻仁价格维持在 25 元/kg 左右。火麻仁在我国多地广泛分布，产量稳定，价格不太可能出现大幅波动。

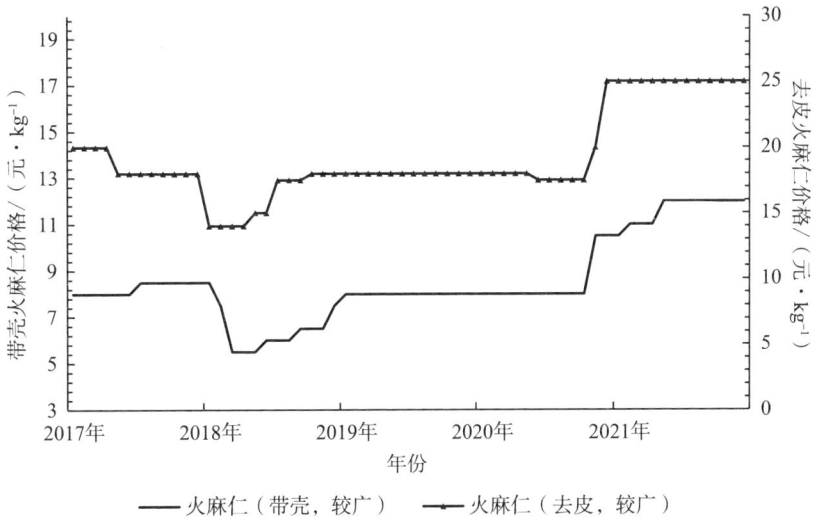

附图 1 – 12　2017—2021 年火麻仁价格

代代花　Daidaihua　CITRUS AURANTIUML VAR AMARAENGL

【别名】玳玳花、酸橙花、回青橙花。

【来源】芸香科柑橘属植物酸橙的变种代代 *Citrus aurantium* L. var. *amara* Engl. 的干燥花蕾。

【主产地】主要分布于秦岭以南，主产于江苏、浙江、福建、湖南。

【价格趋势分析】2017—2021 年，代代花价格在 2017 年达 260 元/kg 高位，后持续下跌，与 2020 年 75 元/kg 相比，下跌近 2.5 倍，2021 年小幅上涨并逐渐稳定在 130 元/kg 左右。近些年代代花产量有所增加，市场需求稳定，价格可能会持续小幅波动。

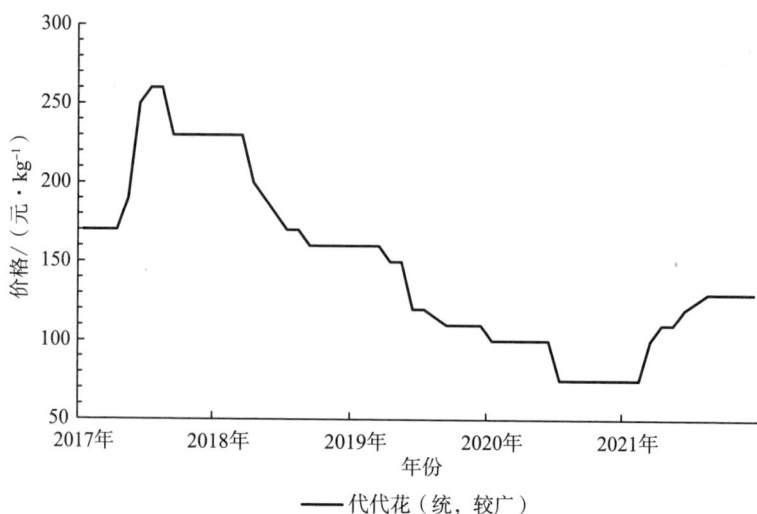

附图 1 - 13　2017—2021 年代代花价格

玉竹　Yuzhu　POLYGONATI ODORATI RHIZOMA

【别名】尾参、葳蕤、女萎、玉参、靠山竹、玉术、笔管子、山姜、铃铛菜、甜草根。

【来源】百合科植物玉竹 *Polygonatum odoratum*（Mill.）Druce 的干燥根茎。

【主产地】主产于河南、江苏、辽宁、湖南、浙江。

【地理标志产品】邵东玉竹、兰州百合、隆回龙牙百合、龙山百合、宜昌百合、杜马百合。

【主产地种植面积】我国玉竹资源主要分布在湖南，辽宁、广东、湖北次之，全国玉竹种植总面积达 26.31 万亩。湖南玉竹种植面积达 18 万亩，占全国玉竹种植总面积的 68.42%。湖南玉竹主要分布在邵阳、娄底、郴州、衡阳及慈利、安化等地区，其中，郴州及慈利、安化、邵东种植面积均在 1 万亩以上，邵东被称为我国"玉竹之乡"。辽宁玉竹种植面积达 3 万亩，占全国玉竹种植总面积的 11.40%，抚顺清原是东北玉竹主要产区，鞍山海城也有种植。广东玉竹主产于清远连州，种植面积达 2.7 万亩，占全国玉竹种植总面积的 10.26%。湖北玉竹主要集中于宜昌夷陵、襄阳樊城，种植面积达 1 万亩，占全国玉竹种植总面积的 3.80%。此外，广西、浙江、山西、吉林、黑龙江、江西、四川、贵州、云南、陕西也有种植。

【价格趋势分析】2017—2021 年，玉竹价格平稳，玉竹统条价格基本维持在 24 元/kg 左右，玉竹统片价格维持在 32 元/kg 左右，2021 年玉竹价格持续上涨，玉竹统条价格达 38 元/kg 高位，玉竹统片价格达 40 元/kg 高位。玉竹在湖南种植面积大，市场供给需求稳定，价格出现大幅波动的可能性较小。

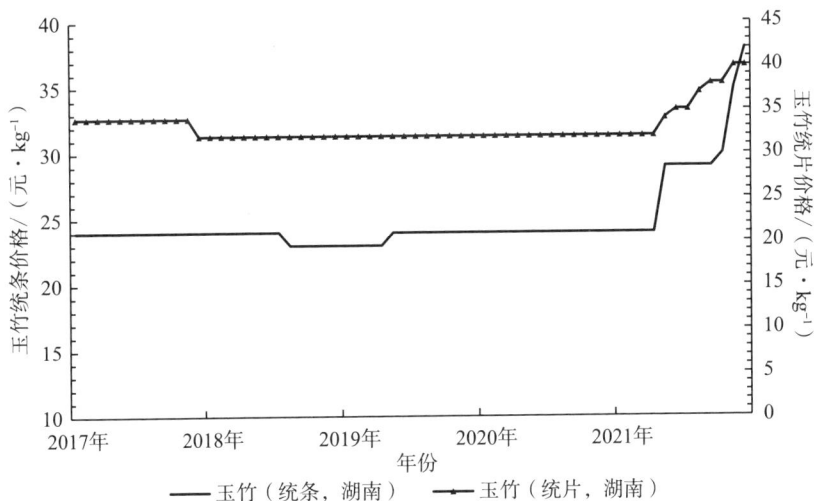

附图 1-14　2017—2021 年玉竹价格

甘草　Gancao　GLYCYRRHIZAE RADIX ET RHIZOMA

【别名】国老、甜草、粉草、美草、蜜草、棒草、蜜甘、灵通、甜根子。

【来源】豆科植物甘草 *Glycyrrhiza uralensis* Fisch.、胀果甘草 *Glycyrrhiza inflata* Bat. 或光果甘草 *Glycyrrhiza glabra* L. 的干燥根及根茎。

【主产地】野生甘草主产于新疆、内蒙古、宁夏、甘肃、山西、陕西。人工种植甘草主产于新疆、内蒙古、宁夏、甘肃。道地产区为新疆、宁夏、内蒙古。

【地理标志产品】民勤甘草、盐池甘草。

【主产地种植面积】我国甘草种植总面积达 40.32 万亩，全国甘草种植面积超万亩的有甘肃、新疆、宁夏 3 个省区。甘肃甘草种植面积 20.89 万亩，占全国甘草种植总面积的 51.81%。其中甘肃种植面积较大的县（市）为庆阳、张掖及民勤、玉门，种植面积均超 1 万亩。新疆甘草种植面积 10 万亩，占全国甘草种植总面积的 24.80% ，喀什、阿克苏、巴音郭楞等为集中产地，种植面积均在 1 万亩以上。宁夏甘草主要产于盐池，种植面积为 7 万亩，占全国甘草种植总面积的 17.36% 。此外，陕西、内蒙古、河北、辽宁、黑龙江、西藏、青海也有种植。

【价格趋势分析】2017—2021 年，甘草价格有轻微浮动，整体基本维持在 15 元/kg 左右。甘草在甘肃种植面积大，市场需求稳定，甘草价格出现大幅波动的可能性不大。

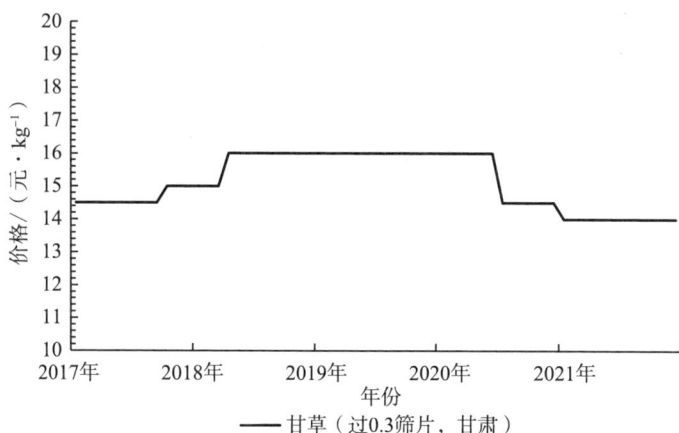

附图 1 - 15　2017—2021 年甘草价格

白芷　Baizhi　ANGELICAE DAHURICAE RADIX

【别名】白臣、芳香、泽芳、苻蓠、白蓝、香白芷。

【来源】伞形科植物白芷 *Angelica dahurica*（Fisch. ex Hoffm.）Benth. et Hook. f. 或杭白芷 *Angelica dahurica*（Fisch. ex Hoffm.）Benth. et Hook. f. var. *formosana*（Boiss.）Shan et Yuan 的干燥根。

【主产地】主产于浙江、河北、河南、安徽、四川。道地产区为浙江余杭、永康（杭白芷），河北安国（祁白芷），河南禹州（禹白芷），四川遂宁（川白芷）。

【地理标志产品】禹白芷。

【主产地种植面积】我国白芷种植总面积达 13.98 万亩，种植面积达万亩的有安徽、四川、河北 3 个省份。安徽白芷种植面积达 8 万亩，占全国白芷种植总面积的 57.22% ，亳州为主产区。四川白芷主要分布在遂宁及安岳、南川、达川等，种植面积达 3.8 万亩，占全国白芷种植总面积的 27.18%。河北白芷集中于安国、定县等，种植面积达 1.25 万亩，占全国白芷种植总面积的 8.94%。此外，重庆、江苏、山西、湖北、山东、河南、湖南、贵州、云南、甘肃、宁夏、新疆也有种植。

【价格趋势分析】2017—2021 年，白芷价格在 2017 年小幅下跌后逐渐平稳，到 2019 年，基本维持在 9 元/kg 左右，2021 年上涨达 19 元/kg 高位。白芷在安徽亳州种植规模大，种植面积不断增加，产量和销量均较稳定，价格出现大幅波动的可能性较小。

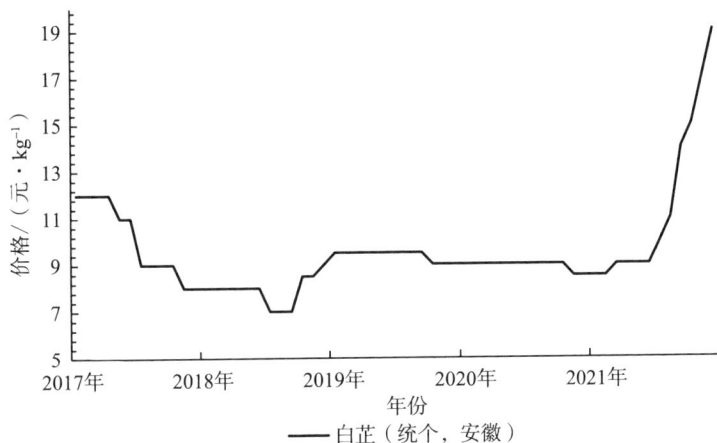

附图 1-16　2017—2021 年白芷价格

白果　Baiguo　GINKGO SEMEN

【别名】银杏果。

【来源】银杏科植物银杏 *Ginkgo biloba* L. 的干燥成熟种子。

【主产地】原产于我国，后传至欧洲、美洲及日本等地区。在我国主产于山东、江苏、浙江、四川、广西、河南、安徽、湖北。

【地理标志产品】泰兴白果。

【主产地种植面积】我国白果种植总面积约 77.6 万亩，面积达万亩以上的有河南、江苏、云南、湖北、重庆 5 个省市。河南白果种植面积达 30 万亩，约占全国种植面积的 38.66%，种植面积较大的区域有洛阳、商丘、周口及济源等。江苏白果种植面积为 18.56 万亩，主要分布于泰兴、邳州、如皋，

183

其中泰兴白果"大佛指"质量最佳。云南白果种植面积为 13.89 万亩，种植主要集中于昆明及腾冲等。湖北白果主产于随州，种植面积为 11.9 万亩。重庆白果种植面积为 2.3 万亩。此外，北京、河北、山西、福建、江西、山东、浙江、广东、江西、湖南、四川、贵州、甘肃、宁夏、新疆也有种植。

【价格趋势分析】2017—2021 年，带壳白果价格稳定，基本维持在 5.5 元/kg，白果仁价格基本维持在 8 元/kg。白果在全国多地均有种植，在河南的种植面积大，产量稳定，白果价格较大可能保持平稳态势。

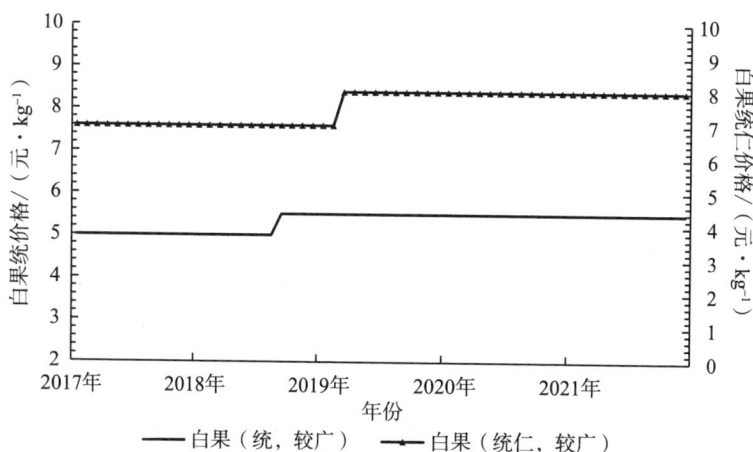

附图 1 - 17　2017—2021 年白果价格

白扁豆　Baibiandou　LABLAB SEMEN ALBUM

【别名】南扁豆、火镰扁豆、峨眉豆、扁豆子、茶豆。

【来源】豆科植物扁豆 *Dolichos lablab* L. 的干燥成熟种子。

【主产地】原产于印度、印度尼西亚。在我国主产于辽宁、江苏、安徽、福建、台湾、云南等。

【价格趋势分析】2017—2021 年，国产白扁豆价格 2017 年开始上涨，至 2019 年达 19 元/kg 的高位，此后开始下跌，至 2020 年维持在 15 元/kg 左右，进口白扁豆价格基本维持在 8 元/kg 左右。白扁豆在我国多地均有栽培，且我国对白扁豆的进口量逐年增加，白扁豆价格出现大幅波动的可能性不大。

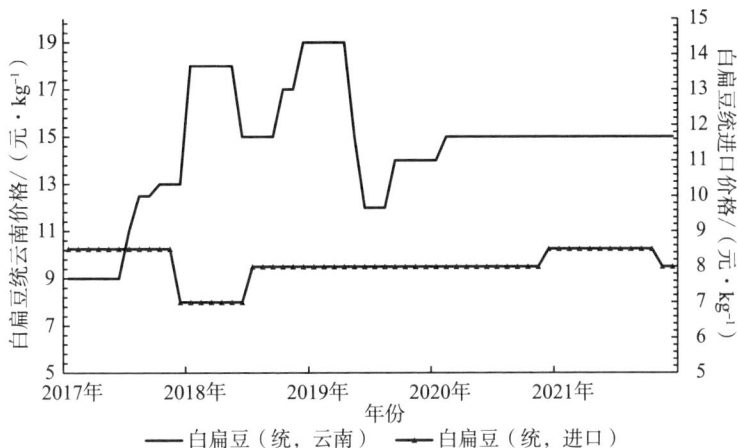

附图 1 - 18　2017—2021 年白扁豆价格

白扁豆花　Baibiandouhua　LABLAB SEMEN ALBUM FLOS

【别名】南豆花、火镰扁豆花、峨眉豆花、扁豆子花、茶豆花。

【来源】豆科植物扁豆 *Dolichos lablab* L. 的干燥花。

【主产地】原产于印度、印度尼西亚。在我国主产于辽宁、江苏、安徽、福建、台湾、云南等。

【价格趋势分析】2017—2019 年，白扁豆花价格平稳，稳定在 126 元/kg 左右，2020 年开始上涨并逐渐平稳，至 2021 年基本维持在 180 元/kg 左右。白扁豆在我国各地均有种植，白扁豆花产量充足，价格出现大幅波动的可能性较小。

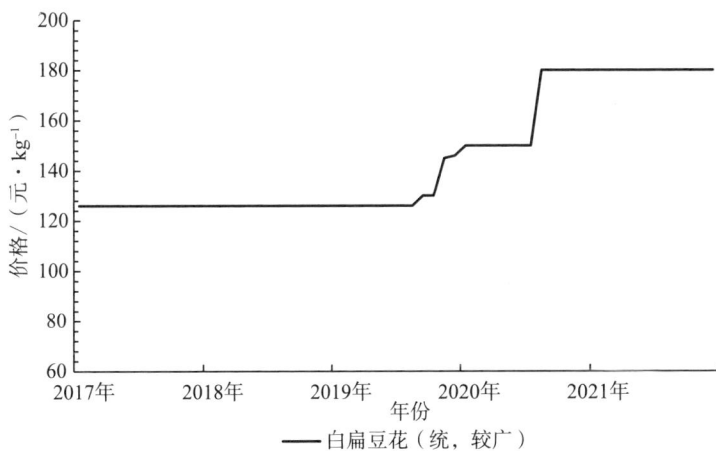

附图 1 - 19　2017—2021 年白扁豆花价格

龙眼肉 Longyanrou　LONGAN ARILLUS

【别名】龙眼、龙眼干、桂圆、圆眼。

【来源】无患子科植物龙眼 *Dimocarpus longan* Lour. 的假种皮。

【主产地】在我国主产于广东、广西、福建和台湾。泰国、越南、马来西亚、印度尼西亚等国家也有生产。

【地理标志产品】泸州桂圆、赤水龙眼、大新龙眼、平南石硖龙眼、泉州龙眼、东壁龙眼、青山龙眼。

【主产地种植面积】我国龙眼种植总面积约 7.06 万亩，面积达万亩以上的有福建、广东 2 个省份。福建龙眼种植面积达 5.8 万亩，占全国种植总面积的 80% 以上，其中种植面积较大的为莆田、泉州。广东龙眼主要分布在茂名、广州、阳江、惠州，种植面积为 1.26 万亩。此外，龙眼在广西、四川、海南也有少量种植。

【价格趋势分析】2017—2021 年，龙眼肉价格较为平稳，基本维持在 65 元/kg 左右。龙眼种植面积大，市场供给需求稳定，龙眼肉价格出现大幅波动的可能性较小。

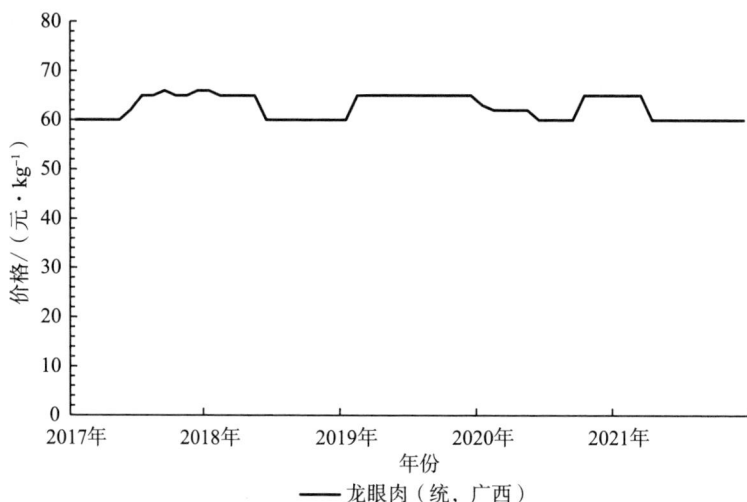

附图 1 – 20　2017—2021 年龙眼肉价格

决明子 Juemingzi　CASSIAE SEMEN

【别名】草决明、羊明、马蹄决明、马蹄子。

【来源】豆科植物钝叶决明 *Cassia obtusifolia* L. 或决明（小决明）*Cassia tora* L. 的干燥成熟种子。

【主产地】主产于四川、安徽、广西、江苏、河南、浙江等。

【价格趋势分析】2017—2019 年，决明子价格平稳，国产决明子价格维持在 5 元/kg 左右，进口决明子价格维持在 3.5 元/kg 左右，2020 年决明子价格小幅上涨并逐渐平稳，到 2021 年，国产决明子和进口决明子价格均维持在 6.5 元/kg 左右。决明在我国多地均有种植，我国决明子的进口量也呈上升态势，决明子价格出现大幅波动的可能性较小。

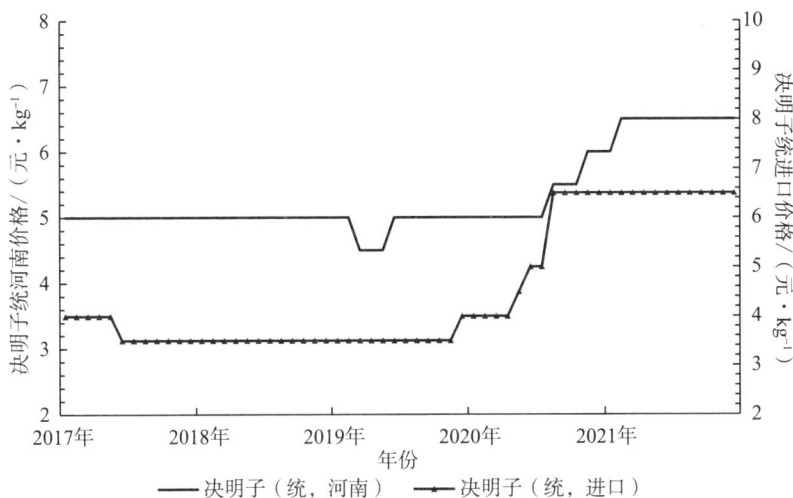

附图 1 - 21　2017—2021 年决明子价格

百合 Baihe　LILII BULBUS

【别名】野百合、喇叭筒、山百合、药百合、家百合、重迈、中庭、重箱、摩罗、强瞿、百合蒜、蒜脑薯。

【来源】百合科植物卷丹 *Lilium lancifolium* Thunb.、百合 *Lilium brownii* F. E. Brown var. *viridulum* Baker 或细叶百合 *Lilium pumilum* DC. 的干燥肉质

鳞叶。

【主产地】主产于湖南、湖北、江西、浙江、安徽。

【地理标志产品】漫水河百合、万载百合、隆回龙牙百合、兰州百合。

【主产地种植面积】我国百合种植总面积17.97万亩，种植面积达万亩的省份有湖南、湖北2个。湖南百合主要分布于邵阳、隆回、安化、长沙、岳阳、平江、沅阳、浏阳、龙山、汨罗等，种植面积达12.7万亩，占全国百合种植总面积的70.67%。湖北百合主产于黄冈武穴，种植总面积达4.26万亩，占全国百合种植总面积的23.71%。此外，安徽、四川、广西、吉林、河北、山西、辽宁、浙江、福建、山西、重庆、贵州、云南、陕西、甘肃、宁夏、新疆也有种植。

【价格趋势分析】2017—2019年，百合价格小幅波动，基本维持在25元/kg左右，2020年百合价格开始下跌，降至15元/kg低位后逐步回升并趋于稳定，至2021年，百合价格基本稳定在24元/kg左右。百合在湖南种植规模大，且种植面积在逐年增加，产量和销量均较为稳定，价格出现大幅波动的可能性较小。

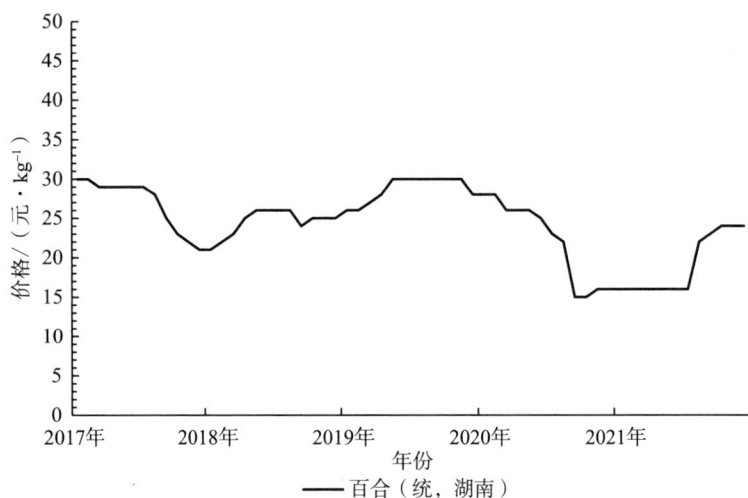

附图1-22　2017—2021年百合价格

肉豆蔻　Roudoukou　MYRISTICAE SEMEN

【别名】肉果、玉果、顶头肉、扎地。

【来源】肉豆蔻科植物肉豆蔻 *Myristica fragrans* Houtt. 的干燥种仁。

【主产地】主产于印度尼西亚、马来西亚、巴西、西印度群岛等。我国台湾、广东、云南等引入生产。

【价格趋势分析】2017—2018 年，肉豆蔻价格逐步下降，2018 年达 38 元/kg 低位，2019 年后大幅上涨达 78 元/kg 高位，后稍有回落并逐渐平稳，到 2021 年基本维持在 60 元/kg 左右。我国肉豆蔻种植面积广，且进口量大，价格不太可能出现大幅波动。

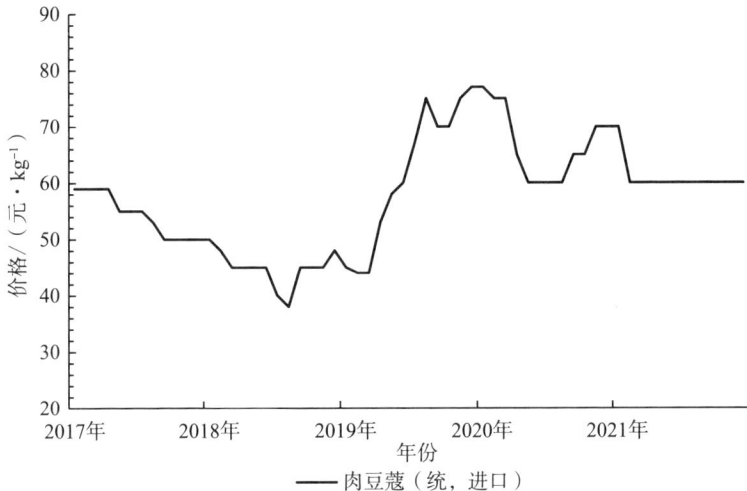

附图 1-23　2017—2021 年肉豆蔻价格

肉桂　Rougui　CINNAMOMI CORTEX

【别名】玉桂、桂枝、桂皮。

【来源】樟科植物肉桂 *Cinnamomum cassia* Presl 的干燥树皮。

【主产地】原产于我国。在我国主产于福建、广东、海南、广西、云南、贵州。越南、老挝、印度尼西亚、印度等国家也有生产。

【主产地种植面积】我国肉桂种植总面积约 348.67 万亩，面积达万亩以上的有广西、广东、云南 3 个省份。广西肉桂种植面积达 234.96 万亩，占全国种植总面积的 60% 以上，种植面积较大的有防城港，贵港平南、桂平，梧州苍梧、岑溪、藤县，玉林容县和百色那坡，博白、兴业、蒙山的种植面积也均超过 1 万亩。广东肉桂种植面积为 110.5 万亩，主要分布于肇庆、云浮和茂名。云南肉桂种植面积为 3.21 万亩，集中分布于文山及河口等。此外，福建、海南、湖南、江西、浙江等有少量种植。

【价格趋势分析】2017—2021 年，桂皮价格在 2019 年达 21 元/kg 高位，与 2018 年 11.5 元/kg 相比，相差近 1 倍，2020 年开始下跌并逐渐平稳，到 2021 年，基本维持在 16 元/kg 左右，桂枝价格基本稳定在 5 元/kg 左右。肉桂在广西种植面积大，产量和销量均较为稳定，价格出现大幅波动的可能性不大。

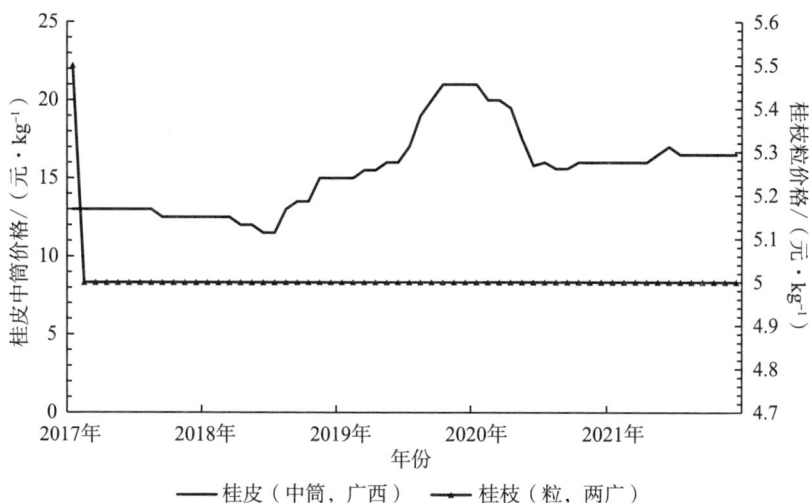

附图 1-24　2017—2021 年桂皮和桂枝价格

余甘子　Yuganzi　PHYLLANTHI FRUCTUS

【别名】余甘、庵摩勒、庵摩落迦果、土橄榄、望果、油甘子、牛甘子。

【来源】大戟科植物余甘子 *Phyllanthus emblica* L. 的干燥成熟果实。

【主产地】主产于我国云南、福建、广东、广西。印度、马来西亚也有生产。

【主产地种植面积】福建余甘子资源丰富，种植总面积达 3 万亩，种植面积较大的区域为莆田，泉州惠安、安溪、南安、晋江，漳州龙海、长泰、云霄及厦门同安等。此外，云南、江西、台湾、广东、海南、广西、四川、贵州也有种植。

【价格趋势分析】2017—2021 年，余甘子价格在 2017 年上涨，至 2018 年达 20 元/kg 高位，后小幅下降并逐渐平稳，到 2020 年基本维持在 15 元/kg 左右。余甘子在福建种植面积大，货源供应相对充足，市场需求稳定，价格出现大幅波动的可能性较小。

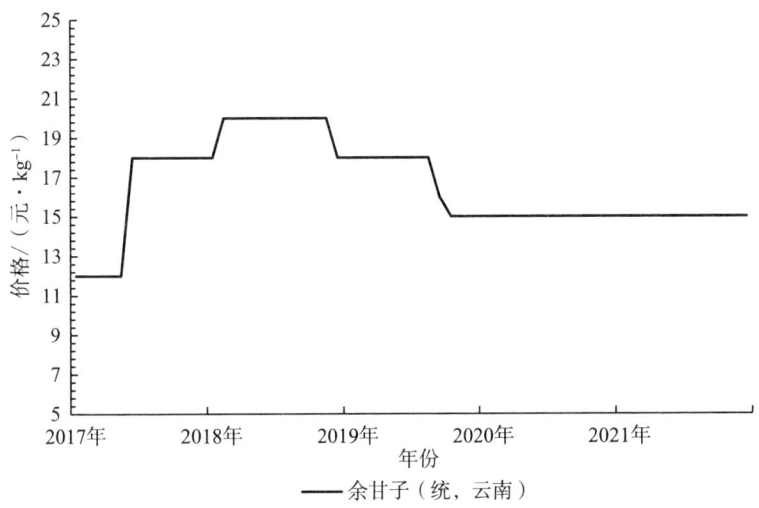

附图 1-25　2017—2021 年余甘子价格

佛手　Foshou　*CITRI SARCODACTYLIS FRUCTUS*

【别名】佛手柑、佛手香橼、九爪木、五指橘。

【来源】芸香科植物佛手 *Citrus medica* L. var. *sarcodactylis* Swingle 的干燥果实。

【主产地】主产于福建、广东、四川和浙江。

【地理标志产品】永春佛手、金华佛手。

【价格趋势分析】佛手价格 2017—2019 年平稳，基本维持在 35 元/kg 左右，2020 年小幅上涨并迅速平稳，维持在 43 元/kg 左右，2021 年大幅上涨，达 85 元/kg 高位。佛手种植规模大，市场需求有所增大，价格可能继续出现波动。

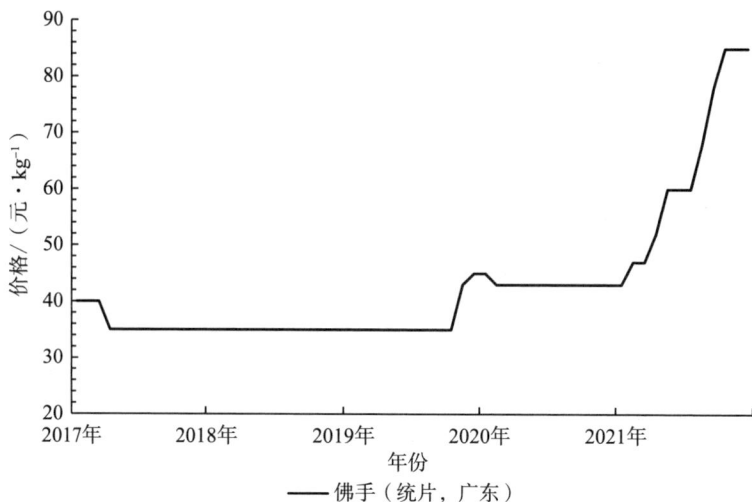

附图 1－26　2017—2021 年佛手价格

杏仁 Xingren　ARMENIACAE SEMEN AMARUM

【别名】杏核仁、杏子、木落子、杏梅仁。

【来源】蔷薇科植物山杏 *Prunus armeniaca* L. var. *ansu* Maxim. 、西伯利亚杏 *Prunus sibirica* L. 、东北杏 *Prunus mandshurica*（Maxim.）Koehne 或杏 *Prunus armeniaca* L. 的干燥成熟种子。

【主产地】世界各地广泛分布，亚洲是世界上最大的杏仁生产区。在我国主产于山东、河北、河南、山西、陕西、甘肃、新疆等。

【地理标志产品】斗山杏仁。

【主产地种植面积】我国杏仁种植总面积达 50 万亩，种植面积最大的省份为宁夏。宁夏杏仁主要分布在固原隆德、彭阳及吴忠同心，种植面积达 35 万亩，占全国杏仁种植总面积的 70%。甘肃杏仁种植面积达 10 万亩，主要集中于张掖民乐、陇南文县、庆阳环县及定西岷县和陇西。此外，辽宁、山东、贵州、河北、山西、新疆也有种植。

【价格趋势分析】杏仁价格在 2017—2018 年较为平稳，基本维持在 16 元/kg 左右，2018 年开始逐渐上涨，至 2019 年达 35 元/kg 高位，与 2017 年 16 元/kg 相比，相差 1 倍，后小幅下跌并逐渐平稳，2020 年基本维持在 30 元/kg 左右。杏仁在宁夏种植面积大，货源充足，市场需求稳定，价格不太可能出现大幅波动。

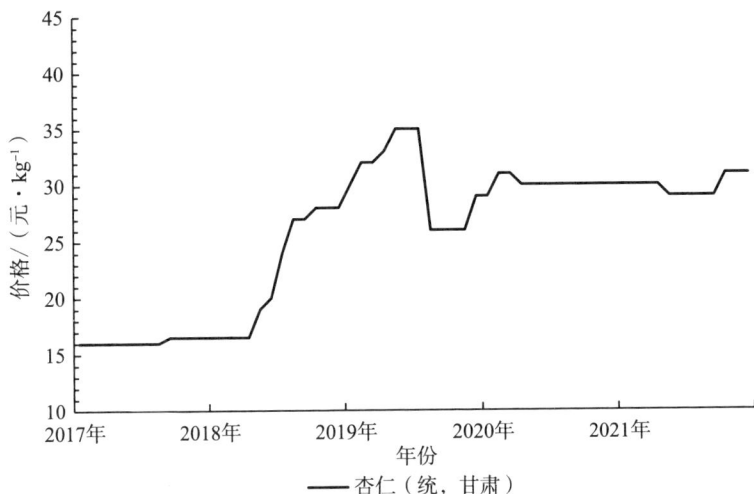

附图 1 - 27 2017—2021 年杏仁价格

沙棘 Shaji HIPPOPHAE FRUCTUS

【别名】醋柳、酸刺、酸棘、沙枣、黑刺、酸柳果、酸刺柳、达日布。

【来源】胡颓子科植物沙棘 *Hippophae rhamnoides* L. 的干燥成熟果实。

【主产地】主产于新疆、内蒙古、山西、黑龙江、甘肃。

【地理标志产品】孙吴大果沙棘、穆棱沙棘、新疆兵团一七〇团沙棘。

【主产地种植面积】我国沙棘种植总面积达 30.7 万亩，面积达万亩以上的有新疆、河北 2 个省区。新疆沙棘种植面积达 28.3 万亩，占全国沙棘种植总面积的 92.18%，种植面积较大地区为阿勒泰富蕴、青河，种植面积均超过 1 万亩。河北沙棘主要分布在围场、沽源、丰宁等，种植面积达 2 万亩，占全国沙棘种植总面积的 6.51%。内蒙古沙棘种植面积达 1 500 亩，主要分布在哲里木、赤峰、乌兰察布、鄂尔多斯、锡林郭勒、呼和浩特等。此外，西藏、山西、辽宁、吉林、黑龙江和四川也有种植。

【价格趋势分析】沙棘价格在 2017—2018 年逐渐上涨，2018 年达 32 元/kg 的高位，2019 年开始下跌并逐渐平稳，2020 年基本稳定在 20 元/kg 左右，2021 年小幅上涨后保持平稳，稳定在 25 元/kg 左右。沙棘在新疆种植面积大，产量和销量稳定，价格出现大幅波动的可能性不大。

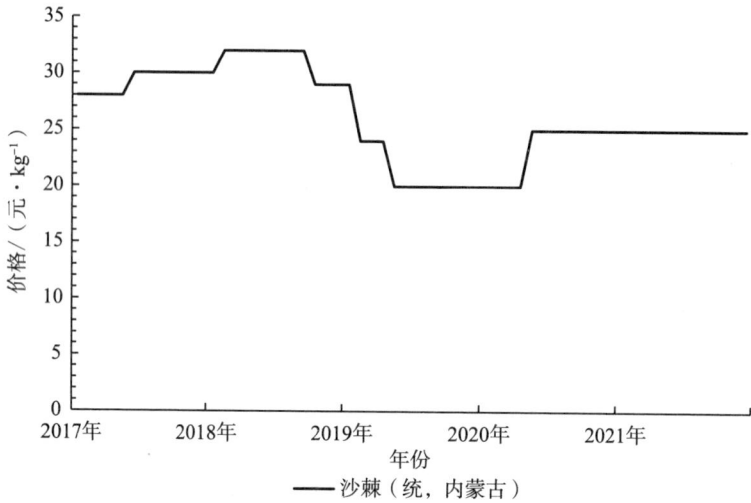

附图 1-28　2017—2021 年沙棘价格

牡蛎　Muli　OSTREAE CONCHA

【别名】蚝壳、蛎房、左壳、左牡蛎、左顾牡蛎、海蛎子壳、海蛎子皮。

【来源】牡蛎科动物长牡蛎 *Ostrea gigas* Thunberg、大连湾牡蛎 *Ostrea talienwhanensis* Crosse 或近江牡蛎 *Ostrea rivularis* Gould 的贝壳。

【主产地】主产于江苏、浙江、广东、福建、河北、山东、辽宁等沿海一带。

【地理标志产品】乳山牡蛎、庄河牡蛎。

【主产地养殖面积】我国牡蛎养殖总面积达 214.52 万亩，养殖面积达万亩以上的有 7 个省份。福建牡蛎主要分布在福州、厦门、莆田、泉州、漳州等，养殖面积为 55.07 万亩，占全国牡蛎养殖总面积的 25.67%。山东牡蛎主要分布在青岛、威海、烟台等地，养殖面积为 52.69 万亩，占全国牡蛎养殖总面积的 24.56%。广东牡蛎主要分布在珠海、深圳、茂名、惠州、潮州、汕头等地，养殖面积为 41.04 万亩。辽宁牡蛎主要分布在大连、锦州、营口等地，养殖面积为 33.57 万亩。广西牡蛎主要分布在钦州、防城港、北海等地，养殖面积为 21.67 万亩。此外，江苏、海南、浙江、河北等沿海城市也有养殖。

【价格趋势分析】牡蛎价格在 2017—2018 年逐渐上涨，2018 年达

2.5 元/kg高位，后小幅下跌恢复平稳，维持在 2 元/kg 左右。牡蛎盛产于沿海一带，产量与销量均较为稳定，价格出现大幅波动的可能性不大。

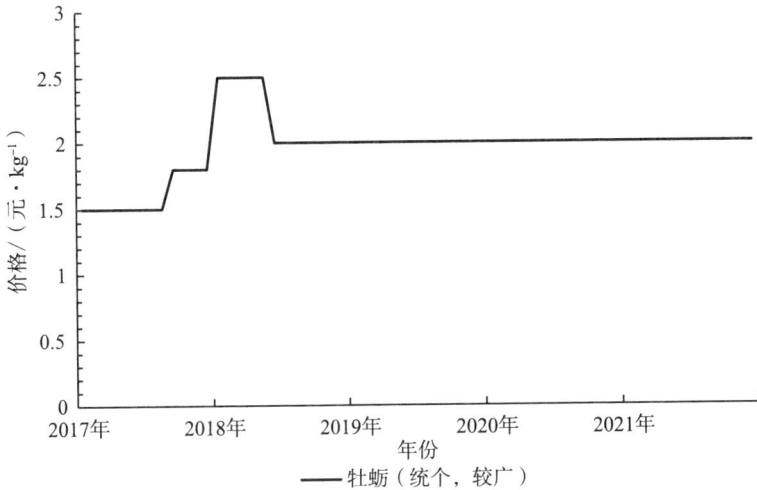

附图 1 – 29　2017—2021 年牡蛎价格

芡实　Qianshi　EURYALES SEMEN

【别名】毯、鸡头实、鸡头、鸡头米、鸡头果、鸡头苞、鸡痈、鸡嘴莲、雁头、雁啄实、鸿头、乌头、水鸡头、水流黄、肇实、刺莲藕、刺莲蓬、刺莲莲实、刀芡实、黄实、苏黄、芡实米、卵菱、劳子、剪芡实。

【来源】睡莲科植物芡实 *Euryale ferox* Salisb. 的干燥成熟种仁。

【主产地】北芡实在我国主产于山东、江苏北部、安徽北部。南芡实在我国主产于湖南、江西、江苏南部、安徽南部。东南亚地区及俄罗斯、日本、印度、朝鲜、韩国也有生产。

【地理标志产品】龙岗芡实、余干芡实。

【主产地种植面积】我国芡实种植总面积达 23.87 万亩，种植面积达万亩以上的有江苏、江西、广东 3 个省份。江苏芡实主要集中于洪泽湖、太湖、宝应湖一带，以及淮安金湖、洪泽，苏州吴中、相城、姑苏，扬州宝应，种植面积为 11.5 万亩，占全国芡实种植总面积的 48.18%。江西芡实种植面积为 10.95 万亩，占全国芡实种植总面积的 45.87%。江西芡实主产于上饶余干，余干为"中国芡实之乡"，全县芡实种植面积稳定在 10 万亩左右。广东芡实主要分布于肇庆及潮安，种植面积为 1.4 万亩，占全国芡实种植总面积的 5.87%。此外，安徽六安霍邱、滁州天长的芡实种植面积超百亩。黑龙江、湖北也有种植。

【价格趋势分析】芡实两瓣价格在 2017 年保持平稳，维持在 58 元/kg 左右，2018 年开始下跌并逐渐平稳，至 2020 年，基本维持在 26 元/kg 左右；2017—2018 年，芡实碎米价格基本平稳，维持在 20 元/kg 左右，2019 年下跌到 8 元/kg 低位，2020 年开始上涨并逐渐稳定，至 2021 年基本平稳在 16 元/kg 左右。芡实在江苏和江西种植面积大，市场供给需求稳定，价格不太可能出现大幅波动。

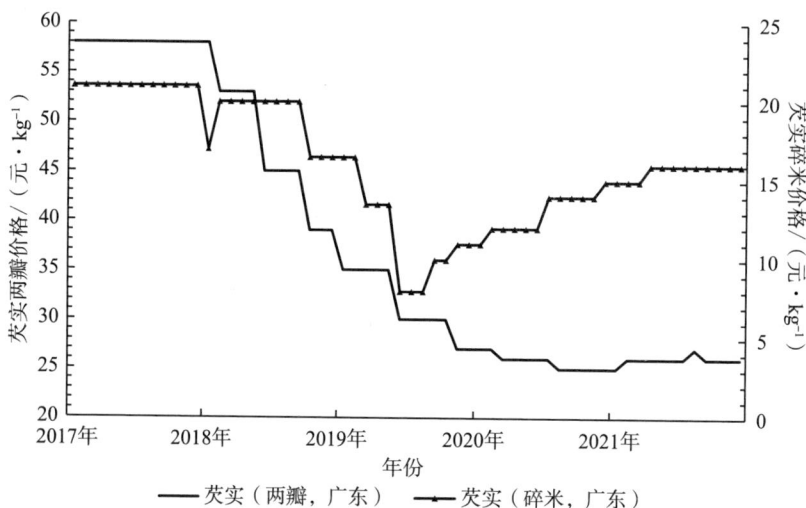

附图 1-30 2017—2021 年芡实价格

花椒 Huajiao ZANTHOXYLI PERICARPIUM

【别名】香椒、大花椒、青椒、青花椒、山椒、蜀椒、川椒、红椒、红花椒、椒目、秦椒、陆拔、点椒、巴椒、蓓蒌。

【来源】芸香科植物青花椒 *Zanthoxylum schinifolium* Sieb. et Zucc. 或花椒 *Zanthoxylum bungeanum* Maxim. 的干燥成熟果皮。

【主产地】原产于我国。在我国主产于陕西、山西、四川、重庆、辽宁、甘肃、河南、河北。非洲和美洲地区也有生产。

【地理标志产品】江津花椒、夏县花椒、平顺花椒、芮城花椒、峪里花椒、耀州花椒、清水花椒、麦积花椒、武都花椒、溪洛渡花椒、板贵花椒、临朐花椒、山亭花椒、文祖花椒、渑池花椒、都里大红袍花椒。

【主产地种植面积】我国花椒种植总面积为 1 198.3 万亩，面积超万亩以上的有甘肃、四川、陕西、重庆、贵州、云南 6 个省市。甘肃花椒主产于陇南，天水秦安，种植面积达 449.96 万亩，占全国种植总面积的 37.5% 以上。四川花椒种植面积仅次于甘肃，达 439.02 万亩，占全国种植总面积的 36.6%以上，其中种植面积较大的为雅安汉源及凉山西昌、冕宁、金阳、盐源。陕西花椒种植面积为 150.03 万亩，主要分布在凤县和韩城。重庆花椒种植面积为 109.52 万亩，主要分布在江津、涪陵、永安等。贵州花椒种植面积为 25.04 万亩，主要集中在贞丰境内。云南花椒种植面积为 24.68 万亩，主要集中分布在昭通和曲靖等地。此外，河北、山西、山东、湖北、湖南、广西也有种植。

【价格趋势分析】花椒价格在 2017—2019 年稳定，基本维持在 95 元/kg左右，2020 年开始下跌并逐渐平稳，稳定在 60 元/kg 左右。花椒在我国多地有大规模种植，产量和销量稳定，价格出现大幅波动的可能性不大。

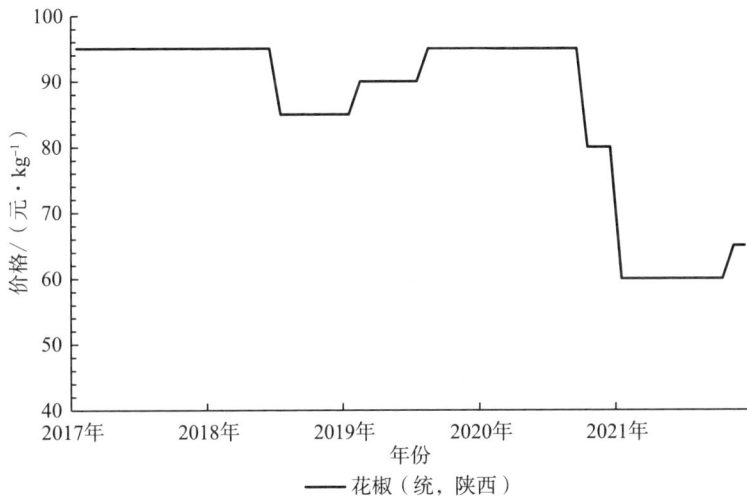

附图 1-31　2017—2021 年花椒价格

赤小豆　Chixiaodou　VIGNAE SEMEN

【别名】红小豆、赤豆、朱豆、朱赤豆、小红绿豆、金红小豆。

【来源】豆科植物赤小豆 *Vigna umbellata*（Thunb.）Ohwi et Ohashi 或赤豆 *Vigna angularis*（Willd.）Ohwi et Ohashi 的干燥成熟种子。

【主产地】原产于亚洲热带地区。在我国主产于吉林、北京、天津、河北、陕西、山东、安徽、江苏、浙江、江西、广东、四川等。

【价格趋势分析】赤小豆价格在 2017—2020 年较为平稳，基本稳定在 10 元/kg左右，2021 年小幅上涨，稳定在 12 元/kg 左右。赤小豆在我国多地均有种植，产量充足，销量平稳，价格出现大幅波动的可能性不大。

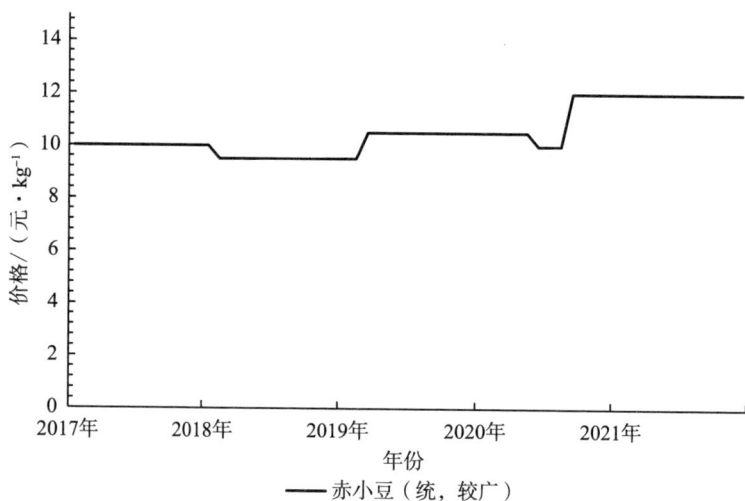

附图 1-32　2017—2021 年赤小豆价格

阿胶　Ejiao　ASINI CORII COLLA

【别名】驴皮胶、盆覆胶、傅致胶。

【来源】马科动物驴 *Equus asinus* L. 的干燥皮或鲜皮经煎煮、浓缩制成的固体胶。

【主产地】主产于山东、浙江。

【地理标志产品】东阿阿胶。

【价格趋势分析】2017—2021 年，东阿阿胶价格在 2018 年达 3300 元/kg 高位，2019—2020 年平稳，基本维持在 3 080 元/kg 左右，2021 年下跌达 2 800 元/kg低位。福牌阿胶价格稳定，基本维持在 1 350 元/kg 左右。

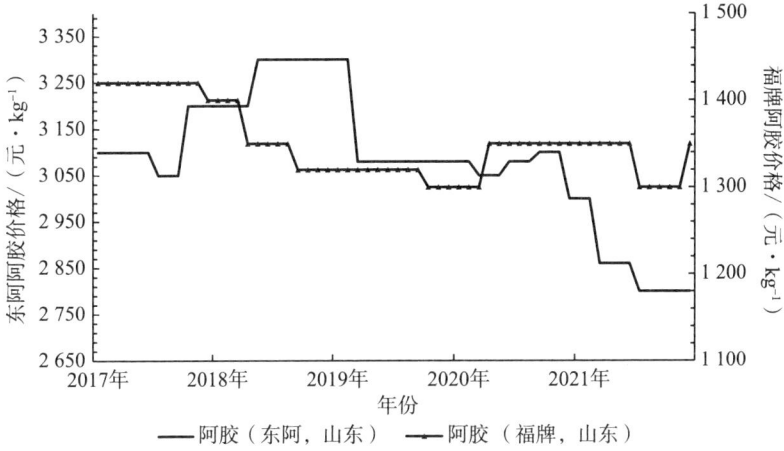

附图 1 - 33　2017—2021 年阿胶价格

鸡内金　Jineijin　GALLI GIGERII ENDOTHELIUM CORNEUM

【别名】鸡食皮、鸡肫皮、鸡中经、鸡合子、鸡肫胵、鸡肫胵里黄皮、化石胆。

【来源】雉科动物家鸡 *Gallus gallus domesticus* Brisson 的干燥砂囊内壁。

【主产地】我国各地均有生产。

【价格趋势分析】2017—2021 年，鸡内金价格平稳，基本维持在 9.5 元/kg 左右。鸡内金在我国各地均有生产，产量和销量均较稳定，价格出现大幅波动的可能性不大。

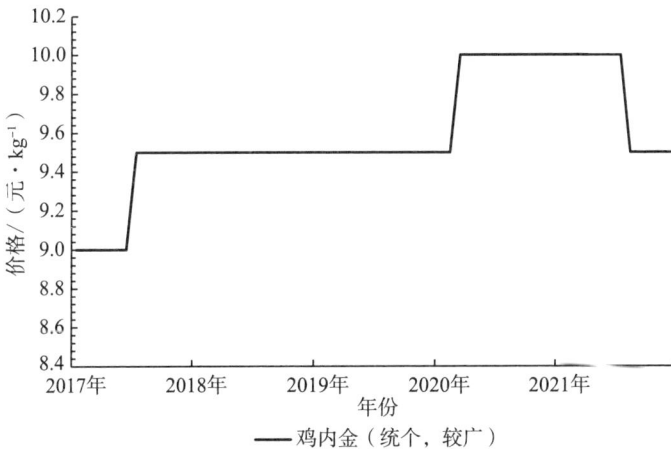

附图 1 - 34　2017—2021 年鸡内金价格

麦芽 Maiya HORDEI FRUCTUS GERMINATUS

【别名】大麦芽、大麦蘖、麦蘖、大麦毛。

【来源】禾本科植物大麦 *Hordeum vulgare* L. 的成熟果实经发芽干燥的炮制加工品。

【主产地】在我国生产于长江流域、黄河流域和青藏高原等。法国、乌克兰、俄罗斯、澳大利亚、土耳其、加拿大等国家也有生产。

【主产地种植面积】我国 1/3 的大麦种植分布在相对较发达的农区，2/3 分布在较为落后的农牧结合区。新疆是我国大麦的主产区，分为巴里坤、昌吉、阿克苏 3 个重点区，全新疆年平均播种大麦面积为 70~80 万亩，年产量 20 万 t 左右。此外，北方春大麦区包括东北平原、内蒙古高原及山西、河北、甘肃景泰和河西走廊等地区，大麦种植面积最高达 1 000 万亩，目前已减少至 200 余万亩。

【价格趋势分析】2017—2021 年，麦芽价格稳定在 3~4 元/kg，2022 年开始上涨，10 月份价格在 5 元/kg 左右。麦芽目前可供货源充足，商家手中尚有一定货源待售，近期走销一般，行情与前期无变化，现市场麦芽一般统货价格为 5 元/kg，大货价略低，预计短期内行情将平稳运行，价格出现大幅波动的可能性不大。

附图 1 – 35 2017—2021 年麦芽价格

昆布 Kunbu LAMINARIAE THALLUS ECKLONIAE THALLUS

【别名】纶布、海昆布、海带。

【来源】海带科植物海带 *Laminaria japonica* Aresch. 或翅藻科植物昆布 *Ecklonia kurome* Okam. 的干燥叶状体。

【主产地】野生昆布主产于辽东半岛和山东半岛的肥沃海区。人工养殖昆布主产区目前已推广至浙江、福建、广东等沿海地区。

【地理标志产品】旅顺海带、威海海带、长岛海带、荣成海带、霞浦海带。

【主产地养殖面积】随着国内品种培育工作的持续发展，我国海带产量稳步增长。渔业统计年鉴数据显示，我国海带海水养殖产量从 2015 年的 141.13 万 t 增长为 2020 年的 165.16 万 t。目前我国海带海水养殖主要分布在 6 个省，其中福建和山东是我国最大的两个海带养殖省份。2020 年福建和山东海带海水养殖面积分别为 31.467 万亩和 22.930 5 万亩，分别占二省总养殖面积的 45.49% 和 33.14%；2020 年我国海带海水养殖产量为 165.16 万 t，其中福建和山东分别为 50.92 万 t，分别占总产量的 50.13% 和 30.83%。

【价格趋势分析】2017—2021 年 7 月，昆布价格稳定在 12 元/kg 左右，自 2021 年 7 月开始上涨，至 2022 年 1 月已上涨至 20 元/kg 左右，7 月已升至 30 元/kg，长势较快。昆布今年行情一直表现向好，前期市场来货量小，行情稳步上扬，价格节节攀升，近期持货者喊价不及前期，货源处于正常购销状态。现市场昆布丝价格在 30 元/kg 左右，预计短期内行情不会有大的变化。

附图 1-36 2017—2021 年昆布价格

大枣 （黑枣） Dazao JUJUBAE FRUCTUS

【别名】枣、枣子、红枣。

【来源】鼠李科植物枣 *Ziziphus jujuba* Mill. 的干燥成熟果实。黑枣是鲜枣煮熟、冷却、晒干，于枣蜜中用木柴烘焙至枣皮发皱并呈黑色而成。

【主产地】主产于新疆、陕西、山西、河北、河南、山东、四川、贵州等。

【地理标志产品】托克逊红枣、柳树泉大枣、哈密大枣、阿克苏红枣、喀什红枣、和田玉枣、和田大枣、策勒红枣、民丰大枣、若羌红枣、小口大枣、临泽红枣、刘家峡红枣、灵武长枣、同心圆枣、南长滩大枣、阎良相枣、彬州大晋枣、延川红枣、佳县红枣、行唐大枣、赞皇大枣、南宫大枣、阜平大枣、唐县大枣、灵宝大枣。

【主产地种植面积】我国大枣产区集中分布于华北和西北地区。2017 年新疆、河北、山西、陕西、山东 5 个主产区的种植面积分别为 714 万亩、428 万亩、322 万亩、286 万亩、127 万亩，分别占全国总种植面积的 31.0%、18.6%、14.0%、12.4%、5.6%。新疆大枣凭借其品质优势异军突起，占全国种植总面积的近 1/3，新疆成为我国最大的大枣主产区。

【价格趋势分析】2017—2021 年 8 月，大枣价格稳定在 7 元/kg，2021 年 8 月开始逐渐上涨，2021 年 11 月达 9 元/kg 价格高位。2021 年 11 月后，大枣走动畅快，行情有所上扬，产地货源充足，统货价格在 8 元/kg 左右；新疆产一般货价格为 12 ~ 13 元/kg。2022 年为淡季，大枣需求量不大，市场商家积极出售，由于库存充足，行情持续走平，预计短期内价格不会有大的变化。

附图 1 - 37 2017—2021 年大枣价格

酸枣仁 Suanzaoren　ZIZIPHI SPINOSAE SEMEN

【别名】枣仁、酸枣核。

【来源】鼠李科植物酸枣 *Ziziphus jujuba* Mill. var. *spinosa*（Bunge）Hu ex H. F. Chou. 的干燥成熟种子。

【主产地】原产于我国。主产于河北、山东、陕西、山西、河南。

【地理标志产品】延安酸枣。

【主产地种植面积】我国西部太行山浅山丘陵区是天然酸枣适生区，也是全国最大的酸枣产区，河北邢台野生酸枣资源近 100 万亩，适种面积 500 余万亩。邢台是全国最大的酸枣仁加工集散地，加工主要集中在内丘，内丘野生酸枣面积超 20 万亩，种植酸枣面积 2 万余亩，年产酸枣仁超过 3 000 t，占全国市场 70% 以上的加工份额，产值超 6 亿元。邢台拥有超 100 亩的酸枣基地 151 个，其中超 500 亩的基地 48 个。

【价格趋势分析】2017—2021 年 8 月，酸枣仁价格变化不大，稳定在 500 元/kg左右，此后开始逐渐上涨，2022 年 9 月突破 1000 元/kg，之后逐渐回落至 750 元/kg。酸枣仁价格暴涨根本原因是其野生资源稀缺及需求上涨，此外，天气原因导致的减产及质量门槛提高等客观原因也起到了一定的推动作用。随着 2022 年产新，行情有所调整，后市仍不稳定。

附图 1 - 38　2017—2022 年 10 月酸枣仁价格

罗汉果 Luohanguo SIRAITIAE FRUCTUS

【别名】拉汗果、假苦瓜。

【来源】葫芦科植物罗汉果 *Siraitia grosuenorii*（Swingle）C. Jeffreyex A. M. Lu et Z. Y. Zhang 的干燥果实。

【主产地】主产于广西、广东、湖南等。道地产区为广西桂林龙江、百寿和龙胜等。

【地理标志产品】永福罗汉果。

【主产地种植面积】广西是罗汉果的发源地，也是我国最大的罗汉果种植基地，广西罗汉果主要分布在桂林和柳州。据统计，广西罗汉果种植面积为25.5 万亩。目前，桂林罗汉果种植面积约 14.4 万亩，年产罗汉果约 10.9 亿个，主要分布在永福、龙胜、临桂。2021 年永福全县罗汉果种植面积突破 11 万亩，创下历史新高，总产值约 15 亿元，其中清坪村共种植罗汉果 800 亩，产量 800 多万个，产值 480 多万元，罗汉果产业已成为当地群众增收致富的重要途径。

【价格趋势分析】2017—2021 年 10 月，罗汉果价格波动不明显，稳定在0.9 元/个，此后开始逐渐上涨，2021 年 11 月达 1.6 元/个价格高位，随后又逐渐降为 1.5 元/个左右。罗汉果去年新货产出量不大，行情多有变化，近期货源多为实销，行情平稳，商家关注力度一般，预计短期内行情不会有大的变化。

附图 1 - 39　2017—2022 年 10 月罗汉果价格

郁李仁 Yuliren PRUNI SEMEN

【别名】山梅子、小李仁、郁子、郁里仁、李仁肉。

【来源】蔷薇科植物欧李 *Prunus humilis* Bge.、郁李 *Prunus japonica* Thunb. 或长梗扁桃 *Prunus pedunculata* Maxim. 的干燥成熟种子。

【主产地】主产于河北、内蒙古、辽宁、山东等。

【主产地种植面积】郁李仁药材主要来源于野生资源，部分来源于栽培资源。据天地云图中药产业大数据平台统计，我国 2020 年郁李仁产量为 620 t 左右。2022 年河北武邑鲍贤兰欧李种植基地种植欧李 500 余亩，亩产预计 3 t 左右，效益约 8 400 万元；武邑的欧李种植面积达 1 200 余亩，带动超 1 000 人就业。陕西榆林神木的毛乌素治沙造林基地包含面积 15 万亩、规划面积百万亩的长梗扁桃种植区，这是我国目前面积最大的长梗扁桃种植示范基地。

【价格趋势分析】2017 年 1—6 月，郁李仁价格稳定在 60 元/kg，自 7 月开始上涨，9 月涨至 70 元/kg 左右；2018 年 6 月价格猛升，至 9 月价格为 115 元/kg，之后价格在 120 元/kg 波动；2019 年 8 月开始逐渐下降，并伴有小幅度波动；2021 年 12 月后价格稳定在 90 元/kg。由于产区近期来货不多，市场经营商家手中库存也不大，行情相比前期有所上扬。

附图 1-40 2017—2022 年 10 月郁李仁价格

金银花 Jinyinhua LONICERAE JAPONICAE FLOS

【别名】双花、忍冬花。

【来源】忍冬科植物忍冬 *Lonicera japonica* Thunb. 的干燥花蕾或带初开的花。

【主产地】主产于山东、陕西、河南、河北、湖北、江西、广东等。

【地理标志产品】巨鹿金银花、小康金银花、博山金银花、日照金银花、平邑金银花、郑城金银花、密县金银花、尖山金银花、封丘金银花、罗田金银花、柏树湾金银花、隆回金银花、辰溪金银花、临川金银花、马山金银花、忻城金银花、安龙金银花、南江金银花、秀山金银花。

【主产地种植面积】山东平邑、河北巨鹿、河南封丘为金银花的三大主产区。山东平邑金银花种植面积稳定在 65 万亩以上，年产量 1.8 万 t，占全国总产量的 60% 以上，总产值超过 45 亿元，国内 70% 以上的大型医药、食品企业均以平邑金银花作为产品原料，平邑沂蒙道地药材交易市场金银花的交易量占全国金银花交易量的 80% 以上。河北巨鹿经过多年发展，金银花种植面积达 13 万亩，年产优质金银花干花 1.4 万 t，总产值超过 20 亿元，金银花成为巨鹿名副其实的致富花。河南封丘道地金银花种植面积达 10 万亩，年产金银花超 1 万 t，年平均销售收入 20 亿元。

【价格趋势分析】2017 年 1—6 月，金银花价格在 100 元/kg 波动，后开始上涨；2017 年 9 月—2018 年 5 月，价格稳定在 130 元/kg 左右；2018 年 5 月价格继续升高，8 月涨至 200 元/kg，之后价格在 200 元/kg 波动；受新冠肺炎疫情影响，金银花需求增加，2020 年 3 月金银花急升至最高 250 元/kg，随后逐渐降低，2021 年 7 月至今，价格稳定在 130 元/kg。金银花产地货源充足，行情一般，预计短期内价格稳定。

附图 1-41　2017—2022 年 10 月金银花价格

青果　Qingguo　CANARII FRUCTUS

【别名】青橄榄、橄榄、青子、谏果、福果、黄榔果、吉祥果、诃梨子。

【来源】橄榄科植物橄榄 *Canarium album*（Lour.）Raeusch. 的干燥成熟果实。

【主产地】主产于福建，广东、广西、台湾、四川、浙江等也有生产。

【地理标志产品】福州橄榄、闽侯橄榄、金玉三捻橄榄、江津石蟆橄榄。

【主产地种植面积】青果是福州特产，福州青果产地主要分布在闽江下游两岸，以闽侯、闽清两县的产量最多。福建青果种植面积达 20 多万亩，采摘面积有 5 万多亩，产量超 2 万 t，平均亩产 400 kg 左右，闽清青果种植面积 4.5 万亩，年产量将突破 3.9 万 t。四川合江青果种植面积已达 8 万亩，常年产量 0.5 万 t，占全省青果产量的 98% 以上，在全省乃至西南地区独树一帜。

【价格趋势分析】2017 年 1—8 月，青果价格在 9 元/kg 左右，后开始上涨；2017 年 8 月至 2018 年 11 月，价格稳定在 13 元/kg 左右；2018 年 12 月价格继续升高，至 2019 年 10 月价格为 20 元/kg，之后价格在 20 元/kg 左右。青果目前货源走销量不大，近期商家关注力度一般，行情与前期保持平稳，现市场冷背行青果喊价在 16 元/kg，预计短期内行情不会有大的变化。

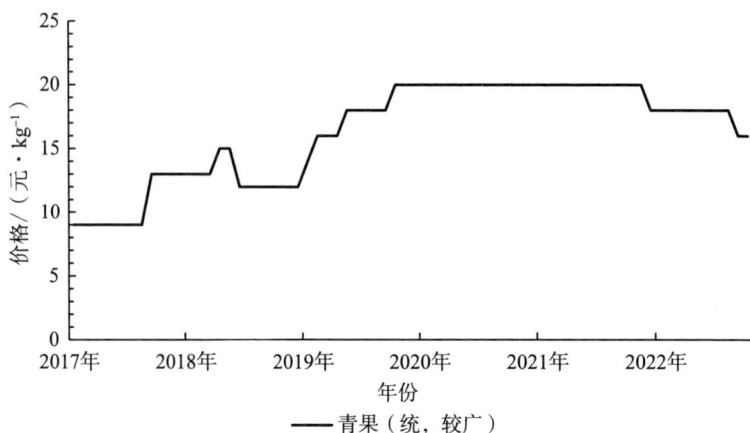

附图 1 - 42　2017—2022 年 10 月青果价格

鱼腥草　Yuxingcao　HOUTTUYNIAE HERBA

【别名】侧耳根、折耳根、臭草、鱼鳞草。

【来源】三白草科植物蕺菜 *Houttuynia cordata* Thunb. 的新鲜全草或干燥地上部分。

【主产地】主产于江苏、浙江、湖北、湖南、江西、安徽、四川、云南、贵州、广东、广西等。

【地理标志产品】雪峰山鱼腥草、贵阳折耳根。

【主产地种植面积】鱼腥草在我国广泛种植，贵州是我国鱼腥草种植面积最大的省份之一，种植面积突破 10 万亩，年产量达 20 万 t。湖北当阳种植和食用鱼腥草历史悠久，沮漳河平原在宜昌乃至湖北是规模化种植鱼腥草最早的区域，适宜栽种鱼腥草的面积达 4.5 万亩以上，以当阳两河为核心区，辐射带动荆州、荆门及枝江、潜江等县市零星种植，常年栽种面积在 1.5 万亩以上，一般亩产量为 5 t 以上，年产值 2 ~ 3 亿元，当阳两河被中国蔬菜流通协会授予"中国鱼腥草之乡"的称号。此外，湖南怀化栽培面积常年保持在 5 000 亩以上，年产地下茎超 1.5 万 t，产值达 1.2 亿元。

【价格趋势分析】2017—2018 年 10 月，鱼腥草价格在 5.5 元/kg 左右，后开始逐渐上涨，2020 年 4 月价格为 11 元/kg，之后价格开始起伏波动；2021 年 8 月—2022 年 5 月，价格稳定在 7 元/kg 左右；2022 年 6 月至今，价格在 5 元/kg 左右。目前产区常有来货，市场货源供应充足，商家近期多是随购随销，行情继续走平，现统货价格为 6~6.5 元/kg，后市利好有限。

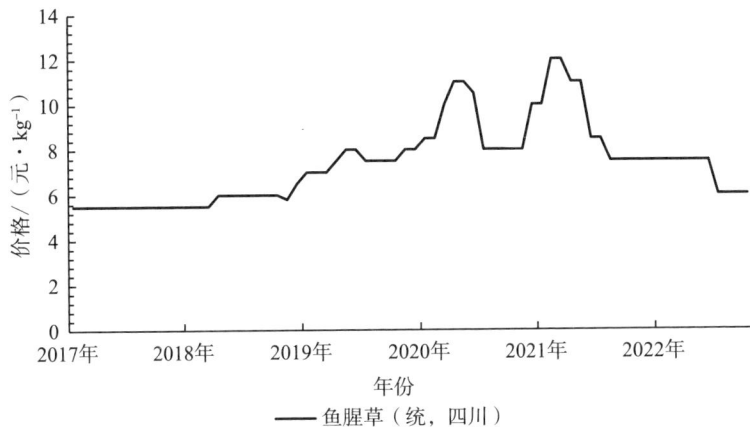

附图 1-43 2017—2022 年 10 月鱼腥草价格

生姜/干姜 Shengjiang/Ganjiang ZINGIBERIS RHIZOMA RECENS/ ZINGIBERIS RHIZOMA

【别名】姜根、百辣云。

【来源】姜科植物姜 *Zingiber officinale* Rosc. 的新鲜或干燥根茎。

【主产地】主产于山东、四川、广西、福建、湖南等。

【地理标志产品】盖州生姜、蟠桃大姜、莱州大姜、石桥子大姜、安丘大姜、昌邑大姜、乳山大姜、莒县大姜、莱芜生姜、沂水生姜、新丰生姜、张良姜、清化姜、邵店黄姜、铜陵白姜、老集生姜、来凤凤头姜、来凤姜、常宁无渣生姜、江永香姜、托口生姜、徐闻良姜、罗平小黄姜、水城小黄姜、坡贡小黄姜、品甸生姜、永福生姜、西坝生姜、犍为麻柳姜、罗盘山生姜、盘龙生姜、彭水生姜。

【主产地种植面积】我国是世界上姜种植面积最大、生产总量最高、出口最多的国家。我国姜种植面积维持在 300 万亩左右，年产量超过 800 万 t。2019 年我国出口生姜 53.78 万 t，创汇 5.72 亿美元。山东生姜种植面积约为 105 万亩，占全国生姜种植面积的 30% 以上，年产量约为 400 万 t，约占全国生姜总产量的 50%，位列全国榜首。四川生姜种植面积全国排名第二，广西生姜近年产量增长迅速，位居第三。由于生姜的种植收益较高，黑龙江、辽宁、内蒙古、新疆等地也开始发展生姜种植产业。

【价格趋势分析】2017—2018 年，干姜价格平稳，稳定在 12～14 元/kg；2019 年后半年行情有抬头的迹象；2020 年新冠肺炎暴发后，作为中药防疫处方的重要成分，干姜行情表现上升，价格由 20 元/kg 左右上涨至 28～30 元/kg；但随着 2020 年和 2021 年各地扩种，2021 年 5 月起价格开始回落。根据产销情况来看，市场货源供应量大，价格可能逐渐趋于平稳。

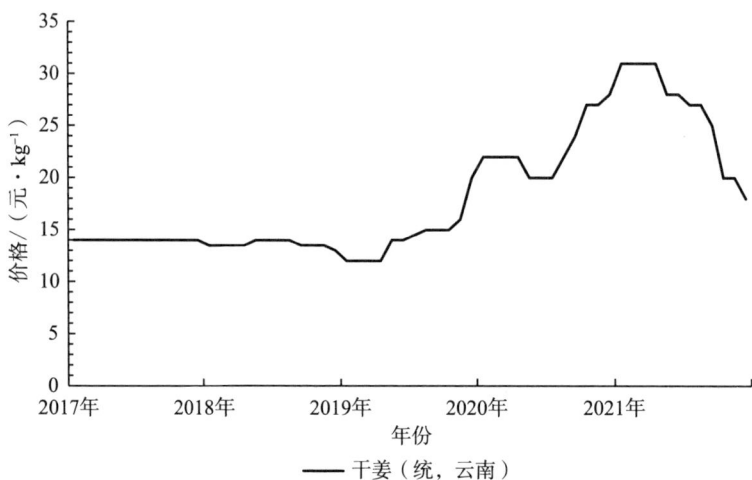

附图 1–44　2017—2021 年干姜价格

枳椇子　Zhijuzi　HOVENIAE SEMEN

【别名】拐枣、鸡椇子、木蜜、鸡爪梨、树蜜、鸡爪果。

【来源】鼠李科枳椇属植物北枳椇 *Hovenia dulcis* Thunb.、枳椇 *Hovenia acerba* Lindl. 和毛果枳椇 *Hovenia trichocarpa* Chun et Tsiang 的成熟种子。

【主产地】主产于陕西、广东、湖北、浙江、江苏、安徽、福建。江西、湖南、四川、云南、贵州、河北、西藏等也有生产。

【地理标志产品】旬阳枳椇果。

【主产地种植面积】枳椇在我国栽培利用的历史久远，由于枳椇具有较高的利用价值，近年陕西安康、湖北黄石、江西宜春及贵州桐梓、广东五桂山和三乡等均在野生的基础上广泛开展人工种植枳椇。陕西旬阳更是将枳椇产业作为长效增收产业，2004 年开始规模化人工种植，2022 年种植面积约 40 万亩，占全国种植总面积的 80% 以上，生产的枳椇子大量销往韩国、日本、印度等，已成为我国枳椇的主产区。

【价格趋势分析】2017—2021 年，枳椇子价格一直在走下坡路，但下跌态势平稳，2017—2018 年稳定在 30 元/kg，2019 年稳定在 28 元/kg，2020—2021 年跌至 18 元/kg，每一阶段价格都有一个较长的平台期。枳椇子的原植物是多年生木本植物，根据陕西产地种植面积、市场占有率及小品种需求不大等情况来看，枳椇子的产量和价格短期内出现较大波动的可能性小。

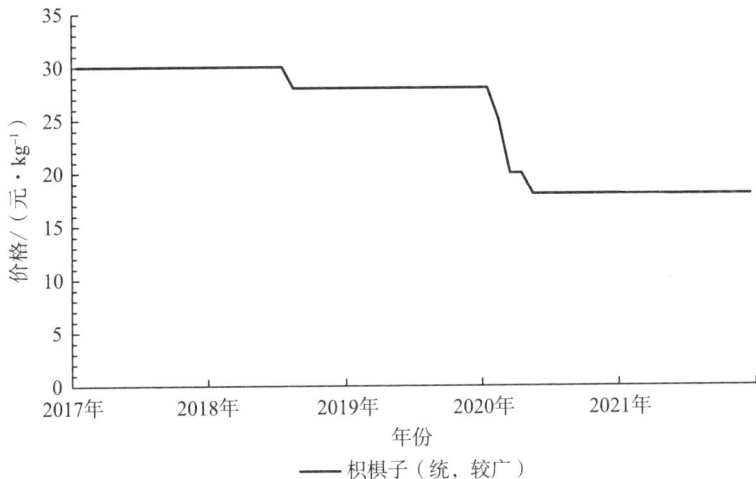

附图 1-45　2017—2021 年枳椇子价格

枸杞子 Gouqizi　LYCII FRUCTUS

【别名】苟起子、甜菜子、杞子。

【来源】茄科植物宁夏枸杞 *Lycium barbarum* L. 的干燥成熟果实。

【主产地】主产于宁夏、新疆、山西、青海、内蒙古、甘肃、河北、吉林等。

【地理标志产品】巨鹿枸杞、巴彦淖尔河套枸杞、先锋枸杞、精河枸杞、靖远枸杞、瓜州枸杞、柴达木枸杞、宁夏枸杞、中宁枸杞。

【主产地种植面积】我国枸杞种植面积不断扩大，产量也大幅增长。2018 年全国枸杞种植面积近 240 万亩，比 2014 年增加近 50 万亩。产量 45.1 万 t，比 2017 年增加了 4 万 t，是 2007 年的 3.2 倍。产区分布由宁夏独大，变为宁甘青新四省区竞发格局。从 2007—2017 年，宁夏枸杞产量由 5.71 万 t 增加到

10.85 万 t，全国占比从 58% 降至 30%。甘肃和青海发展迅猛，2017 年枸杞产量达 10 万 t 左右。

【价格趋势分析】2017—2021 年，枸杞子价格相对稳定，280 粒宁夏产枸杞价格在 50 ~ 63 元/kg 波动，高位价与低位价交替短暂出现。枸杞子作为药食两用的品种，经过多年来的开发，供求基本稳定，后续价格出现大幅波动的可能性不大。

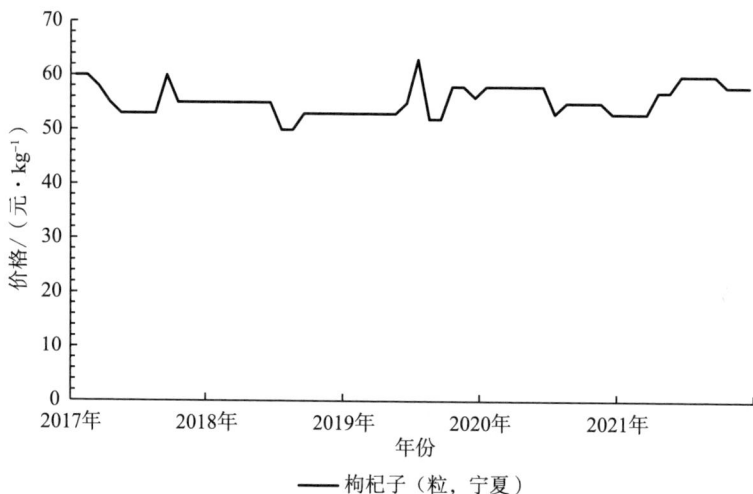

附图 1 - 46　2017—2021 年枸杞子价格

栀子　Zhizi　GARDENIAE FRUCTUS

【别名】黄栀子、山栀子、大红栀、红栀子、黄果树。

【来源】茜草科植物栀子 *Gardenia jasminoides* Ellis 的干燥成熟果实。

【主产地】主产于福建、江西、四川。浙江、湖南、湖北、贵州、河南等也有种植。

【地理标志产品】唐栀子、福鼎黄栀子、樟树黄栀子、金溪黄栀子。

【主产地种植面积】江西栀子产区分布在赣州、九江湖口、宜春丰城、樟树、抚州金溪、吉安泰和，主产红栀子；福建栀子产区分布在福鼎贯岭、分水关、茗洋等地，主产黄栀子；四川栀子产区分布在宜宾、乐山、雅安等地，主产川栀子。其中，福建产区产能最大，占我国栀子产量的 60% 以上，其次是江西和四川产区，江西九江和抚州金溪是目前我国最大的栀子加工基地。

2010 年以后，栀子持续多年高价行情，大大激发了药农的种植热情，到 2017 年，全国栀子种植面积已达 10 万亩以上，年总产干货量过万吨。福建产区新扩种面积较大，仅福建产区年产量就达 5 000 t 左右。后随着栀子价格下跌，不少种植户疏于管理，甚至纷纷砍树，导致 2021 年全国栀子产量有所减少。

【价格趋势分析】2017 年江西产统货栀子价格由 26 元/kg 急速下跌至 15 元/kg，2018—2020 年栀子价格一直处于低位，基本维持在 12 元/kg 或略高，与 2017 年的 26 元/kg 相比，相差 1 倍多，种植户大多亏本。2021 年产新后行情上涨，2021 年 12 月江西产统货栀子价格涨至 22 元/kg。考虑前期扩种面积较大，整体产能依旧庞大，且库存量不小，栀子价格继续上涨动力不足。

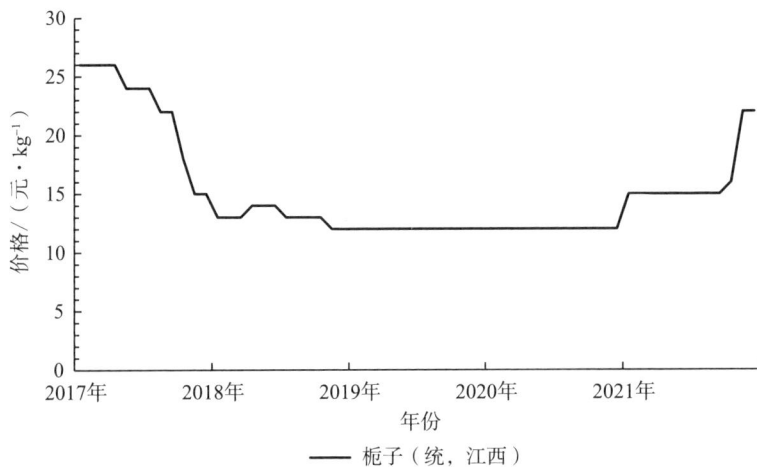

附图 1-47　2017—2021 年栀子价格

砂仁　Sharen　AMOMI FRUCTUS

【别名】缩砂仁、阳春砂、春砂仁。

【来源】姜科植物阳春砂 *Amomum villosum* Lour.、绿壳砂 *Amomum villosum* Lour. var. *xanthioides* T. L. Wu et Senjen 或海南砂 *Amomum longiligulare* T. L. Wu 的干燥成熟果实。

【主产地】主产于广东阳春（传统道地药材）、广西宁明和隆安、云南西双版纳和文山、海南大部分地区等。

【地理标志产品】长泰砂仁、春砂仁、连环砂仁。

【主产地种植面积】砂仁人工种植历史悠久。据本草记载，宋代初期，我国岭南（广东新兴）一带就发现产阳春砂。自 20 世纪 50 年代起，云南、广西、福建等省区相继引种栽培砂仁并获成功，阳春砂主产地从广东逐渐扩大至云南、广西和福建。国产砂仁以阳春砂为主流品种，云南为阳春砂的最大产区，种植面积和产量占全国的 91% 以上，主要分布于西双版纳、普洱、文山、红河、德宏、临沧、保山、怒江等地。2020 年以来，云南将砂仁列为"十大云药"之一，砂仁成为云南中药材特色优势品种的典型代表，引领云南中药材产业发展。作为砂仁传统道地产区，广东阳春以春砂仁产业为龙头，创新南药产业发展模式，推动了阳春乡村振兴事业深入发展。2021 年阳春的春砂仁种植面积超过 8 万亩，年产量 0.21 万 t，产值 11.59 亿元。

【价格趋势分析】2017—2021 年，国产砂仁价格虽偶有反弹，但基本处于下跌的状态，由 2017 年年初的 430 元/kg 下跌至 2021 年的 150 元/kg。砂仁价格持续下跌，根本原因是 2012 年后砂仁的持续高价刺激了各产区生产扩张，砂仁定植后一般三年可开花结果，2017 年后，之前扩种的砂仁陆续进入结果期，因此价格开始下滑。而进口砂仁本来就因质量稍次而价格偏低，受国产砂仁产量增加的影响，价格也随之下降。根据产销情况来看，后续砂仁价格可能将继续下行。

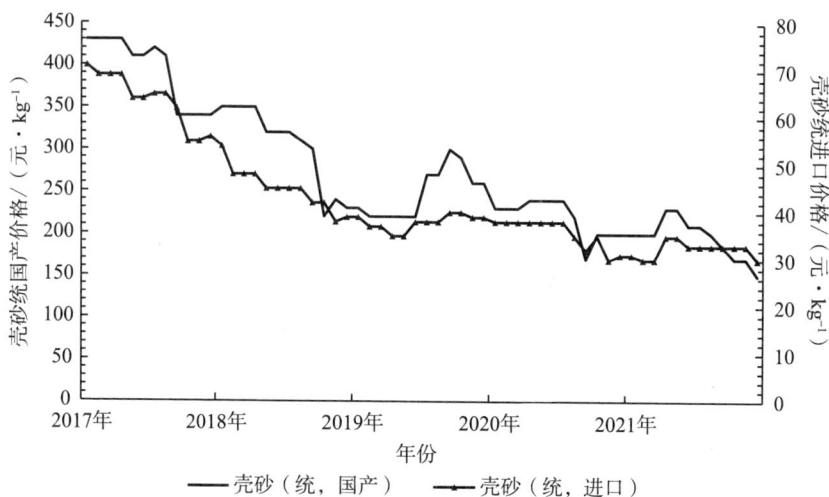

附图 1-48　2017—2021 年砂仁价格

胖大海 Pangdahai STERCULIAE LYCHNOPHORAE SEMEN

【别名】大洞果、胡大海、大发、通大海、大海子。

【来源】梧桐科植物胖大海 *Sterculia lychnophora* Hance 的干燥成熟种子。

【主产地】生于热带地区，分布于越南、印度、马来西亚、泰国及印度尼西亚等。我国有引种，主要产于海南、广西、广东、云南。

【主产地种植面积】虽然我国有引种胖大海，但其质量欠佳，市场高度依赖进口胖大海。2020 年我国胖大海进口量为 799.85 t，进口额 3 497.23 万元。2021 年我国胖大海进口量为 453.35 t，同比降低 43.32%；进口额 2 319.74 万元，同比降低 33.67%。2022 年 1~9 月我国胖大海进口量为 383.10 t，与 2021 年 1~9 月的进口量 453.35 t 相比，下降 15.50%。从以上数据可以看出，受疫情等因素影响，胖大海的进口量已经连续三年下降。此外，胖大海和其他果实类药材一样，有结果大年和结果小年之分，产量不稳定，行情、价格存在波动。

【价格趋势分析】胖大海的收获主要分为两个：一是 4~5 月，越南等国家产，俗称春果，又称圆果；二是 7 月，泰国等国家产，俗称秋果，又称长果。胖大海长果的价格高于圆果，但二者的价格变化趋势基本一致。以进口长果胖大海为例，2017—2021 年，胖大海价格在 80~130 元/kg 波动，且波动频率较高，起伏较大，市场行情不稳定，这与我国胖大海主要依赖进口、产地存在结果大小年现象等有关，后期行情变化不易把握。

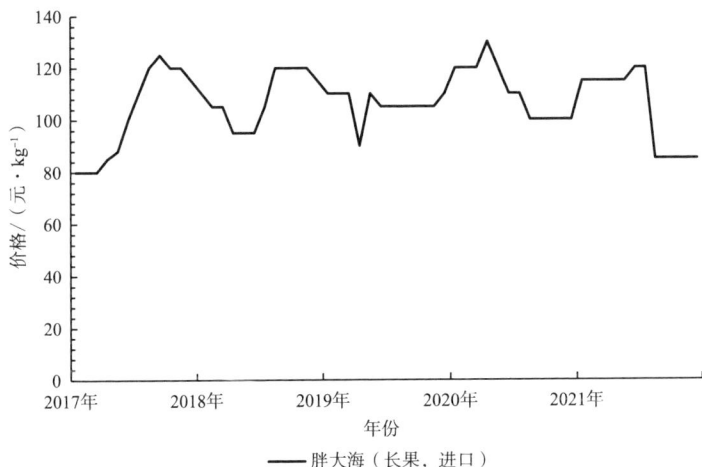

附图 1-49　2017—2021 年胖大海价格

茯苓　Fuling　PORIA

【别名】云苓、茯菟、茯灵、茯兔、松苓。

【来源】多孔菌科真菌茯苓 *Poria cocos*（Schw.）Wolf 的干燥菌核。

【主产地】主产于安徽金寨、岳西，云南丽江，湖北罗田、英山、麻城，以及广西、福建、贵州、浙江等。

【地理标志产品】金寨茯苓、九资河茯苓、黎平茯苓、商茯苓、靖州茯苓、昭化茯苓、英山茯苓。

【主产地种植面积】我国茯苓主要依赖人工种植，生产茯苓的省份较多，以安徽、云南为主。2018 年我国茯苓产量 7.98 万 t，2019 年茯苓产量为 17.65 万 t，同比增长 121.2%。大别山产区和云南产区有着相对稳定的产业基础，2020 年茯苓年产量约占全国茯苓年产量的 80%，但近年来受林业政策的影响，其茯苓人工种植的规模受到一定限制。湖南产区茯苓种植规模较小，且相对不集中，但却拥有我国最大的茯苓交易流通中心——中国靖州茯苓大市场。四川产区茯苓种植面积占全国茯苓种植总面积的比例较小，但呈现逐年上升的趋势，产区主要集中于广元、宜宾、巴中及西昌，广元拥有"秦巴药库"之称。2020 年广元茯苓鲜货总产量达 1 700 t，但产地加工能力较弱，所产鲜茯苓大多销往安徽、湖南进行加工。

【价格趋势分析】2017—2019 年，茯苓价格较为平稳。2020 年年初，新冠肺炎疫情影响了茯苓的流通，产区供货不足，在需求的拉动下，茯苓行情攀升，涨到了 25 元/kg。2020 年秋季产新后，在天气原因导致产出减少、产区库存不丰、市场需求增加等多方面因素的影响下，茯苓行情继续上涨，2020 年年底，茯苓价格达到了 30 元/kg 左右。2021 年，茯苓行情保持向上的势头，市场上茯苓统丁的价格达到了 37 元/kg。随着 2021 年茯苓新货上市量增多，行情震荡，价格有所下滑。茯苓生长周期短，产能恢复快，产区分布广泛，在市场需求增加、鲜货价高等因素的影响下，预计产新后，新货量大，茯苓的价格很大可能会下滑。

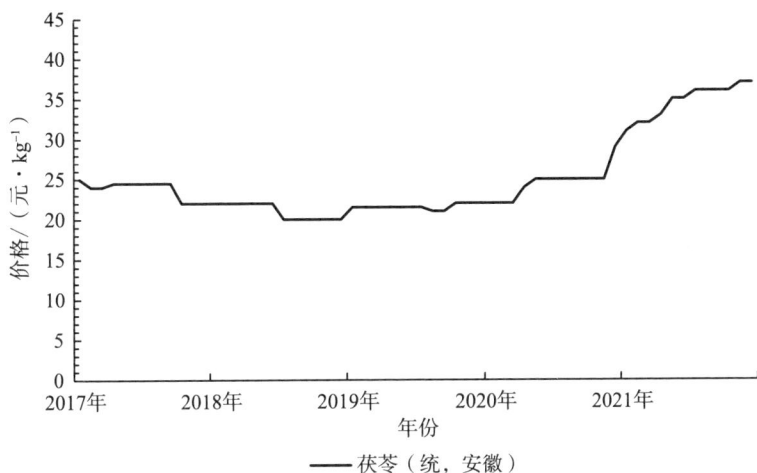

附图 1 - 50　2017—2021 年茯苓价格

香橼　Xiangyuan　CITRI FRUCTUS

【别名】枸橼、枸橼子。

【来源】芸香科植物枸橼 *Citrus medica* L. 或香圆 *Citrus wilsonii* Tanaka 的干燥成熟果实。

【主产地】枸橼主产于云南、重庆、四川、广西等。香圆主产于浙江、安徽、湖南、湖北、江西、广西等。

【主产地种植面积】江苏靖江已将香橼作为"市树",种植量超过 100 万株,年产香橼果 3 000 t 以上。陕西汉中素有"西北小江南"之美称,其独特的土壤及气候条件适合香橼生长。汉中香橼种植总面积 3.6 万亩,其中结果的树有 12 405 亩。此外,云南泸水以建设"香橼庄园"为契机,辐射带动泸水和福贡种植香橼 3 500 亩,计划到 2025 年,达到种植香橼 1 万亩。

【价格趋势分析】2017—2019 年,香橼价格一直维持在 32 元/kg,行情平稳,2020 年开始逐渐下跌,至 2021 年价格为 18 元/kg 左右。近年来,云南等产地的香橼种植面积有所增加,目前香橼的种植面积和产量均较为稳定,后市香橼价格可能会受天气等因素影响,出现小范围波动或渐趋稳定。

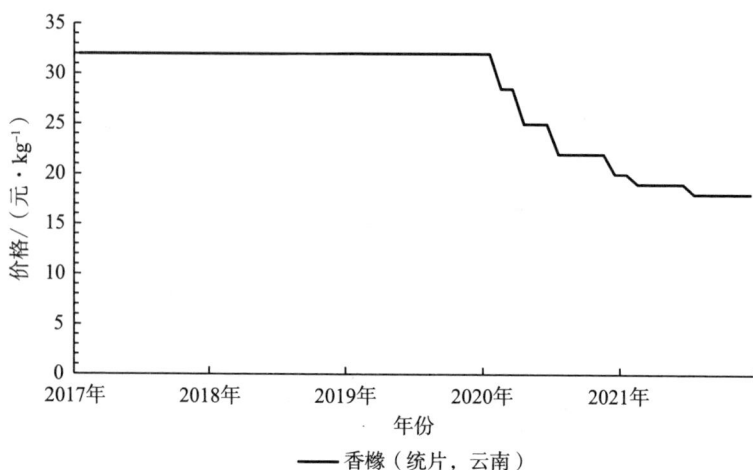

附图 1 - 51　2017—2021 年香橼价格

香薷　Xiangru　MOSLAE HERBA

【别名】香茹、香戎、香茸、紫花香菜。

【来源】唇形科植物石香薷 *Mosla chinensis* Maxim. 或江香薷 *Mosla chinensis* 'Jiangxiangru' 的干燥地上部分。

【主产地】石香薷主产于广东、广西、福建。江香薷主产于江西宜春及分宜等。

【主产地种植面积】江香薷是江西的道地药材，栽培历史悠久，畅销全国各地，品质最佳，昌田为江香薷的道地产区。江西香薷的种植面积为 2 000 余亩，其中以余江的种植规模最大，面积将近 1 000 亩。湖北黄冈及武汉新洲等地也开展香薷的家种工作。据天地云图中药产业大数据平台统计，2020 年香薷产量为 2 280 t 左右，2021 年产量为 1 980 t 左右。

【价格趋势分析】香薷属于小品种，且野生及家种资源均较丰富，生长周期短，种植容易，故历史价格波动不大。2017—2019 年，香薷价格经历了一轮跌涨，原因是 2016 年产地发生了洪涝灾害，导致香薷大面积减产，价格大幅上涨；受到高价刺激，2017 年香薷种植面积增加，价格下跌；2017 年的低价又导致 2018 年的香薷产量减少，价格上涨。但由于香薷产地较广，货源供应稳定，香薷价格波动不大；2019 年下半年之后，香薷价格比较稳定，若无特殊天气或灾害，后市价格波动的可能性小。

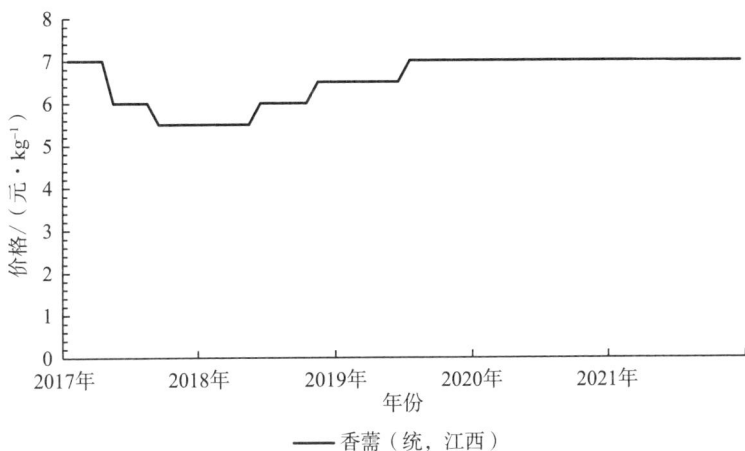

附图 1 - 52　2017—2021 年香薷价格

桃仁　Taoren　PERSICAE SEMEN

【别名】毛桃仁、扁桃仁、大桃仁。

【来源】蔷薇科植物桃 *Prunus persica*（L.）Batsch 或山桃 *Prunus davidiana*（Carr.）Franch. 的干燥成熟种子。

【主产地】桃仁主产于甘肃、山东、山西、河北、安徽等。山桃仁主产于甘肃、河南、山东、陕西等。

【主产地种植面积】桃在我国各地普遍栽培，有 20 个省区的种植面积超过 15 万亩，位居前 5 位的依次为山东、河南、河北、贵州、安徽，总产量位居前 5 位的依次为山东、河南、山西、河北、安徽，单产水平位居前 5 位的依次为山西、山东、辽宁、天津、陕西，北方显著高于南方。云南曲靖旧屋基共种植山桃 6 000 余亩，全乡山桃成活率和保存率均达到 95% 以上。宁夏彭阳共种植山桃 39.7 万亩，其中挂果 20 万亩。

【价格趋势分析】2017—2021 年，家桃仁价格没有大幅度波动，趋势较为平稳，价格为 40~50 元/kg。而山桃仁由于多生于山谷及丘陵地带，产量受气候影响大，开花期怕霜冻，坐果期怕干旱，价格波动相对较大，几乎每次价格的上涨，都是受灾减产引起的。2018 年山桃仁坐果期遭遇倒春寒天气导致减产，短期内价格从 42 元/kg 涨至 60 元/kg；随着产新结束及货源进入实际消化，山桃仁价格小幅回落至 53 元/kg 左右，一直到 2019 年产新后，价格下滑至 42 元/kg 左右，2020 — 2021 年，山桃仁价格基本维持在 40 ~ 46 元/kg。

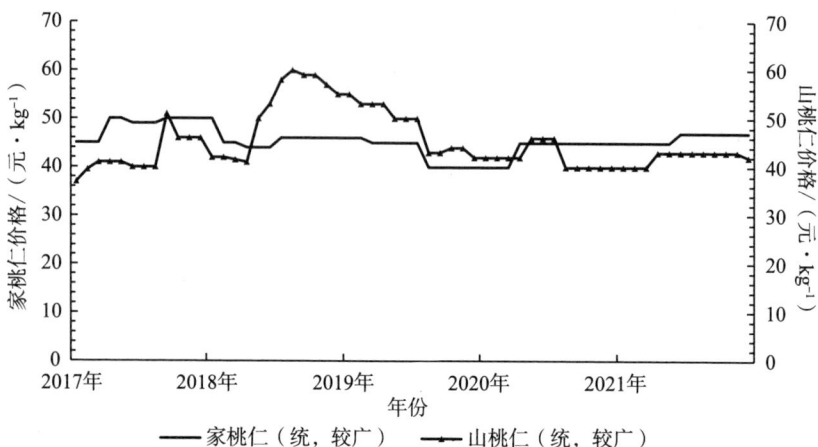

附图 1 - 53　2017—2021 年桃仁价格

桑叶　Sangye　MORI FOLIUM

【别名】霜桑叶、铁扇子、蚕叶。

【来源】桑科植物桑 *Morus alba* L. 的干燥叶。

【主产地】主产于浙江湖州、嘉兴，江苏苏州、无锡、镇江等。我国各地均有种植，以浙江、江苏、广东、四川、安徽、河南、湖南等地种植较多。

【地理标志产品】盐亭桑叶。

【主产地种植面积】2020 年我国桑园种植面积 1 146.5 万亩，广西桑园种植面积 298.2 万亩，占全国的 26%，居全国第一；第二是四川，桑园种植面积 230.9 万亩，占全国的 20.1%；第三是云南，桑园种植面积 100 万亩，占全国的 8.7%；陕西、重庆、浙江、安徽、江苏、山东、广东桑园种植面积跻身全国前十，桑园种植面积分别为 82.7 万亩、74.7 万亩、44.5 万亩、43.7 万亩、43.6 万亩、39.5 万亩、34.8 万亩，分别占全国桑园种植总面积的 7.2%、6.5%、3.9%、3.8%、3.8%、3.4%、3.0%。

【价格趋势分析】桑叶的价格在 2021 年达 6 元/kg 的高位，与 2017 年的 4 元/kg 相比增长了 50%，2020 年开始上涨，2021 年基本维持在 6 元/kg 左右。桑叶在广西种植面积大，产量和销量均较为稳定，价格出现大幅波动的可能性较小。

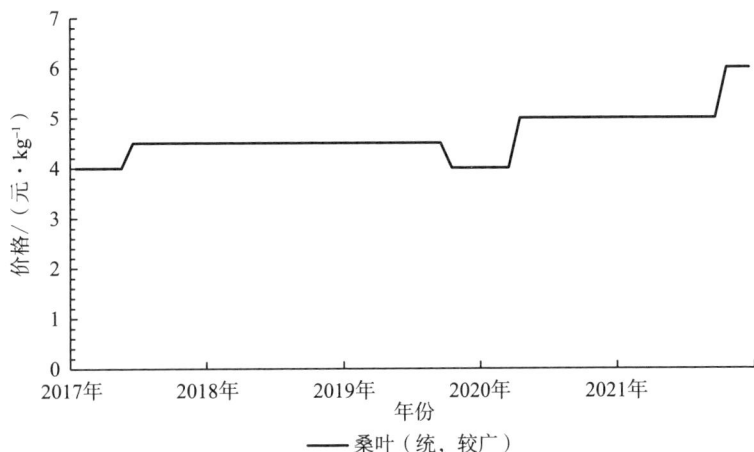

附图 1 - 54　2017—2021 年桑叶价格

桑椹　Sangshen　MORI FRUCTUS

【别名】桑实、桑椹子。

【来源】桑科植物桑 *Morus alba* L. 的干燥果穗。

【主产地】主产于浙江湖州、嘉兴，江苏苏州、无锡、镇江等。我国各地均有种植，以浙江、江苏、广东、四川、安徽、河南、湖南等地种植较多。

【地理标志产品】安定桑椹、红花峪桑椹、小南沟桑椹、夏津椹果、临清椹果、阳城桑椹、盐边桑椹、德昌桑椹、库车药桑。

【主产地种植面积】北京大兴安定桑椹种植面积达 5 000 亩，天津蓟州别山种植面积达 5 000 亩，辽宁葫芦岛南票种植面积达 4 000 亩，山东德州夏津种植面积 5 万亩，山东临清种植面积达 2.2 万亩，山西阳城种植面积 8 万余亩，四川盐边种植面积达 12 万余亩，四川德昌种植面积达 7.5 万亩，新疆库车种植面积达 3 万余亩。

【价格趋势分析】桑椹的价格在 2018 年达 19 元/kg 高位，与 2017 年 14 元/kg 相比增长了近 36%；2019—2021 年，桑椹价格基本维持在 17 元/kg 左右。桑椹在四川的种植面积大，产量和销量均较为稳定，价格出现大幅波动的可能性较小。

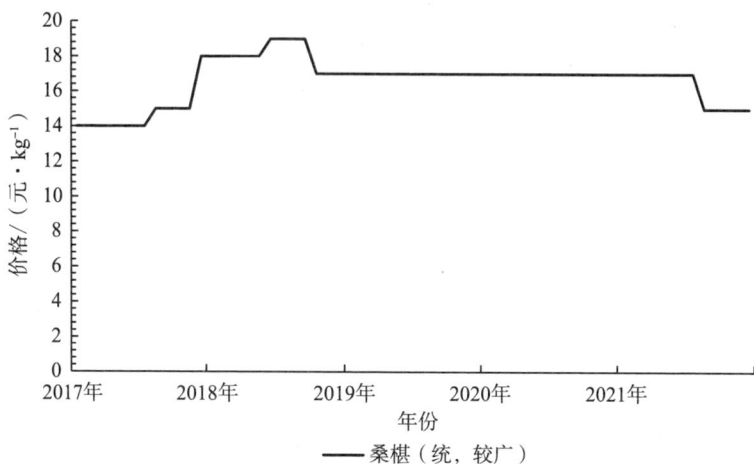

附图 1 - 55　2017—2021 年桑椹价格

橘红　Juhong　CITRI EXOCARPIUM RUBRUM

【别名】桔红、芸皮、芸红。

【来源】芸香科植物柑橘 *Citrus reticulata* Blanco 及其栽培变种的干燥外层果皮。

【主产地】主产于浙江、江苏、四川、福建等。

【主产地种植面积】临床应用的橘红来源较混乱，与化橘红存在混用的情况。从宋代至 20 世纪 50—60 年代，闽南地区及福州等地盛产橘红。橘红正品之一的建橘红的主产地为福建漳州及闽侯、福清。橘皮类橘红加工费时，产量逐渐减少，20 世纪 60 年代后被柚皮类橘红所代替，福建橘红仅在三明、漳州等地区零星分布。

【价格趋势分析】橘红价格在 2017 年达 16 元/kg 高位，2018 年稳定在 16 元/kg，2019 年开始下跌并逐渐平稳，到 2021 年，基本维持在 12 元/kg。橘红在广东的种植面积大，产量和销量均较为稳定，价格出现大幅波动的可能性较小。

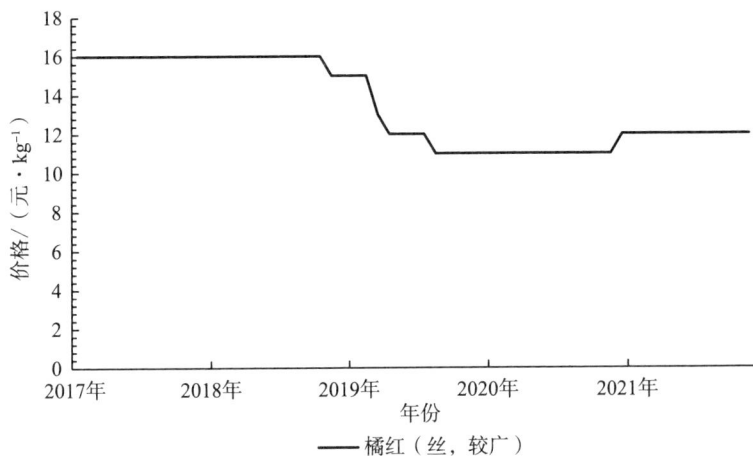

附图 1 – 56　2017—2021 年橘红价格

桔梗　Jiegeng　PLATYCODONIS RADIX

【别名】包袱花、铃当花、僧帽花、道拉基。

【来源】桔梗科植物桔梗 *Platycodon grandiflorum*（Jacq.）A. DC. 的干燥根。

【主产地】主产于内蒙古赤峰、安徽亳州及太和、山东博山。此外，黑龙江、江苏、湖北、河南等地也有大量生产。

【地理标志产品】李兴桔梗、梓潼桔梗、牛家营子桔梗、池上桔梗、桓仁桔梗、桐桔梗、商桔梗、英山桔梗。

【主产地种植面积】桔梗药材主要来源于种植，人工种植桔梗始于 20 世纪 60 年代。内蒙古赤峰牛家营子及周边地区，山东淄博博山及周边地区，安徽亳州及太和等为我国三大桔梗主产区，三大产区桔梗种植面积占全国种植总面积的 75% 左右。内蒙古赤峰桔梗的种植面积为 13 万余亩，山东淄博桔梗的种植面积为 2 万余亩，安徽太和桔梗的种植面积为 5 万余亩。此外，四川绵阳桔梗的种植面积为 1.16 万亩，辽宁本溪桔梗的种植面积为 7 000 余亩。

【价格趋势分析】桔梗价格在 2017 年达 34 元/kg 高位，2018 年基本维持在 31 元/kg 左右，2019 年基本维持在 29 元/kg 左右，2020 年开始下跌并逐渐平稳，2021 年基本维持在 27 元/kg 左右，后上涨。桔梗在内蒙古种植面积大，产量和销量均较为稳定，价格出现大幅波动的可能性较小。

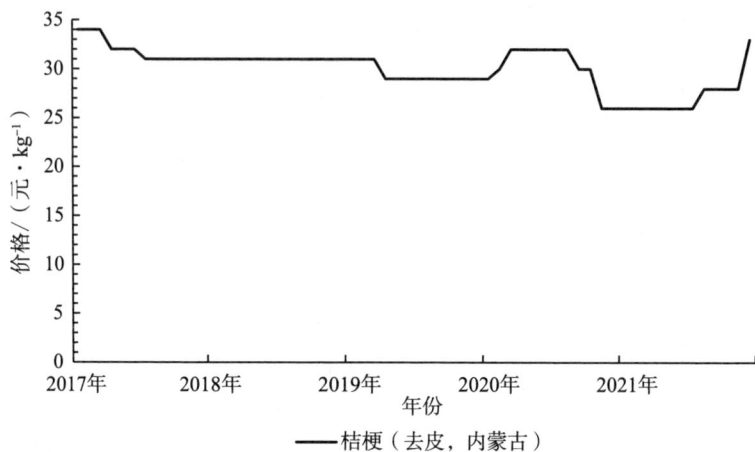

附图1-57　2017—2021年桔梗价格

益智　Yizhi　ALPINIAE OXYPHYLLAE FRUCTUS

【别名】益智仁、益智子。

【来源】姜科植物益智 *Alpinia oxyphylla* Miq. 的干燥成熟果实。

【主产地】主产于海南和广东。道地产区为海南保亭、陵水、琼中、五指山和白沙等。

【地理标志产品】大八益智、保亭益智。

【主产地种植面积】益智产区较为集中，我国70%以上的益智来自海南，主要来自琼中、五指山、白沙、保亭、乐东。2013—2017年益智行情较好，广东、广西扩种面积较大，广东高州、信宜、阳春等以前的老产区大量恢复种植，广东益智在市场上的占比逐渐提升，约占30%。据天地云图中药产业大数据平台统计，2020年益智产量约为2 230 t，2021年益智产量约为2 371 t。

【价格趋势分析】益智价格在2017年达到110元/kg高位，2017年后不断下跌，2021年基本维持在29元/kg左右，价格低位运行时间已超过4年。2022年产新后，行情再次小幅下滑，市场新货价格稳定在22～25元/kg，预计后市价格还有小幅波动。

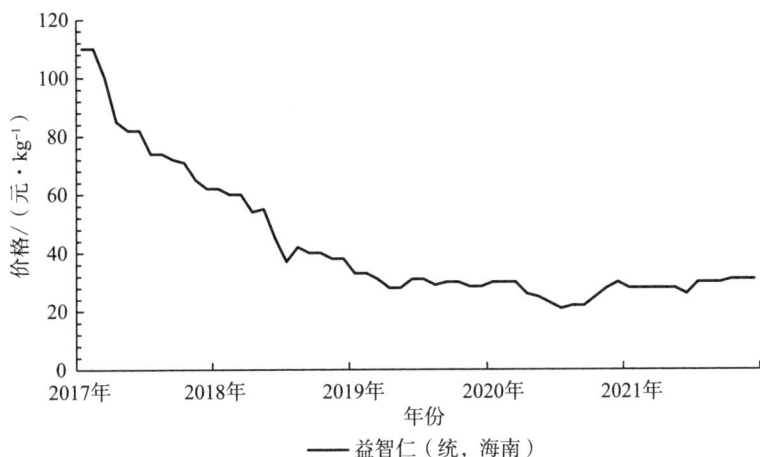

附图 1-58　2017—2021 年益智价格

荷叶　Heye　NELUMBINIS FOLIUM

【别名】莲叶。

【来源】睡莲科植物莲 *Nelumbo nucifera* Gaertn. 的干燥叶。

【主产地】我国南北各地均有生产，主产于湖北、湖南、江西、福建、江苏、浙江、山东、河北等。

【主产地种植面积】莲在我国分布范围十分广泛，人工种植面积超 600 万亩，广泛种植于长江流域及其以南地区。湖北莲的种植面积、规模和产量均居我国首位。2019 年，湖北莲种植面积达 144.45 万亩，其中藕莲 90.9 万亩、子莲 32.4 万亩、藕带 21.15 万亩。此外，山东微山湖地区、湖南湘潭、江西广昌、福建北部山区（建宁、建阳、浦城、崇安等）、浙江建德等为荷叶的主要产区。

【价格趋势分析】2017—2021 年，荷叶价格稳定，为 7～8.5 元/kg，荷叶供求稳定，行情平稳。2022 年荷叶产量与 2021 年基本持平，价格稳中有降。荷叶产量和销量均较为稳定，价格出现大幅波动的可能性较小。

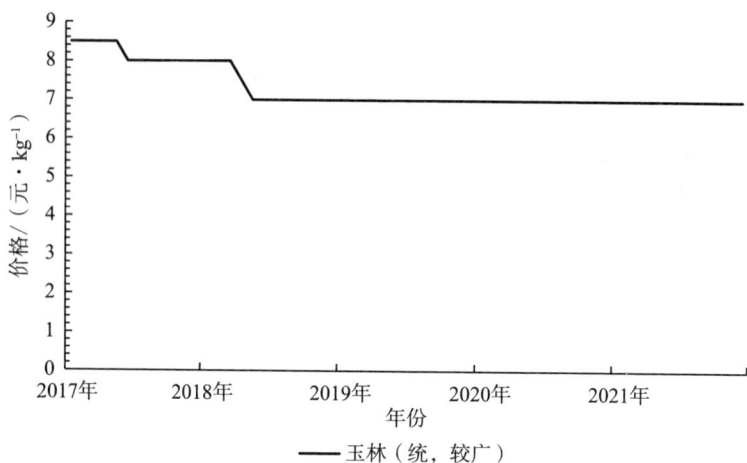

附图 1-59　2017—2021 年荷叶价格

莱菔子　Laifuzi　RAPHANI SEMEN

【别名】萝卜子、萝白子、菜头子、萝卜米。

【来源】十字花科植物萝卜 *Raphanus sativus* L. 的干燥成熟种子。

【主产地】我国各地均有生产，主产于甘肃、云南、四川、陕西、河北、河南。

【主产地种植面积】我国各地普遍种植，由于行情长期低迷，有药用采收习惯的产区不多。主要有三大主产区：一是甘肃产区，包括张掖、天水和定西等；二是四川产区，包括攀枝花及成都双流、彭州等；三是云南产区，包括砚山、大理等。陕西汉中城固、西安鄠邑，以及湖北和河南部分地区也有生产。据天地云图中药产业大数据平台统计，2020 年我国莱菔子药用渠道产量约为 2 994 t，2021 年莱菔子产量约为 2 864 t。

【价格趋势分析】莱菔子价格 2017 年为 10 元/kg 左右，2018—2020 年稳定在 9.5 元/kg 左右。2021 年，受产地种植面积缩减和气候干旱的影响，莱菔子减产明显，价格在 2021 年 12 月达到历史高点 15 元/kg。由于行情较好，陆续有其他产地货源冲击市场，2022 年价格有小幅下滑。萝卜种植范围广，产量和销量较为稳定，价格主要受气候干旱等自然因素的影响而波动，受人为因素影响较少。

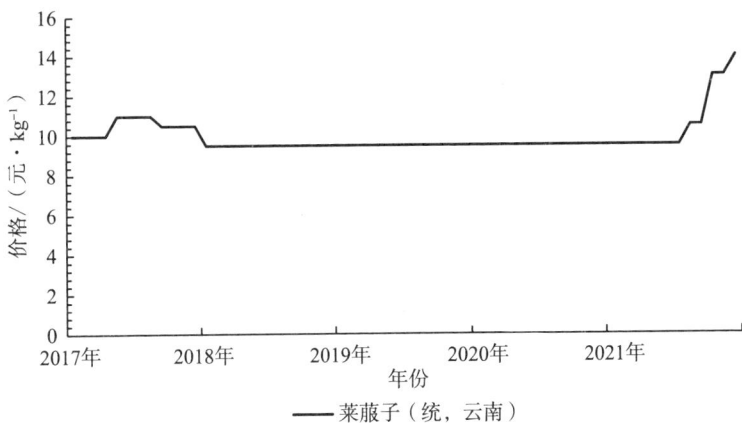

附图 1-60　2017—2021 年莱菔子价格

莲子　Lianzi　NELUMBINIS SEMEN

【别名】莲实、莲米。

【来源】睡莲科植物莲 *Nelumbo nucifera* Gaertn. 的干燥成熟种子。

【主产地】主产于湖北、湖南、江西、福建、江苏、浙江、山东、河北等。

【地理标志产品】微山湖莲子、里叶白莲、志棠白莲、武义宣莲、处州白莲、建莲、建宁通心白莲、洪湖莲子、湘莲、石城白莲、广昌白莲、向阳湖莲子。

【主产地种植面积】莲在我国分布范围十分广泛，全国人工种植面积超过600 万亩，广泛种植于长江流域及其以南地区，在国外仅东南亚地区有少量种植。湖北莲的种植面积、规模及产量均居我国首位。2019 年，湖北莲种植面积 144.45 万亩，其中藕莲 90.9 万亩、子莲 32.4 万亩、藕带 21.15 万亩。子莲以武汉江夏、黄陂和荆州洪湖、黄冈团风等地种植面积最大，分别形成了武汉城郊的鲜食子莲优势产区和洪湖、团风的铁莲子优势产区。

【价格趋势分析】2017—2021 年，莲子价格经历了一轮涨跌。莲子价格2017 年达 48 元/kg 高位，2018 年跌至 28 元/kg 左右，经过一年的低位盘整，2019 年后半年开始缓慢上涨，到 2021 年涨至 46 元/kg 左右。2022 年莲子价格仍高位运行，2022 年 5 月莲子价格超过 50 元/kg。莲子行情周期性明显，经过连续 3 年的价格上涨，农户种植积极性较高，若生长期间未受灾，价格或将下降；若受灾导致产量下降，高价行情还将继续。

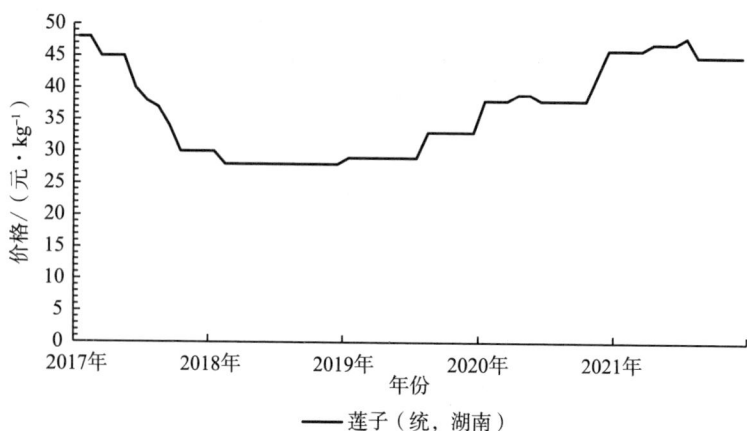

附图 1-61　2017—2021 年莲子价格

高良姜　Gaoliangjiang　ALPINIAE OFFICINARUM RHIZOMA

【别名】大高良姜、风姜、小良姜、良姜。

【来源】姜科植物高良姜 *Alpinia officinarum* Hance 的干燥根茎。

【主产地】主产于广东、广西、云南、海南、台湾等。

【地理标志产品】徐闻良姜。

【主产地种植面积】据统计，2020 年高良姜产量约为 3 555 t，2021 年产量约为 2 705 t。广东徐闻是"高良姜之乡"，干品产量常年占全国总产量的 90% 以上，高良姜种植面积从 2019 年年初的 4 万亩增加到了 2021 年的 5.7 万亩，已形成以龙塘为交易中心，以曲界、城北、南山、海安、锦和、下洋、前山等为腹地的广阔种植区域。

【价格趋势分析】高良姜行情低迷已持续多年，经济效益低，种植周期长，广东徐闻种植户种植高良姜的积极性下降，高良姜的种植面积逐年减少。2017—2019 年高良姜价格基本在 10 元/kg 左右，2020 年产新后价格逐步走高，2021 年达 25 元/kg。高良姜产区集中，出口量明显增加，随着市场货源不断消耗，产地库存量明显减少，产新量较低，价格出现上涨的可能性较大。

附图 1-62　2017—2021 年高良姜价格

淡竹叶　Danzhuye　LOPHATHERI HERBA

【别名】碎骨子、山鸡米、金鸡米、迷身草。

【来源】禾本科植物淡竹叶 *Lophatherum gracile* Brongn. 的干燥茎叶。

【主产地】主产于浙江、安徽、湖南、四川、湖北、广东、江西等。广西、贵州、福建、江苏、河南、云南等也有生产。

【主产地种植面积】淡竹叶以野生供应为主，华南及华东地区多有生产。淡竹叶产区主要集中在三个区域：一是两广西江流域，如广东肇庆的高要、德庆，广西的梧州、贺州到玉林等；二是四川沱江流域，如泸州、宜宾等；三是湘粤交界的桂东、资兴东江流域到鄂西南等。根据文献报道，重庆永川具有丰富的淡竹叶资源，贵州凯里淡竹叶出现频度高，资源蕴藏量丰富。

【价格趋势分析】淡竹叶价格平稳，少有大幅波动。2017—2020 年，淡竹叶价格为 12～15 元/kg，2021 年产新后，受产地雨水天气影响，货源减少，价格大幅上涨，从 12 元/kg 涨至 17 元/kg。淡竹叶产区面积较广，野生资源相对丰富，基本处于供略大于求的状态，虽然 2021 年产量有减，但供需矛盾并不突出，价格继续上涨的可能性不大。

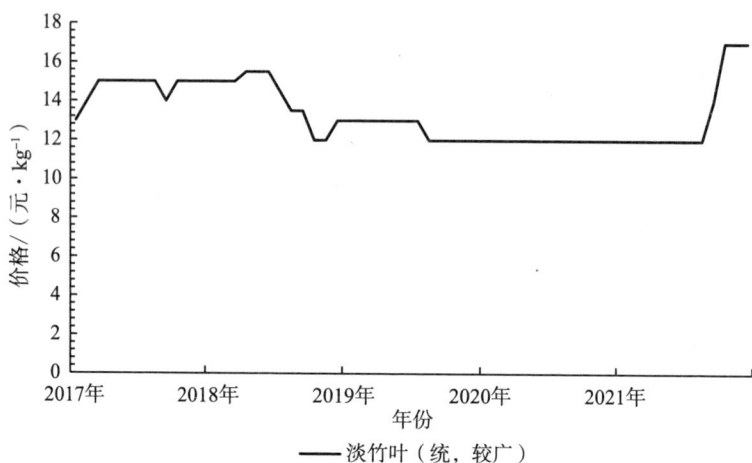

附图 1－63　2017—2021 年淡竹叶价格

淡豆豉　Dandouchi　SOJAE SEMEN PRAEPARATUM

【别名】香豉、淡豉。

【来源】豆科植物大豆 *Glycine max*（L.）Merr. 干燥成熟种子（黑豆）的发酵加工品。

【主产地】我国各地均有生产，主产于东北地区。

【地理标志产品】湖口豆豉。

【主产地种植面积】大豆原产于我国，古称菽，距今已有 4 000 多年的种植历史。其含有丰富的蛋白质，是重要的粮食作物，被广泛应用于豆制品、食用油、酱油等农副产品的生产，同时也是中药淡豆豉等的主要原材料。淡豆豉在我国的应用历史悠久，古往今来有诸多农书、本草记载该药材，江西与湖北襄阳、河南三门峡、浙江杭州及山西永济等为其道地产区。由于淡豆豉为发酵类药材，长期以来供需稳定，受季节、天气等因素的影响小，一般按需稳定生产。

【价格趋势分析】2017—2021 年，淡豆豉价格稳中有升。2017—2019 年 8 月，淡豆豉价格稳定在 7.5 元/kg，2019 年 9 月—2021 年 6 月，价格为 9 元/kg，之后稳定在 12 元/kg。淡豆豉市场货源量不大，需求量有限，商家多为按需采购，供求一直较为平衡，5 年来价格稳中有升，这可能与人工成本上涨等有关，后市看平。

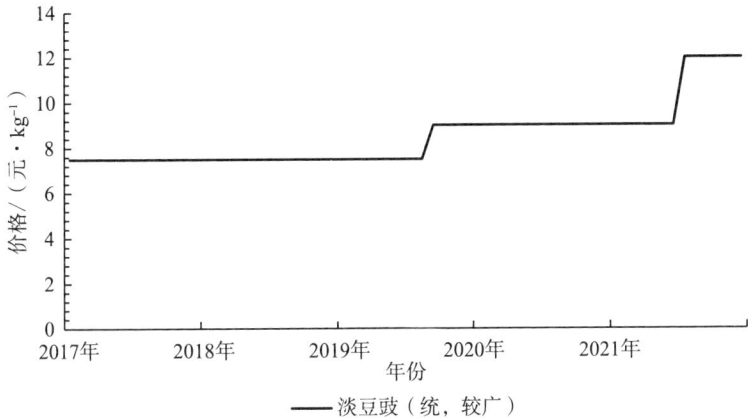

附图 1-64 2017—2021 年淡豆豉价格

菊花　Juhua　CHRYSANTHEMI FLOS

【别名】甘菊、节花、九菊、苦薏。

【来源】菊科植物菊花 *Chrysanthemum morifolium* Ramat. 的干燥头状花序。

【主产地】主产于安徽亳州、滁州，河南孟州，河北安国、博野，山西芮城，四川中江等。

【地理标志产品】灵岩御菊、高家河苦菊、嘉祥白菊花、洋马菊花、杭白菊、桐乡杭白菊、怀菊花、小相菊花、开封菊花、黄山贡菊、滁菊、滁州贡菊、亳菊、麻城福白菊、江陵金菊、克里阳雪菊、尼雅昆仑雪菊。

【主产地种植面积】《中华人民共和国药典》（2020 年版）按产地、加工方式等不同，将菊花分为"亳菊""滁菊""贡菊""杭菊""怀菊"5 种。据文献记载，2017—2019 年药用菊产区年均种植面积达 269 955 亩，年均干品产量约为 35 322 t。五大药菊的种植遍布平原、丘陵、山区，且具有各自的集中分布区。亳菊分布于安徽亳州沿涡河流域，主要种植区域在谯城、涡阳，以药用为主；滁菊主要分布于滁州南谯、琅琊等地区；传统黄山贡菊主要集中在歙县北岸、休宁部分乡镇及溪头；杭白菊主要分布于浙江桐乡、江苏射阳、湖北麻城三大产区，目前以茶用为主；怀菊主要分布于温县武德、祥云等，以药用为主。

【价格趋势分析】2017—2021 年，药用菊花价格在 45～65 元/kg 波动上涨。以杭菊（散统，浙江产）为例，2017 年产新后，菊花价格由 55 元/kg 降至45 元/kg。2018 年 11 月后，菊花价格连续上涨，由 45 元/kg 涨至 65 元/kg，与2018 年的 45 元/kg 相比，涨幅达44% 左右。虽然2021 年菊花种植面积有所扩大，但夏、秋季连降大雨，不少种植区域受灾，菊花价格仍处于高位。短期内受库存薄弱、加工成本提高等因素影响，价格看涨；长期来看，菊花生产周期短，市场供应调节能力较强，接下来市场行情将根据实际需求变化。

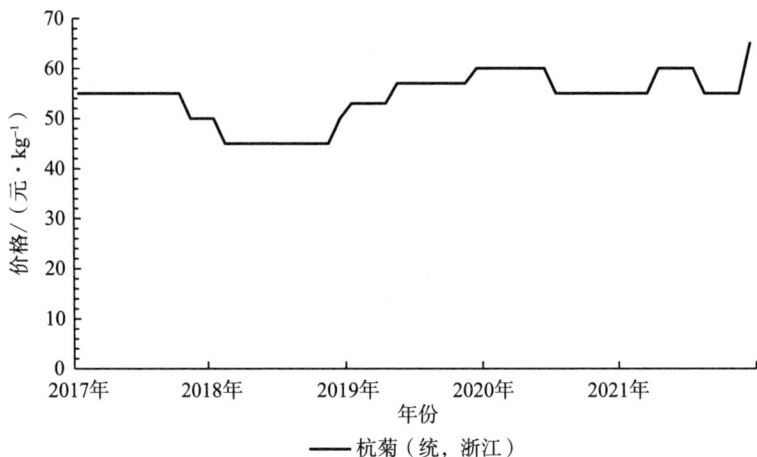

附图 1 - 65　2017—2021 年菊花价格

菊苣　Juju　CICHORII HERBA CICHORII RADIX

【别名】苦苣、苦菜、蓝菊、咖啡草。

【来源】菊科植物毛菊苣 *Cichorium glandulosum* Boiss. et Huet 或菊苣 *Cichorium intybus* L. 的干燥地上部分或根。

【主产地】毛菊苣主产于新疆。菊苣主产于新疆、陕西、山西、辽宁、黑龙江、北京等。

【主产地种植面积】我国菊苣种植广泛，内蒙古敖汉旗古鲁板蒿升级传统农业产业，拓宽作物品类，种植菊苣 1 万亩。维乐夫集团通过种植推广产业合作，在承德征地 1 万亩发展菊苣种植基地，推动产业结构调整，助力乡村振兴。内蒙古维你好生物科技有限公司启动菊苣种植及深加工项目，项目达产后，将按"公司 + 专业合作社 + 农户"的订单模式，带动

5 000 户农户种植菊苣 2 万亩，每户预计增收 1 万元；项目二期计划 3 年内完成，菊苣种植基地规模将扩大到 10 万亩。此外，菊苣在山东、新疆和黑龙江等地也有种植。

【价格趋势分析】菊苣价格比较稳定，饮片价格在 10～20 元/kg，炒制货价格更高一些。根据中药材天地网市场快讯，菊苣根价格稳定，2019 年生货价格为 17～18 元/kg，炒制货价格为 25 元/kg 左右；2020 年 4 月，菊苣货源走销量不大，商家无关注力度。菊苣全草饮片价格为 10 元/kg，根片价格为 17 元/kg，预计后市大幅波动的可能性小。

黄芥子 Huangjiezi SINAPIS SEMEN

【别名】芥子、芥菜子、青菜子。

【来源】十字花科植物芥菜 Brassica juncea（L.）Czern. et Coss. 的干燥成熟种子。

【主产地】我国各地皆有生产，主产于河南、安徽。

【主产地种植面积】2020 年我国芥菜种植面积 1 400 万亩，主要分布于长江流域以南的 13 个省市区，其他地区（华北、东北、西北）种植较为分散，集中度不高。作为"中国芥菜之乡"，湖南岳阳华容大力推广芥菜集中育苗，种植基地面积达 3 815 亩，可移栽大田约 7 万亩，与种植户签订合同的芥菜种植面积达 7.45 万亩，规划 2022 年芥菜种植面积约 20 万亩，其中大规模机械化种植 15 万亩。黄芥子药材市场需求量不大，多作为芥菜的附属产品进行生产，供应充足。

【价格趋势分析】黄芥子长期以来价格平稳。2017—2021 年 4 月，黄芥子价格基本维持在 7～7.5 元/kg，2021 年 4 月后，黄芥子价格逐渐走高，市场寻货的商家较前期增多，价格上调，2021 年 12 月达 12 元/kg 高位。黄芥子在河南、安徽、湖北等地种植面积大，产量和销量均较稳定，预计后期价格依旧平稳。

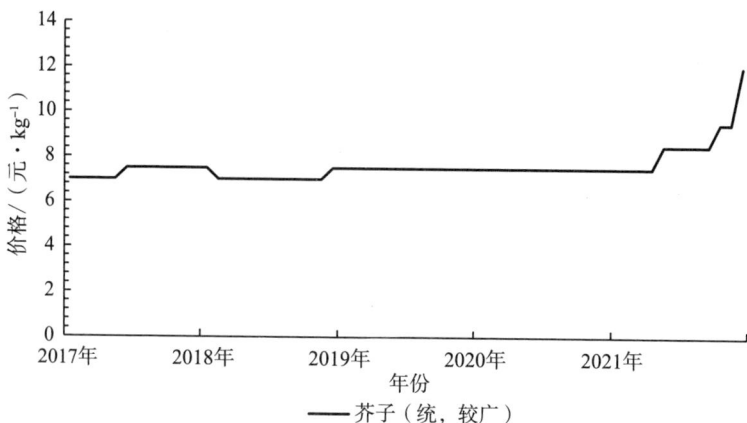

附图 1-66 2017—2021 年黄芥子价格

黄精 Huangjing POLYGONATI RHIZOMA

【别名】龙衔、兔竹、垂珠、鸡格。

【来源】百合科植物滇黄精 *Polygonatum kingianum* Coll. et Hemsl.、黄精 *Polygonatum sibiricum* Red. 或多花黄精 *Polygonatum cyrtonema* Hua 的干燥根茎。

【主产地】主产于湖北、湖南、云南、贵州、北京、陕西、江西、福建等。

【地理标志产品】九华黄精、铜鼓黄精、天问山黄精、安化黄精、黔阳黄精、江山黄精。

【主产地种植面积】因黄精野生资源减少，近些年我国多地开始推广黄精种植，家种黄精处于快速发展阶段，经初步评估，全国黄精种植面积超 50 万亩。贵州黄精种植面积 14.02 万亩，安徽池州黄精种植面积 5.6 万亩，江西宜春黄精种植面积 5 万余亩，黑龙江哈尔滨黄精种植面积 6 000 亩左右，湖南黄精种植面积超 15 万亩（益阳 4.5 万亩，新化 9.2 万亩，洪江 2 万亩），浙江江山种植面积 1.12 万亩。云南以滇黄精为主的药用植物种植面积约 10 万亩，年采挖面积 4 万亩，年产量 1.1 万 t，农业产值 6.6 亿元。

【价格趋势分析】黄精在我国分布范围较广，前期以野生资源为主，随着黄精野生资源逐年减少，且恢复较为困难，其价格开始逐年上涨。2012 年黄精价格仅为 30 元/kg 左右，之后稳步上涨，2017 年价格涨至 54 元/kg，到2018 年，西南产黄精统货价格达 75 元/kg 左右，随后黄精价格一直在高位运行。目前农户种植黄精的积极性较高，黄精的高价期已持续多年，随着家种产能逐渐增加，价格下行的压力将越来越大。

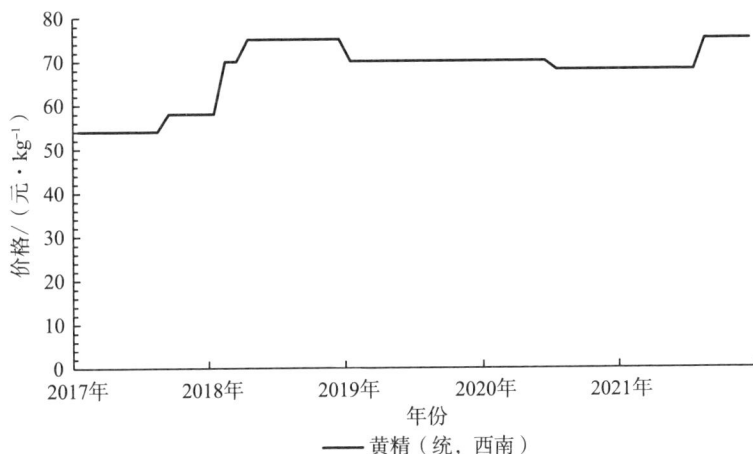

附图 1-67　2017—2021 年黄精价格

紫苏叶　Zisuye　PERILLAE FOLIUM

【别名】苏叶、紫苏、香苏、红苏。

【来源】唇形科植物紫苏 *Perilla frutescens*（L.）Britt. 的干燥叶（或带嫩枝）。

【主产地】主产于湖北孝感、黄冈，河南商丘及禹州、长葛，山东泰安及章丘、历城，江西宜春，浙江金华及建德，重庆涪陵，河北安国、定州，黑龙江黑河及桦南等地。

【地理标志产品】桦南紫苏、彭水苏麻。

【主产地种植面积】紫苏广泛种植于我国南北各省区，吉林紫苏种植面积一直较为稳定，年均维持在 12 万亩左右，实际年采摘紫苏叶 2 000 t 左右，以国内销售为主。黑龙江桦南紫苏种植面积 10 万余亩，重庆彭水紫苏种植面积 2 万余亩，内蒙古鄂伦春紫苏种植面积 10 万余亩，江西乐安紫苏种植面积 2 万余亩。此外，河北安国的霍庄、小营也是紫苏的北方主产区，广东清远及高州等地区紫苏的家种规模较大，广西紫苏的种植面积相对次于广东。

【价格趋势分析】2017—2021 年，紫苏叶价格呈现上涨并逐渐平稳趋势，由 2017 年的 5 元/kg 涨至 2020 年的 10 元/kg。2020—2021 年价格维持在 10 元/kg。紫苏叶生长周期短，不宜形成多草现象，产量易于调整，市场供应稳定，货源走动一般，价格出现大幅波动的可能性不大。

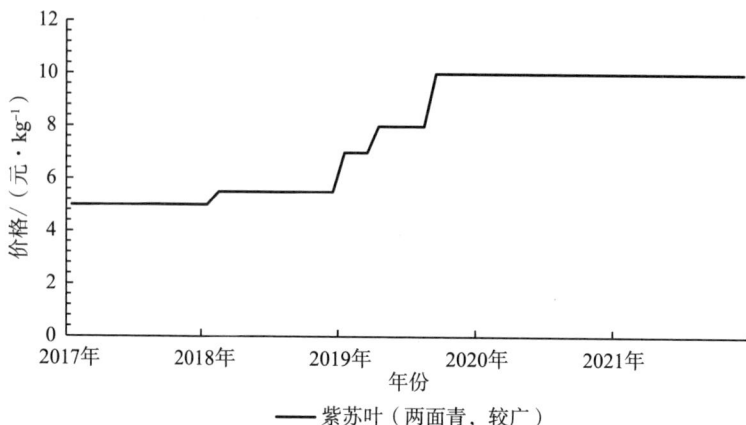

附图 1-68　2017—2021 年紫苏叶价格

紫苏籽 Zisuzi　PERILLAE FRUCTUS

【别名】苏子、赤苏、香苏子、玉苏子、黑苏子。

【来源】唇形科植物紫苏 *Perilla frutescens*（L.）Britt. 的干燥成熟果实。

【主产地】我国各地广泛生产。不丹、印度、中南半岛，南至印度尼西亚（爪哇），东至日本、朝鲜也有生产。

【主产地种植面积】我国有黑龙江、河北、湖北、浙江、广东 5 个省种植紫苏，种植总面积 33.70 万亩。5 个省的紫苏种植面积占比依次为黑龙江 86.51%、河北 7.24%、湖北 5.93%、浙江 0.31%、广东 0.01%。此外，紫苏在北京、山西、内蒙古、辽宁、吉林、江苏、安徽、江西、河南、湖南、广西、四川、贵州、云南、陕西、甘肃也有种植。

【价格趋势分析】2017—2022 年，紫苏籽价格总体呈上升趋势。2017—2020 年紫苏籽价格增长缓慢，基本维持在 12 元/kg 左右，之后迅速增长。其中安国市场价格总体偏高，亳州市场价格 2021—2022 年有轻微回落。紫苏籽在各药材市场的价格未来仍有上升的可能性。

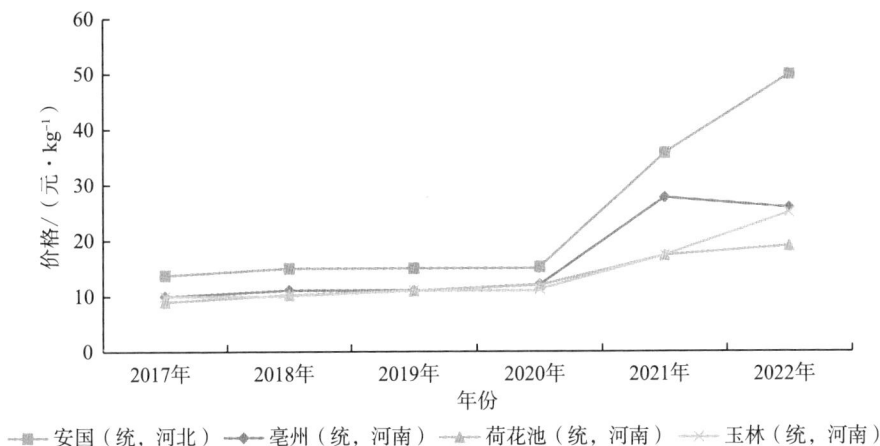

附图 1 – 69 2017—2022 年紫苏籽价格

葛根 Gegen PUERARIAE LOBATAE RADIX

【别名】葛、甘葛、干葛、鹿藿。

【来源】豆科植物野葛 *Pueraria lobata*（Willd.）Ohwi 的干燥根。

【主产地】产于我国除新疆、青海及西藏外的南北各地。东南亚至澳大利亚也有分布。

【地理标志产品】横峰葛。

【主产地种植面积】我国有湖北、四川、江苏、安徽、浙江、广东 6 个省种植葛根，种植总面积 8.08 万亩。6 个省的葛根种植面积占比依次为湖北 82.87%、四川 7.42%、江苏 4.08%、安徽 3.71%、浙江 1.86%、广东 0.06%。此外，葛根在河北、江西、河南、湖南、广西、贵州、云南也有种植。

【价格趋势分析】2017—2022 年，葛根价格总体稳定，基本维持在 7~8 元/kg。其中荷花池市场价格在 2019—2022 年有轻微波动，亳州无硫统丁价格偏高，平均在 10.5 元/kg 左右，约为安国（均价 6 元/kg）和亳州（均价 6 元/kg）柴统块价格的 2 倍。安国、荷花池与玉林市场的柴统块价格未来仍有上涨的可能。

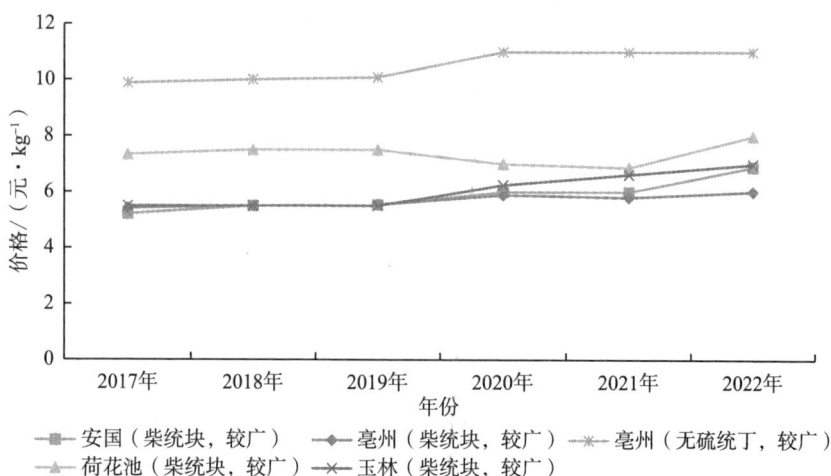

附图 1-70　2017—2022 年葛根价格

黑芝麻　Heizhima　SESAMI SEMEN NIGRUM

【别名】芝麻、脂麻、黑脂麻、油麻、油麻仁、巨胜、巨胜子、黑巨胜、乌麻、乌麻子、香油麻。

【来源】脂麻科植物芝麻 *Sesamum indicum* L. 的干燥成熟种子。

【主产地】原产于印度。我国有引种。

【地理标志产品】平舆白芝麻。

【主产地种植面积】主产于江西，年黑芝麻种植面积达 60 万亩左右，约占全国黑芝麻面积的 60%，江西是我国黑芝麻的主要生产基地。

【价格趋势分析】黑芝麻价格在 2017—2022 年波动较大，总体呈上升趋势。其中，亳州市场价格上涨趋势较好，均价高于安国市场和玉林市场。具体来看，安国市场的统货价格在 2018—2020 年增速较快，2020 年创下了 17.5 元/kg 高位，随后逐年回落；玉林市场的统货价格增长平稳，均价在 14.2 元/kg 左右；亳州市场的统货价格从 2017 年开始一路上扬，在 2018 年和 2021 年增速较快，2022 年达到 23 元/kg 高位。

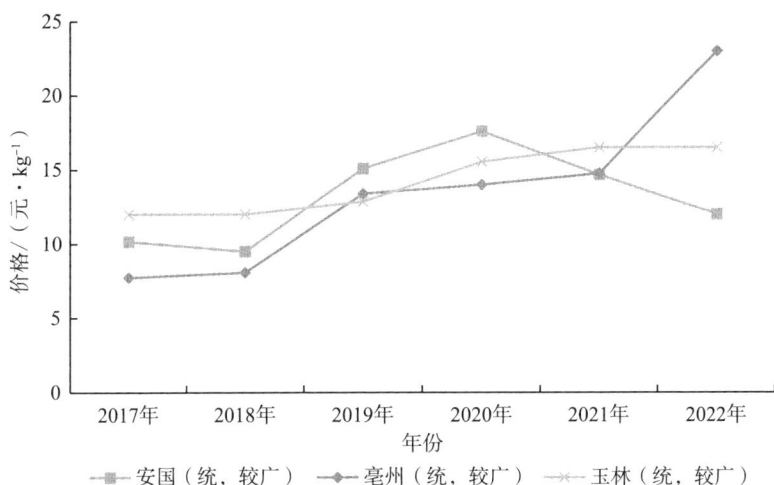

附图 1-71　2017—2022 年黑芝麻价格

黑胡椒　Heihujiao　PIPERIS FRUCTUS

【别名】古月、黑古月、白古月、胡椒、白胡椒。

【来源】胡椒科植物胡椒 *Piper nigrum* L. 的干燥近成熟或成熟果实。

【主产地】原产于东南亚，现广泛种植于热带地区。在我国主产于台湾、福建、广东、广西及云南等。

【主产地种植面积】海南胡椒种植面积 33.48 万亩。

【价格趋势分析】我国不同市场的黑胡椒价格相近，变化趋势也大致相同，均呈现总体下降的趋势，其中 2017—2020 年下降明显，由 2017 年的均价 62 元/kg 下降至 2020 年的均价 33 元/kg，2020 年后价格有所上涨，后续有望进一步回升。

239

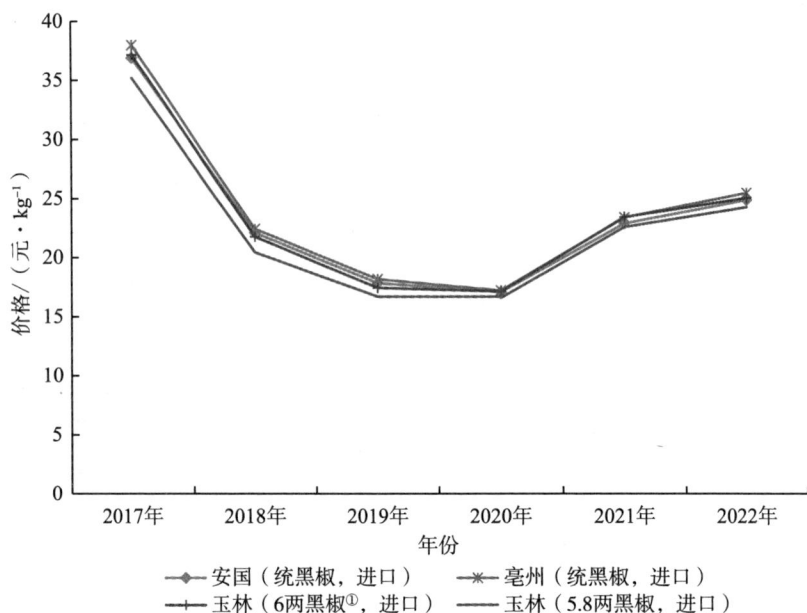

附图 1 - 72　2017—2022 年黑胡椒价格

槐米　Huaimi　SOPHORAE FLOS

【别名】怀米。

【来源】豆科植物槐 *Sophora japonica* L. 的干燥花蕾。

【主产地】原产于我国，现南北各地广泛生产，华北地区和黄土高原尤为多见。日本、越南也有生产，朝鲜并见有野生，欧洲、美洲各国均有引种。

【价格趋势分析】2017— 2022 年的槐米价格总体呈上升趋势，其中，2017—2020 年价格相对平稳，从 2020 年开始出现较快上涨，未来仍有上涨趋势。

---

① 6 两黑椒是市场中黑椒的一种规格。黑椒的其他规格还有 5.8 两黑椒。

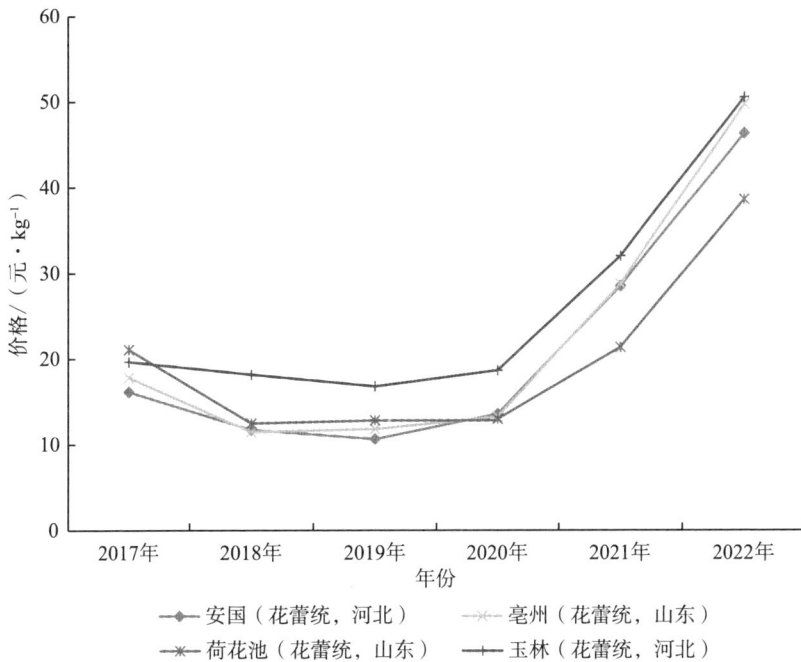

附图 1 – 73　2017—2022 年槐米价格

槐花　Huaihua　SOPHORAE FLOS

【别名】怀花。

【来源】豆科植物槐 *Sophora japonica* L. 的干燥花。

【主产地】原产于我国，现南北各地广泛生产，华北地区和黄土高原尤为多见。日本、越南也有生产，朝鲜并见有野生，欧洲、美洲各国均有引种。

【价格趋势分析】2017—2022 年，槐花价格总体呈先平稳后上升的趋势，2017—2021 年价格相对平稳，2021 年后有明显上涨。槐花在各药材市场的价格未来仍有上升预期。

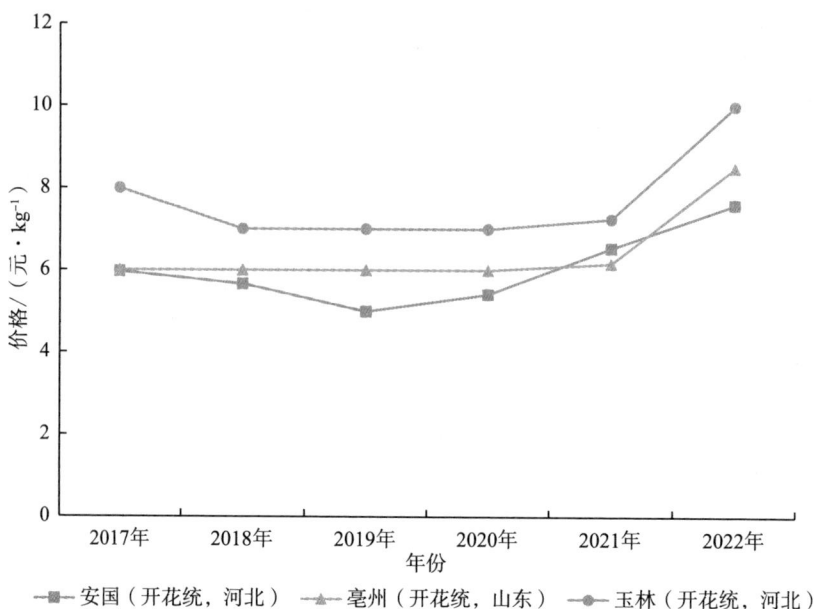

附图 1-74　2017—2022 年槐花价格

蒲公英　Pugongying　TARAXACI HERBA

【别名】公英、卜公英、黄花地丁、通天草、黄花郎、白鼓钉、奶汁草、凫公英、金簪草、婆婆丁、鹁鸪英、蒲公丁。

【来源】菊科植物蒲公英 *Taraxacum mongolicum* Hand.-Mazz.、碱地蒲公英 *Taraxacum borealisinense* Kitam. 或同属数种植物的干燥全草。

【主产地】主产于我国黑龙江、吉林、辽宁、内蒙古、河北、山西、陕西、甘肃、青海、山东、江苏、安徽、浙江、福建北部、台湾、河南、湖北、湖南、广东北部、四川、贵州、云南等。朝鲜、蒙古、俄罗斯也有生产。

【主产地种植面积】我国有河南、黑龙江、江苏、新疆、内蒙古 5 个省份种植蒲公英，种植总面积约为 6.07 万亩。5 个省份的蒲公英种植面积占比依次为河南 82.33%、黑龙江 8.75%、江苏 4.91%、新疆 3.62%、内蒙古 0.40%。此外，蒲公英在河北、山西、辽宁、湖南、四川、贵州、陕西、甘肃也有种植。

【价格趋势分析】药材市场上流通的蒲公英包括野生全草和家种全草两大

类，总体来看，野生蒲公英价格是家种蒲公英的 3 倍左右。具体来看，亳州市场的家种蒲公英价格总体呈下降趋势，从 2017 年的 5.58 元/kg 左右下降至 2022 年的 3 元/kg；安国家种蒲公英价格在 2017—2021 年逐年降低，此后明显回升，未来仍有上涨的可能。野生蒲公英的价格总体有所波动，在 2018 年升至最高，此后逐年回落，2021 年出现小幅上涨。

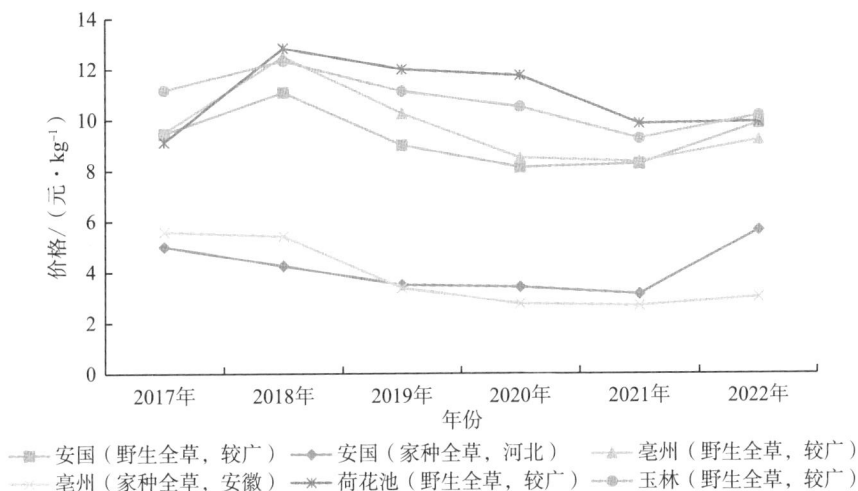

附图 1-75 2017—2022 年蒲公英价格

蜂蜜 Fengmi MEL

【别名】蜂糖、蜜糖、白蜜、生蜜、石蜜、石饴、百花精、灵雀蜜。

【来源】蜜蜂科昆虫中华蜜蜂 *Apis cerana* Fabricius 或意大利蜂 *Apis mellifera* Linnaeus 所酿的蜜。

【主产地】主产于浙江、河南和四川。

【地理标志产品】饶河东北黑蜂系列产品（蜂蜜、蜂胶、花粉、蜂王浆）。

【主产地养殖面积】2017 年，我国天然蜂蜜产量 55.2 万 t，占世界总产量的 29.6%，位居世界第 1 位；蜂房数量 915.7 万个，占世界总量的 10.1%，位居世界第 2 位；蜜蜂单产 54.3 g/只，高出世界平均水平 14.8%，位居世界第 4 位。近几年，我国蜂房数量和蜂蜜产量呈下降趋势。2001—2017 年，蜂房数量年均增长 1.2%，2017 年达 915.7 万个。2009 年起，蜂房存量增长率大幅降低。1999—2016 年，蜂蜜产量波动增加，年均增长 5.5%；2017 年、2018 年蜂蜜产量有一定程度的下降。

【价格趋势分析】目前仅玉林市场公布了蜂蜜的价格，2017—2022 年一直稳定在 30 元/kg。

附图 1-76　2017—2022 年蜂蜜价格

榧子　Feizi　TORREYAE SEMEN

【别名】榧、香榧、木榧、榧实、玉榧、赤果、玉山果。

【来源】红豆杉科植物榧树 *Torreya grandis* Fort. ex Lindl. 的干燥成熟种子。

【主产地】主产于浙江、江苏南部、福建北部、江西北部、安徽南部、湖南西南部及贵州松桃等地。

【价格趋势分析】目前仅安国市场公布了榧子的价格。2017—2022 年，榧子的市场价格总体呈下降趋势，从 2017 年的 42.92 元/kg，下降至 2022 年的 29.40 元/kg。其中 2019 年前后有较大的波动，未来仍有平稳回升的趋势。

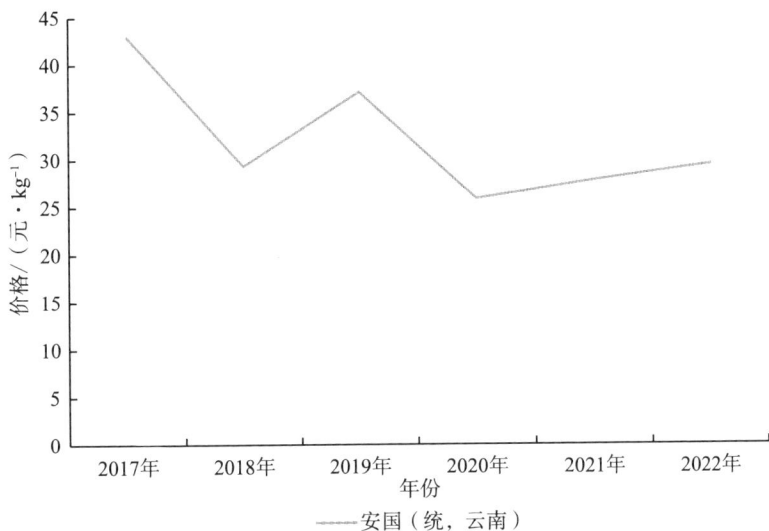

附图 1 – 77　2017—2022 年榧子价格

酸枣仁　Suanzaoren　ZIZIPHI SPINOSAE SEMEN

【别名】枣仁、山枣仁、樲仁、枣人、生枣仁。

【来源】鼠李科植物酸枣 *Ziziphus jujuba* Mill. var. *spinosa*（Bunge）Hu ex H. F. Chow 的干燥成熟种子。

【主产地】主产于我国辽宁、内蒙古、河北、山东、山西、河南、陕西、甘肃、宁夏、新疆、江苏、安徽等。朝鲜等也有生产。

【地理标志产品】延安酸枣。

【主产地种植面积】主产区以河北为主，河北种植面积27.7万亩。

【价格趋势分析】2017—2022 年，酸枣仁的价格具有高度的趋同性，其中机选统货和进口统货的价格相差近4倍。机选统货的价格在 2019 年前后历经小幅涨落，2020 年开始呈指数型增长，未来仍有可观的上升空间。进口统货价格平稳，平均在 70 元/kg 左右。

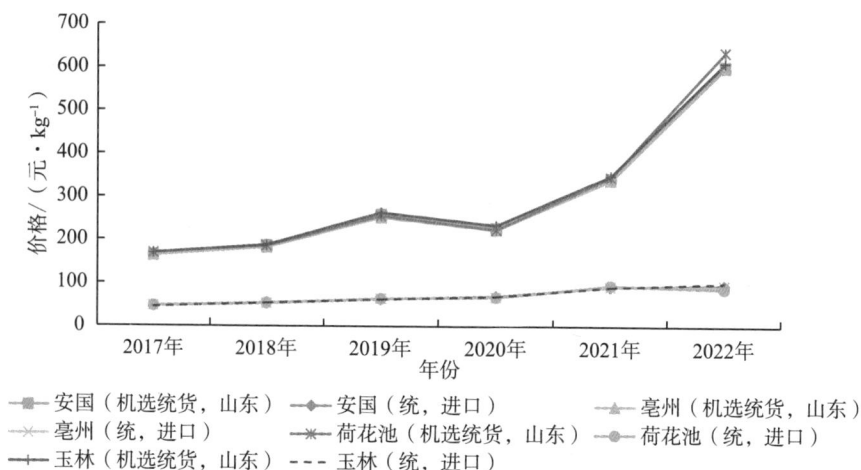

附图 1 - 78　2017—2022 年酸枣仁价格

鲜白茅根　Xianbaimaogen　IMPERATAE RHIZOMA

【别名】茅根、毛根、白茅、甜根、甜根草、茅草根、地筋根。

【来源】禾本科植物白茅 *Imperata cylindrica* Beauv. var. *major*（Nees）C. E. Hubb. 的干燥根茎。

【主产地】主产于我国山东、河南、陕西、江苏、浙江、安徽、江西、湖南、湖北、福建、台湾、广东、海南、广西、贵州、四川、云南、西藏等。非洲东南部、阿富汗、伊朗、印度、斯里兰卡、马来西亚、印度尼西亚爪哇、菲律宾、日本至大洋洲也有生产。

【价格趋势分析】2019—2022 年，河北产和安徽产的鲜白茅根价格具有趋同性，其中，河北产鲜白茅根的均价是安徽产鲜白茅根均价的 1.2 倍左右。鲜白茅根价格总体表现为在 2019—2021 年间逐年下降，此后平稳回升，预计未来仍有上涨可能。

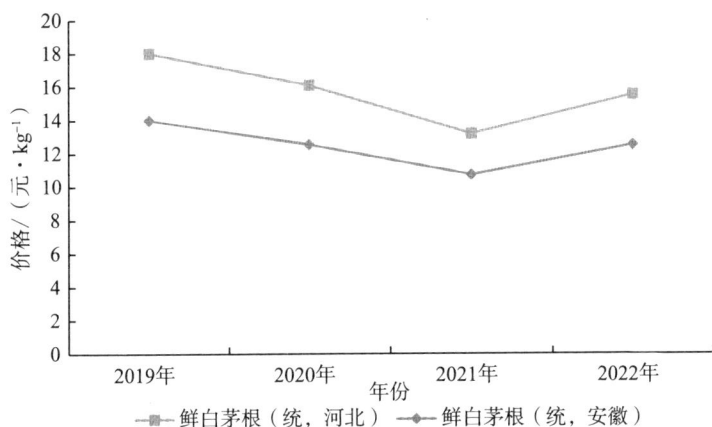

附图 1-79　2019—2022 年鲜白茅根价格

鲜芦根　Xianlugen　PHRAGMITIS RHIZOMA

【别名】芦茎、苇茎、苇根、芦苇根、大芦根。

【来源】禾本科植物芦苇 *Phragmites communis* Trin. 的新鲜或干燥根茎。

【主产地】主产于我国各地。

【价格趋势分析】不同产地的鲜芦根价格相差明显，北方（河北）产地的价格普遍高于南方（四川、安徽）产地的价格。其中玉林市场的河北统货价格变化异常明显，2017—2019 年价格平稳，此后大幅上涨，与其他市场的河北统货价格齐平甚至略高，到 2022 年涨势渐停，趋于平稳。其他产地的鲜芦根价格在 2017—2022 年间变化趋势较小。

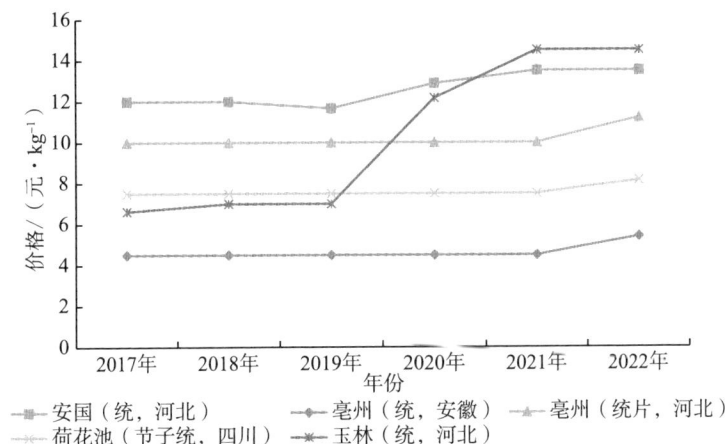

附图 1-80　2017—2022 年鲜芦根价格

247

蝮蛇 Fushe AGKISTRODON

【别名】白花蛇、五步蛇、蕲蛇、祁蛇、蕲蛇鲞、蕲蛇肉、五步倒、百步蛇、尖吻蝮、龙婆蛇、棋盘蛇。

【来源】蝰科动物五步蛇 *Agkistrodon acutus*（Güenther）的干燥体。

【主产地】主产于我国除广东、海南、广西外的其他地区。

【价格趋势分析】2017—2022 年，各个市场的蝮蛇价格变化趋同，价格均在 1 855 元/kg 左右波动，未来有上涨可能。

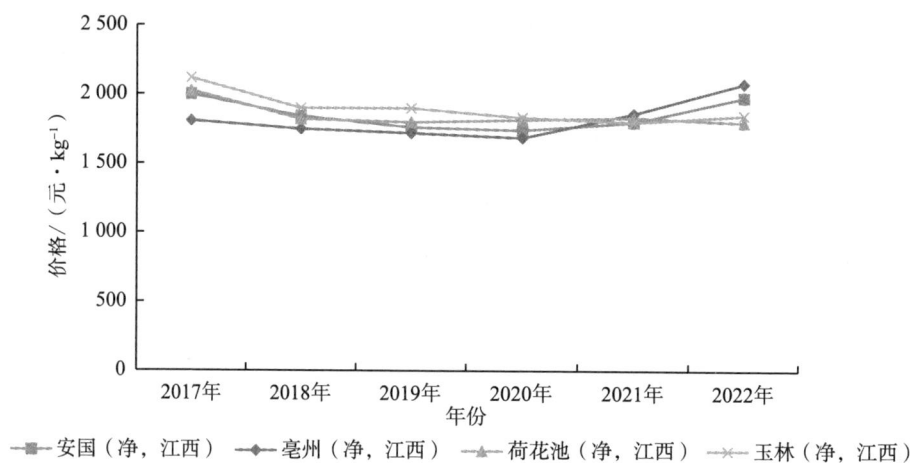

附图 1-81 2017—2022 年蝮蛇价格

橘皮 Jupi CITRI RETICULATAE PERICARPIUM

【别名】桔皮、陈皮、广陈皮、陈橘皮、新会皮、广皮、会皮、红皮、柑皮、贵老、黄桔皮。

【来源】芸香科植物柑橘 *Citrus reticulata* Blanco 及其栽培变种的干燥成熟果皮。

【主产地】主产于秦岭南坡以南、伏牛山南坡诸水系及大别山区南部，东南至台湾，南至海南岛，西南至西藏东南部海拔较低的地区。

【地理标志产品】新会陈皮、化橘红。

【价格趋势分析】2017—2022 年，各市场的橘皮价格变化趋势相近，橘皮价格虽在 2018 年上涨至最高点后迅速下降，但 2019 年起明显逐年回升，未来仍有上涨的空间。

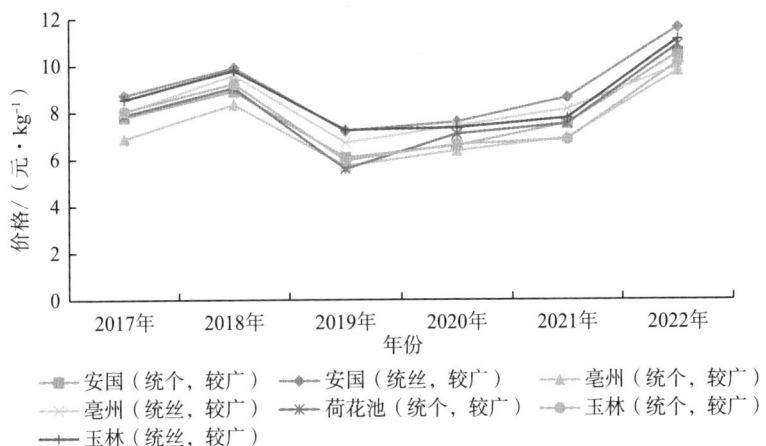

附图 1－82　2017—2022 年橘皮价格

薄荷　Bohe　MENTHAE HAPLOCALYCIS HERBA

【别名】卜荷、卜可、香荷、薄苛、番荷、番荷叶、金叶薄荷、龙脑薄荷。

【来源】唇形科植物薄荷 *Mentha haplocalyx* Briq. 的干燥地上部分。

【主产地】在我国主产于南北各地。亚洲其他热带地区、北美洲、俄罗斯远东地区、朝鲜及日本也有生产。

【价格趋势分析】薄荷分为全草统货和叶统货，其中叶统货价格较全草统货价格高，约为全草统货价格的 3 倍。2017—2022 年，薄荷全草在各药材市场的价格趋同，总体呈平缓上涨趋势，未来仍有上涨空间。薄荷叶的价格在各药材市场均表现为小范围的波动，未来或有下降的可能性。

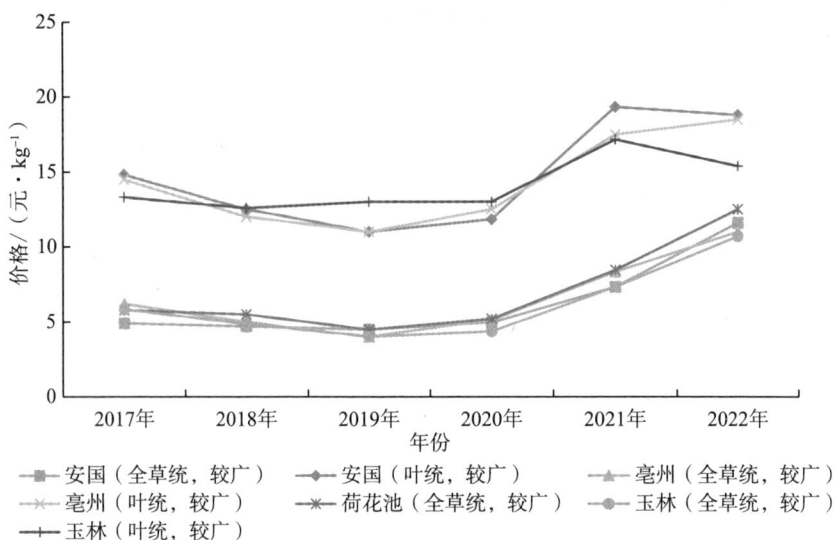

附图 1 - 83　2017—2022 年薄荷价格

薏苡仁　Yiyiren　COICIS SEMEN

【别名】薏米、苡米、薏仁、感米、苡米仁、生苡仁、米仁、益米、薏米仁、薏仁米、天谷、芑实、起目、起实、玉秫、玉珠、赣米、珠子米、药玉米、催生子、薏珠子、回回米、六谷米、必提珠。

【来源】禾本科植物薏米 *Coix lacryma-jobi* L. var. *ma-yuen* (Roman.) Stapf 的干燥成熟种仁。

【主产地】主产于辽宁、河北、山西、山东、河南、陕西、江苏、安徽、浙江、江西、湖北、湖南、福建、台湾、广东、广西、海南、四川、贵州、云南等。亚洲东南部与太平洋岛屿也有分布，世界其他湿热地区均有种植或逸生。

【地理标志产品】浦城薏米。

【主产地种植面积】我国有贵州、云南、福建、广西 4 个省区种植薏苡仁，总面积 71.60 万亩。薏苡仁种植面积占比依次为贵州 62.85%、云南 23.30%、福建 11.17%、广西 2.68%。此外，薏苡仁在河北、山西、江苏、江西、山东、河南、湖北、湖南、重庆也有种植。

【价格趋势分析】各药材市场中的薏苡仁价格变化趋势相近，均表现为

2020 年上涨至最高点后回落，总体呈明显的倒"V"形。其中贵州产薏苡仁的价格普遍高于进口薏苡仁的价格，且贵州产薏苡仁在玉林市场的价格最高，平均价格为 12.44 元/kg，进口薏苡仁在安国市场的价格最高，平均价格为 10.08 元/kg。

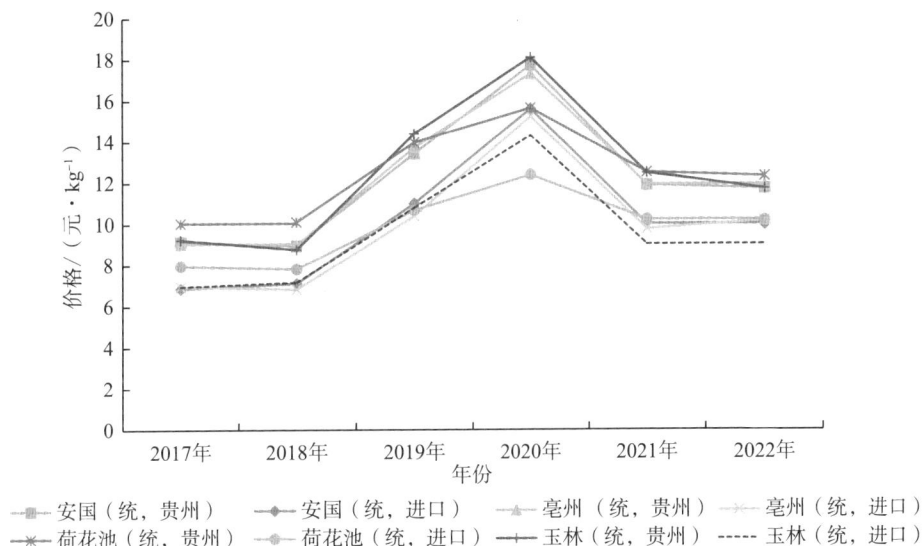

附图 1-84　2017—2022 年薏苡仁价格

薤白　Xiebai　ALLII MACROSTEMONIS BULBUS

【别名】九白、九白头、山薤、介白、茭白、野白头、薤白头、莜子、野薤、贼蒜、乔葱。

【来源】百合科植物小根蒜 *Allium macrostemon* Bge. 或薤 *Allium chinense* G. Don 的干燥鳞茎。

【主产地】除新疆、青海外，我国各省均有生产。朝鲜、日本等也有生产。

【地理标志产品】练塘茭白。

【价格趋势分析】2017—2022 年，各药材市场的薤白价格变化趋势相似，总体表现为 2021 年之前逐年下降，2021 年之后明显回升，预测未来具有较大的上涨可能性。

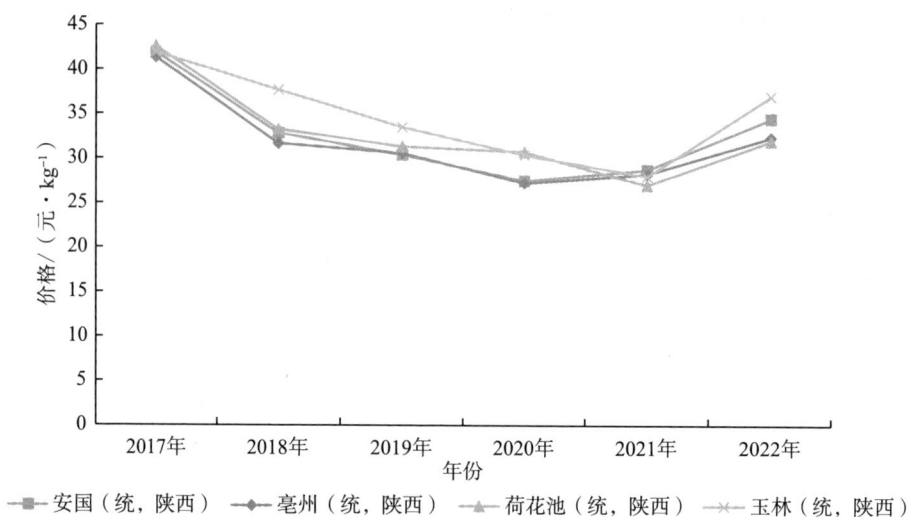

附图 1-85　2017—2022 年薤白价格

覆盆子 Fupenzi　RUBI FRUCTUS

【别名】覆盆、复盆子、缺盆、西国草、毕愣伽、木麦莓、乌蔗子。

【来源】蔷薇科植物掌叶覆盆子 *Rubus chingii* Hu 的干燥果实。

【主产地】在我国主产于江苏、安徽、浙江、江西、福建、广西。日本也有生产。

【主产地种植面积】我国有浙江、江西、安徽 3 个省种植覆盆子，种植总面积12.24 万亩。覆盆子种植面积占比依次为浙江93.06%、江西4.08%、安徽2.86%。此外，覆盆子在辽宁、黑龙江、河南、湖南、广西、新疆也有种植。

【价格趋势分析】2017—2022 年，覆盆子价格在各药材市场差别不大，且总体变化趋势也近似，呈"V"形分布，2017 年最高（约为295 元/kg），2020 年下降至最低点，随后逐年上升，未来仍有上涨空间，预计 1～2 年内将重回最高点。

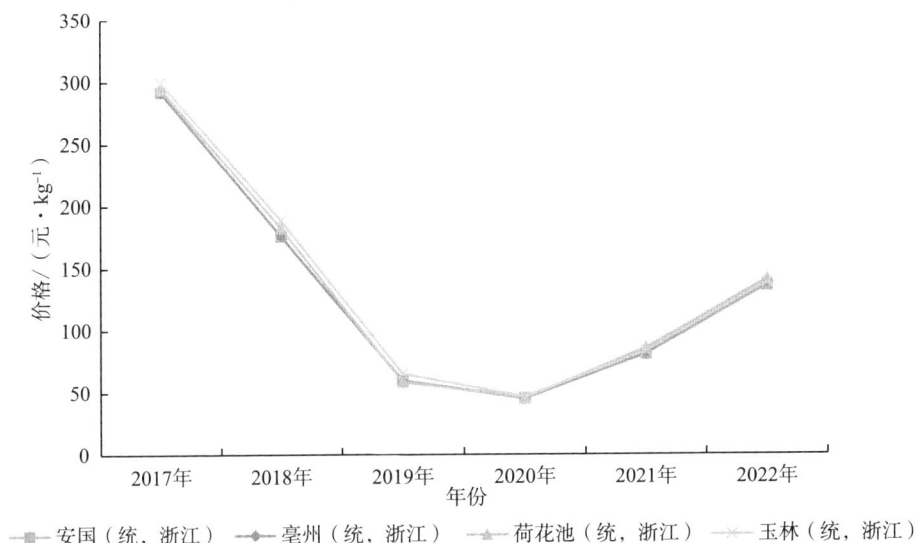

附图 1 - 86　2017—2022 年覆盆子价格

藿香　Huoxiang　POGOSTEMONIS HERBA

【别名】火香、广藿香、南藿香、兜娄婆香、藿去病。

【来源】唇形科植物广藿香 *Pogostemon cablin*（Blanco）Benth. 的干燥地上部分。

【主产地】在我国主产于台湾、海南及广东广州、广西南宁、福建厦门等。印度、斯里兰卡经马来西亚至印度尼西亚及菲律宾也有生产。

【价格趋势分析】藿香有统片和统个之分，二者的价格差异不大。藿香价格从 2017 年开始逐年上涨，在 2020 — 2021 年达到最高点，此后开始下降，预计未来仍有小幅回落。

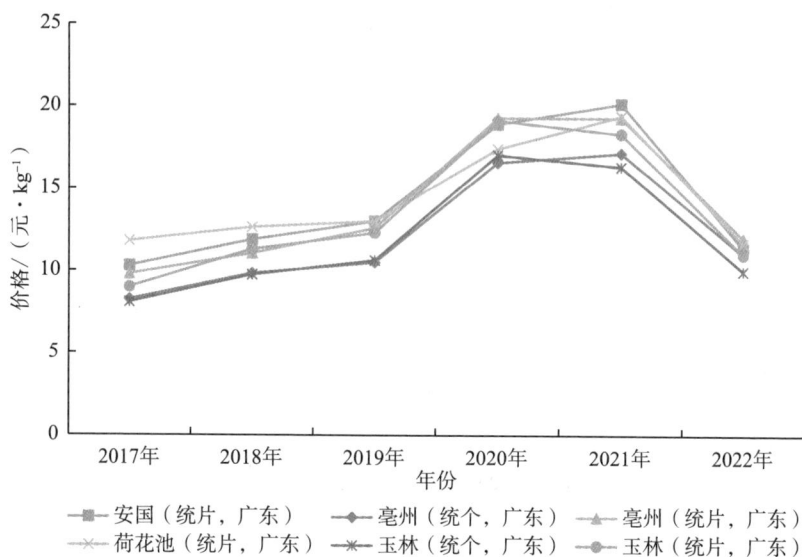

附图 1-87　2017—2022 年藿香价格

当归　Danggui　ANGELICAE SINENSIS RADIX

【别名】全当归、秦归、秦当归、西当归、归头、归身、归尾、归须、乾归、干归、甘白、干白、文无。

【来源】伞形科植物当归 *Angelica sinensis*（Oliv.）Diels 的干燥根。

【主产地】主产于甘肃东南部（岷县当归产量多、质量好）、云南、四川、陕西、湖北等。其他省区也有引种栽培。

【主产地种植面积】我国有甘肃、云南、青海、湖北 4 个省种植当归，种植总面积 71.25 万亩。当归种植面积占比依次为甘肃 80.32%、云南 10.07%、青海 9.26%、湖北 0.35%。此外，当归在河北、山西、内蒙古、吉林、重庆、四川、贵州、西藏、陕西也有种植。

【价格趋势分析】当归在市场上的货源有 4 种，分别为药厂货、统片、散把和箱装。药厂货和散把的价格较低，统片的价格最高。2017—2022 年，当归价格在药材市场的变化趋势较为统一，总体呈现出先下降、后上升的趋势，拐点在 2020 年。未来仍有上涨的可能性。

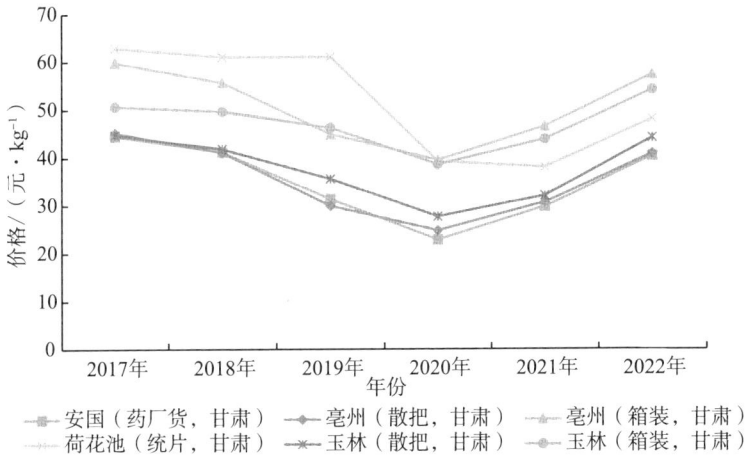

附图 1 - 88　2017—2022 年当归价格

山柰　Shannai　KAEMPFERIAE RHIZOMA

【别名】山奈、山辣、三赖、三柰、三乃子、三柰子。

【来源】姜科植物山柰 *Kaempferia galanga* L. 的干燥根茎。

【主产地】在我国主产于台湾、广东、广西、云南等。南亚至东南亚地区
也有生产。

【价格趋势分析】山柰的市场货源可分为国产统货和进口统货，其中国产
统货的价格最高，约为进口统货价格的 1.4 倍。山柰进口统货的价格有缓慢
下降的趋势，国产统货的价格在较高价位上平稳波动。

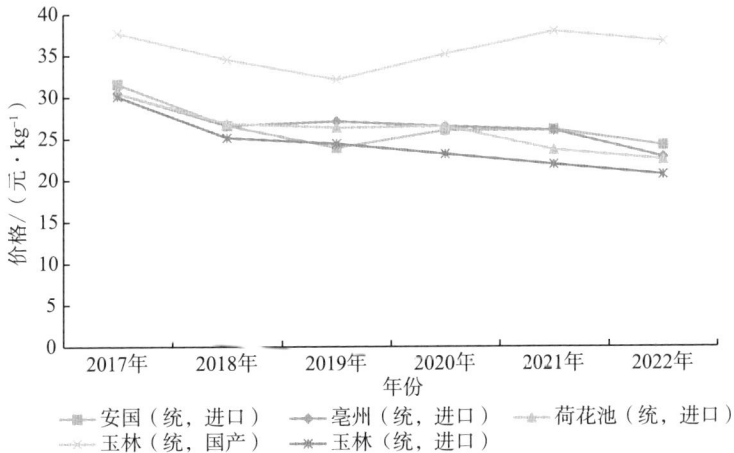

附图 1 - 89　2017—2022 年山柰价格

255

西红花 Xihonghua CROCI STIGMA

【别名】藏红、藏红花、番红花、撒馥兰、泊夫蓝、撒法郎。

【来源】鸢尾科植物番红花 *Crocus sativus* L. 的干燥柱头。

【主产地】原产于欧洲南部。我国各地常见生产。

【价格趋势分析】市场上的西红花分为一级和二级 2 种货源，其中一级的价格普遍高于二级。西红花价格从 2017 年的最高点逐年下降，2021 年为最低点，此后有所回升，未来仍有上涨的可能性。

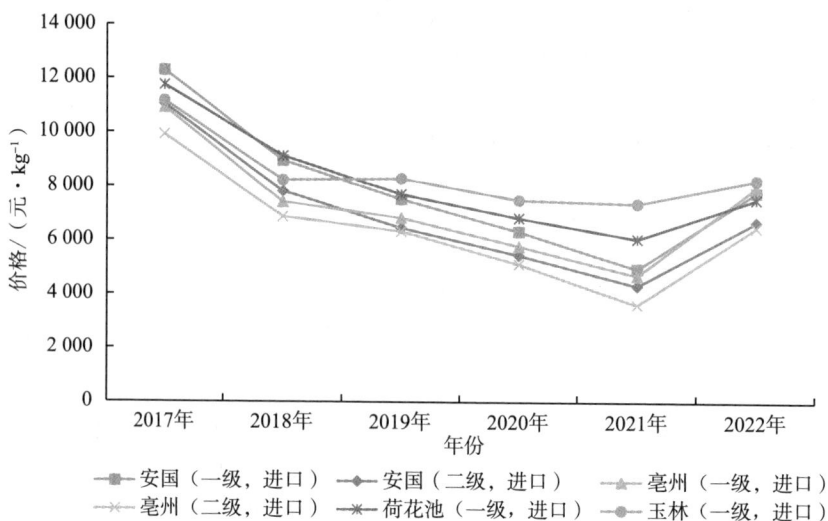

附图 1 - 90 2017—2022 年西红花价格

草果 Caoguo TSAOKO FRUCTUS

【别名】草果仁、草果子、漏叩。

【来源】姜科植物草果 *Amomum tsao - ko* Crevost et Lemaire 的干燥成熟果实。

【主产地】主产于云南、广西、贵州等。

【主产地种植面积】云南种植草果 210 万亩。

【价格趋势分析】市场上草果的货源可分为带柄统货、无柄统货和统货。各地市场草果的价格变化具有高度趋同性。草果价格在 2017—2019 年显著下降，此后保持平稳，未来有延续这一稳态的可能性。

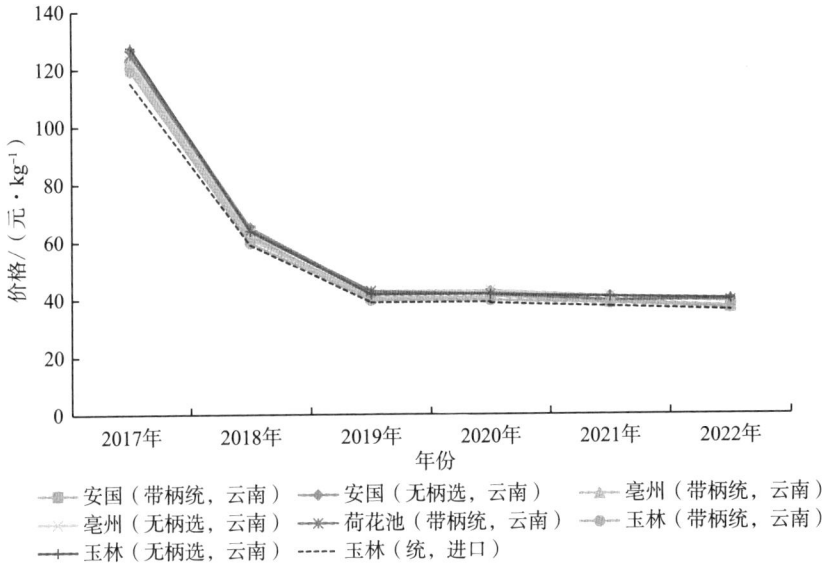

附图 1 - 91　2017—2022 年草果价格

姜黄 Jianghuang　CURCUMAE LONGAE RHIZOMA

【别名】黄姜、硬姜黄、色姜黄、宝鼎姜、宝鼎香。

【来源】姜科植物姜黄 *Curcuma longa* L. 的干燥根茎。

【主产地】在我国主产于台湾、福建、广东、广西、云南、西藏等。东亚其他地区及东南亚也有生产。

【主产地种植面积】我国有湖北、四川、重庆、广东 4 个省市种植姜黄，种植总面积约 14.48 万亩。姜黄种植面积占比依次为湖北 69.74%、四川 29.69%、重庆 0.55%、广东 0.02%。此外，姜黄在广西、云南也有种植。

【价格趋势分析】2017—2022 年，各市场姜黄的价格变化趋势相近，姜黄价格在 2018 年上涨至最高点后迅速下降，自 2020 年起明显逐年回升，未来仍有上涨的可能性。

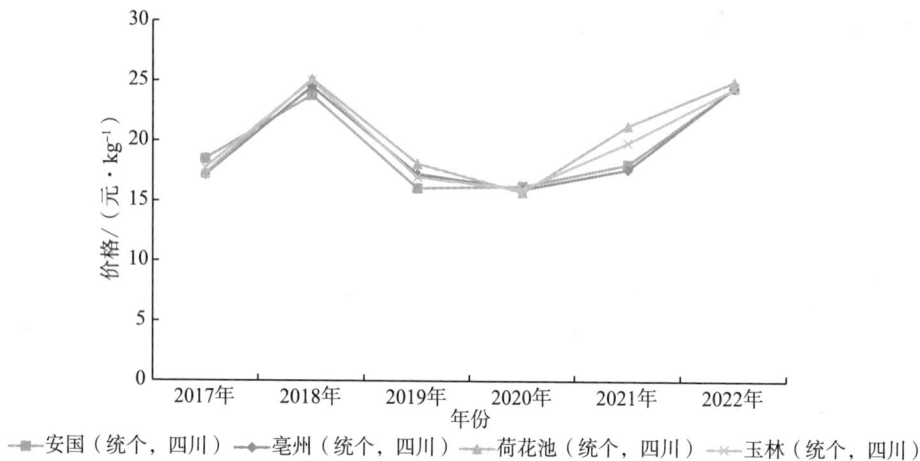

附图 1-92 2017—2022 年姜黄价格

荜拔 Biba PIPERIS LONGI FRUCTUS

【别名】荜拨、必卜、荜勃、荜拨梨、毕拨、逼拨。

【来源】胡椒科植物荜拨 *Piper longum* L. 的干燥近成熟或成熟果穗。

【主产地】在我国主产于云南东南部至西南部、广西、广东和福建。尼泊尔、印度、斯里兰卡、越南、马来西亚也有生产。

【价格趋势分析】2017—2022 年，各市场荜拨的价格变化趋势相近，荜拨价格虽在 2017 年有显著下降，但从 2018 年起明显逐年回升，未来仍有上涨的可能性。

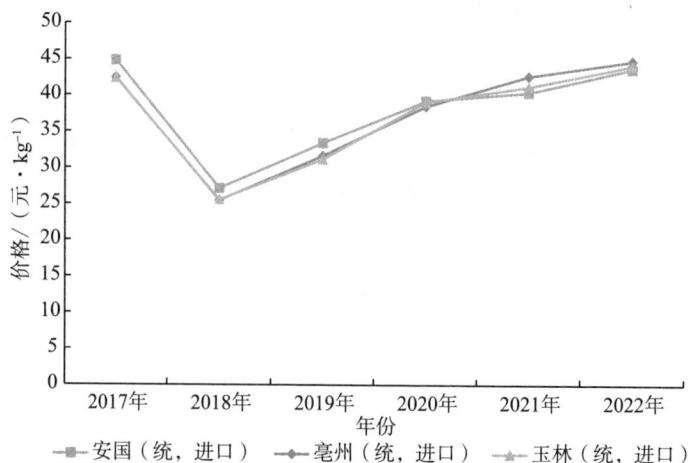

附图 1-93 2017—2022 年荜拨价格

粉葛 Fenge PUERARIAE THOMSONII RADIX

【别名】粉葛根、甘葛藤。

【来源】豆科植物甘葛藤 *Pueraria thomsonii* Benth. 的干燥根。

【主产地】在我国主产于云南、四川、西藏、江西、广西、广东、海南。老挝、泰国、缅甸、不丹、印度、菲律宾也有生产。

【地理标志产品】合水粉葛、火山粉葛。

【主产地种植面积】我国主要有广西、江西、广东3个省区种植粉葛，种植总面积16.26万亩。粉葛种植面积占比依次为广西68.63%、江西18.45%、广东12.92%。此外，粉葛在湖北、四川也有种植。

【价格趋势分析】同"葛根"。

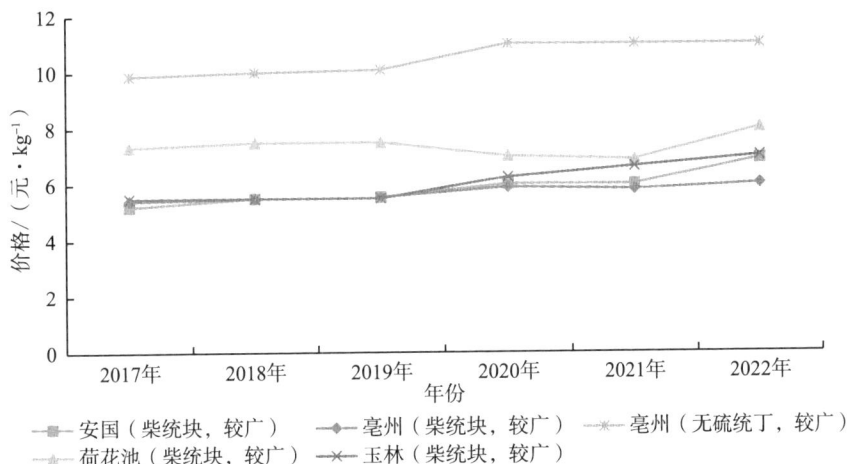

附图1-94 2017—2022年粉葛价格

山银花 Shanyinhua LONICERAE FLOS

【别名】大银花、大金银花、大叶金银花、山金银花、土银花、左转藤、土花、黄鳝花、土忍冬。

【来源】忍冬科植物灰毡毛忍冬 *Lonicera macranthoides* Hand.-Mazz.、菰腺忍冬 *Lonicera hypoglauca* Miq.、华南忍冬 *Lonicera confusa*（Sweet）DC. 或黄褐毛忍冬 *Lonicera fulvotomentosa* Hsu et S. C. Cheng 的干燥花蕾或带初开的花。

【主产地】灰毡毛忍冬主产于浙江、江西、安徽南部、福建西北部、湖北西南部、湖南南部至西部、广西东北部、四川东南部、贵州东部和西北部及广东翁源。菰腺忍冬在我国主产于广西、浙江、江西、福建、安徽南部、台湾北部和中部、湖北西南部、湖南西部至南部、广东（南部除外）、四川东部和东南部、贵州北部和东南部至西南部、云南西北部至南部。日本也有生产。华南忍冬在我国主产于广东、海南和广西。尼泊尔和越南北部也有生产。黄褐毛忍冬主产于云南、广西西北部、贵州西南部。

【主产地种植面积】我国有湖南、广西、重庆、贵州、湖北、广东6个省市种植山银花，种植总面积97.95万亩。山银花种植面积占比依次为湖南30.63%、广西25.22%、重庆21.24%、贵州20.42%、湖北2.45%、广东0.05%。

【价格趋势分析】市场上的山银花有色青花、茶花、马山花和开花无硫晒干4种，其中茶花和色青花的价格较高，马山花其次，开花无硫晒干价格最低。各地市场的山银花价格变化趋势大致相同，均表现为2017年开始逐年上涨，2020年达最高点，此后开始下降，预计未来仍有小幅回落的可能性。

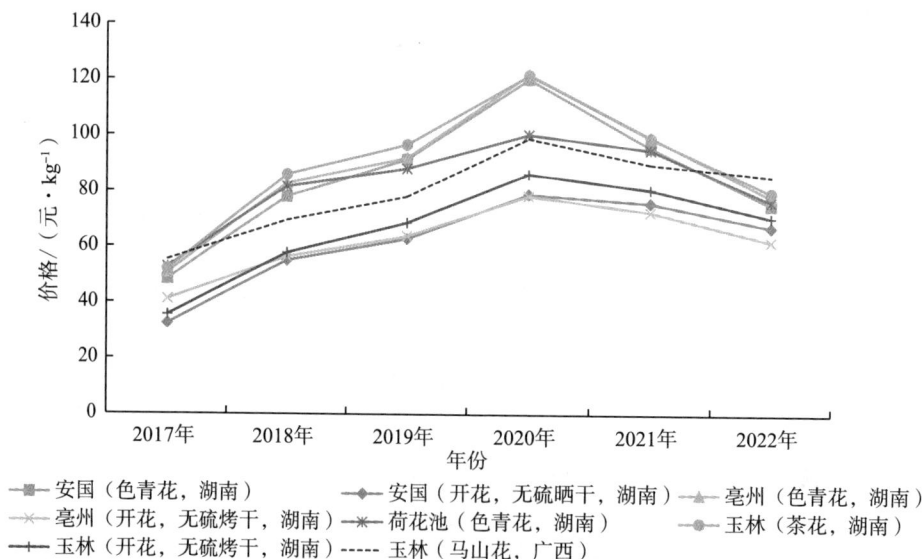

附图1-95　2017—2022年山银花价格

党参 Dangshen CODONOPSIS RADIX

【别名】台党、潞党参、西党、汉中党、文党、文元党、晶党、东党、辽党、中灵草、上党人参。

【来源】桔梗科植物党参 *Codonopsis pilosula*（Franch.）Nannf.、素花党参 *Codonopsis pilosula*（Franch.）Nannf. var. *modesta*（Nannf.）L. T. Shen 或川党参 *Codonopsis tangshen* Oliv. 的干燥根。

【主产地】党参在我国主产于黑龙江、吉林、辽宁、宁夏、河南、山西、河北、内蒙古、西藏东南部、四川西部、云南西北部、甘肃东部、陕西南部、青海东部等。朝鲜、蒙古和俄罗斯远东地区也有生产。素花党参主产于青海、甘肃、陕西南部至山西中部、四川西北部。川党参主产于四川北部和东部、贵州北部、湖南西北部、湖北西部、陕西南部。

【地理标志产品】板桥党参、文县纹党、刀党。

【主产地种植面积】我国有甘肃、山西、贵州、重庆、湖北、四川、宁夏、内蒙古 8 个省区市种植党参，种植总面积 85.62 万亩。党参种植面积占比依次为甘肃 84.30%、山西 6.64%、贵州 3.61%、重庆 2.69%、湖北 1.79%、四川 0.47%、宁夏 0.44%、内蒙古 0.01%。贵州和重庆以种植川党参为主，其他省区种植的均为党参。此外，党参在河北、辽宁、吉林、黑龙江、河南、云南、西藏、陕西、青海也有种植。

【价格趋势分析】市场上的党参有中条和小条 2 种，其中中条价格较高，小条价格较低。各地市场的党参价格变化趋势大致相同，均表现为 2017 年开始逐年下降，2019—2020 年达到最低点，此后开始逐步回升，到 2022 年价格已回升至超过 2017 年的水平，预计未来仍有继续上涨的可能。

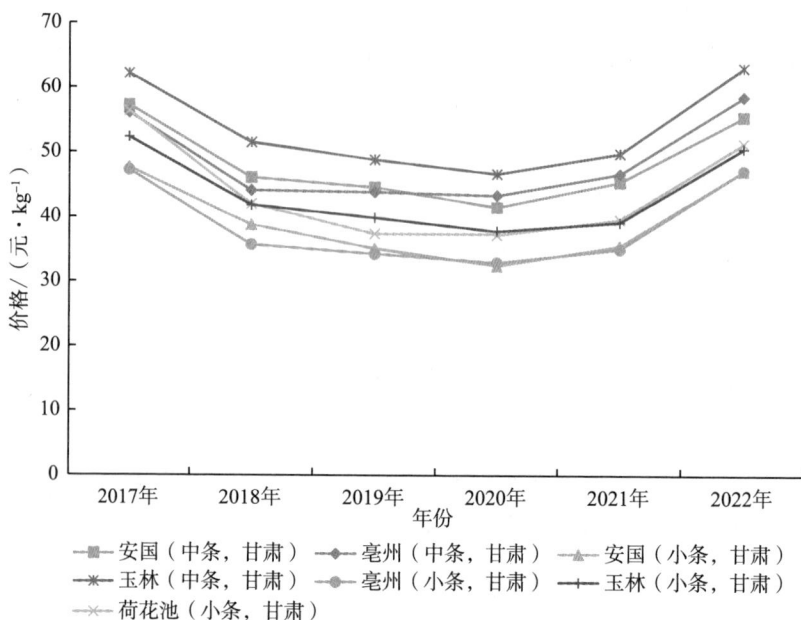

附图 1-96　2017—2022 年党参价格

肉苁蓉　Roucongrong　CISTANCHES HERBA

【别名】大云、大芸、寸云、寸芸、淡大云、淡苁蓉、肉松蓉、金筍、金笋、纵容、肉松容、碧水龙、黑司命。

【来源】列当科植物肉苁蓉 *Cistanche deserticola* Ma 的干燥带鳞叶的肉质茎。

【主产地】主产于内蒙古、新疆及甘肃昌马等。

【主产地种植面积】我国有新疆、内蒙古、甘肃 3 个省区种植肉苁蓉，种植总面积 99.29 万亩。肉苁蓉种植面积占比依次为新疆 43.00%、内蒙古 30.21%、甘肃 26.79%。此外，肉苁蓉在宁夏也有种植。

【价格趋势分析】市场上的肉苁蓉分为软个和硬个 2 种，其中软个价格较高，硬个价格较低。各地市场的肉苁蓉价格变化趋势具有高度的趋同性，其中，软个价格 2017—2019 年显著下降，此后保持平稳，未来可能有小幅波动；硬个价格从 2017 年起一直平缓上涨，未来仍有上涨的可能性。

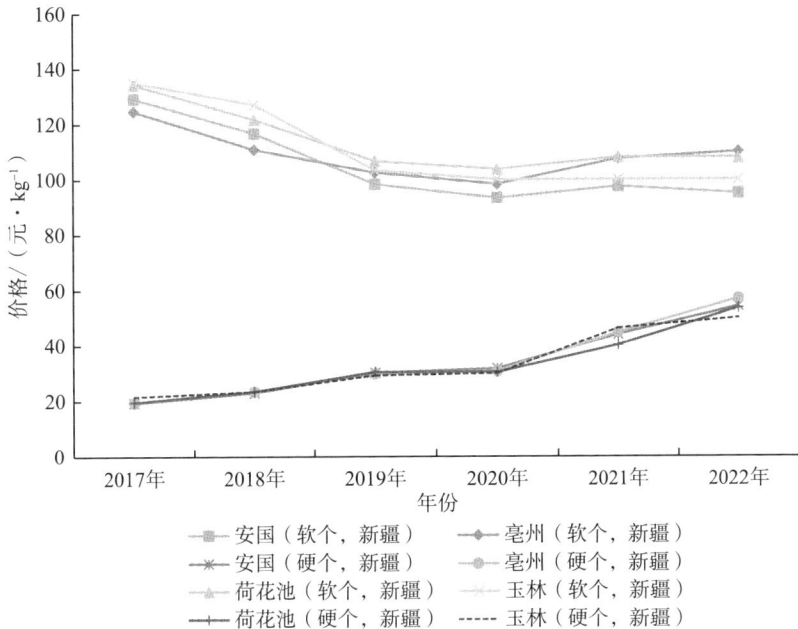

附图 1-97 2017—2022 年肉苁蓉价格

铁皮石斛 Tiepishihu DENDROBII OFFICINALIS CAULIS

【别名】石斛、石斗、金钗、角斗、木斗、金斗、扁斗、圆斗、霍斗、铁皮斗、金石斗、耳环斗、耳环草、金石斛、川石斛、细石斛、金钗花、金钗石斛、耳环石斛、黄草、大黄草、细黄草、小黄草、石遂、林兰、杜兰、枫斛。

【来源】兰科植物铁皮石斛 *Dendrobium officinale* Kimura et Migo 的干燥茎。

【主产地】主产于四川、安徽西南部（大别山）、浙江东部（鄞州、天台、仙居）、福建西部（宁化）、广西西北部（天峨）、云南东南部（石屏、文山、麻栗坡、西畴）。

【地理标志产品】天目山铁皮石斛、霍山石斛、赤水金钗石斛。

【主产地种植面积】我国有贵州、浙江、云南、福建、广西、广东、安徽7个省区种植铁皮石斛，种植总面积 15.85 万亩。铁皮石斛种植面积占比依次为贵州 28.14%、浙江 24.32%、云南 22.39%、福建 9.46%、广西 8.08%、广东 6.35%、安徽 1.26%。此外，铁皮石斛在北京、山西、江苏、江西、山东、湖北、湖南、重庆、四川、西藏、陕西也有种植。

【价格趋势分析】铁皮石斛价格从 2017 年开始逐年下降，到 2020 年趋于稳定。其中安国市场和荷花池市场铁皮石斛价格下降幅度较大，亳州市场铁皮石斛价格变化相对平稳。未来安国市场和亳州市场铁皮石斛的价格或将仍保持稳定，荷花池市场的铁皮石斛价格可能会继续下降。

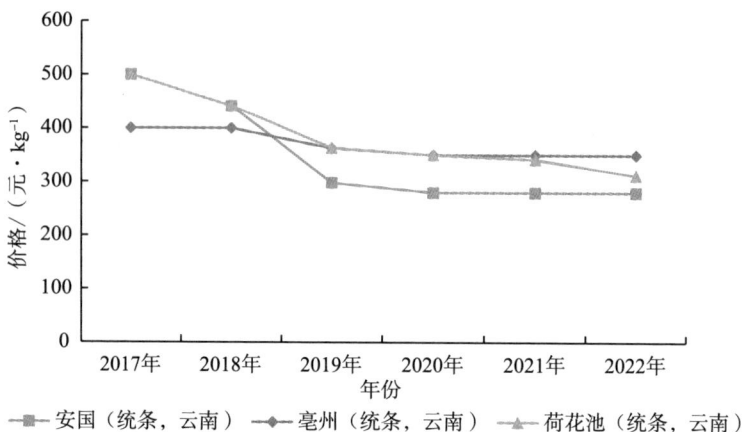

附图 1-98　2017—2022 年铁皮石斛价格

西洋参 Xiyangshen　PANACIS QUINQUEFOLII RADIX

【别名】洋参、花旗参、种洋参、佛兰参、顶光参、正面参、广东人参、正光结参、西洋人参、粉光西洋参、原皮西洋参。

【来源】五加科植物西洋参 *Panax quinquefolium* L. 的干燥根。

【主产地】在我国主产于吉林、山东、陕西、黑龙江及北京等。美国北部至加拿大南部一带也有生产。

【主产地种植面积】我国有山东、吉林、辽宁、陕西、黑龙江、安徽 6 个省种植西洋参，种植总面积 20.38 万亩。西洋参种植面积占比依次为山东 43.98%、吉林 37.37%、辽宁 15.16%、陕西 1.52%、黑龙江 1.47%、安徽 0.49%。此外，西洋参在云南及北京也有种植。

【价格趋势分析】市场上的西洋参分为长支、短支、长支 10 克、短支 10 克、特大片、大片、中片和小片等种类，其中特大片和大片的价格最高，中片其次，长支、短支、长支 10 克、短支 10 克、小片等价格较低。各地市场的西洋参价格从 2017 年起逐年下降，仅亳州市场在 2019—2020 年有短期上涨，此后继续下跌。2022 年西洋参价格开始趋于平稳，未来可能相对稳定。

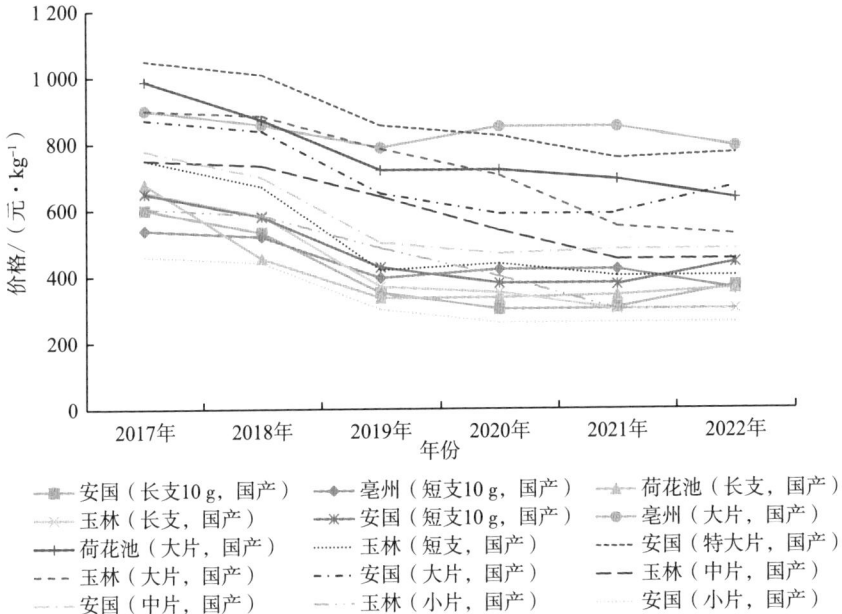

附图 1-99　2017—2022 年西洋参价格

黄芪 Huangqi ASTRAGALI RADIX

【别名】元芪、黄耆、棉芪、红芪、西芪、口芪、抽芪、卜奎芪、浑源芪、大岚芪、炮台芪、大有芪、炙耆、独根、百本、芰草、王孙。

【来源】豆科植物蒙古黄耆 *Astragalus membranaceus* （Fisch.）Bge. var. *mongholicus* （Bge.）P. K. Hsiao 或膜荚黄耆 *Astragalus membranaceus* （Fisch.）Bge. 的干燥根。

【主产地】蒙古黄耆主产于黑龙江（呼伦贝尔盟）、内蒙古、河北、山西。膜荚黄耆主产于东北、华北及西北地区。

【地理标志产品】子洲黄芪。

【主产地种植面积】我国有 11 个省区种植黄芪，种植总面积 150.96 万亩。黄芪种植面积占比依次为甘肃 46.63%、山西 25.50%、陕西 6.62%、河北 6.49%、宁夏 3.51%、黑龙江 3.31%、内蒙古 3.00%、青海 2.46%、新疆

1.40%、吉林0.99%、辽宁0.07%，其中甘肃、山西、内蒙古以种植蒙古黄芪为主，新疆以种植膜荚黄芪为主。此外，黄芪在北京、河南、湖北也有种植。

【价格趋势分析】市场上的黄芪分为统个、统片、小统片、家种统个和家种统片等种类，价格以统片最高，小统片和家种统片次之，统个较低，家种统个最低。除亳州市场统个价格平稳外，其他市场的黄芪价格从2017年起逐年下降，2019年开始回升。未来玉林市场统片和小统片价格仍有上涨可能，安国市场和亳州市场的家种统个价格趋于平稳，荷花池市场家种统片价格可能会有回落。

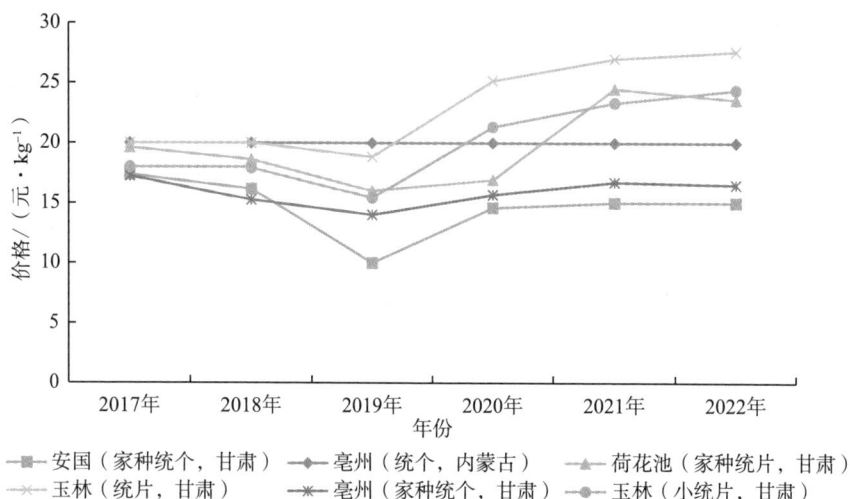

附图1-100　2017—2022年黄芪价格

灵芝　Lingzhi　GANODERMA

【别名】木灵芝、芝、灵芝草、紫灵芝、菌灵芝。

【来源】多孔菌科赤芝 Ganoderma lucidum（Leyss. ex Fr.）Karst. 或紫芝 Ganoderma sinense Zhao，Xu et Zhang 的干燥子实体。

【主产地】主产于山东及长白山、大别山、武夷山。此外，浙江、黑龙江、吉林、河北、安徽、江苏、江西、湖南、贵州、福建、广东、广西等也有生产。

【地理标志产品】龙泉灵芝。

【主产地种植面积】我国有安徽、广西、浙江、湖北、广东、福建、四川

7 个省区种植灵芝，种植总面积 2.92 万亩。灵芝种植面积占比依次为安徽 39.43% 、广西 31.89% 、浙江 8.32% 、湖北 6.86% 、广东 6.06% 、福建 4.11% 、四川 3.43% 。此外，灵芝在北京、河北、山西、内蒙古、辽宁、吉林、黑龙江、江苏、江西、湖南、贵州、云南、西藏、甘肃也有种植。药用灵芝以赤芝为主。

【价格趋势分析】市场上的灵芝分为家种统个和野生黑统 2 种，其中野生黑统价格较高，约为家种统个价格的 8.5 倍。2017—2022 年，各地市场的灵芝价格一直处于比较平稳的态势，未来出现大幅波动的可能性不大。

附图 1 – 101 2017—2022 年灵芝价格

山茱萸 Shanzhuyu CORNI FRUCTUS

【别名】山萸肉、萸肉、芋肉、山芋肉、肉枣、药枣、实枣儿、枣皮、蜀酸枣、魅实。

【来源】山茱萸科植物山茱萸 *Cornus officinalis* Sieb. et Zucc. 的干燥成熟果肉。

【主产地】在我国主产于山西、陕西、甘肃、山东、江苏、浙江、安徽、江西、河南、湖南等。朝鲜、日本也有生产。

【地理标志产品】西峡山茱萸。

【主产地种植面积】我国有河南、陕西、浙江、湖北、山西、安徽 6 个省种植山茱萸，种植总面积 81.06 万亩。山茱萸种植面积占比依次为河南70.38%、陕西 12.34%、浙江 6.76%、湖北 4.32%、山西 3.70%、安徽2.50%。此外，山茱萸在河北、江苏、湖南、甘肃也有种植。

【价格趋势分析】市场上的山茱萸分为新统货、陈统货、1%核新和1%核陈 4 种，其中 1%核新价格最高，新统货和 1%核陈价格次之，陈统货价格最低。各市场的山茱萸价格变化趋势相近，总体呈波动上升趋势，未来仍有上涨可能。

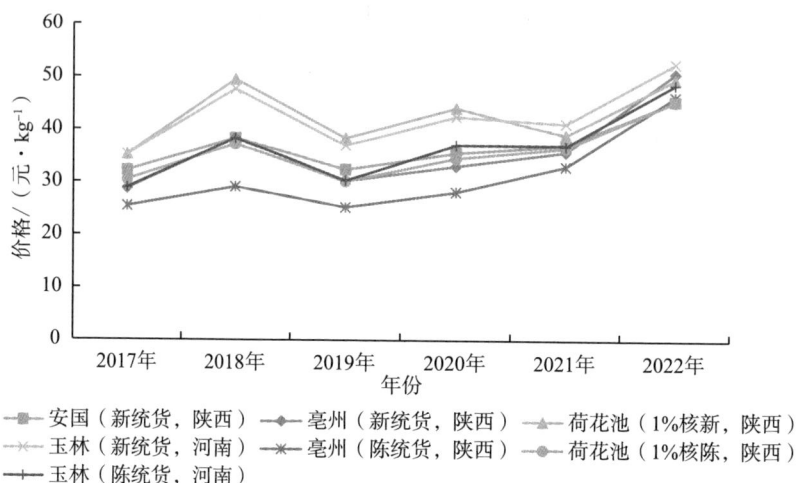

附图 1-102　2017—2022 年山茱萸价格

天麻　Tianma　GASTRODIA RHIZOMA

【别名】明天麻、赤箭、赤芝箭、石箭、离草、合离草、木浦、鬼督邮。

【来源】兰科植物天麻 *Gastrodia elata* Bl. 的干燥块茎。

【主产地】在我国主产于吉林、辽宁、内蒙古、河北、山西、陕西、甘肃、江苏、安徽、浙江、江西、台湾、河南、湖北、湖南、四川、贵州、云南和西藏。尼泊尔、不丹、印度、日本、朝鲜、韩国及西伯利亚地区也有生产。

【地理标志产品】金口河乌天麻、青川天麻、德江天麻、大方天麻、昭通天麻、略阳天麻。

【主产地种植面积】我国有贵州、云南、湖北、陕西、四川、安徽、重庆、吉林 8 个省市种植天麻，种植总面积 42.03 万亩。天麻种植面积占比依次为贵州 39.54%、云南 21.60%、湖北 15.94%、陕西 11.90%、四川

6.42%、安徽 3.33%、重庆 1.19%、吉林 0.07%。此外，天麻在北京、河北、山西、河南、湖南、西藏、甘肃、宁夏、新疆也有种植。

【价格趋势分析】市场上的天麻分为家混、统片和野统 3 种，家混和统片价格相近，野统价格较高，为另 2 种天麻价格的 5~6 倍。2017—2022 年，天麻野统价格较平稳，未来发生波动的可能性不大。家混和统片的价格在 2017—2019 年波动不大，2020 年短暂微涨后开始缓慢下跌，未来仍有下跌的可能。

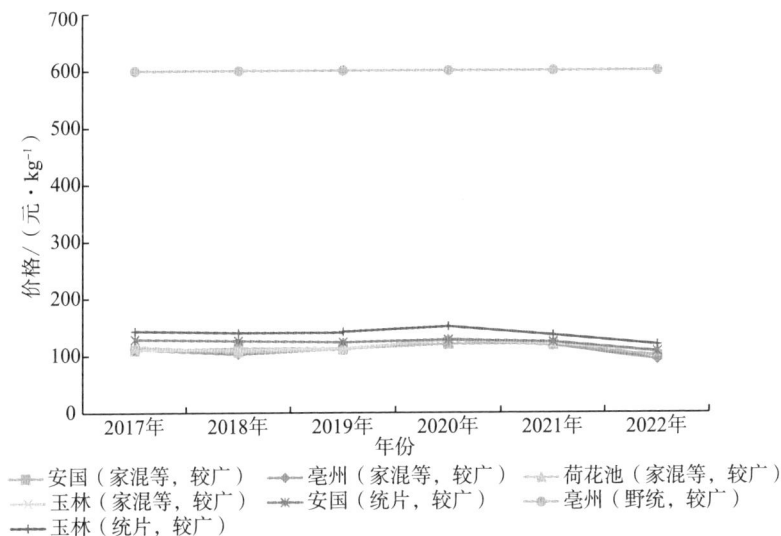

附图 1-103 2017—2022 年天麻价格

杜仲叶 Duzhongye EUCOMMIA FOLIUM

【别名】思仲、思仙、石思仙、川杜仲、绵杜仲、厚杜仲、玉丝皮、丝连皮、乱银丝、鬼仙木。

【来源】杜仲科植物杜仲 *Eucommia ulmoides* Oliv. 的干燥叶。

【主产地】主产于陕西、甘肃、河南、湖北、四川、云南、贵州、湖南、浙江等。

【地理标志产品】开化杜仲茶、灵宝杜仲、旺苍杜仲、略阳杜仲。

【主产地种植面积】我国有 12 个省市区种植杜仲，种植总面积 251.22 万亩。杜仲种植面积占比依次为陕西 39.81%、湖北 19.11%、湖南 11.94%、河南 11.94%、贵州 11.74%、重庆 2.00%、广西 1.27%、四川 0.60%、浙江

269

0.53%、安徽0.12%、新疆0.03%、广东0.002%。此外，杜仲在河北、山西、辽宁、江苏、福建、江西、山东、云南、甘肃、宁夏也有种植。

【价格趋势分析】2019—2022年，杜仲叶价格总体变化趋势呈"V"形，2019年价格最高，约为7元/kg，2021年下降至最低点，随后开始回升，未来仍有上涨的可能性。

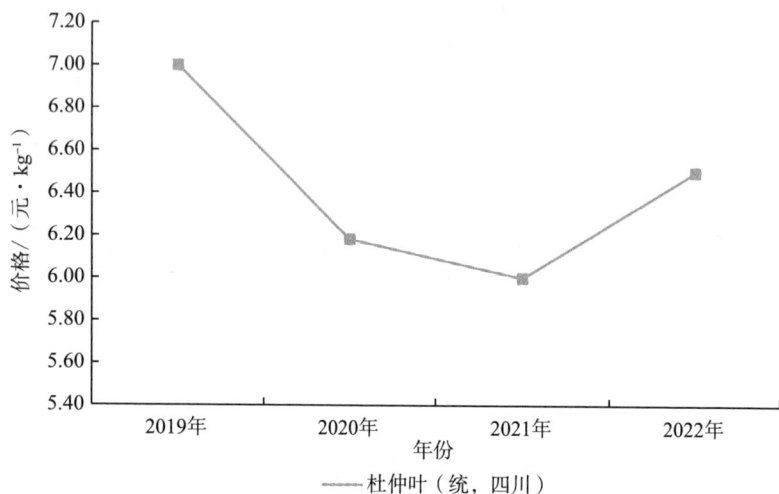

附图1-104 2019—2022年杜仲叶价格

附录2 《已使用化妆品原料目录（2021版）》中 与药食同源物质相关的信息

附表1-1 《已使用化妆品原料目录（2021版）》中
与药食同源物质相关的信息

序号	中文名称	INCI 名称/英文名称	淋洗类产品最高历史使用量/%	驻留类产品最高历史使用量/%	备注
03402	姜黄素	CURCUMIN	—	—	按照《化妆品安全技术规范》要求使用
07051	香橼（CITRUS MEDICA LIMONUM）果水	CITRUS MEDICA LIMONUM (LEMON) FRUIT WATER	84.64	20	—
02377	覆盆子（RUBUS IDAEUS）果提取物	RUBUS IDAEUS (RASPBERRY) FRUIT EXTRACT	52.232	45.152	—
07057	香橼（CITRUS MEDICA LIMONUM）汁	CITRUS MEDICA LIMONUM (LEMON) JUICE	32.971	29.071	—
02380	覆盆子（RUBUS IDAEUS）汁	RUBUS IDAEUS (RASPBERRY) JUICE	28	26.126	—
02341	蜂蜜	MEL	25	10	—
02342	蜂蜜提取物	HONEY EXTRACT	21.293	1.02	—
01857	当归（ANGELICA POLYMORPHA SINENSIS）根提取物	ANGELICA POLYMORPHA SINENSIS ROOT EXTRACT	20	6	—

序号	中文名称	INCI 名称/英文名称	淋洗类产品最高历史使用量/%	驻留类产品最高历史使用量/%	备注
06611	桃（PRUNUS PERSICA）花水	PRUNUS PERSICA (PEACH) FLOWER WATER	16.63	—	—
01219	田野薄荷（MENTHA ARVENSIS）提取物	MENTHA ARVENSIS EXTRACT	13.68	4	—
03388	姜（ZINGIBER OFFICINALE）根提取物	ZINGIBER OFFICINALE (GINGER) ROOT EXTRACT	12.027	4.5531	—
07252	杏（PRUNUS ARMENIACA）籽油	PRUNUS ARMENIACA (APRICOT) SEED OIL	10	—	—
01859	当归（ANGELICA SINENSIS）提取物	ANGELICA SINENSIS EXTRACT	8	0.5	—
07251	杏（PRUNUS ARMENIACA）籽粉	PRUNUS ARMENIACA (APRICOT) SEED POWDER	8	0.033	—
02571	枸杞（LYCIUM CHINENSE）果提取物	LYCIUM CHINENSE FRUIT EXTRACT	7.6923	5	—
03391	姜（ZINGIBER OFFICINALE）提取物	ZINGIBER OFFICINALE (GINGER) EXTRACT	6	0.083	—
08585	栀子（GARDENIA FLORIDA）果提取物	GARDENIA FLORIDA FRUIT EXTRACT	5	2.1	—
07240	杏（PRUNUS ARMENIACA）果	PRUNUS ARMENIACA (APRICOT) FRUIT	5	—	—
01858	当归（ANGELICA SINENSIS）根粉	ANGELICA SINENSIS ROOT POWDER	4	—	—
06617	桃（PRUNUS PERSICA）籽粉	PRUNUS PERSICA (PEACH) SEED POWDER	4	—	—

序号	中文名称	INCI 名称/英文名称	淋洗类产品最高历史使用量/%	驻留类产品最高历史使用量/%	备注
07050	香橼（CITRUS MEDICA LIMONUM）果皮油	CITRUS MEDICA LIMONUM（LEMON）PEEL OIL	3.5	0.99	—
03003	华蒲公英（TARAXACUM SINICUM）根提取物	TARAXACUM SINICUM ROOT EXTRACT	3.2	0.953	—
05849	桑（MORUS ALBA）果提取物	MORUS ALBA FRUIT EXTRACT	3	1.8	—
02025	钝叶决明（CASSIA OBTUSIFOLIA）籽提取物	CASSIA OBTUSIFOLIA SEED EXTRACT	3	3	—
03165	黄精（POLYGONATUM SIBIRICUM）提取物	POLYGONATUM SIBIRICUM EXTRACT	2.97	0.001	—
08587	栀子（GARDENIA FLORIDA）提取物	GARDENIA FLORIDA EXTRACT	2.5	1	—
05636	肉桂酰胺丙基三甲基氯化铵	CINNAMIDOPROPYLTRIMONIUM CHLORIDE	2.25	0.482 22	—
08589	栀子（GARDENIA JASMINOIDES）果提取物	GARDENIA JASMINOIDES FRUIT EXTRACT	2.25	0.15	—
07919	薏苡仁（COIX LACRYMA‐JOBI MA‐YUEN）提取物	COIX LACRYMA‐JOBI EXTRACT	—	—	曾用名
	薏苡（COIX LACRYMA‐JOBI）提取物		2.083 4	0.5	—
01223	薄荷（MENTHA HAPLOCALYX）提取物	MENTHA HAPLOCALYX EXTRACT	2	0.5	—

序号	中文名称	INCI 名称/英文名称	淋洗类产品最高历史使用量/%	驻留类产品最高历史使用量/%	备注
03387	姜（ZINGIBER OFFICI-NALE）根粉	ZINGIBER OFFICINALE（GINGER）ROOT POW-DER	2	—	—
02982	花椒（ZANTHOXYLUM BUNGEANUM）果皮提取物	ZANTHOXYLUM BUNGEA-NUM PERICARP EX-TRACT	2	0.000 08	—
08239	玉竹（POLYGONATUM ODORATUM）提取物	POLYGONATUM ODORA-TUM EXTRACT	2	0.5	—
02920	胡椒（PIPER NIG-RUM）籽提取物	PIPER NIGRUM（PEP-PER）SEED EXTRACT	2	0.375	—
08586	栀子（GARDENIA FL-ORIDA）花提取物	GARDENIA FLORIDA FLOWER EXTRACT	2	0.6	—
07250	杏（PRUNUS ARMENIA-CA）籽	PRUNUS ARMENIACA（APRICOT）SEED	2	—	—
07059	香橼（CITRUS MEDI-CA LIMONUM）汁提取物	CITRUS MEDICA LIMO-NUM（LEMON）JUICE EXTRACT	1.95	0.238	—
03386	姜（ZINGIBER OFFICI-NALE）根	ZINGIBER OFFICINALE（GINGER）ROOT	1.511 7	—	—
06616	桃（PRUNUS PERSI-CA）汁	PRUNUS PERSICA（PEA-CH）JUICE	1.29	0.1	—
07049	香橼（CITRUS MEDI-CA LIMONUM）果皮提取物	CITRUS MEDICA LIMONUM（LEMON）PEEL EX-TRACT	1	1	—

序号	中文名称	INCI 名称/英文名称	淋洗类产品最高历史使用量/%	驻留类产品最高历史使用量/%	备注
04941	欧蒲公英（TARAXA-CUM OFFICINALE）叶提取物	TARAXACUM OFFICINA-LE（DANDELION）LEAF EXTRACT	1	0.9	—
03395	姜黄（CURCUMA LO-NGA）根粉	CURCUMA LONGA（TUR-MERIC）ROOT POW-DER	1	0.1	—
04712	膜荚黄芪（ASTRAGA-LUS MEMBRANA-CEUS）根粉	ASTRAGALUS MEMBRA-NACEUS ROOT POW-DER	1	—	—
02399	甘草酸钾	POTASSIUM GLYCYRRHI-ZINATE	1	0.2	—
02569	枸杞（LYCIUM CHI-NENSE）根提取物	LYCIUM CHINENSE ROOT EXTRACT	1	0.5	—
04304	莲（NELUMBO NUCIF-ERA）雄蕊提取物	NELUMBO NUCIFERA STAMEN EXTRACT	1	1	—
06396	水解栀子（GARDENIA FLORIDA）提取物	HYDROLYZED GARDENI-A FLORIDA EXTRACT	1	0.056	—
08947	桃（PRUNUS PERSI-CA）油	PRUNUS PERSICA（PE-ACH）OIL	0.91	—	—
05940	山药（DIOSCOREA OPPOSITA）提取物	DIOSCOREA OPPOSITA EXTRACT	0.895 05	—	—
04754	牡蛎壳粉	OYSTER SHELL POWDER	0.8	0.1	—
07047	香橼（CITRUS MEDI-CA LIMONUM）果皮粉	CITRUS MEDICA LIMO-NUM（LEMON）PEEL POWDER	0.75	0.2	—

序号	中文名称	INCI 名称/英文名称	淋洗类产品最高历史使用量/%	驻留类产品最高历史使用量/%	备注
02922	胡椒醛	HELIOTROPINE	0.75	0.5	—
07249	杏（PRUNUS ARMENIACA）汁	PRUNUS ARMENIACA (APRICOT) JUICE	0.689 5	0.422	—
08532	胀果甘草（GLYCYRRHIZA INFLATA）根提取物	GLYCYRRHIZA INFLATA ROOT EXTRACT	0.6	0.5	—
02400	甘草酸三钠	TRISODIUM GLYCYRRHIZATE	0.6	0.6	—
04657	梅（PRUNUS MUME）籽提取物	PRUNUS MUME SEED EXTRACT	0.55	0.06	—
05169	蒲公英（TARAXACUM MONGOLICUM）提取物	TARAXACUM MONGOLICUM EXTRACT	0.546 8	0.288	—
02631	广藿香（POGOSTEMON CABLIN）叶/茎粉	POGOSTEMON CABLIN LEAF/STEM POWDER	0.5	—	—
03396	姜黄（CURCUMA LONGA）根茎提取物	CURCUMA LONGA (TURMERIC) RHIZOME EXTRACT	0.5	0.002 25	—
05530	忍冬（LOUICERA JAPONICA）花提取物	KINGINKA EKISU	0.499 5	0.1	—
08617	中国灵芝（GANODERMA SINENSIS）提取物	GANODERMA SINENSIS EXTRACT	0.401	—	—
02382	覆盆子酮	RASPBERRY KETONE	0.4	0.4	—

序号	中文名称	INCI 名称/英文名称	淋洗类产品最高历史使用量/%	驻留类产品最高历史使用量/%	备注
02010	杜仲（EUCOMMIA UL-MOIDES）提取物	EUCOMMIA ULMOIDES EXTRACT	0.396	0.012 5	—
08197	鱼腥草（HOUTTUYNIA CORDATA）粉	HOUTTUYNIA CORDATA POWDER	0.34	0.3	—
06522	酸枣（ZIZIPHUS JUJU-BA SPINOSA）果提取物	ZIZIPHUS JUJUBA SPINOSA FRUIT EXTRACT	0.325	0.207 5	—
07046	香橼（CITRUS MEDICA LIMONUM）果皮	CITRUS MEDICA LIMONUM（LEMON）PEEL	0.3	—	—
01075	八角茴香（ILLICIUM VERUM）果粉	ILLICIUM VERUM（ANISE）FRUIT POWDER	0.3	—	—
02827	黑芝麻（SESAMUM INDICUM）提取物	SESAMUM INDICUM（SESAME）EXTRACT	0.3	0.000 1	—
	芝麻（SESAMUM IN-DICUM）提取物		—	—	曾用名
06706	铁皮石斛（DENDROBIUM OFFICINALE）茎提取物	DENDROBIUM OFFICINALE STEM EXTRACT	0.258	0.25	—
05570	肉豆蔻（MYRISTICA FRAGRANS）粉	MYRISTICA FRAGRANS（NUTMEG）POWDER	0.25	—	—
04435	芦根（PHRAGMITES COMMUNIS）提取物	PHRAGMITES COMMUNIS ROOT EXTRACT	—	—	曾用名
	芦苇（PHRAGMITES COMMUNIS）根提取物		0.25	0.25	—

序号	中文名称	INCI 名称/英文名称	淋洗类产品最高历史使用量/%	驻留类产品最高历史使用量/%	备注
03210	己基肉桂醛	HEXYL CINNAMAL	0. 237 6	0. 237 6	—
02354	茯苓(PORIA COCOS)粉	PORIA COCOS POWDER	0. 2	—	—
02398	甘草酸二钠	DISODIUM GLYCYRRHIZATE	0. 2	0. 05	—
03001	华东覆盆子（RUBUS CHINGII）果提取物	RUBUS CHINGII FRUIT EXTRACT	0. 1	0. 098	—
05569	肉苁蓉（CISTANCHE DESERTICOLA）提取物	CISTANCHE DESERTICOLA EXTRACT	0. 1	0. 007 5	—
06707	铁皮石斛（DENDROBIUM OFFICINALE）提取物	DENDROBIUM OFFICINALEEXTRACT	0. 1	0. 002	—
05852	桑(MORUS ALBA)提取物	MORUS ALBA EXTRACT	0. 1	0. 01	—
04299	莲（NELUMBO NUCIFERA）花末	NELUMBO NUCIFERA FLOWER POWDER	0. 1	0. 1	—
04308	莲（NELUMBO NUCIFERA）籽粉	NELUMBO NUCIFERA SEED POWDER	0. 1	0. 1	—
07938	银杏（GINKGO BILOBA）提取物	GINKGO BILOBA EXTRACT	0. 1	0. 01	—
06859	戊基肉桂醛	AMYL CINNAMAL	0. 089 544	0. 038 376	—
03400	姜黄（CURCUMA LONGA）提取物	CURCUMA LONGA EXTRACT	0. 068 4	0. 001	—
07943	银杏（GINKGO BILOBA）籽提取物	GINKGO BILOBA SEED EXTRACT	0. 05	—	—
03016	槐(SOPHORA JAPONICA)叶提取物	SOPHORA JAPONICA LEAF EXTRACT	0. 048 6	0. 001 5	—

序号	中文名称	INCI 名称/英文名称	淋洗类产品最高历史使用量/%	驻留类产品最高历史使用量/%	备注
02532	高良姜（ALPINIA OF-FICINARUM）叶提取物	ALPINIA OFFICINARUM LEAF EXTRACT	0.03	0.01	—
08533	胀果甘草（GLYCYR-RHIZA INFLATA）提取物	GLYCYRRHIZA INFLATA EXTRACT	0.03	—	—
01843	淡竹叶（LOPHATHER-UM GRACILE）叶/茎提取物	LOPHATHERUM GRACILE LEAF/STEM EXTRACT	0.025	0.01	—
02351	佛手（CITRUS MEDICA SARCODACTYLIS）提取物	CITRUS MEDICA SARCO-DACTYLIS EXTRACT	0.02	—	—
02916	胡椒（PIPER NIG-RUM）果粉	PIPER NIGRUM（PEP-PER）FRUIT POWDER	0.02	—	—
07936	银杏（GINKGO BI-LOBA）根提取物	GINKGO BILOBA ROOT EXTRACT	0.02	—	—
06609	桃（PRUNUS PERSICA）花蕾提取物	PRUNUS PERSICA（PEA-CH）BUD EXTRACT	0.017 5	0.002 75	—
05632	肉桂醛	CINNAMAL	0.016	—	—
05571	肉豆蔻（MYRISTICA FRAGRANS）果粉	MYRISTICA FRAGRANS（NUTMEG）FRUIT POWDER	0.01	—	—
05672	乳酸杆菌/香橼（CIT-RUS MEDICA LIMO-NUM）果皮发酵产物提取物	LACTOBACILLUS/CITRUS MEDICA LIMONUM PEEL FERMENT EXTRACT	0.009	—	—

中国药食同源产业发展报告（2022）

序号	中文名称	INCI 名称/英文名称	淋洗类产品最高历史使用量/%	驻留类产品最高历史使用量/%	备注
08475	枣（ZIZIPHUS JUJUBA）提取物	ZIZIPHUS JUJUBA EXTRACT	0.008	0.011 14	—
08477	枣（ZIZIPHUS JUJUBA）提取物	TAISOU EKISU	0.008	0.011 14	—
08684	紫苏（PERILLA OCYMOIDES）提取物	PERILLA OCYMOIDES EXTRACT	0.006	0.006	—
08685	紫苏（PERILLA OCYMOIDES）提取物	SOYOU EKISU	0.006	0.006	—
01193	百合（LILIUM BROWNII）花油	LILIUM BROWNII FLOWER OIL	0.003	—	—
01352	扁豆（DOLICHOS LABLAB）籽提取物	DOLICHOS LABLAB SEED EXTRACT	0.000 5	—	—
02918	胡椒（PIPER NIGRUM）提取物	PIPER NIGRUM EXTRACT	0.000 15	—	—
04832	宁夏枸杞（LYCIUM BARBARUM）叶提取物	LYCIUM BARBARUM LEAF EXTRACT	0.000 06	—	—
02391	甘草（GLYCYRRHIZA URALENSIS）根粉	GLYCYRRHIZA URALENSIS (LICORICE) ROOT POWDER	—	—	—
04502	绿壳砂仁（AMOMUM VILLOSUM XANTHIOIDES）提取物	AMOMUM VILLOSUM XANTHIOIDES FRUIT EXTRACT	—	—	曾用名
	绿壳砂（AMOMUM VILLOSUM XANTHIOIDES）果提取物		—	—	—

序号	中文名称	INCI 名称/英文名称	淋洗类产品最高历史使用量/%	驻留类产品最高历史使用量/%	备注
05863	沙棘（HIPPOPHAE RHAMNOIDES）果壳粉	HIPPOPHAE RHAMNOIDES HUSK POWDER	—	—	—
05864	沙棘（HIPPOPHAE RHAMNOIDES）果提取物	HIPPOPHAE RHAMNOIDES FRUIT EXTRACT	—	60.33	—
05865	沙棘（HIPPOPHAE RHAMNOIDES）果油	HIPPOPHAE RHAMNOIDES FRUIT OIL	—	30	—
05866	沙棘（HIPPOPHAE RHAMNOIDES）果汁	HIPPOPHAE RHAMNOIDES FRUIT JUICE	—	0.099 8	—
05867	沙棘（HIPPOPHAE RHAMNOIDES）仁提取物	HIPPOPHAE RHAMNOIDES KERNEL EXTRACT	—	1.398	—
05868	沙棘（HIPPOPHAE RHAMNOIDES）水	HIPPOPHAE RHAMNOIDES WATER	—	77.635	—
05869	沙棘（HIPPOPHAE RHAMNOIDES）提取物	HIPPOPHAE RHAMNOIDES EXTRACT	—	19	—
05870	沙棘（HIPPOPHAE RHAMNOIDES）油	HIPPOPHAE RHAMNOIDES OIL	—	16	—
05871	沙棘（HIPPOPHAE RHAMNOIDES）籽粉	HIPPOPHAE RHAMNOIDES SEED POWDER	—	—	—
05872	沙棘（HIPPOPHAE RHAMNOIDES）籽油	HIPPOPHAE RHAMNOIDES SEED OIL	—	25	—
03141	藿香（AGASTACHE RUGOSA）提取物	AGASTACHE RUGOSA EXTRACT	—	1	—

中国药食同源产业发展报告（2022）

序号	中文名称	INCI 名称/英文名称	淋洗类产品最高历史使用量/%	驻留类产品最高历史使用量/%	备注
05572	肉豆蔻（MYRISTICA FRAGRANS）仁提取物	MYRISTICA FRAGRANS（NUTMEG）KERNEL EXTRACT	—	0.9	—
05573	肉豆蔻（MYRISTICA FRAGRANS）仁油	MYRISTICA FRAGRANS（NUTMEG）KERNEL OIL	—	87.467	—
05574	肉豆蔻（MYRISTICA FRAGRANS）提取物	MYRISTICA FRAGRANS（NUTMEG）EXTRACT	—	0.3	—
02630	广藿香（POGOSTE-MON CABLIN）提取物	POGOSTEMON CABLIN EX-TRACT	—	—	—
02632	广藿香（POGOSTE-MON CABLIN）叶/茎提取物	POGOSTEMON CABLIN LE-AF/STEM EXTRACT	—	—	—
02633	广藿香（POGOSTEMON CABLIN）叶提取物	POGOSTEMON CABLIN LE-AF EXTRACT	—	8.001	—
03141	藿香（AGASTACHE RUGOSA）提取物	AGASTACHE RUGOSA EX-TRACT	—	1	—
08241	郁李仁（PRUNUS JA-PONICA）提取物	PRUNUS JAPONICA EX-TRACT	—	—	—
08242	郁李仁（PRUNUS JA-PONICA）籽提取物	PRUNUS JAPONICA SEED EXTRACT	—	—	—
07087	薤白（ALLIUM MAC-ROSTEMON）鳞茎提取物	ALLIUM MACROSTEMON BULB EXTRACT	—	—	—

序号	中文名称	INCI 名称/英文名称	淋洗类产品最高历史使用量/%	驻留类产品最高历史使用量/%	备注
01217	薄荷（MENTHA AR-VENSIS）粉	HAKKA	—	18	—
01218	田野薄荷（MENTHA ARVENSIS）粉	MENTHA ARVENSIS POW-DER	—	18	—
01220	田野薄荷（MENTHA ARVENSIS）叶提取物	MENTHA ARVENSIS LEAF EXTRACT	—	3	—
01221	薄荷（MENTHA AR-VENSIS）叶油	HAKKA YU	—	20	—
01222	田野薄荷（MENTHA ARVENSIS）叶油	MENTHA ARVENSIS LEAF OIL	—	20	—
01224	薄荷（MENTHA HAP-LOCALYX）油	MENTHA HAPLOCALYX OIL	—	44	—
01968	丁香（EUGENIA CAR-YOPHYLLUS）花花蕾粉	EUGENIA CARYOPHYLLUS (CLOVE) FLOWER BUD POWDER	—	—	—
01969	丁香（EUGENIA CAR-YOPHYLLUS）花蕾提取物	EUGENIA CARYOPHYL-LUS (CLOVE) BUD EXTRACT	—	0.985	—
01970	丁香（EUGENIA CAR-YOPHYLLUS）花蕾油	EUGENIA CARYOPHYL-LUS (CLOVE) BUD OIL	—	11.11	—
01971	丁香（EUGENIA CAR-YOPHYLLUS）花提取物	EUGENIA CARYOPHYL-LUS (CLOVE) FLOW-ER EXTRACT	—	4.725	—

序号	中文名称	INCI 名称/英文名称	淋洗类产品最高历史使用量/%	驻留类产品最高历史使用量/%	备注
01972	丁香（EUGENIA CARYOPHYLLUS）花油	EUGENIA CARYOPHYLLUS（CLOVE）FLOWER OIL	—	18	—
01973	丁香（EUGENIA CARYOPHYLLUS）叶提取物	EUGENIA CARYOPHYLLUS（CLOVE）LEAF EXTRACT	—	0.003 2	—
01974	丁香（EUGENIA CARYOPHYLLUS）叶油	EUGENIA CARYOPHYLLUS（CLOVE）LEAF OIL	—	2	—
01975	丁香（SYZYGIUM AROMATICUM）油	CHOUJI YU	—	1.5	—
02529	高良姜（ALPINIA OFFICINARUM）根水	ALPINIA OFFICINARUM ROOT WATER	—	—	—
02530	高良姜（ALPINIA OFFICINARUM）根提取物	ALPINIA OFFICINARUM ROOT EXTRACT	—	1	—
02531	高良姜（ALPINIA OFFICINARUM）提取物	ALPINIA OFFICINARUM EXTRACT	—	0.4	—
05176	普通香橼（CITRUS MEDICA VULGARIS）果皮油	CITRUS MEDICA VULGARIS PEEL OIL	—	5	—
07044	香橼（CITRUS LIMONUM；C.MEDICA LIMONUM）提取物	LEMON EKISU	—	1	—

序号	中文名称	INCI 名称/英文名称	淋洗类产品最高历史使用量/%	驻留类产品最高历史使用量/%	备注
07045	香橼（CITRUS MEDICA LIMONUM）果粉	CITRUS MEDICA LIMONUM（LEMON）FRUIT POWDER	—	—	—
07048	香橼（CITRUS MEDICA LIMONUM）果皮水	CITRUS MEDICA LIMONUM（LEMON）PEEL WATER	—	—	—
07052	香橼（CITRUS MEDICA LIMONUM）果提取物	CITRUS MEDICA LIMONUM（LEMON）FRUIT EXTRACT	—	0.45	—
07053	香橼（CITRUS MEDICA LIMONUM）果油	CITRUS MEDICA LIMONUM（LEMON）FRUIT OIL	—	15	—
07054	香橼（CITRUS MEDICA LIMONUM）花/叶/茎提取物	CITRUS MEDICA LIMONUM（LEMON）FLOWER/LEAF/STEM EXTRACT	—	2	—
07055	香橼（CITRUS MEDICA LIMONUM）花/叶/茎油	CITRUS MEDICA LIMONUM（LEMON）FLOWER/LEAF/STEM OIL	—	—	—
07056	香橼（CITRUS MEDICA LIMONUM）叶油	CITRUS MEDICA LIMONUM（LEMON）LEAF OIL	—	0.6	—
07058	香橼（CITRUS MEDICA LIMONUM）汁粉	CITRUS MEDICA LIMONUM（LEMON）JUICE POWDER	—	—	—
02355	茯苓（PORIA COCOS）菌核粉	PORIA COCOS SCLEROTIUM POWDER	—	—	—

续表

序号	中文名称	INCI 名称/英文名称	淋洗类产品最高历史使用量/%	驻留类产品最高历史使用量/%	备注
02356	茯苓（PORIA COCOS）菌核提取物	PORIA COCOS SCLEROTIUM EXTRACT	—	4.8	—
02357	茯苓（PORIA COCOS）提取物	PORIA COCOS EXTRACT	—	16.768	—
02358	茯神（PORIA COCUS）提取物	PORIA COCUS EXTRACT	—	—	—
07022	石香薷（MOSLA CHINENSIS）花/叶/茎提取物	MOSLA CHINENSIS FLOWER/LEAF/STEM EXTRACT	—	—	—
07023	石香薷（MOSLA CHINENSIS）提取物	MOSLA CHINENSIS EXTRACT	—	0.000 6	—
08683	紫苏（PERILLA FRUTESCENS）提取物	PERILLA FRUTESCENS EXTRACT	—	0.5	—
08686	紫苏（PERILLA OCYMOIDES）叶粉	PERILLA OCYMOIDES LEAF POWDER	—	—	—
08687	紫苏（PERILLA OCYMOIDES）叶提取物	PERILLA OCYMOIDES LEAF EXTRACT	—	4	—
08688	紫苏（PERILLA OCYMOIDES）籽提取物	PERILLA OCYMOIDES SEED EXTRACT	—	0.5	—
08689	紫苏（PERILLA OCYMOIDES）籽油	PERILLA OCYMOIDES SEED OIL	—	4.8	—
01074	八角茴香（ILLICIUM VERUM）果/籽油	ILLICIUM VERUM（ANISE）FRUIT/SEED OIL	—	4.6	—
01076	八角茴香（ILLICIUM VERUM）果提取物	ILLICIUM VERUM（ANISE）FRUIT EXTRACT	—	2	—

序号	中文名称	INCI 名称/英文名称	淋洗类产品最高历史使用量/%	驻留类产品最高历史使用量/%	备注
01077	八角茴香（ILLICIUM VERUM）油	ILLICIUM VERUM（ANISE）OIL	—	0.26	—
01862	刀豆（CANAVALIA GLADIATA）果提取物	CANAVALIA GLADIATA FRUIT EXTRACT	—	2	—
01863	刀豆（CANAVALIA GLADIATA）荚提取物	CANAVALIA GLADIATA POD EXTRACT	—	—	—
01864	刀豆（CANAVALIA GLADIATA）提取物	CANAVALIA GLADIATA EXTRACT	—	—	—
01865	刀豆（CANAVALIA GLADIATA）叶/藤提取物	CANAVALIA GLADIATA LEAF/VINE EXTRACT	—	—	—
01866	刀豆（CANAVALIA GLADIATA）籽提取物	CANAVALIA GLADIATA SEED EXTRACT	—	—	—
03389	姜（ZINGIBER OFFICINALE）根油	ZINGIBER OFFICINALE（GINGER）ROOT OIL	—	80	—
03390	姜（ZINGIBER OFFICINALE）水	ZINGIBER OFFICINALE（GINGER）WATER	—	40	—
01804	枣（ZIZYPHUS JUJUBA）提取物	ZIZYPHUS JUJUBA EXTRACT	—	0.15	—
08476	枣（ZIZIPHUS JUJUBA）果提取物	ZIZIPHUS JUJUBA FRUIT EXTRACT	—	6.3	—
08478	枣（ZIZIPHUS JUJUBA）叶提取物	ZIZIPHUS JUJUBA LEAF EXTRACT	—	4.816 6	—

序号	中文名称	INCI 名称/英文名称	淋洗类产品最高历史使用量/%	驻留类产品最高历史使用量/%	备注
05941	山药（DIOSCOREA OPPOSITA）块茎提取物	DIOSCOREA OPPOSITA TUBER EXTRACT	—	—	曾用名
	薯蓣（DIOSCOREA OPPOSITA）块茎提取物		—	—	—
05929	山里红（CRATAEGUS PINNATIFIDA）果提取物	CRATAEGUS PINNATIFI-DA FRUIT EXTRACT	—	—	曾用名
	山楂（CRATAEGUS PINNATIFIDA）果提取物		—	—	—
04762	皱皮木瓜（CHAENOME-LES SPECIOSA）提取物	CHAENOMELES SPECIO-SA EXTRACT	—	—	—
01099	白扁豆（DOLICHOS LABLAB）提取物	DOLICHOS LABLAB EX-TRACT	—	—	—
02983	花椒（ZANTHOXYLUM BUNGEANUM）果提取物	ZANTHOXYLUM BUN-GEANUM FRUIT EX-TRACT	—	2	—
02984	花椒（ZANTHOXYLUM BUNGEANUM）树皮/果/花/柄提取物	ZANTHOXYLUM BUNGEA-NUM BARK/FRUIT/FLOWER/STALK EX-TRACT	—	—	—
02985	花椒油		—	—	—
05195	芡实（EURYALE FER-OX）提取物	EURYALE FEROX EX-TRACT	—	0.000 1	—

序号	中文名称	INCI 名称/英文名称	淋洗类产品最高历史使用量/%	驻留类产品最高历史使用量/%	备注
01657	赤小豆（PHASEOLUS CALCARATUS）提取物	PHASEOLUS CALCARATUS EXTRACT	—	—	—
01658	赤小豆（PHASEOLUS CALCARATUS）籽提取物	PHASEOLUS CALCARATUS SEED EXTRACT	—	—	—
04195	昆布（ECKLONIA KUROME）提取物	ECKLONIA KUROME EXTRACT	—	0.3	—
03654	菊苣（CICHORIUM INTYBUS）根提取物	CICHORIUM INTYBUS（CHICORY）ROOT EXTRACT	—	4	—
03655	菊苣（CICHORIUM INTYBUS）提取物	CICHORIUM INTYBUS（CHICORY）EXTRACT	—	—	—
03656	菊苣（CICHORIUM INTYBUS）叶提取物	CICHORIUM INTYBUS（CHICORY）LEAF EXTRACT	—	0.5	—
02827	芝麻（SESAMUM INDICUM）提取物	SESAMUM INDICUM（SESAME）EXTRACT	—	—	曾用名
02322	榧子（TORREYA GRANDIS）提取物	TORREYA GRANDIS EXTRACT	—	—	—
07919	薏苡仁（COIX LACRYMA – JOBI MA – YUEN）提取物	COIX LACRYMA – JOBI EXTRACT	—	—	曾用名
	薏苡（COIX LACRYMA – JOBI）提取物		2.0834	0.5	—

289

序号	中文名称	INCI 名称/英文名称	淋洗类产品最高历史使用量/%	驻留类产品最高历史使用量/%	备注
04582	麦芽提取物	MALT EXTRACT	—	8.076	—
03160	鸡内金	GALLI GIGERII ENDO-THELIUM CORNEUM	—	—	—
04546	马齿苋（PORTULACA OLERACEA）花/叶/茎提取物	PORTULACA OLERACEA FLOWER/LEAF/STEM EXTRACT	—	1.3	—
04547	马齿苋（PORTULACA OLERACEA）提取物	PORTULACA OLERACEA EXTRACT	—	17.96	—
03375	碱地蒲公英（TARAXACUM SINICUM）提取物	TARAXACUM SINICUM EXTRACT	—	—	—
04939	欧蒲公英（TARAXACUM OFFICINALE）根	TARAXACUM OFFICINALE （DANDELION）ROOT	—	1.425	—
04940	欧蒲公英（TARAXACUM OFFICINALE）根茎/根提取物	TARAXACUM OFFICINALE （DANDELION）RHIZOME/ROOT EXTRACT	—	2.7	—
03004	华蒲公英（TARAXACUM SINICUM）提取物	TARAXACUM SINICUM EXTRACT	—	23.275	—
07906	益智（ALPINIA OXYPHYLLA）提取物	ALPINIA OXYPHYLLA EXTRACT	—	—	—
01840	淡竹叶（LOPHATHERUM GRACILE）叶粉	LOPHATHERUM GRACILE LEAF POWDER	—	—	—
01841	淡竹叶（LOPHATHERUM GRACILE）提取物	LOPHATHERUM GRACILE EXTRACT	—	0.2	—

序号	中文名称	INCI 名称/英文名称	淋洗类产品最高历史使用量/%	驻留类产品最高历史使用量/%	备注
01842	淡竹叶（LOPHATHER-UM GRACILE）叶提取物	LOPHATHERUM GRACILE LEAF EXTRACT	—	0.2	—
08191	余甘子（PHYLLAN-THUS EMBLICA）果提取物	PHYLLANTHUS EMBLICA FRUIT EXTRACT	—	6	—
08192	余甘子（PHYLLAN-THUS EMBLICA）提取物	PHYLLANTHUS EMBLIC-A EXTRACT	—	0.71	—
02544	葛根（PUERARIA LO-BATA）提取物	PUERARIA LOBATA EX-TRACT	—	2	—
08198	鱼腥草（HOUTTUYNIA CORDATA）提取物	HOUTTUYNIA CORDATA EXTRACT	—	13.949	—
02375	覆盆子（RUBUS CH-INGII）提取物	RUBUS CHINGII EX-TRACT	—	0.75	—
02376	覆盆子（RUBUS IDAE-US）果水	RUBUS IDAEUS（RASP-BERRY）FRUIT WA-TER	—	84.188	—
02378	覆盆子（RUBUS IDAE-US）叶蜡	RUBUS IDAEUS（RASP-BERRY）LEAF WAX	—	5	—
02379	覆盆子（RUBUS IDAE-US）叶提取物	RUBUS IDAEUS（RASP-BERRY）LEAF EX-TRACT	—	2	—
02381	覆盆子（RUBUS IDAE-US）籽油	RUBUS IDAEUS（RASP-BERRY）SEED OIL	—	35	—
02383	覆盆子酮葡糖苷	RASPBERRYKETONE GLUCOSIDE	—	5.25	—

序号	中文名称	INCI 名称/英文名称	淋洗类产品最高历史使用量/%	驻留类产品最高历史使用量/%	备注
02384	覆盆子籽油/生育酚琥珀酸酯氨基丙二醇酯类	RASPBERRY SEED OIL/TOCOPHERYL SUCCI-NATE AMINOPRO-PANEDIOL ESTERS	—	0.01	—
03646	桔梗（PLATYCODON GRANDIFLORUS）根粉	PLATYCODON GRANDI-FLORUS ROOT POWDER	—	—	—
03647	桔梗（PLATYCODON GRANDIFLORUS）根提取物	PLATYCODON GRANDI-FLORUS ROOT EX-TRACT	—	2.214	—
03648	桔梗（PLATYCODON GRANDIFLORUS）提取物	PLATYCODON GRANDI-FLORUS EXTRACT	—	2.695	—
07098	小蓟（CIRSIUM SETO-SUM）提取物	CIRSIUM SETOSUM EX-TRACT	—	—	—
08683	紫苏（PERILLA FRU-TESCEN）提取物	PERILLA FRUTESCENS EX-TRACT	—	0.5	—
08686	紫苏（PERILLA OCY-MOIDES）叶粉	PERILLA OCYMOIDES LE-AF POWDER	—	—	—
08687	紫苏（PERILLA OCY-MOIDES）叶提取物	PERILLA OCYMOIDES LE-AF EXTRACT	—	4	—
08688	紫苏（PERILLA OCY-MOIDES）籽提取物	PERILLA OCYMOIDES SE-ED EXTRACT	—	0.5	—
08689	紫苏（PERILLA OCY-MOIDES）籽油	PERILLA OCYMOIDES SE-ED OIL	—	4.8	—

序号	中文名称	INCI 名称/英文名称	淋洗类产品最高历史使用量/%	驻留类产品最高历史使用量/%	备注
03403	多花黄精（POLYGO-NATUM CYRTONE-MA）提取物	POLYGONATUM CYRTONE-MA EXTRACT	—	—	—
01924	滇黄精（POLYGONA-TUM KINGIANUM）提取物	POLYGONATUM KINGIA-NUM EXTRACT	—	—	—
02027	多花黄精（POLYGO-NATUM MULTIFLO-RUM）根茎/根提取物	POLYGONATUM MULTI-FLORUM RHIZOME/ROOT EXTRACT	—	0.825	—
01566	草果(AMOMUM TSAO – KO)提取物	AMOMUM TSAO – KO EX-TRACT	—	—	—
03394	姜黄（CURCUMA LON-GA）根	CURCUMA LONGA（TUR-MERIC）ROOT	—	—	—
03397	姜黄（CURCUMA LON-GA）根水	CURCUMA LONGA（TUR-MERIC）ROOT WATER	—	—	—
03398	姜黄（CURCUMA LON-GA）根提取物	CURCUMA LONGA（TUR-MERIC）ROOT EX-TRACT	—	9.75	—
03399	姜黄（CURCUMA LON-GA）根油	CURCUMA LONGA（TUR-MERIC）ROOT OIL	—	1	—
03401	姜黄（CURCUMA LON-GA）叶提取物	CURCUMA LONGA（TUR-MERIC）LEAF EX-TRACT	—	37.245	—
06444	四氢姜黄素	TETRAHYDROCURCUMIN	—	1	—

序号	中文名称	INCI名称/英文名称	淋洗类产品最高历史使用量/%	驻留类产品最高历史使用量/%	备注
01674	川党参（CODONOPSIS TANGSHEN）根提取物	CODONOPSIS TANGSHEN ROOT EXTRACT	—	0.06	—
01675	川党参（CODONOPSIS TANGSHEN）提取物	CODONOPSIS TANGSHEN EXTRACT	—	—	—
01860	党参（CODONOPSIS PILOSULA）根粉	CODONOPSIS PILOSULA ROOT POWDER	—	—	—
01861	党参（CODONOPSIS PILOSULA）提取物	CODONOPSIS PILOSULA EXTRACT	—	—	—
06889	西洋参（PANAX QUINQUEFOLIUS）根	PANAX QUINQUEFOLIUS ROOT	—	—	—
06890	西洋参（PANAX QUINQUEFOLIUS）根提取物	PANAX QUINQUEFOLIUS ROOT EXTRACT	—	1	—
06891	西洋参（PANAX QUINQUEFOLIUS）提取物	PANAX QUINQUEFOLIUS EXTRACT	—	—	—
03073	黄芪皂苷类	ASTRAGALOSIDES	—	—	—
04674	蒙古黄芪（ASTRAGALUS MEMBRANACEUS MONGHOLICUS）提取物	ASTRAGALUS MEMBRANACEUS MONGHOLICUS EXTRACT	—	—	—
04713	膜荚黄芪（ASTRAGALUS MEMBRANACEUS）根提取物	ASTRAGALUS MEMBRANACEUS ROOT EXTRACT	—	44.5	—
04714	膜荚黄芪（ASTRAGALUS MEMBRANACEUS）提取物	ASTRAGALUS MEMBRANACEUS EXTRACT	—	1.8	—

序号	中文名称	INCI 名称/英文名称	淋洗类产品最高历史使用量/%	驻留类产品最高历史使用量/%	备注
06641	天麻（GASTRODIA ELATA）根提取物	GASTRODIA ELATA ROOT EXTRACT	—	23.989	—
06642	天麻（GASTRODIA ELATA）提取物	GASTRODIA ELATA EXTRACT	—	—	—
05968	山茱萸（CORNUS OFFICINALIS）果提取物	CORNUS OFFICINALIS FRUIT EXTRACT	—	1.97	—
05969	山茱萸（CORNUS OFFICINALIS）提取物	CORNUS OFFICINALIS EXTRACT	—	0.3	—
05942	山银花（LONICERA CONFUSA）提取物	LONICERA CONFUSA EXTRACT	—	—	曾用名
05942	华南忍冬（LONICERA CONFUSA）花提取物	LONICERA CONFUSA FLOWER EXTRACT	—	—	—
02899	红腺忍冬（LONICERA HYPOGLAUCA）提取物	LONICERA HYPOGLAUCA EXTRACT	—	—	—
05525	忍冬（LONICERA JAPONICA）花提取物	LONICERA JAPONICA （HONEYSUCKLE） FLOWER EXTRACT	—	5.925 4	—
05526	忍冬（LONICERA JAPONICA）提取物	LONICERA JAPONICA EXTRACT	—	10	—
05527	忍冬（LONICERA JAPONICA）提取物	SUIKAZURA EKISU	—	10	—
05528	忍冬（LONICERA JAPONICA）提取物	NINDOU EKISU	—	—	—

续表

序号	中文名称	INCI 名称/英文名称	淋洗类产品最高历史使用量/%	驻留类产品最高历史使用量/%	备注
05529	忍冬（LONICERA JA-PONICA）叶提取物	LONICERA JAPONICA (HO-NEYSUCKLE) LEAF EXTRACT	—	8.369 4	—
05531	忍冬（LONICERA JA-PONICA）藤提取物	LONICERA JAPONICA (HO-NEYSUCKLE) CAULIS EX-TRACT	—	—	—
08786	光甘草定	GLABRIDIN	—	—	—
02392	甘草（GLYCYRRHIZA URALENSIS）根提取物	GLYCYRRHIZA URALEN-SIS (LICORICE) ROOT EXTRACT	—	7.2	—
02393	甘草（GLYCYRRHIZA URALENSIS）提取物	GLYCYRRHIZA URALEN-SIS (LICORICE) EX-TRACT	—	2.709	—
02394	甘草类黄酮	KANZOU FURABONOIDO	—	8	—
02395	甘草酸	GLYCYRRHIZIC ACID	—	5	—
02396	甘草酸铵	AMMONIUM GLYCYRRHI-ZATE	—	3	—
02397	甘草酸二钾	DIPOTASSIUM GLYCYR-RHIZATE	—	10	—
02612	光果甘草（GLYCYR-RHIZA GLABRA）根	GLYCYRRHIZA GLABRA (LICORICE) ROOT	—	—	—
02613	光果甘草（GLYCYR-RHIZA GLABRA）根粉	GLYCYRRHIZA GLABRA (LICORICE) ROOT POWDER	—	1.5	—
02614	光果甘草（GLYCYR-RHIZA GLABRA）根茎/根	GLYCYRRHIZA GLABRA (LICORICE) RHIZOME /ROOT	—	—	—

序号	中文名称	INCI 名称/英文名称	淋洗类产品最高历史使用量/%	驻留类产品最高历史使用量/%	备注
02615	光果甘草（GLYCYR-RHIZA GLABRA）根水	GLYCYRRHIZA GLABRA（LICORICE）ROOT WATER	—	76.524	—
02616	光果甘草（GLYCYR-RHIZA GLABRA）根提取物	GLYCYRRHIZA GLABRA（LICORICE）ROOT EXTRACT	—	5.5	—
02617	光果甘草（GLYCYR-RHIZA GLABRA）根汁	GLYCYRRHIZA GLABRA（LICORICE）ROOT JUICE	—	—	—
02618	光果甘草（GLYCYR-RHIZA GLABRA）提取物	GLYCYRRHIZA GLABRA EX-TRACT	—	2	—
02619	光果甘草（GLYCYR-RHIZA GLABRA）提取物	KANZOU EKISU	—	2	—
02620	光果甘草（GLYCYR-RHIZA GLABRA）叶提取物	GLYCYRRHIZA GLABRA（LICORICE）LEAF EX-TRACT	—	10	—
04755	牡蛎壳提取物	OYSTER SHELL EXTRACT	—	1	—
04756	牡蛎提取物	OYSTER EXTRACT	—	10	—
06155	食用牡蛎（Ostrea Edu-lis）壳提取物	OSTREA SHELL EXTRACT	—	—	—
04464	罗汉果（MOMORDICA GROSVENORII）果提取物	MOMORDICA GROSVENO-RII FRUIT EXTRACT	—	—	—
05270	羟基肉桂酸	HYDROXYCINNAMIC ACID	—	0.9	—

中国药食同源产业发展报告（2022）

序号	中文名称	INCI 名称/英文名称	淋洗类产品最高历史使用量/%	驻留类产品最高历史使用量/%	备注
05624	肉桂（CINNAMOMUM CASSIA）树皮	CINNAMOMUM CASSIA BARK	—	—	—
05625	肉桂（CINNAMOMUM CASSIA）树皮粉	CINNAMOMUM CASSIA BARK POWDER	—	—	—
05626	肉桂（CINNAMOMUM CASSIA）树皮提取物	CINNAMOMUM CASSIA BARK EXTRACT	—	8	—
05627	肉桂（CINNAMOMUM CASSIA）提取物	CINNAMOMUM CASSIA EXTRACT	—	0.3	—
05628	肉桂（CINNAMOMUM CASSIA）叶油	CINNAMOMUM CASSIA LEAF OIL	—	80	—
05629	肉桂（CINNAMOMUM CASSIA）油	KEIHI YU	—	3	—
05630	肉桂（CINNAMOMUM CASSIA）枝粉	CINNAMOMUM CASSIA BRANCH POWDER	—	—	—
05631	肉桂醇	CINNAMYL ALCOHOL	—	0.005 116 7	—
05633	肉桂酸	CINNAMIC ACID	—	2	—
05634	肉桂酸苄酯	BENZYL CINNAMATE	—	—	—
05635	肉桂酸乙酯	ETHYL CINNAMATE	—	—	—
06858	戊基肉桂醇	AMYLCINNAMYL ALCOHOL	—	—	—
02011	杜仲（EUCOMMIA ULMOIDES）叶提取物	EUCOMMIA ULMOIDES LEAF EXTRACT	—	2	—
06623	杜仲藤（PARABARIUM MICRANTHUM）提取物	PARABARIUM MICRANTHUM EXTRACT	—	—	—

序号	中文名称	INCI 名称/英文名称	淋洗类产品最高历史使用量/%	驻留类产品最高历史使用量/%	备注
02009	杜仲（EUCOMMIA UL-MOIDES）树皮提取物	EUCOMMIA ULMOIDES BARK EXTRACT	—	0.575	—
04435	芦根（PHRAGMITES COMMUNIS）提取物	PHRAGMITES COMMUNIS ROOT EXTRACT	—	—	曾用名
	芦苇（PHRAGMITES COMMUNIS）根提取物		0.25	0.25	—
05846	桑（MORUS ALBA）根皮提取物	MORUS ALBA ROOT BARK EXTRACT	—	4	—
05847	桑（MORUS ALBA）根皮提取物	SOUHAKUHI EKISU	—	4	—
05848	桑（MORUS ALBA）根提取物	MORUS ALBA ROOT EX-TRACT	—	35.2	—
05850	桑（MORUS ALBA）茎提取物	MORUS ALBA STEM EX-TRACT	—	1	—
05851	桑（MORUS ALBA）树皮提取物	MORUS ALBA BARK EX-TRACT	—	9	—
05853	桑（MORUS ALBA）叶提取物	MORUS ALBA LEAF EX-TRACT	—	5	—
01164	白茅根（IMPERATA CYLINDRICA MA-JOR）提取物	IMPERATA CYLINDRICA MAJOR ROOT EXTRACT	—	—	曾用名
	白茅（IMPERATA CY-LINDRICA MAJOR）根提取物		—	0.000 95	—

序号	中文名称	INCI 名称/英文名称	淋洗类产品最高历史使用量/%	驻留类产品最高历史使用量/%	备注
02568	枸杞（LYCIUM CHI-NENSE）根皮粉	LYCIUM CHINENSE ROOT BARK POWDER	—	—	—
02570	枸杞（LYCIUM CHI-NENSE）果水	LYCIUM CHINENSE FRUIT WATER	—	0.005	—
02572	枸杞（LYCIUM CHI-NENSE）提取物	LYCIUM CHINENSE EX-TRACT	—	5.9	—
04829	宁夏枸杞（LYCIUM BARBARUM）果粉	LYCIUM BARBARUM FRUIT POWDER	—	—	—
04830	宁夏枸杞（LYCIUM BARBARUM）果提取物	LYCIUM BARBARUM FRU-IT EXTRACT	—	1	—
04831	宁夏枸杞（LYCIUM BARBARUM）提取物	LYCIUM BARBARUM EX-TRACT	—	—	—
04833	宁夏枸杞（LYCIUM BARBARUM）籽油	LYCIUM BARBARUM SE-ED OIL	—	2	—
02915	胡椒（PIPER NIGR-UM）果	PIPER NIGRUM（PEP-PER）FRUIT	—	—	—
02917	胡椒（PIPER NIGRUM）果油	PIPER NIGRUM（PEP-PER）FRUIT OIL	—	1.12	—
02919	胡椒（PIPER NIG-RUM）籽	PIPER NIGRUM（PEP-PER）SEED	—	—	—
02921	胡椒（PIPER NIGRUM）籽油	PIPER NIGRUM（PEP-PER）SEED OIL	—	0.9	—

序号	中文名称	INCI 名称/英文名称	淋洗类产品最高历史使用量/%	驻留类产品最高历史使用量/%	备注
04295	莲（NELUMBO NUCIFERA）根粉	NELUMBO NUCIFERA ROOT POWDER	—	—	—
04296	莲（NELUMBO NUCIFERA）根茎提取物	NELUMBO NUCIFERA RHIZOMETIS EXTRACT	—	—	—
04297	莲（NELUMBO NUCIFERA）根水	NELUMBO NUCIFERA ROOT WATER	—	65.232	—
04298	莲（NELUMBO NUCIFERA）根提取物	NELUMBO NUCIFERA ROOT EXTRACT	—	17.6	—
04300	莲（NELUMBO NUCIFERA）花水	NELUMBO NUCIFERA FLOWER WATER	—	65.441	—
04301	莲（NELUMBO NUCIFERA）花提取物	NELUMBO NUCIFERA FLOWER EXTRACT	—	35.709	—
04302	莲（NELUMBO NUCIFERA）胚芽提取物	NELUMBO NUCIFERA GERM EXTRACT	—	8.4039	—
04303	莲（NELUMBO NUCIFERA）提取物	NELUMBO NUCIFERA EXTRACT	—	0.9745	—
04305	莲（NELUMBO NUCIFERA）叶粉	NELUMBO NUCIFERA LEAF POWDER	—	—	—
04306	莲（NELUMBO NUCIFERA）叶提取物	NELUMBO NUCIFERA LEAF EXTRACT	—	17.6	—
04307	莲（NELUMBO NUCIFERA）叶细胞培养物粉	NELUMBO NUCIFERA LEAF CELL CULTURE POWDER	—	—	—
04309	莲（NELUMBO NUCIFERA）籽提取物	NELUMBO NUCIFERA SEED EXTRACT	—	17.6	—

序号	中文名称	INCI 名称/英文名称	淋洗类产品最高历史使用量/%	驻留类产品最高历史使用量/%	备注
03103	茴香（FOENICULUM VULGARE）根提取物	FOENICULUM VULGARE（FENNEL）ROOT EXTRACT	—	0.25	—
03104	茴香（FOENICULUM VULGARE）果粉	FOENICULUM VULGARE（FENNEL）FRUIT POWDER	—	—	—
03105	茴香（FOENICULUM VULGARE）果提取物	FOENICULUM VULGARE（FENNEL）FRUIT EXTRACT	—	5.375 2	—
03106	茴香（FOENICULUM VULGARE）水	FOENICULUM VULGARE（FENNEL）WATER	—	—	—
03107	茴香（FOENICULUM VULGARE）提取物	FOENICULUM VULGARE（FENNEL）EXTRACT	—	—	—
03108	茴香（FOENICULUM VULGARE）叶提取物	FOENICULUM VULGARE（FENNEL）LEAF EXTRACT	—	20.4	—
03109	茴香（FOENICULUM VULGARE）油	FOENICULUM VULGARE（FENNEL）OIL	—	12	—
03110	茴香（FOENICULUM VULGARE）籽	FOENICULUM VULGARE（FENNEL）SEED	—	—	—
03111	茴香（FOENICULUM VULGARE）籽提取物	FOENICULUM VULGARE（FENNEL）SEED EXTRACT	—	5.7	—
03112	茴香醇	ANISE ALCOHOL	—	0.1	—
03113	茴香醛	ANISALDEHYDE	—	0.002	—
00980	对羟基茴香醚	p – HYDROXYANISOLE	—	0.006 3	—

序号	中文名称	INCI名称/英文名称	淋洗类产品最高历史使用量/%	驻留类产品最高历史使用量/%	备注
01259	北枳椇（HOVENIA DULCIS）果提取物	HOVENIA DULCIS FRUIT EXTRACT	—	1	—
03011	槐（SOPHORA JAPONICA）根提取物	SOPHORA JAPONICA ROOT EXTRACT	—	1.583 6	—
03012	槐（SOPHORA JAPONICA）果提取物	SOPHORA JAPONICA FRUIT EXTRACT	—	2.5	—
03013	槐（SOPHORA JAPONICA）花蕾提取物	SOPHORA JAPONICA BUD EXTRACT	—	1.04	—
03014	槐（SOPHORA JAPONICA）花提取物	SOPHORA JAPONICA FLOWER EXTRACT	—	5.925 4	—
03015	槐（SOPHORA JAPONICA）提取物	SOPHORA JAPONICA EXTRACT	—	—	—
06523	酸枣（ZIZIPHUS JUJUBA SPINOSA）仁提取物	ZIZIPHUS JUJUBA SPINOSA KERNEL EXTRACT	—	—	—
06524	酸枣（ZIZIPHUS JUJUBA SPINOSA）提取物	ZIZIPHUS JUJUBA SPINOSA EXTRACT	—	—	—
08588	栀子（GARDENIA FLORIDA）油	GARDENIA FLORIDA OIL	—	0.025	—
08589	栀子（GARDENIA JASMINOIDES）果提取物	GARDENIA JASMINOIDES FRUIT EXTRACT	2.25	0.15	—
04068	决明（CASSIA OBTUSIFOLIA）胶	CASSIA GUM	—	—	—

序号	中文名称	INCI 名称/英文名称	淋洗类产品最高历史使用量/%	驻留类产品最高历史使用量/%	备注
04069	决明（CASSIA OB-TUSIFOLIA）提取物	CASSIA OBTUSIFOLIA EX-TRACT	—	—	—
04070	决明胶羟丙基三甲基氯化铵	CASSIA HYDROXYPROP-YLTRIMONIUM CHLO-RIDE	—	—	—
04241	莱菔子（RAPHANUS SATIVUS）提取物	RAPHANUS SATIVUS EX-TRACT	—	—	—
04472	萝卜（RAPHANUS SA-TIVUS）根提取物	RAPHANUS SATIVUS (RA-DISH) ROOT EXTRACT	—	2.82	—
04473	萝卜（RAPHANUS SA-TIVUS）叶提取物	RAPHANUS SATIVUS (RA-DISH) LEAF EXTRACT	—	—	—
04474	萝卜（RAPHANUS SA-TIVUS）籽提取物	RAPHANUS SATIVUS (RA-DISH) SEED EXTRACT	—	5.982	—
04709	明串球菌/萝卜（RA-PHANUS SATIVUS）根发酵产物滤液	LEUCONOSTOC/RADISH ROOT FERMENT FIL-TRATE	—	5	—
04648	梅（PRUNUS MUME）提取物	PRUNUS MUME EXTRACT	—	2.438	—
04649	梅（PRUNUS MUME）果	PRUNUS MUME FRUIT	—	0.5	—
04650	梅（PRUNUS MUME）果水	PRUNUS MUME FRUIT WATER	—	0.4	—
04651	梅（PRUNUS MUME）果提取物	PRUNUS MUME FRUIT EXTRACT	—	1.392	—
04652	梅（PRUNUS MUME）花	PRUNUS MUME FLOWER	—	—	—
04653	梅（PRUNUS MUME）花蕾提取物	PRUNUS MUME BUD EX-TRACT	—	0.015	—

序号	中文名称	INCI 名称/英文名称	淋洗类产品最高历史使用量/%	驻留类产品最高历史使用量/%	备注
04654	梅（PRUNUS MUME）花末	PRUNUS MUME FLOWER POWDER	—	—	—
04655	梅（PRUNUS MUME）花水	PRUNUS MUME FLOWER WATER	—	40.18	—
04656	梅（PRUNUS MUME）花提取物	PRUNUS MUME FLOWER EXTRACT	—	5.925 4	—
03652	菊（CHRYSANTHEMUM MORIFOLIUM）花末	CHRYSANTHEMUM MORIFOLIUM FLOWER POWDER	—	—	—
03653	菊（CHRYSANTHEMUM MORIFOLIUM）花提取物	CHRYSANTHEMUM MORIFOLIUM FLOWER EXTRACT	—	2.214	—
07937	银杏（GINKGO BILOBA）坚果提取物	GINKGO BILOBA NUT EXTRACT	—	2	—
07939	银杏（GINKGO BILOBA）叶	GINKGO BILOBA LEAF	—	—	—
07940	银杏（GINKGO BILOBA）叶粉	GINKGO BILOBA LEAF POWDER	—	0.5	—
07941	银杏（GINKGO BILOBA）叶水	GINKGO BILOBA LEAF WATER	—	54.878	—
07942	银杏（GINKGO BILOBA）叶提取物	GINKGO BILOBA LEAF EXTRACT	—	30	—
07239	杏（ARMENIACA VULGARIS）提取物	ARMENIACA VULGARIS EXTRACT	—	—	—
07241	杏（PRUNUS ARMENIACA）果水	PRUNUS ARMENIACA (APRICOT) FRUIT WATER	—	83.12	—

序号	中文名称	INCI 名称/英文名称	淋洗类产品最高历史使用量/%	驻留类产品最高历史使用量/%	备注
07242	杏（PRUNUS ARMENIACA）果提取物	PRUNUS ARMENIACA（APRICOT）FRUIT EXTRACT	—	19.93	—
07243	杏（PRUNUS ARMENIACA）仁壳粗粉	PRUNUS ARMENIACA（APRICOT）KERNEL MEAL	—	—	—
07244	杏（PRUNUS ARMENIACA）仁提取物	PRUNUS ARMENIACA（APRICOT）KERNEL EXTRACT	—	15	—
07245	杏（PRUNUS ARMENIACA）仁油	KYOUNIN YU	—	100	—
07246	杏（PRUNUS ARMENIACA）仁油	PRUNUS ARMENIACA（APRICOT）KERNEL OIL	—	100	—
07247	杏（PRUNUS ARMENIACA）仁油不皂化物	PRUNUS ARMENIACA（APRICOT）KERNEL OIL UNSAPONIFIABLES	—	—	—
07248	杏（PRUNUS ARMENIACA）叶提取物	PRUNUS ARMENIACA（APRICOT）LEAF EXTRACT	—	—	—
06604	桃(PRUNUS PERSICA)果	PRUNUS PERSICA（PEACH）FRUIT	—	—	—
06605	桃(PRUNUS PERSICA)果提取物	PRUNUS PERSICA（PEACH）FRUIT EXTRACT	—	7.5	—
06606	桃(PRUNUS PERSICA)核仁	PRUNUS PERSICA（PEACH）KERNEL	—	—	—
06607	桃(PRUNUS PERSICA)核仁提取物	PRUNUS PERSICA（PEACH）KERNEL EXTRACT	—	4	—

序号	中文名称	INCI 名称/英文名称	淋洗类产品最高历史使用量/%	驻留类产品最高历史使用量/%	备注
06608	桃(PRUNUS PERSICA)核仁油	PRUNUS PERSICA (PEACH) KERNEL OIL	—	51	—
06610	桃(PRUNUS PERSICA)花末	PRUNUS PERSICA (PEACH) FLOWER POWDER	—	0.01	—
06612	桃(PRUNUS PERSICA)花提取物	PRUNUS PERSICA (PEACH) FLOWER EXTRACT	—	6	—
06613	桃(PRUNUS PERSICA)树脂提取物	PRUNUS PERSICA (PEACH) RESIN EXTRACT	—	—	—
06614	桃(PRUNUS PERSICA)提取物	PRUNUS PERSICA (PEACH) EXTRACT	—	—	—
06615	桃(PRUNUS PERSICA)叶提取物	PRUNUS PERSICA (PEACH) LEAF EXTRACT	—	0.713 04	—
06618	桃(PRUNUS PERSICA)籽提取物	TOUNIN EKISU	—	—	—
01099	白扁豆（DOLICHOS LABLAB）提取物	DOLICHOS LABLAB EXTRACT	—	—	—

附录3 药食同源物质相关标准

附表1－2 药食同源物质现行有效的食品标准

品种		标准
酸枣仁（酸枣）	地方标准	DB14/T 2450—2022 《酸枣仁产地加工技术规程》
		DB36/T 1697—2022 《加工用南酸枣鲜果质量等级》
		DB36/T 1696—2022 《地理标志产品 万载南酸枣糕》
		DB36/ 1090—2018 《食品安全地方标准 南酸枣糕生产卫生规范》
		DB36/T 1247—2020 《地理标志产品 崇义南酸枣糕》
		DB61/ 366—2005 《原产地域产品保护 延安酸枣》
		DB21/T 3301—2020 《酸枣栽培技术规程》
		DB36/T 672—2018 《果用南酸枣丰产栽培技术规程》
	团体标准	T/SDCMIA DD05—2020 《山东道地药材酸枣仁》
		T/LSSZR 0001—2021 《灵石酸枣仁》
		T/ZCAPA 001—2021 《赞皇酸枣仁》
		T/HBCIA 001—2022 《邢台酸枣仁》
		T/SXPP 003—2021 《酸枣叶茶》
		T/LCCMMA 002—2021 《灵寿酸枣》
		T/YQMTYX 002—2021 《垣曲历山酸枣叶茶》
		T/CSNAS 03—2022 《南酸枣糕辐照杀菌技术规程》
牡蛎	国家标准	GB/T 26940—2011 《牡蛎干》
		GB/T 20552—2006 《太平洋牡蛎》
		GB/T 40251—2021 《牡蛎单孢子虫病诊断规程 原位杂交法》
		GB/T 40253—2021 《牡蛎小胞虫病诊断规程 显微镜检查组织法》
		GB/T 40256—2021 《牡蛎马尔太虫病诊断规程 显微镜检查组织法》
		NY/T 5155—2002 《无公害食品 近江牡蛎养殖技术规范》
		SC/T 2027—2006 《太平洋牡蛎 苗种》
		SC/T 7205.1—2007 《牡蛎包纳米虫病诊断规程 第1部分：组织印片的细胞学诊断法》

品种		标准
牡蛎	国家标准	SC/T 7205.2—2007　《牡蛎包纳米虫病诊断规程　第2部分：组织病理学诊断法》
		SC/T 7205.3—2007　《牡蛎包纳米虫病诊断规程　第3部分：透射电镜诊断法》
		SN/T 5182—2020　《牡蛎疱疹病毒病检疫技术规范》
		SC/T 2114—2022　《近江牡蛎》
		SC/T 7240—2020　《牡蛎疱疹病毒1型感染诊断规程》
		SC/T 3121—2012　《冻牡蛎肉》
		SC/T 2026—2007　《太平洋牡蛎　亲贝》
		SC/T 2111—2021　《浅海多营养层次综合养殖技术规范　海带、牡蛎、海参》
		SC/T 2106—2021　《牡蛎人工繁育技术规范》
		SC/T 2107—2021　《单体牡蛎苗种培育技术规范》
		NY 5154—2008　《无公害食品　牡蛎》
	地方标准	DB37/T 3928—2020　《地理标志产品　乳山牡蛎》
		DB37/T 3673—2019　《牡蛎疱疹病毒Ⅰ型检测技术规范　巢式PCR法》
		DB21/T 3036—2018　《长牡蛎浮筏养殖技术规范》
		DB44/T 2382—2022　《牡蛎净化技术规范》
		DB44/T 1808—2016　《地理标志产品　南澳牡蛎》
		DB21/T 1860—2010　《农产品质量安全　岩牡蛎苗种人工繁育技术规范》
	团体标准	T/SDIFST 0010—2022　《牡蛎光动力非热杀菌处理技术操作规程》
		T/CBFIA 50001—2022　《牡蛎肽》
		T/CBFIA 01001—2022　《牡蛎肽》
栀子	国家标准	GB 5009.149—2016　《食品安全国家标准　食品中栀子黄的测定》
		GB 7912—2010　《食品安全国家标准　食品添加剂　栀子黄》
		GB 28311—2012　《食品安全国家标准　食品添加剂　栀子蓝》
	地方标准	DB50/T 1328—2022　《栀子种子质量分级》
		DB36/T 424　2018　《黄栀子干果》
		DB43/T 2487—2022　《栀子扦插育苗技术规程》
		DB36/T 1271—2020　《栀子挥发油提取技术规程》

品种		标准
		DB50/T 1226—2022 《栀子采收与初加工技术规程》
		DB45/T 2455—2022 《切叶用栀子栽培技术规程》
		DB36/T 1128.6—2021 《农药 田间药效试验准则第6部分 杀虫剂防治黄栀子灰蝶》
		DB36/T 425—2018 《黄栀子栽培技术规程》
		DB50/T 1328—2022 《栀子种子质量分级》
	团体标准	T/FJBS 2—2023 《化妆品用原料 栀子花提取物（福鼎栀子花纯露）》
		T/GDATCM 0016—2021 《栀子煮散饮片》
		T/CSTEA 00039—2022 《福鼎栀子花白茶》
		T/FJBS 1—2023 《化妆品用原料 栀子花提取物（福鼎栀子花细胞液）》
		T/YLSPJS 002—2022 《栀子油》
甘草	国家标准	GB 1886.242—2016 《食品安全国家标准 食品添加剂 甘草酸铵》
		GB 1886.240—2016 《食品安全国家标准 食品添加剂 甘草酸一钾》
		GB 1886.241—2016 《食品安全国家标准 食品添加剂 甘草酸三钾》
		GB 1886.89—2015 《食品安全国家标准 食品添加剂 甘草抗氧化物》
		GB/T 19618—2004 《甘草》
		GB/T 22248—2008 《保健食品中甘草酸的测定》
		NY/T 4219—2022 《植物品种特异性、一致性和稳定性测试指南 甘草属》
		SN/T 3854—2014 《出口食品中天然甜味剂甜菊糖苷、甜菊双糖苷、甘草酸、甘草次酸的测定 高效液相色谱法》
		SN/T 1500—2004 《化妆品中甘草酸二钾的检测方法 液相色谱法》
	地方标准	DB22/T 2720—2017 《地理标志产品 白城甘草》
		DB22/T 1072—2018 《绿色食品 甘草生产技术规范》
		DB62/T 2059—2011 《地理标志产品 民勤甘草》
		DB14/T 2456—2022 《甘草移栽生产技术规程》
		DB14/T 2457—2022 《甘草种苗生产技术规程》
		DB65/T 3921—2016 《甘草生产技术规程》
		DB62/T 1962—2018 《绿色食品 河西地区甘草生产技术规程》
		DB34/550—2005 《甘草种子》
		DB15/T 2205—2021 《内蒙甘草》

品种		标准
	团体标准	T/CAFFCI 1—2018　《化妆品用原料　甘草酸二钾》
		T/CAFFCI 39—2020　《化妆品用原料　硬脂醇甘草亭酸酯》
		T/COCIA 1—2018　《口腔清洁护理用品　牙膏用甘草次酸》
		T/COCIA 2—2018　《口腔清洁护理用品　牙膏用甘草酸二钾》
		T/TCVMA 0005—2020　《天然植物饲料原料　甘草干燥物》
		T/TCVMA 0007—2020　《天然植物饲料原料　甘草粗提物》
		T/TCVMA 0006—2020　《天然植物饲料原料　甘草粉碎物》
		T/CCCMHPIE 1.72—2021　《植物提取物　甘草甜味素》
		T/CCCMHPIE 1.74—2021　《植物提取物　甘草提取物》
		T/CCCMHPIE 1.75—2021　《植物提取物　甘草酸铵（12%）》
		T/CCCMHPIE 1.71—2021　《植物提取物　甘草酸》
		T/CCCMHPIE 1.73—2021　《植物提取物　光甘草定》
		T/CCCMHPIE 1.76—2021　《植物提取物　甘草酸二钾（65%）》
		T/GDATCM 0012—2021　《甘草煮散饮片》
代代花	国家标准	NY/T 1506—2015　《绿色食品　食用花卉》
罗汉果	国家标准	GB 1886.77—2016　《食品安全国家标准　食品添加剂　罗汉果甜苷》
		GB 1886.268—2016　《食品安全国家标准　食品添加剂　罗汉果酊》
		GB/T 20357—2006　《地理标志产品　永福罗汉果》
		GB/T 35476—2017　《罗汉果质量等级》
		NY/T 694—2022　《罗汉果》
	地方标准	DB45/T 191—2019　《地理标志产品　永福罗汉果》
		DB45/T 1966—2019　《罗汉果空气能加工烘烤技术规程》
		DBS45/077—2022　《食品安全地方标准　罗汉果粉》
		DB45/T 407—2007　《绿色食品　罗汉果生产技术规程》
		DB45/T 1335—2016　《罗汉果浓缩膏工艺技术规程》
		DB45/T 1336—2016　《罗汉果甜苷工艺技术规程》
	团体标准	T/CCCMIIPIE 1.34—2018　《植物提取物　罗汉果提取物（60%罗汉果苷Ⅴ）》
		T/CCCMHPIE 115—2016　《植物提取物　罗汉果提取物（50%罗汉果皂苷Ⅴ）》

续表

品种		标准
		T/CCCMHPIE 114—2016 《植物提取物 罗汉果提取物（25%罗汉果皂苷V）》
		T/ZWTQ 001—019 《罗汉果甜苷绿色生产工艺技术方法》
		T/CFCA 0019—2020 《罗汉果糖》
		T/SHDSGY 189—2022 《罗汉果茶制备规范》
		T/CACM 1374.93—2021 《罗汉果规范化生产技术规程》
		T/GXAS 260—2021 《地理标志农产品 桂林罗汉果》
		T/GXAS 391—2022 《罗汉果斑枯病综合防治技术规程》
		T/GXAS 257—2021 《罗汉果蜜》
肉桂	国家标准	GB 28346—2012 《食品安全国家标准 食品添加剂 肉桂醛》
		GB 1886.207—2016 《食品安全国家标准 食品添加剂 中国肉桂油》
		GB 28347—2012 《食品安全国家标准 食品添加剂 肉桂酸》
		GB 1886.125—2015 《食品安全国家标准 食品添加剂 肉桂醇》
		GB 1886.131—2015 《食品安全国家标准 食品添加剂 α-戊基肉桂醛》
		GB 1886.123—2015 《食品安全国家标准 食品添加剂 α-己基肉桂醛》
		GB 29969—2013 《食品安全国家标准 食品添加剂 肉桂酸肉桂酯》
		GB 29968—2013 《食品安全国家标准 食品添加剂 肉桂酸苄酯》
		GB 5009.281—2020 《食品安全国家标准 食品中肉桂醛残留量的测定》
		GB 28348—2012 《食品安全国家标准 食品添加剂 肉桂酸甲酯》
		GB 28349—2012 《食品安全国家标准 食品添加剂 肉桂酸乙酯》
		GB 28345—2012 《食品安全国家标准 食品添加剂 乙酸肉桂酯》
		GB 28350—2012 《食品安全国家标准 食品添加剂 肉桂酸苯乙酯》
		GB/T 24800.9—2009 《化妆品中柠檬醛、肉桂醇、茴香醇、肉桂醛和香豆素的测定 气相色谱法》
		GB/T 11425—2008 《中国肉桂（精）油》
		GB/T 42305—2023 《肉桂栽培技术规程》
		NY/T 3136—2017 《饲用调味剂中香兰素、乙基香兰素、肉桂醛、桃醛、乙酸异戊酯、γ-壬内酯、肉桂酸甲酯、大茴香脑的测定 气相色谱法》
		GB/T 30357.5—2015 《乌龙茶 第5部分：肉桂》

品种		标准
	地方标准	DB37/T 2578—2014 《鲁菜 肉桂大蹄》
		DB45/T 227—2022 《地理标志产品 广西肉桂》
		DB45/T 698—2010 《肉桂产品质量等级》
		DB21/T 3060—2018 《饲料中香兰素、乙基香兰素、肉桂醛、桃醛、乙酸异戊酯、γ-壬内酯、肉桂酸甲酯、乙基麦芽酚、大茴香脑的含量测定 气相色谱法》
		DB44/T 2183—2019 《肉桂叶质量等级划分与采收技术规程》
		DB44/T 2236—2020 《肉桂双瓣卷蛾综合防控技术规程》
		DB4453/T 11—2022 《地理标志产品 罗定肉桂》
	团体标准	T/HCCC 01—2022 《罗定肉桂 高效液相色谱指纹图谱法》
		T/GDSMM 0026—2022 《肉桂-巴戟天套种栽培技术规程》
		T/GDNB 76—2021 《南药肉桂生产技术规程》
		T/HCCC 02—2022 《罗定肉桂（精）油》
		T/NAIA 084—2021 《葡萄酒中羟基肉桂酸类物质含量的测定 高效液相色谱法》
		T/TJTSS 0006—2022 《肉桂茶》
		T/SDAS 295—2021 《肉桂提取物》
		T/HCCC 03—2022 《罗定肉桂仓储管理规范》
决明子	地方标准	DB34/T 3812—2021 《中药材栽培技术规程 决明子》
	团体标准	T/CNHFA 111.10—2023 《保健食品用原料 决明子》
橘皮	地方标准	DB4407/T 70—2021 《地理标志产品 新会陈皮》
		DB50/T 448—2012 《渝菜 陈皮兔丁烹饪技术规范》
	团体标准	T/GDATCM 0002—2023 《广陈皮药材商品规格等级标准》
		T/GDATCM 0001—2023 《广陈皮绿色种植规范》
		T/CZSPTXH 122—2020 《潮州菜 陈皮炖甲鱼烹饪工艺规范》
		T/DTCPJ 0001—2020 《地理标志集体商标 东台陈皮酒》
		T/GDEB 0004—2022 《跨境电子商务产品 新会陈皮流通规范》
		T/CTMA 041—2021 《陈皮青砖茶》
		T/CAI 195—2023 《预制菜 陈皮水鸭汤》

品种		标准
		T/QGCML 351—2022 《陈皮醋》
		T/CAI 013—2022 《新会陈皮感官评定方法》
		T/GDGAA 0012—2022 《陈皮生产年份检测方法》
		T/GDGAA 0011—2022 《陈皮产地检测方法》
		T/GDEB 0001—2022 《跨境电子商务产品 新会陈皮》
		T/GDEB 0003—2022 《跨境电子商务产品 新会陈皮质量等级评价规范》
		T/CTMA 042—2021 《陈皮青砖茶加工技术规程》
		T/CAI 194—2023 《预制菜 陈皮广式糖水》
		T/CAI 196—2023 《预制菜 陈皮虾制品》
		T/GBAS 0014—2022 《广陈皮》
		T/CAI 014—2022 《新会陈皮干仓仓储管理规范》
砂仁	地方标准	DB53/T 957.1—2019 《云南砂仁生产技术规程 第1部分：产地环境》
		DB53/T 957.2—2019 《云南砂仁生产技术规程 第2部分：种子质量》
		DB53/T 957.3—2019 《云南砂仁生产技术规程 第3部分：种苗质量》
		DB53/T 957.4—2019 《云南砂仁生产技术规程 第4部分：种苗生产》
		DB53/T 957.5—2019 《云南砂仁生产技术规程 第5部分：栽培管理》
		DB52/T 543—2016 《地理标志产品 连环砂仁》
		DB52/ 543—2008 《贞丰香料砂仁》
		DB4417/T 2—2022 《地理标志产品 春砂仁》
	团体标准	T/YNZYC 0009—2021 《绿色药材 砂仁种子质量标准》
		T/YNZYC 0011—2021 《绿色药材 砂仁栽培技术规程》
		T/YNZYC 0013—2021 《绿色药材 砂仁商品分等规格》
		T/GDSMM 0024—2022 《广宁砂仁种植技术规程》
		T/GDSMM 0012—2021 《砂仁育种技术规范》
		T/GDNB 128.14—2022 《粤港澳大湾区肇庆（怀集）绿色农副产品集散基地砂仁质量安全生产技术规程》
		T/YNZYC 0008—2021 《绿色药材 砂仁》
		T/YNZYC 0028—2022 《绿色药材 砂仁产地加工规程》
		T/YNZYC 0010—2021 《绿色药材 砂仁种苗质量标准》
		T/YNZYC 0012—2021 《绿色药材 砂仁 病虫鼠害防控技术规程》

品种		标准
乌梅	地方标准	NY/T 1041—2018 《绿色食品 干果》
	团体标准	T/QGCML 462—2022 《乌梅干》
肉豆蔻	国家标准	GB 28322—2012 《食品安全国家标准 食品添加剂 十四酸乙酯（肉豆蔻酸乙酯）》
		GB/T 32727—2016 《肉豆蔻》
	地方标准	DB46/T 394—2016 《中药材种子 肉豆蔻》
		DB46/T 393—2016 《肉豆蔻种苗生产技术规程》
	团体标准	T/CFNA 6105—2022 《肉豆蔻（衣）》
白芷	地方标准	DB50/T 1338—2022 《川白芷种子繁育技术规程》
		DB36/T 1261—2020 《红壤坡地白芷种植技术规程》
		DB34/T 4119—2022 《中药材栽培技术规程 白芷》
		DB51/T 2558—2018 《川产道地药材生产技术规程 白芷》
		DB41/T 2284—2022 《地理标志产品 禹白芷》
	团体标准	T/SNZYX 001—2022 《川白芷种子质量标准》
		T/SNZYX 003—2022 《川白芷采收及产地初加工技术规范》
		T/CIRA 23—2021 《麦冬、大黄、川芎、白芷和附子电子束辐照工艺规范》
		T/SNZYX 002—2022 《川白芷良种繁育技术规范》
		T/AHN 004—2021 《产地加工白芷质量要求》
		T/SNZYX 004—2022 《川白芷药材包装、贮藏和运输技术规范》
		T/CLDS 002—2021 《茶陵白芷》
		T/CQSNCQCYXH 28—2020 《南川白芷生产技术规程》
		T/AHN 010—2021 《白芷产地加工技术规程》
菊花	国家标准	GB 1886.118—2015 《食品安全国家标准 食品添加剂 杭白菊花浸膏》
		GB 1886.113—2015 《食品安全国家标准 食品添加剂 菊花黄浸膏》
		GB 1886.274—2016 《食品安全国家标准 食品添加剂 杭白菊花油》
		GB/T 20353—2006 《地理标志产品 怀菊花》
		NY/T 5121—2002 《无公害食品 饮用菊花生产技术规程》

品种		标准
菊花		SN/T 1020—2015 《出口干菊花检验规程》
		NY/T 1464.50—2013 《农药田间药效试验准则 第50部分：植物生长调节剂调控菊花生长》
	地方标准	DB34/T 3739—2020 《菊花烘干机械化技术规范》
		DB36/T 1698—2022 《菊花病毒病防治技术规程》
		DB11/T 1146—2022 《花卉产品等级 盆栽菊花》
		DB45/T 1067—2014 《饮用菊花加工技术规程》
		DB3201/T 024—2003 《盆栽菊花生产技术规程》
		DB43/T 809.5—2013 《一桌筵宴湘菜 第5部分：卤菊花牛腱》
		DB34/T 4213—2022 《菊花病虫害综合防控技术规程》
		DB36/T 1654—2022 《饮用菊花脱毒原种苗繁育技术规程》
		DB15/T 621—2013 《蒙餐 菊花牛鞭》
		DB37/T 2903.92—2017 《鲁菜 菊花卷》
		DB21/T 3474—2021 《菊花工厂化育苗技术规程》
		DB62/T 2810—2017 《绿色食品 饮用菊花生产技术规程》
		DB36/T 1464—2021 《饮用菊花与绿肥间套作栽培技术规程》
		DB34/T 4160—2022 《十大皖药材规格等级菊花》
	团体标准	T/QGCML 023—2020 《菊花茶加工工艺流程规范》
		T/YACA 007—2016 《雅鱼菜 第7部分：菊花雅鱼》
		T/QGCML 028—2020 《即墨菊花老酒生产流程规范》
		T/TCVMA 0019—2022 《天然植物饲料原料 野菊花粗提物》
		T/QDNP 0107—2021 《千岛农品 金紫尖菊花》
		T/TCVMA 0018—2022 《天然植物饲料原料 野菊花粉碎物》
		T/ZSGTS 010—2022 《香山之品 菊花酒》
		T/TCVMA 0017—2022 《天然植物饲料原料 野菊花干燥物》
藿香	国家标准	GB 1886.124—2015 《食品安全国家标准 食品添加剂 广藿香油》
	地方标准	DB4408/T 9—2021 《地理标志产品 遂溪广藿香》
		DB41/T 2058—2020 《藿香栽培技术规程》
	团体标准	T/HTMS 0029—2019 《和田传统小吃 藿香酱馕制作技艺》
		T/HTMS 0088—2019 《和田特色美食 藿香酱制作技艺》

品种		标准
		T/GDATCM 0006—2022　《广藿香煮散饮片》
		T/GDSMM 0022—2022　《广藿香脱毒苗生产技术规程》
		T/GDSMM 0020—2022　《广藿香 – 水稻轮作高效栽培种植技术规程》
		T/CACM 1374. 22—2021　《广藿香规范化生产技术规程》
		T/AFFI 042—2023　《藿香酱》
沙棘	国家标准	GB 1886. 319—2021　《食品安全国家标准　食品添加剂　沙棘黄》
		GB/T 23234—2009　《中国沙棘果实质量等级》
		NY/T 981—2006　《沙棘汁加工技术规范》
		SL 494—2010　《沙棘果叶采摘技术规范》
	地方标准	DBS63/ 0003—2017　《食品安全地方标准　沙棘果酒》
		DBS63/ 0002—2017　《食品安全地方标准　沙棘果醋（饮料）》
		DBS63/ 0004—2022　《食品安全地方标准　沙棘籽油（超临界二氧化碳萃取法）》
		DB62/T 2972—2019　《沙棘果籽分离技术规范》
		DB14/T 2686—2023　《沙棘主要蛀干害虫防治技术规程》
		DB15/T 2823—2022　《敖汉沙棘茶加工技术规程》
		DB15/T 2821—2022　《敖汉沙棘饮料加工技术规程》
		DB15/T 2824—2022　《敖汉沙棘油加工技术规程》
		DB15/T 2822—2022　《敖汉沙棘茶质量要求》
		DB65/T 4506—2022　《地理标志产品　阿勒泰大果沙棘》
		DB15/T 2818—2022　《敖汉沙棘育苗技术规程》
		DB65/T 4476—2021　《沙棘果品质量分级》
		DB22/T 1196—2011　《沙棘生产技术规程》
		DB63/T 826—2009　《中国沙棘生态经济林基地建设技术规程》
		DB23/T 1540—2014　《地理标志产品　孙吴大果沙棘果》
		DB15/T 2820—2022　《敖汉沙棘果叶采摘技术规程》
		DB15/T 2819—2022　《敖汉沙棘栽培技术规程》
	团体标准	T/LYCY 017—2020　《沙棘果油》
		T/LYCY 016—2020　《沙棘籽油》
		T/CNFIA 103—2018　《沙棘露酒》
		T/ISAS 001—2019　《沙棘黄酮质量标准》

品种		标准
		T/ANIA 015—2021　《阿克苏沙棘馕生产技术规程》
		T/ISAS 003—2021　《沙棘籽油》
		T/ISAS 005—2021　《沙棘籽原花青素》
		T/ISAS 006—2022　《沙棘果粉》
		T/ISAS 003—2021　《沙棘籽油》
		T/ISAS 002—2021　《沙棘原果汁》
		T/LXCY 3.9—2022　《岚县土豆宴　凉菜类：沙棘土豆泥烹饪工艺规范》
		T/ISAS 007—2022　《沙棘叶茶》
		T/ISAS 004—2021　《沙棘果油》
		T/NMSPMZB03.03—2023　《"蒙"字标林草产品认证要求　内蒙古沙棘籽油》
		T/IMAS 047—2022　《敖汉沙棘饮料》
		T/ISAS 008—2022　《果实丰产型沙棘品种评价规范》
青果	国家标准	LY/T 1532—2021　《油橄榄》
薤白	地方标准	DB15/T 2926.5—2023　《葱属植物生产技术规程　第5部分：薤白》
薄荷	国家标准	GB 1886.199—2016　《食品安全国家标准　食品添加剂　天然薄荷脑》
		GB 1886.204—2016　《食品安全国家标准　食品添加剂　亚洲薄荷素油》
		GB 1886.278—2016　《食品安全国家标准　食品添加剂　椒样薄荷油》
		GB 29958—2013　《食品安全国家标准　食品添加剂　l-薄荷醇丙二醇碳酸酯》
		GB 29959—2013　《食品安全国家标准　食品添加剂　d,l-薄荷酮甘油缩酮》
		GB 28338—2012　《食品安全国家标准　食品添加剂　乳酸l-薄荷酯》
		GB 28337—2012　《食品安全国家标准　食品添加剂乙酸薄荷酯》
		GB/T 32736—2016　《干薄荷》
		GB/T 12652—2013　《亚洲薄荷素油》
		GB/T 34260—2017　《夏香薄荷》
		GB/T 34259—2017　《冬香薄荷》
		YC/T 286—2009　《卷烟　主流烟气中薄荷醇的测定　气相色谱法》

318

品种		标准
薄荷	地方标准	DB15/T 2183—2021　《薄荷栽培技术规程》
	团体标准	T/HTMS 0084—2019　《和田特色饮品　薄荷茶制作技艺》
		T/QGCML 237—2021　《薄荷洋甘菊舒缓面膜》
		T/SHLY 3001—2022　《薄荷容器栽培技术规程》
丁香	国家标准	GB 1886.273—2016　《食品安全国家标准　食品添加剂　丁香花蕾油》
		GB 31656.6—2021　《食品安全国家标准　水产品中丁香酚残留量的测定　气相色谱－质谱法》
		GB 1886.129—2022　《食品安全国家标准　食品添加剂　丁香酚》
		GB/T 22300—2008　《丁香》
		GB/T 30088—2013　《化妆品中甲基丁香酚的测定　气相色谱/质谱法》
		QB/T 5026—2017　《口腔清洁护理用品　牙膏中紫丁香苷含量的测定方法》
		GB/T 28066—2011　《丁香假单胞杆菌豌豆致病型检疫鉴定方法》
		GB/T 31801—2015　《丁香疫霉菌检疫鉴定方法》
		GH/T 1146—2017　《丁香榄》
		SN/T 5129—2019　《苹果属上冬生疫霉菌、丁香疫霉菌和栗黑水疫霉菌的多重 PCR 筛查法》
	地方标准	BJS 201908　《水产品及水中丁香酚类化合物的测定》
		DB22/T 413—2005　《保健食品中的紫丁香甙高效液相色谱法的测定》
		DB35/T 1241—2012　《地理标志产品　定海湾丁香鱼》
	团体标准	T/ZACA 023—2020　《水产品中 6 种丁香酚类麻醉剂残留量的测定　气相色谱－串联质谱法》
		T/CFNA 6106—2022　《丁香》
高良姜	国家标准	GH/T 1280—2019　《蜂胶中咖啡酸、p－香豆酸、阿魏酸、短叶松素、松属素、短叶松素 3－乙酸酯、白杨素和高良姜素含量的测定　反相高效液相色谱法》
	地方标准	DB46/T 382－2016　《中药材种子　高良姜》
		DB46/T 381—2016　《高良姜种苗生产技术规程》
白果	国家标准	GB/T 21142—2007　《地理标志产品　泰兴白果》
		SN/T 0445—1995　《出口生白果检验规程》

品种		标准
白果	地方标准	DB5202/T 016—2019 《地理标志产品　妥乐白果》
		DB37/T 2658. 100—2015 《鲁菜　拔丝白果》
	团体标准	T/LYFIA 019—2020 《白果酒》
		T/LYFIA 018—2020 《白果粉》
火麻仁	地方标准	DB15/T 2018—2020 《内蒙古东部地区火麻仁种植技术规程》
	团体标准	T/KCIHIA 002—2022 《工业大麻仁（火麻仁）》
		T/KCIHIA 003—2022 《工业大麻仁油（火麻仁油）》
		T/KCIHIA 001—2022 《工业大麻仁（火麻仁）蛋白粉》
桔红（橘红）	国家标准	GB 1886. 364—2022 《食品安全国家标准　食品添加剂　越橘红》
	地方标准	DB44/T 615—2017 《地理标志产品　化橘红》
		BJS 201912 《食品中柑橘红2号的测定》
		DBS22/ 017—2013 《食品安全地方标准　柑橘类水果及其饮料中橘红2号的测定　高效液相色谱法》
		DBS52/ 041—2019 《食品安全地方标准　柑橘类水果及其饮料中柑橘红2号的测定－高效液相色谱法》
		DB51/T 1883—2014 《柑橘中橘红2号染料的测定高效液相色谱法》
	团体标准	T/GDATCM 0004—2023 《毛橘红（胎）药材商品规格等级标准》
		T/GDATCM 0003—2023 《毛橘红（胎）绿色种植规范》
		T/GXAS 011—2018 《地理标志产品　陆川橘红》
		T/WCJH 002—2018 《吴川橘红干果及制品加工技术规程》
		T/WCJH 001—2018 《吴川橘红规范化种植技术规程》
		T/HZDS 001—2020 《化橘红追溯信息要求》
		T/GDP 017—2020 《化橘红种植区诱虫灯使用技术规范》
		T/CCPIA 156—2021 《哒螨灵乳油防治柑橘红蜘蛛施用限量》
		T/GDP 023—2020 《化橘红主要病虫害综合防控技术规程》
茯苓	地方标准	DBS43/ 014—2022 《食品安全地方标准　茯苓》
		DB52/T 1056—2015 《地理标志产品　黎平茯苓种植技术规程》
		DB34/T 4157—2022 《茯苓生产产地环境控制规程》

品种		标准
		DB42/T 353—2011　《地理标志产品　九资河茯苓》
		DB43/T 845—2013　《靖州干茯苓》
		DB43/T 844—2013　《靖州鲜茯苓》
		DB34/T 2550—2015　《茯苓种植技术规程》
		DB43/T 842—2013　《靖州茯苓菌种》
		DB42/ 353—2006　《九资河茯苓》
	团体标准	T/YSYSH 001—2020　《英山茯苓》
		T/MSC 001—2022　《茯苓菌种生产技术规范》
		T/GXAS 288—2022　《食品用茯苓加工技术规程》
		T/YNZYC 0045—2022　《绿色药材　云茯苓栽培技术规程》
		T/CNHFA 111.6—2023　《保健食品用原料　茯苓》
		T/MSC 002—2022　《茯苓栽培技术规范》
		T/GDATCM 0013—2022　《茯苓煮散饮片》
		T/YNZYC 0044—2022　《绿色药材　云茯苓》
		T/YNZYC 0046—2022　《绿色药材　云茯苓产地加工规程》
		T/GXAS 279—2022　《茯苓种植技术规程》
紫苏	国家标准	LS/T 3254—2017　《紫苏籽油》
		NY/T 2494—2013　《植物新品种特异性、一致性和稳定性测试指南　紫苏》
		SN/T 2789—2011　《香紫苏油中乙酸芳樟酯和芳樟醇含量的测定　气相色谱法》
	地方标准	DB52/T 1528—2020　《紫苏品种鉴定技术规程 SSR 标记法》
		DB52/T 1527—2020　《油用紫苏栽培技术规程》
		DB62/T 4431—2021　《紫苏品种　陇苏 1 号》
		DB3205/T 072—2004　《无公害农产品　紫苏生产技术规程》
		DB13/T 848—2007　《无公害叶用紫苏生产技术规程》
		DB62/T 4647—2022　《紫苏生产技术规程》
		DB34/T 2203—2014　《紫苏生产技术规程》
		DB50/T 1197—2021　《紫苏气候品质评价技术规范》
		DB32/T 1403—2009　《紫苏叶生产技术规程》

品种		标准
紫苏		DB43/T 2380—2022 《紫苏病虫害绿色防控技术规程》
		DB33/T 874—2020 《叶用紫苏绿色生产技术规范》
	团体标准	T/CGCC 25—2018 《初级压榨紫苏籽油》
		T/CQDB 0005—2020 《地理标志产品 彭水紫苏油》
		T/HNSZA 0002.1—2021 《连锁湘菜 紫苏平锅牛蛙 第1部分：菜肴烹调质量要求》
		T/HNSZA 0002.4—2021 《连锁湘菜 紫苏平锅牛蛙 第4部分：紫苏种植与加工技术规程》
		T/HNSZA 0002.2—2021 《连锁湘菜 紫苏平锅牛蛙 第2部分：紫苏调味酱加工质量要求》
		T/HEBQIA 111—2022 《紫苏种子加工技术规程》
		T/HNSZA 0002.3—2021 《连锁湘菜 紫苏平锅牛蛙 第3部分：牛蛙养殖、运输与配送规范》
		T/SHZSAQS 00151—2022 《滴灌紫苏水肥一体化高产栽培技术规程》
八角茴香	国家标准	GB 1886.140—2015 《食品安全国家标准 食品添加剂 八角茴香油》
		GB/T 15068—2008 《八角茴香（精）油》
		GB/T 7652—2016 《八角》
	地方标准	DB45/T 1350—2022 《地理标志产品 上林八角》
		DB45/ 226—2017 《地理标志产品 广西八角》
	团体标准	T/SDAS 294—2021 《八角茴香提取物》
		T/ZSGTS 091—2022 《香山之品 八角》
		T/CFNA 6102—2020 《八角》
刀豆	国家标准	GB/T 13209—2015 《青刀豆罐头》
		GB/T 23737—2009 《饲料中游离刀豆氨酸的测定 离子交换色谱法》
		NY/T 4222—2022 《植物品种特异性、一致性和稳定性测试指南 刀豆》
		SN/T 0626.5—1997 《出口速冻蔬菜检验规程 豆类》
	地方标准	DB21/T 1422—2006 《农产品质量安全 刀豆生产技术规程》
	团体标准	T/NTJGXH 011—2017 《青刀豆速冻加工技术规程》
		T/NTRPTA 0090—2022 《黑塌菜－地刀豆－鲜食糯玉米种植技术规程》

品种		标准
姜	国家 标准	GB 1886.60—2015 《食品安全国家标准 食品添加剂 姜黄》
		GB 1886.76—2015 《食品安全国家标准 食品添加剂 姜黄素》
		GB 1886.29—2015 《食品安全国家标准 食品添加剂 生姜油》
		GB/T 30383—2013 《生姜》
		GB/T 19427—2003 《蜂胶中芦丁、杨梅酮、槲皮素、莰菲醇、芹菜素、 松属素、苛因、高良姜素含量的测定方法 液相色谱－串联质谱检测 法和液相色谱－紫外检测法》
		GB/T 22293—2008 《姜及其油树脂 主要刺激成分测定 HPLC 法》
		GB/Z 26584—2011 《生姜生产技术规范》
		GB/T 22269—2008 《姜黄 着色力测定 分光光度法》
		GB/T 39014—2020 《生姜精油》
		NY/T 1073—2006 《脱水姜片和姜粉》
		NY/T 1193—2006 《姜》
		NY/T 5226—2004 《无公害食品 生姜生产技术规程》
		NY/T 2869—2015 《姜贮运技术规范》
		LS/T 3257—2017 《生姜油》
		NY/T 2376—2013 《农产品等级规格 姜》
		GH/T 1172—2021 《姜》
		GH/T 1329—2021 《日化用生姜油》
		SN/T 4890—2017 《出口食品中姜黄素的测定 高效液相色谱法和液相 色谱－质谱/质谱法》
		GH/T 1280—2019 《蜂胶中咖啡酸、p－香豆酸、阿魏酸、短叶松素、 松属素、短叶松素 3－乙酸酯、白杨素和高良姜素含量的测定 反相 高效液相色谱法》
		KJ 201909 《食品中硼酸的快速检测 姜黄素比色法》
		NY/T 1464.31—2010 《农药田间药效试验准则 第 31 部分：杀菌剂防 治生姜姜瘟病》
		NY/T 404—2000 《脱毒生姜种姜（苗）病毒检测技术规程》
		HJ/T 49—1999 《水质 硼的测定 姜黄素分光光度法》
		SL 90—1994 《硼的测定（姜黄素法）》

品种	标准
	NY/T 2505—2013 《植物新品种特异性、一致性和稳定性测试指南　姜》
	LS/T 3257—2017 《生姜油》
	DBS34/ 1873—2013 《食品安全地方标准　铜陵腌渍白姜》
	DB4418/T 010—2020 《地理标志产品　连山大肉姜》
	DB41/T 1284—2019 《地理标志产品　怀姜》
	DB5202/T 017—2019 《地理标志产品　保田生姜》
	DB15/T 1686—2019 《温室生姜生产技术规程》
	DB37/T 3490.2—2019 《农产品产业链全过程管理规范　第2部分：生姜技术指南》
	DB50/T 875—2018 《竹根姜种姜》
	DB50/T 876—2018 《竹根姜仔姜生产技术规程》
	DB51/T 1686—2013 《加工专用生姜生产技术规程》
	DB510400/T 061—2015 《姜生产技术规程》
	DB21/T 2319—2014 《姜生产技术规程》
	DB5105/T 42—2021 《地理标志保护产品　牛滩生姜》
地方标准	DB43/T 2489—2022 《木姜叶柯（瑶茶）矮化栽培技术规程》
	DB34/T 3937—2021 《生姜设施栽培技术规程》
	DB41/T 2324—2022 《砂姜黑土小麦-玉米化肥农药减施技术规程》
	DB62/T 4561—2022 《绿色食品　生姜生产技术规程》
	DB44/T 2392—2022 《姜花栽培技术规程》
	DB42/T 1912—2022 《生姜轻简化栽培技术规程》
	DB43/T 2413—2022 《江永香姜栽培技术规程》
	DB13/T 842—2007 《无公害生姜生产技术规程》
	DB52/T 1075—2016 《地理标志产品　水城小黄姜》
	DB37/T 699—2007 《良好农业规范　出口生姜操作指南》
	DB12/T 427—2010 《葱姜蒜中205种农药多残留测定方法-GC/MS法》
	DB44/T 216—2004 《大肉姜生产技术规程》
	DB45/T 1699—2018 《地理标志产品　西林姜晶》
	DB45/T 1910—2018 《地理标志产品　石塘生姜》
	DB41/T 2270—2022 《砂姜黑土合理耕层构建技术规程》

品种	标准
	DB3407/T 008—2022　《铜陵生姜小作坊生产加工规范》
	DB34/T 635—2022　《地理标志产品　铜陵白姜》
	DB34/T 4399—2023　《黄姜栽培技术规程》
	DB43/T 809.1—2013　《一桌筵宴湘菜　第1部分：姜醋白鸡》
	DB42/T 187—2021　《生姜生产技术规程》
	DB42/T 1645—2021　《生姜脱毒原原种繁育技术规程》
	DB37/T 2658.35—2015　《鲁菜　姜丝肉》
	DB37/T 2903.83—2017　《鲁菜　葱姜炒梭蟹》
	DB45/T 1630—2017　《姜黄种植技术规程》
	DB21/T 2817—2017　《生姜贮运技术规程》
	DB42/T 1819.1—2022　《作物青枯病综合防控技术规程　第1部分：生姜》
	DB13/T 5597—2022　《生姜连作土壤管理技术规程》
	DB34/T 3869—2021　《砂姜黑土地区秸秆全量覆盖地麦玉免耕播种机械化作业技术规程》
	DB35/T 2033—2021　《姜黄栽培技术规范》
	DB34/T 4124—2022　《砂姜黑土培肥改良技术规程》
	DB36/T 1508—2021　《黄老门生姜栽培技术规程》
	DB36/T 522—2018　《有机食品　生姜生产技术规程》
	DB51/T 2561—2018　《川产道地药材认证　姜黄》
	DB50/T 642—2015　《姜黄种姜质量分级》
	DB50/T 745—2016　《竹根姜无菌种苗生产技术规程》
	DB41/T 1079—2015　《砂姜黑土小麦 - 玉米一年两熟　生产技术规程》
	DB32/T 2209—2012　《姜曲海猪生产技术规程》
	DB32/T 3465—2018　《苏姜猪品种》
	DB45/T 296—2005　《大肉姜生产技术规程》
	DB37/T 2606—2014　《莱芜生姜等级规格》
	DB37/ 627—2006　《地理标志产品　安丘大姜》
	DB50/T 562—2014　《渝菜　姜爆鸭子烹饪技术规范》
	DB41/T 1064—2015　《砂姜黑土强筋小麦生产技术规程》
	DB41/T 1357—2016　《砂姜黑土夏花生生产技术规程》
	DB50/T 219—2006　《生姜》

品种		标准
		DB43/T 2414—2022 《江永香姜栽培技术规程》
		DB42/T 213.3—2002 《盾叶薯蓣（黄姜）鲜姜和姜干》
		DB42/T 213.4—2004 《盾叶薯蓣（黄姜）水解物》
	团体标准	T/SPSH 14—2020 《子姜花生薄脆手撕鸡》
		T/CCCMHPIE 1.48—2019 《植物提取物 姜黄素》
		T/LPTX 0002S—2019 《优质罗平小黄姜》
		T/CZSPTXH 081—2019 《潮州菜 姜薯汤烹饪工艺规范》
		T/YSSPSH 003—2019 《沂水大姜》
		T/LCX 009—2019 《姜汁肘子工艺技术规范》
		T/GXAS 022—2019 《象州豆豉辣椒姜加工技术规程》
		T/LWB 005—2019 《莱芜生姜生产技术规程》
		T/JCJXLJ 02—2019 《生姜采收、贮藏及保鲜技术规程》
		T/GDAQI 032—2020 《餐具洗涤剂中姜酚和姜烯酚的测定 高效液相色谱 串联质谱法》
		T/BPCT 001—2020 《生姜的鉴定 红外光谱法》
		T/LPTX 0002S—2021 《地理标志产品 罗平小黄姜》
		T/LPTX 0002S—2022 《地理标志证明商标 罗平小黄姜》
		T/JCJXLJ 01—2019 《生姜生产技术规程》
		T/CFAA 0006—2021 《姜黄和姜黄素原料 姜黄块茎》
		T/LSSGB 001—019—2019 《丽水山耕：生姜贮运操作规程》
		T/QHNX 010—2021 《高原温室生姜栽培技术规程》
		T/CYSDJXH 0001—2020 《地理标志产品 昌邑大姜供应链管理规范》
		T/WSZPJ 0806—2019 《"文品出山"电商农产品小黄姜种植标准》
		T/ZSGTS 052—2022 《香山之品 姜》
		T/GDPRXH 14—2022 《潮菜 清甜姜薯》
		T/JSDXX 1204—2021 《吉水县电商农产品小黄姜流通标准》
		T/YSSH 0002—2022 《味在番禺 沙湾姜埋奶》
		T/JX 048—2022 《"金平湖"红爪姜》
		T/FHNC 0001—2022 《凤凰生姜》
		T/SDAS 290—2021 《生姜提取物》
		T/GXICMMA 0001—2022 《姜黄规范化种植技术规程》

品种		标准
		T/BJCA 005—2022 《京菜 姜汁排叉烹饪技术规范》
		T/YNCXXH 008—2021 《沂南县生姜标准化种植技术规程》
		T/AHFIA 090—2023 《徐集姜糖》
		T/QYBX 05—2021 《"壮瑶云上连山"区域公用品牌 生姜及其制品质量管理规范》
		T/WSZPJ 0807—2019 《"文品出山"电商农产品小黄姜流通规范》
		T/SAASS 7—2021 《生姜设施栽培技术规程》
		T/JSDXX 1203—2021 《吉水县电商农产品小黄姜种植标准》
		T/NCPHYXH 002—2021 《丰润生姜》
		T/LFJ 001—2021 《地理标志证明商标 来凤姜》
		T/CAI 175—2022 《地理标志产品 新丰生姜》
		T/HZBX 054—2022 《粤菜 东江客家菜 姜蓉鸭》
		T/GDATCM 0005—2022 《干姜煮散饮片》
		T/SWCY 0001—2021 《潮汕菜 阿嬷姜醋蛋》
		T/CAI 186—2022 《地理标志证明商标 三门坡沙姜》
		T/CIQA 22—2021 《出口生姜良好种植规范》
		T/GDID 1056—2022 《预制菜肴 复合汤肴（猪脚姜）》
		T/SDNY 043—2023 《生姜优质安全生产全程控制关键技术规范》
		T/SDRA 12—2022 《广府菜 姜葱炒蟹》
枣	国家标准	GB 1886.133—2015 《食品安全国家标准 食品添加剂 枣子酊》
		GB/T 5835—2009 《干制红枣》
		GB/T 26150—2019 《免洗红枣》
		GB/T 32714—2016 《冬枣》
		GB/T 22345—2008 《鲜枣质量等级》
		GB/T 22741—2008 《地理标志产品 灵宝大枣》
		GB/T 18525.3—2001 《红枣辐照杀虫工艺》
		GB/T 18846—2008 《地理标志产品 沾化冬枣》
		GB/T 23401—2009 《地理标志产品 延川红枣》
		GB/T 18740—2008 《地理标志产品 黄骅冬枣》
		GB/T 26908—2011 《枣贮藏技术规程》
		GB/Z 26579—2011 《冬枣生产技术规范》

品种		标准
		GB/T 40634—2021 《灰枣》
		GB/T 40445—2021 《枣实蝇检疫鉴定方法》
		GH/T 1400—2022 《干制灰枣片》
		GB/T 40492—2021 《骏枣》
		GB/T 28107—2011 《枣大球蚧检疫鉴定方法》
		NY/T 2667.17—2020 《热带作物品种审定规范 第17部分：毛叶枣》
		NY/T 871—2004 《哈密大枣》
		NY/T 2860—2015 《冬枣等级规格》
		LY/T 1780—2018 《干制红枣质量等级》
		NY/T 700—2003 《板枣》
		NY/T 970—2006 《板枣生产技术规程》
		NY/T 484—2018 《毛叶枣》
		SN/T 5556—2022 《枣实蝇监测技术指南》
		SN/T 0315—1994 《出口无核红枣、蜜枣检验规程》
		SN/T 1803—2006 《进出境红枣检疫操作规程》
		SN/T 1042—2002 《出口焦枣检验规程》
		LY/T 3095—2019 《大棚冬枣养护管理技术规程》
		GH/T 1160—2020 《干制红枣贮存》
		GH/1361—2021 《枣粉》
		LY/T 1920—2010 《梨枣》
	地方标准	DB36/ 1090—2018 《食品安全地方标准 南酸枣糕生产卫生规范》
		DB22/T 2266—2015 《绿色食品 软枣猕猴桃生产技术规程》
		DB65/T 4197—2019 《地理标志产品 和田大枣》
		DB21/T 3238—2020 《软枣猕猴桃储存保鲜技术规范》
		DB36/T 1247—2020 《地理标志产品 崇义南酸枣糕》
		DB21/T 2634—2016 《软枣猕猴桃贮运技术规程》
		DB14/T 1694—2018 《酒枣加工工艺规程》
		DB41/T 1619—2018 《长垣烹饪技艺 黍面枣糕》
		DB12/T 933—2020 《软枣猕猴桃生产技术规程》
		DB61/T 1241.5—2019 《冬枣绿色生产标准综合体 第5部分：采后处理技术规程》

品种		标准
		DB13/T 5226—2020　《地理标志产品　涉县黑枣》
		DB4101/T 12—2020　《地理标志产品　新郑红枣》
		DB36/T 1256—2020　《南方鲜食枣主要害虫防治技术规程》
		DB61/T 1241.1—2019　《冬枣　产地环境条件》
		DB61/T 1340—2020　《地理标志产品　佳县油枣》
		DB61/T 1241.5—2019　《冬枣　采后处理技术规程》
		DB65/T 3095—2010　《有机食品　枣生产技术规程》
		DB62/T 1447—2006　《九龙金枣》
		DB62/T 697—2001　《临泽小枣》
		DB65/T 3505—2020　《地理标志产品　阿克苏红枣》
		DB14/T 2617—2022　《枣树绿盲蝽综合防治技术规程》
		DB11/T 2030—2022　《沙枣育苗技术规程》
		DG/T 188—2023　《红枣捡拾机》
		DB14/T 2623—2022　《密植枣树建园技术规程》
		DB36/T 1697—2022　《加工用南酸枣鲜果质量等级》
		DB23/T 3324—2022　《狗枣猕猴桃播种育苗技术规程》
		DB11/T 1047—2022　《果品等级　鲜食枣》
		DB44/T 2393—2022　《加拿利海枣栽培技术规程》
		DB36/T 1696—2022　《地理标志产品　万载南酸枣糕》
		DB37/T 4573.3—2022　《畜禽地方品种　第3部分：枣庄黑盖猪》
		DB21/T 3695—2023　《软枣猕猴桃高接改优技术规程》
		DB61/ 309—2003　《金丝蜜枣》
		DB61/T 370—2005　《有机鲜食红枣》
		DB13/T 1313—2010　《地理标志产品　沧州金丝小枣》
		DB65/T 3460—2012　《地理标志产品　哈密大枣》
		DB61/T 1619—2022　《枣疯病综合防治技术规范》
		DB62/T 4501—2022　《枣　银枣1号》
		DB43/T 1110—2015　《富硒枣子生产技术规程》
		DB65/T 3088—2010　《枣标准体系总则》
		DB14/T 1477—2017　《枣粉饲料饲喂育肥羊技术规程》
		DB65/ 3092—2010　《枣品种　冬枣》

续表

品种	标准
	DB21/T 3301—2020 《酸枣栽培技术规程》
	DB65/T 2963—2009 《赞皇大枣品种》
	DB65/T 3098—2010 《枣采收技术规程》
	DB65/T 3091—2010 《枣品种 骏枣》
	DB13/T 938—2008 《冬枣贮藏保鲜技术规程》
	DB64/T 503—2007 《同心圆枣》
	DB61/T 372—2005 《地理标志产品 延川红枣》
	DB13/T 1315—2010 《地理标志产品 唐县大枣》
	DB62/T 2753—2017 《地理标志产品 民勤红枣》
	DB61/ 366—2005 《原产地域产品保护 延安酸枣》
	DB62/T 999—2003 《白银市 A 级绿色食品生产技术规程 小口枣》
	DB62/T 2162—2011 《地理标志产品 小口大枣》
	DB51/T 1391—2011 《罗江贵妃枣生产技术规程》
	DB41/T 974—2014 《地理标志产品 内黄大枣》
	DB41/T 988—2014 《地理标志产品 长葛枣花蜜》
	DB41/T 1063—2015 《淇县无核枣》
	DB21/T 1706—2017 《大枣绿色生产技术规程》
	DB14/T 2175—2020 《鲜枣预冷保鲜技术规程》
	DB14/T 2213—2020 《临黄 1 号枣树栽培技术规程》
	DB61/T 1565—2022 《设施冬枣节水灌溉技术规程》
	DB43/T 2295—2022 《地理标志产品 祁东酥脆枣》
	DB14/T 2450—2022 《酸枣仁产地加工技术规程》
	DB65/T 4296—2020 《新疆干制红枣果品质量分级标准》
	DB130900/01—1997 《沧州红枣（又名金丝小枣）》
	DB13/T 1321—2010 《地理标志产品 赞皇大枣》
	DB34/T 2620—2016 《地理标志产品 西山焦枣》
	DB130900/T 05—1997 《沧州冬枣》
	DB1309/T 57—2003 《无公害食品 沧州冬枣》
	DB1306/T 26—2001 《阜平大枣》
	DB1309/T 55—2011 《无公害果品 沧州金丝小枣》
	DB37/T 556—2005 《地理标志产品 乐陵金丝小枣》

品种	标准	
	DB41/T 368—2004 《新郑灰枣》	
	DB41/T 458—2015 《内黄大枣》	
	DB64/T 419—2005 《鲜灵武长枣》	
	DB65/T 3100—2010 《绿色食品 枣》	
	DB65/T 3101—2010 《有机食品 枣》	
	DB65/T 2233—2005 《绿色食品哈密大枣》	
	DB14/ 171—2008 《地理标志产品 太谷壶瓶枣》	
	DB1305/T 009—2000 《婆枣》	
	DB65/T 2234—2005 《无公害农产品哈密大枣》	
	DB65/T 3461—2015 《地理标志产品 若羌红枣》	
	DB65/T 3090—2010 《枣品种 灰枣》	
	DB64/ 429—2006 《地理标志产品 灵武长枣》	
	DB65/T 2229—2005 《哈密大枣标准体系总则》	
团体标准	T/HZXH 03—2020 《有机产品且末红枣栽培技术规程》	
	T/HZXH 12—2020 《有机产品且末红枣产地环境及生产质量控制技术规范》	
	T/HZXH 10—2020 《有机产品且末红枣（原料枣）质量分级》	
	T/HZXH 08—2020 《有机红枣采收制干及包装贮藏运输技术规范》	
	T/HZXH 14—2020 《有机产品且末红枣产地编码技术规范》	
	T/HZXH 06—2020 《且末红枣大树移栽技术规程》	
	T/HZXH 04—2020 《有机产品且末红枣害虫防治技术规程》	
	T/HZXH 02—2020 《有机产品且末红枣枣园规划与建立技术规程》	
	T/HZXH 01—2020 《有机产品且末红枣标准体系总则》	
	T/HZXH 13—2020 《有机产品且末红枣投入品的选择、施用和管理规范》	
	T/HZXH 11—2020 《有机产品且末红枣》	
	T/HZXH 07—2020 《且末红枣高接改良技术规程》	
	T/NTCP 1—2020 《枣阳山葡萄》	
	T/NTCP 2—2020 《枣阳枣》	
	T/ZYCZZ 1—2020 《枣阳半枝莲》	
	T/GSHY 1—2020 《荆山枣子》	
	T/ZYYC 1—2020 《枣阳油茶》	

品种		标准
		T/HZXH 09—2020　《有机产品且末红枣（原枣）加工技术规范》
		T/HBFIA 0004—2020　《红枣制品》
		T/LYCY 006—2019　《灰枣》
		T/LYCY 005—2019　《骏枣》
		T/BZA 101—2018　《巴中"枣林鱼"系列菜品烹饪制作工艺规范》
		T/CAMA 27—2020　《红枣脆片真空脉动干制技术规范》
		T/AFFI 003—2020　《阿拉尔干制骏枣质量等级》
		T/AFFI 004—2020　《阿拉尔干制灰枣质量等级》
		T/AFFI 002—2020　《阿拉尔灰枣主干形简约化栽培技术规程》
		T/CZSPTXH 025—2018　《潮州菜　干炸蟹枣烹饪工艺规范》
		T/FYYQZS 005—2021　《'玉铃铛'枣树春季套种西兰花栽培技术规程》
		T/TAFDPR 026—2018　《泰安菜　枣香富贵肉》
		T/TAFDPR 030—2018　《泰安菜　泰山麻枣》
		T/FYYQZS 006—2021　《'玉铃铛'枣树套种'腰楼大葱'栽培技术规程》
		T/YWZYXH 0001—2019　《义乌大枣生产技术规程》
		T/SDAS 69—2019　《绿色产品评价　阿胶枣》
		T/FYYQZS 002—2021　《玉铃铛枣组培育苗技术规程》
		T/YWZYXH 0003—2019　《义乌南枣加工技术规程》
		T/YWZYXH 0004—2019　《义乌蜜枣》
		T/YWZYXH 0002—2019　《义乌蜜枣加工技术规程》
		T/FYYQZS 003—2021　《'玉铃铛'枣树套种樱桃萝卜栽培技术规程》
		T/BZFS 002—2021　《枣园生草技术规程》
		T/YLNX 0008—2021　《红枣泥》
		T/YLNX 0009—2021　《枣夹果仁》
		T/YLNX 0010—2021　《红枣干制品》
		T/HZXH 05—2020　《且末红枣枣园疏密改造技术规程》
		T/YLNX 0003—2021　《紫晶枣》
		T/SGSC 010—2021　《地理标志产品　寿光小枣》
		T/AFFI 017—2021　《奶枣制品》
		T/STSI 13—2020　《电子商务　农产品质量管理与控制　红枣》

品种	标准
	T/AFFI 011—2021 《红枣农药残留检验标准》
	T/SDNY 013—2020 《冬枣病虫草害综合防治技术规程》
	T/SXPP 003—2021 《酸枣叶茶》
	T/AFFI 013—2021 《阿拉尔红枣蒸馏酒》
	T/WBPP 0502—2019 《吴堡红枣流通规范》
	T/AFFI 016—2021 《浓缩红枣汁》
	T/AFFI 018—2021 《红枣干脆片生产工艺规范》
	T/AFFI 019—2021 《鲜食红枣储运技术规范》
	T/AFFI 010—2021 《阿拉尔红枣病虫害防治》
	T/AFFI 012—2021 《红枣制品》
	T/SDCMIA DD05—2020 《山东道地药材酸枣仁》
	T/AFFI 014—2021 《红枣提取物》
	T/WBPP 0501—2019 《吴堡红枣种植标准》
	T/AFFI 015—2021 《酒枣》
	T/ZHDZ 010—2022 《沾化冬枣春季管理技术规程》
	T/CAS 14700.5—2021 《"稷山板枣"技术规范》
	T/BZFS 003—2021 《冬枣保花保果技术规范》
	T/AFFI 015—2022 《红枣粉》
	T/LYDZ 001—2021 《临猗冬枣》
	T/XJHZ 01—2021 《枣品种 七月鲜》
	T/AFFI 05—2022 《灰枣简约标准化生产技术规程》
	T/AFFI 013—2022 《红枣质量安全追溯技术指南》
	T/HNSPXH 000.010—2021 《枣片制品》
	T/SAASS 48—2022 《金丝小枣嫁接育苗技术规程》
	T/LYDZ 003—2021 《临猗冬枣行业自律规范》
	T/CZCA 023—2022 《普宁菜 干炸虾枣》
	T/NAIA 067—2021 《枣中环磷酸腺苷的测定 高效液相色谱法》
	T/AFFI 023—2022 《南疆灰枣疏密改造栽培技术规程》
	T/HNSPXH 002—2022 《红枣夹心派制品》
	T/LCGZXH 001—2022 《地理标志证明商标 栾城拐枣》

品种	标准
	T/GDPRXH 18—2022 《潮菜 干炸虾枣》
	T/HNSPXH 012—2021 《枣片制品》
	T/AFFI 021—2021 《设施冬枣栽培技术规范》
	T/YQMTYX 002—2021 《垣曲历山酸枣叶茶》
	T/SHZSAQS 0016—2021 《枣粮间作麦后复播饲用油菜种植技术规程》
	T/SDIFST 0001—2023 《黑化枣》
	T/AFFI 027—022 《阿拉尔市日光温室冬枣促早栽培 技术规程》
	T/SHZSAQS 00010—2021 《优质红枣栽培技术规程》
	T/BZFS 004—2022 《冬枣树形培养与修剪技术规范》
	T/HNSPXH 017—2022 《红枣夹心派制品》
	T/ZHDZ 002—2022 《沾化冬枣采收、贮藏、包装、运输、销售技术规程》
	T/CAI 141—2021 《地理标志产品 繁昌长枣》
	T/SDIFST 0003—2023 《黑化枣白兰地》
	T/CQDB 2204—2022 《地理标志产品 武隆猪腰枣》
	T/FYYQZS 004—2021 《'玉铃铛'枣树套种南瓜栽培技术规程》
	T/ZHDZ 004—2022 《沾化冬枣病虫害农业防治技术规程》
	T/HNSPXH 018—2023 《免洗夹心香枣制品》
	T/ZCAPA 001—2021 《赞皇酸枣仁》
	T/WBPP 0703—2021 《们吴堡紫晶枣流通规范》
	T/SXSL 07—2022 《饲料原料 枣粉》
	T/FYNZT 007—2021 《地理标志 枣树行玉铃铛枣》
	T/ZHDZ 007—2022 《沾化冬枣病虫害人工防治与物理防治技术规程》
	T/BZFS 004—2021 《冬枣采收后秋冬季管理技术规范》
	T/JLPRXH 3—2021 《冰糖大枣炖玉木耳》
	T/LSSZR 0001—2021 《灵石酸枣仁》
	T/YXDBCX 0006—2021 《地理标志产品 火田青枣》
	T/AFFI 018—2022 《滴灌红枣（骏枣）水肥一体化栽培技术规程》
	T/XJHZ 3—2022 《蛤蟆枣1号栽培技术规程》
	T/ZHDZ 009—2022 《沾化冬枣土肥水管理技术规程》
	T/HZCYXH 02—2021 《神木紫晶枣加工技术规程》

品种	标准
	T/BZFS 001—2021 《冬枣园灌溉及排水防水技术规程》
	T/ZHDZ 011—2022 《沾化冬枣卫生标准》
	T/AFFI 016—2022 《芝麻红枣》
	T/SXPX 009—2021 《黄米酿枣》
	T/XJHZ 4—2021 《七月鲜枣栽培技术规程》
	T/XJHZ 2—2021 《七月鲜枣栽培技术规程》
	T/CAI 140—2021 《地理标志产品 宿州王枣子》
	T/AFFI 014—2022 《红枣中黄酮类化合物的测定》
	T/HNSPXH 000.009—2021 《去核红枣》
	T/CZDZ 001—2022 《地理标志产品 崔庄冬枣》
	T/LYDZ 002—2021 《临猗冬枣电子商务包装技术规范》
	T/WBPP 0701—2021 《们吴堡县紫晶枣生产加工标准》
	T/XJHZ 3—2021 《七月鲜枣果实质量等级》
	T/HNSPXH 011—2021 《去核红枣》
	T/HNSPXH 003—2022 《免洗夹心香枣制品》
	T/SDDB 006—2021 《地理标志产品 山亭地瓜枣》
	T/AFFI 026—2022 《灰枣简约标准化生产技术规程》
	T/SXFIA 005—2022 《红枣干制品热泵与变温压差组合干燥技术规程》
	T/SDDB 007—2021 《地理标志产品 山亭长红枣》
	T/CZSPTXH 209—2022 《潮州菜 干炸虾枣烹饪工艺规范》
	T/SDIFST 0002—2023 《黑化枣酒》
	T/JLPRXH 8—2021 《玉木耳红枣炖雪蛤》
	T/SHZSAQS 00011—2021 《新疆大棚冬枣促早栽培技术规程》
	T/HBCIA 001—2022 《邢台酸枣仁》
	T/CSNAS 03—2022 《南酸枣糕辐照杀菌技术规程》
	T/ZHDZ 003—2022 《沾化冬枣建园、栽植技术规程》
	T/ZHDZ 005—2022 《沾化冬枣病虫害防治技术规程》
	T/LCCMMA 002—2021 《灵寿酸枣》
	T/WBPP 0702—2021 《们吴堡紫晶枣质量标准》
	T/ZHDZ 006—2022 《沾化冬枣采收、分级、包装及贮藏和运输技术规程》

续表

品种		标准
		T/ZHDZ 008—2022 《沾化冬枣苗木培育和选择技术规程》
		T/HZCYXH 01—2021 《神木紫晶枣》
		T/BZFS 005—2021 《短枝冬枣无毒采穗圃建设管理技术规程》
		T/SDAS 335—2021 《枣园桔小实蝇绿色精准防控技术规程》
		T/AFFI 017—2022 《枣派（红枣混合坚果制品）》
		T/XJHZ 2—2022 《蛤蟆枣1号果实质量等级》
山药	国家标准	GB/T 20351—2006 《地理标志产品　怀山药》
		NY/T 1065—2006 《山药等级规格》
		NY/T 3569—2020 《山药、芋头贮藏保鲜技术规程》
		NY/T 2495—2013 《植物新品种特异性、一致性和稳定性测试指南　山药》
	地方标准	DB41/T 1866—2019 《怀山药生产技术规程》
		DB36/T 795—2014 《有机紫山药生产技术规程》
		DB42/T 1553—2020 《地理标志产品　广济佛手山药》
		DB32/T 955—2006 《有机山药　生产技术规程》
		DB41/T 1963—2020 《怀山药主要病虫害综合防治技术规程》
		DB36/T 1305—2020 《春、夏两季山药套种技术规程》
		DB13/T 5418—2021 《地理标志产品　祁山药》
		DB52/T 464—2004 《山药》
		DB3205/T 158—2008 《绿色食品　山药生产技术规程》
		DB3703/T 029—2005 《无公害山药生产技术规程》
		DB37/T 1128—2008 《鲁菜　拔丝山药》
		DB13/T 1003—2008 《无公害麻山药生产技术规程》
		DB4452/T 8—2022 《吴厝淮山（山药）生产技术规程》
		DB14/T 2461—2022 《药用山药产地加工技术规程》
		DB43/T 828—2013 《富硒山药生产技术规程》
		DB15/T 744—2014 《内蒙古地方菜　炒山药丸子》
		DB37/T 3439.25—2018 《鲁菜　山药炒虾》
		DB34/T 979—2019 《山药栽培技术规程》
		DB64/T 899—2013 《无公害山药生产技术规程》
		DB43/T 2419—2022 《紫山药种植技术规程》

品种	标准	
	DB36/T 1128.8—2021　《农药　田间药效试验准则　第8部分：杀菌剂防治山药炭疽病》	
	DB13/T 5432—2021　《山药生态种植技术规程》	
	DB36/T 1526—2021　《山药主要病原线虫鉴定技术规程》	
	DB36/T 1146—2019　《鲜食紫山药等级规格》	
	DB36/T 1145—2019　《绿色食品　紫山药生产技术规程》	
	DB13/T 1832—2013　《地理标志产品　蠡县麻山药》	
	DB53/T 518—2013　《山药栽培技术规程》	
	DB36/T 950—2017　《淮山药定向栽培技术规程》	
	DB32/T 790—2005　《出口山药　生产技术规程》	
	DB32/T 800—2005　《淮山药生产技术规程》	
	DB32/T 954—2006　《出口山药　速冻冷藏加工技术规程》	
	DB62/T 1222—2004　《绿色食品　平凉山药生产技术规程》	
	DB32/T 1071—2007　《淮山药　生产技术规程》	
	DB37/T 1398—2009　《地理标志产品　新城细毛山药》	
	DB42/T 369—2011　《地理标志产品　利川山药》	
	DB37/T 2596—2014　《良好农业规范出口山药操作指南》	
团体标准	T/JQEA 010—2020　《细毛长山药》	
	T/CNFIA 105—2018　《山药露酒》	
	T/CNFIA 106—2018　《山药蒸馏酒》	
	T/CNFIA 107—2018　《山药发酵酒》	
	T/FYCY 013—2019　《汾州名菜　汾州烧汁山药烹饪工艺规范》	
	T/FYCY 032—2020　《汾阳三八八宴席　麻淋山药烹饪工艺规范》	
	T/AFIA 016—2018　《山药脆片》	
	T/TFHT CO29—2020　《山药产品标准》	
	T/LXCY 3.15—2022　《岚县土豆宴　凉菜类：翠玉呈祥（山药拌菜）烹饪工艺规范》	
	T/HZSY 004—2023　《陈集山药生产种植技术规程》	
	T/NXFSA 048—2022　《高质量发展标准体系　山药》	
	T/NXFSA 050—2022　《山药》	

续表

品种		标准	
		T/FYCY 048—2022	《汾阳三八八宴席 羊肉瓢山药烹饪工艺规范》
		T/SAASS 46—2022	《盐碱地山药规范化种植技术规程》
		T/LXCY 4.5—2022	《岚县土豆宴 汤类：一品岚粥（煮山药稀饭）烹饪工艺规范》
		T/LXCY 2.8—2022	《岚县土豆宴 主食类：土豆黄金条（押山药面圪凹）烹饪工艺规范》
		T/CAI 162—2022	《地理标志产品 武穴佛手山药》
		T/HZSY 003—2023	《陈集山药》
		T/LXCY 1.43—2021	《岚县土豆宴 炒菜类：烤土豆（烫山药）烹饪工艺规范》
		T/NXFSA 049—2022	《山药生产技术规程》
		T/HZSY 001—2022	《陈集山药供应链管理要求》
		T/LXCY 2.20—2022	《岚县土豆宴 主食类：土豆烙饼（烧山药饼饼）烹饪工艺规范》
		T/SMSWYY 003—2021	《山药网架栽培技术规程》
		T/HZSY 002—2023	《山药冷藏保鲜技术规范》
		T/LXCY 2.7—2022	《岚县土豆宴 主食类：豆墨梅条（冻山药面圪凹）烹饪工艺规范》
		T/CAI 173—2022	《地理标志产品 安平白山药》
		T/RCSY 001—2022	《江西绿色生态 瑞昌山药》
		T/BJCA 015—2022	《京菜 黑松露铁棍山药烧鲍鱼烹饪技术规范》
		T/LXCY 1.3—2021	《岚县土豆宴 炒菜类：岚县熬山药烹饪工艺规范》
		T/ZSGTS 053—2022	《香山之品 山药》
		T/SDAS 508—2022	《邹平山药全程质量控制技术规范》
		T/ZJZYC 002—2021	《文成糯米山药病虫害绿色防控技术》
山楂	国家标准	GB 1886.127—2016	《食品安全国家标准 食品添加剂 山楂核烟熏香味料Ⅰ号、Ⅱ号》
		GB/T 31318—2014	《蜜饯 山楂制品》
		GB/T 19416—2003	《山楂汁及其饮料中果汁含量的测定》
		GB/T 40643—2021	《山楂叶提取物中金丝桃苷的检测 高效液相色谱法》

品种		标准
		SB/T 10202—1993　《山楂浓缩汁》
		GH/T 1159—2017　《山楂》
		NY/T 2325—2013　《农作物种质资源鉴定评价技术规范　山楂》
		SN/T 3729.8—2013　《出口食品及饮料中常见水果品种的鉴定方法　第8部分：山楂成分检测　实时荧光 PCR 法》
		NY/T 2928—2016　《山楂种质资源描述规范》
		LY/T 3208—2020　《植物新品种特异性、一致性、稳定性测试指南　山楂属》
	地方标准	DBS45/ 073—2021　《食品安全地方标准　广山楂叶》
		DB13/T 2694—2018　《地理标志产品　兴隆山楂》
		DB12/T 758.8—2020　《低温物流保鲜技术规程　第8部分：鲜山楂》
		DB21/T 3475—2021　《山楂贮运保鲜技术规程》
		DB45/ 2598—2022　《大果山楂原醋生产技术规程》
		DB45/T 1909—2018　《地理标志产品　德保山楂》
	团体标准	T/SDCMIA YJ04—2020　《有机山楂生产技术规程》
		T/GXAS 045—2019　《靖西大果山楂片加工技术规程》
		T/BSSZ 001—2019　《博山山楂生产技术规程》
		T/SXPP 001—2021　《山楂叶茶》
		T/GXAS 124—2020　《靖西大果山楂果酒生产技术规程》
		T/QGCML 361—2022　《山楂醋》
		T/SAASS 47—2022　《金如意黄山楂生产技术规程》
		T/WKPHN 006—2022　《万荣山楂种植技术规程》
		T/JZSLHA 001—2021　《地理标志产品　晋州山楂》
小茴香	地方标准	DB41/T 2060—2020　《小茴香栽培技术规程》
		DB65/T 2010—2002　《小茴香》
		DB62/T 2807—2017　《绿色食品　设施菜用小茴香生产技术规程》
		DB62/T 2814—2017　《无公害农产品　设施菜用小茴香生产技术规程》
	团体标准	T/CFNA 6110—2022　《小茴香籽》
		T/SDAS 293—2021　《小茴香提取物》
木瓜	国家标准	农业农村部公告第 111 号 – 6 – 2018　《转基因植物及其产品成分检测　抗病番木瓜 55 – 1 及其衍生品种定性 PCR 方法》

品种		标准
		农业农村部公告第 628 号 – 1 – 2022　《转基因植物及其产品环境安全检测　抗病毒番木瓜　第 1 部分：抗病性》
		农业农村部公告第 628 号 – 3 – 2022　《转基因植物及其产品环境安全检测　抗病毒番木瓜　第 3 部分：外源基因漂移》
		农业农村部公告第 628 号 – 2 – 2022　《转基因植物及其产品环境安全检测　抗病毒番木瓜　第 2 部分：生存竞争能力》
		农业农村部公告第 628 号 – 4 – 2022　《转基因植物及其产品环境安全检测　抗病毒番木瓜　第 4 部分：生物多样性影响》
		NY/T 691—2018　《番木瓜》
		NY/T 1697—2009　《番木瓜病虫害防治技术规范》
		NY/T 1438—2007　《番木瓜　种苗》
		SN/T 5468—2022　《木瓜秀粉蚧检疫鉴定方法》
		NY/T 4306—2023　《木瓜、菠萝蛋白酶活性的测定　紫外分光光度法》
		GB/T 32717—2016　《番木瓜长尾实蝇检疫鉴定方法》
		SN/T 2653—2010　《木瓜中转基因成分定性 PCR 检测方法》
		SN/T 3729.5—2013　《出口食品及饮料中常见水果品种的鉴定方法　第 5 部分：木瓜成分检测　实时荧光 PCR 法》
		农业农村部公告第 323 号 – 29 – 2020　《转基因生物及其产品食用安全检测　抗营养因子　番木瓜中异硫氰酸苄酯和草酸的测定》
		农业农村部公告第 323 号 – 1 – 2020　《转基因植物及其产品成分检测　番木瓜内标准基因定性 PCR 方法》
		农业农村部公告第 323 号 – 19 – 2020　《转基因植物及其产品成分检测　抗环斑病毒番木瓜 YK16 – 0 – 1 及其衍生品种定性 PCR 方法》
		SN/T 4986—2017　《出口番木瓜蒸热处理操作技术规程》
		NY/T 2518—2013　《植物新品种特异性、一致性和稳定性测试指南　木瓜属》
		NY/T 2519—2013　《植物新品种特异性、一致性和稳定性测试指南　番木瓜》
	地方标准	DB34/T 3260—2018　《木瓜粉生产加工技术规程》
		DB34/T 285—2002　《宣木瓜（鲜果）分级包装及运输》

品种		标准
		DB44/T 435—2007　《小果番木瓜生产技术规程》
		DB46/T 50—2006　《无公害食品　梭罗番木瓜生产技术规程》
		DB34/T 284—2002　《宣木瓜造林技术规范》
		DB61/T 1277—2019　《地理标志产品　白河木瓜》
		DBS45/ 035—2016　《食品安全地方标准　调味木瓜制品》
		DB42/T 434—2007　《郧阳木瓜》
		DB42/T 479—2008　《资木瓜》
		DB42/T 374—2006　《皱皮木瓜生产技术规程》
		DB34/T 283—2002　《宣木瓜优质丰产技术》
	团体标准	T/HTMS 0091—2019　《和田特色美食　木瓜果酱制作技艺》
		T/GXAS 161—2021　《番木瓜套种早春南瓜生产技术规程》
		T/ZSGTS 022—2022　《香山之品　番木瓜》
		T/CCCMHPIE 1.18—2016　《植物提取物　木瓜蛋白酶》
		T/CQQJNHH 003—2020　《地理标志产品　綦江木瓜》
龙眼肉（桂圆）	国家标准	GB/T 18525.6—2001　《桂圆干辐照杀虫防霉工艺》
		NY/T 3099—2017　《桂圆加工技术规范》
	地方标准	DBS45/ 008—2013　《食品安全地方标准　桂圆肉》
		DB45/T 2592—2022　《地理标志产品　博白桂圆肉加工技术规程》
		DB35/T 955—2009　《地理标志产品　莆田桂圆》
		DB51/T 1519—2012　《泸州桂圆生产技术规程》
		DB45/T 848—2012　《地理标志产品　博白桂圆肉》
		DB43/T 1588.14—2019　《小吃湘菜　第14部分　桂圆煮蛋》
	团体标准	T/STSI 14—2020　《电子商务　农产品质量管理与控制　桂圆》
		T/LCX 024—2022　《桂圆蛋酥制作工艺技术规范》
白扁豆	地方标准	DB41/T 2063—2020　《白扁豆栽培技术规程》
百合	国家标准	GB/T 28681—2012　《百合、马蹄莲、唐菖蒲种球采后处理技术规程》
		SN/T 3758—2022　《百合西圆尾蚜检疫鉴定方法》
		LY/T 1913—2010　《切花百合生产技术规程》
		NY/T 3693—2020　《百合枯萎病抗性鉴定技术规程》

品种		标准
		NY/T 2477—2013 《百合品种鉴定技术规程　SSR分子标记法》
		NY/T 1744—2009 《切花百合脱毒种球》
	地方标准	DB12/T 884—2019 《百合鳞茎中多糖的含量测定　紫外/可见分光光度法》
		DB36/T 434—2018 《龙牙百合》
		DB43/T 1699.1—2019 《地理标志产品　龙山百合　第1部分：质量要求》
		DB62/T 4069—2019 《食用百合种球生产技术规程》
		DB62/T 4068—2019 《食用百合脱毒技术规程》
		DB36/T 436—2018 《龙牙百合种球》
		DB15/T 1611—2019 《细叶百合组织培养技术规程》
		DB13/T 5106—2019 《无公害百合生产技术规程》
		DB43/T 1699.2—2019 《地理标志产品　龙山百合　第2部分：生产技术规程》
		DB43/T 1578—2019 《卷丹百合采收和初加工技术规范》
		DB43/T 215.3—2019 《地理标志产品　隆回龙牙百合　第3部分：采收与加工技术规范》
		DB37/T 3439.97—2018 《鲁菜　蜜汁百合》
		DB62/T 4153—2020 《绿色食品　食用百合生产技术规程》
		DB33/T 2326—2021 《切花百合设施栽培技术规程》
		DB62/T 4297—2021 《兰州百合贮藏保鲜技术规程》
		DB11/T 1994—2022 《百合林下栽培技术规程》
		DB62/T 412—2022 《地理标志产品　兰州百合》
		DB43/T 215.2—2019 《地理标志产品　隆回龙牙百合　第2部分：栽培管理技术规范》
		DB34/T 3533—2019 《中药材加工技术规程　百合》
		DB32/T 1657—2010 《百合切花生产技术规程》
		DB34/T 1700—2012 《地理标志产品　漫水河百合》
		DB34/T 2659—2016 《食用百合生产技术规程》
		DB36/T 444—2018 《绿色食品　龙牙百合生产技术规程》
		DB41/T 452—2006 《百合质量技术规范》
		DB53/T 548—2014 《东方百合种球采后处理技术规程》

品种		标准
		DB14/T 1515—2017　《食用百合脱毒试管苗繁育技术规程》
		DB34/T 2405—2015　《食用百合疫病测报及防控技术规程》
		DB43/T 753—2013　《龙山百合》
		DB43/ 215—2004　《隆回龙牙百合》
		DB43/T 754—2013　《龙山百合生产技术规程》
		DB62/T 984—2002　《金昌市无公害农产品生产技术规程　百合》
		DB62/T 413—2002　《兰州百合记载标准》
		DB62/T 810—2002　《兰州市无公害蔬菜生产技术规程　百合》
		DB62/T 855—2002　《无公害蔬菜　百合生产技术》
		DB45/T 264—2005　《百合》
		DB32/T 1690—2010　《宜兴百合生产技术规程》
		DB45/T 263—2005　《百合生产技术规程》
		DB43/T 2378—2022　《百合鳞茎腐烂病综合防控技术规程》
		DBS62/ 014—2023　《食品安全地方标准　兰州百合》
	团体标准	T/QHNX 005—2021　《兰州百合鲜鳞茎及鳞片等级》
		T/GSQA 010—2020　《兰州百合鲜品检验检测操作规范》
		T/GSQA 009—2020　《兰州百合原料采收作业管理规范》
		T/FYCY 041—2020　《汾阳三八八宴席　银耳百合烩莲籽烹饪工艺规范》
		T/JJPEA 001—2020　《地理标志产品　江津百合》
		T/QHNX 007—2020　《兰州百合无基质催培繁殖技术规程》
		T/LSSGB 001—007—2017　《丽水山耕：百合贮运操作手册》
		T/QHNX 006—2021　《兰州百合坑道埋片催培繁殖技术规程》
		T/GSWS 002—2022　《兰州百合干》
		T/CZCX 008—2021　《潞府米皇炒百合制作规范》
		T/JGE 3004—2021　《百合干》
		T/MXNHZL 6.1—2022　《地理标志产品　岷江百合　第1部分：鲜花百合》
		T/HZLSH 0008—2021　《湖湘杂粮　百合》
		T/XZYC 0005—2022　《龙牙百合提纯复壮技术规程》
		T/JGE 0020—2022　《江西绿色生态　万载百合》
		T/GSWS 001—2022　《鲜食兰州百合》

品种		标准
		T/CCA 022—2021 《"百合花"餐饮业食品安全和营养管理体系要求》
		T/XZYC 0016—2021 《"湘九味"品牌药材 龙牙百合质量标准》
		T/MXNHZL 6.2—2022 《地理标志产品 岷江百合 第2部分：药用百合》
		T/ZSGTS 025—2022 《香山之品 百合》
		T/LYFIA 《043—2022 《百合花发酵茶 代用茶》
		T/CZSPTXH 147—2020 《潮州菜 红豆百合烙烹饪工艺规范》
花椒	国家 标准	GB/T 30391—2013 《花椒》
		GB/T 38495—2020 《感官分析 花椒麻度评价 斯科维尔指数法》
		GB/T 22479—2022 《花椒籽油》
		GH/T 1284—2020 《青花椒》
		LS/T 3313—2017 《花椒籽饼（粕）》
		GH/T 1290—2020 《花椒及花椒加工产品 花椒酰胺总含量的测定 紫外分光光度法》
		GH/T 1289—2020 《干花椒流通规范》
		GH/T 1346—2021 《日化用青花椒精油》
		GH/T 1291—2020 《花椒及花椒加工产品 花椒酰胺总含量的测定 高效液相色谱法》
		GH/T 1294—2020 《花椒挥发性成分的测定 气相色谱–质谱法》
		GH/T 1142—2017 《花椒》
		LY/T 1652—2005 《花椒质量等级》
	地方 标准	DB513223/T 001—2010 《茂县花椒》
		DB140400/T 024—2004 《绿色农产品 花椒生产操作规程》
		DB52/T 542—2016 《地理标志产品 顶坛花椒》
		DB62/T 2328—2013 《地理标志产品 武都花椒》
		DB61/T 72.5—2011 《花椒质量等级》
		DB61/T 1171—2018 《地理标志产品 韩城大红袍花椒》
		DB50/T 1072—2020 《地理标志产品 江津花椒》
		DBS51/ 008—2019 《食品安全地方标准 花椒油》
		DBS50/ 003—2014 《食品安全地方标准 保鲜花椒》
		DB62/T 1819—2020 《地理标志产品 秦安花椒》

品种	标准
	DB62/T 4506—2022　《花椒烘干机　作业质量》
	DB50/T 1358—2023　《农业气象观测规范　青花椒》
	DB51/T 3002—2023　《红花椒嫁接繁育技术规程》
	DB5105/T 43—2021　《地理标志保护产品　泸县青花椒》
	DB13/T 446.3—2001　《花椒》
	DB52/ 542—2008　《贞丰顶坛花椒》
	DB42/T 533—2009　《无公害食品　花椒生产技术规程》
	DB50/T 1183—2021　《保鲜花椒加工技术规程》
	DB50/T 1160—2021　《青花椒干制加工技术规程》
	DB61/T 1186—2018　《花椒主要病虫害防治技术规范》
	DB61/T 72.4—2011　《花椒产量指标》
	DB62/T 1218—2004　《绿色食品　平凉市花椒生产技术规程》
	DB62/T 1366—2005　《绿色食品　陇南花椒生产技术规程》
	DB50/T 612—2015　《渝菜　花椒飘香桂鱼烹饪技术规范》
	DB513223/T 001—2010　《茂县花椒》
团体标准	T/GAQHJ 001—2020　《广安青花椒》
	T/CCCMHPIE 1.31—2018　《植物提取物　花椒提取物》
	T/CFNA 6101—2020　《花椒》
	T/BCNJX 2405—2019　《绿色食品一马平川青花椒生产技术》
	T/GZSX 076—2021　《道真特产　青花椒》
	T/WSJKNX 1—2020　《地理标志产品　黑山谷花椒》
	T/CQLC 003—2018　《保鲜花椒冷链作业规范》
	T/YNBX 21—2020　《花椒及其制品中花椒麻素的测定　高效液相色谱法》
	T/HYXHJA 001—2020　《汉源花椒》
	T/HYXHJA 002—2020　《汉源花椒种植技术规范》
	T/CQCAA 0006—2021　《花椒提取物及其制品中麻素含量的测定　高效液相色谱法》
	T/GAQHJ 1—2021　《广安青花椒》
	T/SDAS 296—2021　《花椒提取物》
	T/YQXHJCYXH 001—2022　《绿色食品　垣曲花椒生产技术规范》

品种		标准
		T/CQCAA 0003—2020 《花椒及其制品中柠檬烯和芳樟醇的测定 气相色谱法》
		T/PXTC 0001—2021 《地理标志证明商标 平顺大红袍花椒》
		T/MNCH 4—2022 《美姑大红袍花椒种植技术规范》
		T/LSDSXH 0105—2019 《"京涞派"电商农产品伏花椒流通标准》
		T/JXNC 1—2021 《地理标志证明商标 井陉花椒》
		T/CFNA 6503—2022 《花椒及其制品中麻味物质的含量测定》
		T/CHCFA 001—2022 《红花椒有机生产技术规程》
		T/SDDB 002—2021 《莱芜花椒 品质管理规范》
		T/LSDSXH 0104—2019 《涞水县伏花椒质量标准》
		T/SDDB 010—2022 《地理标志产品 山亭花椒》
		T/GAQHJ 2—2021 《花椒油》
		T/SXSL 06—2022 《饲料原料 花椒籽》
		T/GAQHT 3—2022 《广安青花椒丰产栽培技术规程》
		T/GAQHT 2—2022 《花椒油》
芡实	地方标准	DB36/T 1326—2020 《芡实规格等级》
		DB43/T 1100—2015 《富硒芡实生产技术规程》
		DB3205/T 135—2018 《芡实机械破壳加工操作规范》
		DB36/T 1253—2020 《芡实栽培技术规程》
		DB44/T 884—2011 《干货 芡实》
		DB32/T 2943—2016 《芡实–水芹生产技术规程》
	团体标准	T/JHNX 008—2020 《金湖芡实》
		T/HQSC 001—2021 《地理标志产品 霍邱芡实》
		T/TTEA 01—2018 《芡实（鲜果）》
		T/TTEA 02—2018 《芡实（干果）》
肉苁蓉	国家标准	GB/T 41628—2022 《肉苁蓉培育技术规程》
	团体标准	T/NXFSA 015 S—2021 《肉苁蓉超微粉加工技术规程》
		T/NXFSA 016 S—2021 《肉苁蓉片加工技术规程》
		T/NMSP. MZB01. 18—2023 《"蒙"字标农产品认证要求 阿拉善荒漠肉苁蓉》

品种		标准
		T/NXFSA 030—2022 《肉苁蓉糖果片（压片糖果)》
		T/SDAS 255—2021 《黄淮海地区管花肉苁蓉栽培技术规程》
党参	国家标准	GB/T 41362—2022 《中药材种子（种苗）明党参》
		GB/Z 35039—2018 《中药材（川党参）产业项目运营管理规范》
	地方标准	DB50/T 1332—2022 《川党参采收与初加工技术规程》
		DBS63/ 00014—2021 《食品安全地方标准 党参》
		DBS62/ 010—2021 《食品安全地方标准 党参生产卫生规范》
		DB14/T 2597—2022 《党参仿野生栽培技术规程》
		DB51/T 2563—2022 《川产道地药材认证 党参》
		DB52/T 850—2013 《地理标志产品 威宁党参》
		DB52/T 1066—2015 《地理标志产品 洛党参》
		DB140400/T 026—2004 《绿色潞党参生产操作规程》
		DBS62/ 007—2021 《食品安全地方标准 党参》
		DB14/T 2231—2020 《党参分级要求》
		DB14/T 2286—2021 《潞党参产地加工技术规程》
		DB15/T 2176—2021 《党参栽培技术规程》
		DB62/T 4416—2021 《党参病虫害综合防治技术规程》
		DB23/T 2889—2021 《杨树人工造林间作党参栽培技术规程》
		DB51/T 1545—2012 《党参生产技术规程》
		DB21/T 2515—2015 《轮叶党参生产技术规程》
		DB42/T 296—2011 《地理标志产品 板桥党参》
	团体标准	T/YNZYC 0020—2021 《绿色药材 党参产地加工规程》
		T/PXTC 0002—2021 《平顺潞党参栽培技术规程》
		T/CATCM 005—2018 《党参（鲜制）无硫加工技术规范》
		T/YNZYC 0018—2021 《绿色药材 党参种苗质量标准》
		T/CAI 018—2022 《甘谷白条党参种植技术规程》
		T/YNZYC 0017—2021 《绿色药材 党参》
		T/YNZYC 0019—2021 《绿色药材 党参栽培技术规程》
		T/CZCX 009—2021 《潞党参炖驴肉制作规范》
		T/PXTC 0003—2021 《平顺潞党参产地加工技术规程》
		T/PXTC 0003—2022 《地理标志产品 平顺党参》

续表

品种		标准
姜黄	国家标准	GB 1886.60—2015 《食品安全国家标准 食品添加剂 姜黄》
		GB 1886.76—2015 《食品安全国家标准 食品添加剂 姜黄素》
		GB/T 22269—2008 《姜黄 着色力测定 分光光度法》
		SN/T 4890—2017 《出口食品中姜黄素的测定 高效液相色谱法和液相色谱－质谱/质谱法》
		KJ 201909 《食品中硼酸的快速检测 姜黄素比色法》
		HJ/T 49—1999 《水质 硼的测定 姜黄素分光光度法》
		SL 90—1994 《硼的测定（姜黄素法）》
	地方标准	DB45/T 1630—2017 《姜黄种植技术规程》
		DB35/T 2033—2021 《姜黄栽培技术规范》
		DB51/T 2561—2018 《川产道地药材认证 姜黄》
		DB50/T 642—2015 《姜黄种姜质量分级》
	团体标准	T/CCCMHPIE 1.48—2019 《植物提取物 姜黄素》
		T/CFAA 0006—2021 《姜黄和姜黄素原料 姜黄块茎》
		T/GXICMMA 0001—2022 《姜黄规范化种植技术规程》
草果	国家标准	NY/T 4266—2023 《草果》
		NY/T 2667.19—2022 《热带作物品种审定规范 第19部分：草果》
		GH/T 1366—2022 《草果》
		NY/T 266819—2022 《热带作物品种试验技术规程 第19部分：草果》
	团体标准	T/WSZPJ 0802—2019 《"文品出山"草果加工标准》
		T/WSZPJ 0803—2019 《"文品出山"草果质量标准》
		T/WSZPJ 0801—2019 《"文品出山"草果种植标准》
西红花	国家标准	SN/T 5471—2022 《西红花鉴定方法》
	地方标准	DB41/T 2013—2020 《西红花生产技术规程》
		DB33/T 530—2014 《西红花生产技术规程》
		DB41/T 2034—2020 《西红花种球质量分级》
	团体标准	T/CATCM 002—2018 《西红花质量等级》
		T/SDAS 287—2021 《中药西红花DNA特征序列鉴定方法》
		T/JDYC 001—2021 《建德西红花》

品种		标准
当归	国家标准	NY/T 4213—2022 《植物品种特异性、一致性和稳定性测试指南 重齿当归》
		WM/T 4—2004 《当归提取物》
	地方标准	DB62/T 4415—2021 《当归栽培技术规程》
		DBS62/ 004—2020 《食品安全地方标准 当归生产卫生规范》
		DBS62/ 001—2022 《食品安全地方标准 当归》
	团体标准	T/CATCM 003—2018 《当归（鲜制）无硫加工技术规范》
		T/QHNX 009—2021 《当归种子生产技术规程》
		T/QHNX 028—2022 《当归种苗繁育及分级》
		T/CAI 190—2023 《地理标志证明商标 临潭当归》
		T/YNZYC 0051—2022 《绿色药材 云当归栽培技术规程》
		T/CCCMHPIE 1.68—2021 《植物提取物 当归提取物》
		T/GDATCM 0012—2022 《当归煮散饮片》
		T/QHNX 027—2022 《当归产地初加工及分级》
		T/SDAS 291—2021 《当归提取物》
		T/LCX 026—2022 《当归狮子头制作工艺技术规范》
		T/YNZYC 0047—2022 《绿色药材 云当归》
		T/YNZYC 0052—2022 《绿色药材 云当归产地加工规程》
黄精	地方标准	DBS52/ 053—2021 《食品安全地方标准 黄精（干制品）》
		DB61/T 1603—2022 《地理标志产品 略阳黄精》
		DB43/T 2482—2022 《多花黄精草害综合防控技术规程》
		DB43/T 2484—2022 《枳壳林套种黄精生产技术规程》
		DB34/T 3014—2017 《地理标志产品 九华黄精》
		DB14/T 2284—2021 《鸡头黄精产地加工技术规程》
		DB36/T 1270—2020 《多花黄精规范化种植技术规程》
		DB45/T 1835—2018 《地理标志产品 黄姚黄精酒》
		DB34/T 3547—2019 《多花黄精产地加工技术规程》
		DB34/T 3860—2021 《九华黄精茶加工技术规程》
		DB33/T 2087—2017 《多花黄精生产技术规程》
	团体标准	T/CQSNCQCYXH 29—2020 《南川黄精生产技术规程》
		T/AHPCA 018—2020 《黄精茶含片》

349

续表

品种		标准
		T/XZYC 0002—2021 《黄精采收与产地初加工技术规范》
		T/AHPCA 019—2020 《黄精茶含片》
		T/AQCA 007—2022 《黄精分级蒸晒技术规程》
		T/CAI 030—2023 《安化黄精产地初加工技术规程》
		T/CAI 160—2021 《地理标志产品 安化黄精》
		T/GDFCA 081—2022 《黄精及其提取物中薯蓣皂苷含量的测定 高效液相色谱法》
		T/JHHJ 010—2022 《九华黄精饮液》
		T/GXAS 445—2023 《多花黄精套种玉米栽培技术规程》
		T/JHHJ 008—2022 《九制九华黄精茶》
		T/JHHJ 004—2022 《九华黄精膏》
		T/JHHJ 006—2022 《九华黄精酒》
		T/JHHJ 002—2022 《九制九华黄精》
		T/XZYC 0009—2021 《黄精组培快繁技术规程》
		T/JHHJ 009—2022 《九华黄精酥》
		T/JHHJ 007—2022 《九华黄精粉丝》
		T/JHHJ 003—2022 《九华黄精粉》
		T/CACM 1374.146—2021 《黄精规范化生产技术规程》
		T/QDNP 0105—2021 《千岛农品 淳六味（掌叶覆盆子、黄精)》
		T/JHHJ 005—2022 《九华黄精茶》
		T/JHHJ 001—2022 《九华黄精丸》
紫苏籽	国家标准	LS/T 3254—2017 《紫苏籽油》
	团体标准	T/CGCC 25—2018 《初级压榨紫苏籽油》
玉竹	地方标准	DB43/T 2485—2022 《玉竹病虫害综合防控技术规程》
		DB22/T 3340—2022 《关玉竹生产技术规程》
	团体标准	T/PAZYC 00010—2022 《中药材种子种苗 玉竹》
		T/XZYC 0004—2022 《湘玉竹良种提纯复壮操作规程》

品种		标准
桔梗	国家标准	GB/T 28685—2012　《洋桔梗切花产品等级》
		NY/T 2586—2014　《植物新品种特异性、一致性和稳定性测试指南洋桔梗》
	地方标准	DB50/T 1336—2022　《桔梗种植技术规程》
		DB62/T 4642—2022　《桔梗栽培技术规程》
		DB34/T 2421—2015　《地理标志产品　李兴桔梗》
		DB3703/T 021—2005　《无公害桔梗生产技术规程》
		DB52/T 1226—2017　《地理标志产品　关岭桔梗》
		DB50/T 1232—2022　《桔梗种子质量分级》
		DB15/T 2644—2022　《桔梗》
		DB41/T 612—2009　《地理标志产品　桐桔梗》
		DB41/T 449—2006　《桔梗质量技术规范》
		DB34/T 2422—2015　《桔梗栽培技术规程》
		DB37/T 2595—2014　《良好农业规范出口桔梗操作指南》
		DB34/T 3811—2021　《中药材商品规格等级　桔梗》
	团体标准	T/SDCMIA DD12—2020　《山东道地药材桔梗》
		T/AHN 012—2022　《桔梗产地加工技术规程》
		T/GDATCM 0007—2022　《桔梗煮散饮片》
		T/HEBQIA 125—2022　《桔梗种子加工技术操作规程》
		T/AHN 006—2021　《产地加工桔梗质量要求》
		T/CACM 1374.126—2021　《桔梗规范化生产技术规程》
		T/NMSP.MZB01.07—2023　《"蒙"字标农产品认证要求　内蒙古桔梗》
槐米	地方标准	DB34/T 2743—2016　《槐米及其制品中总黄酮含量的测定　分光光度法》
		DBS45/078—2022　《食品安全地方标准　金槐米》
	团体标准	T/CCCMHPIE 1.8—2016　《植物提取物　槐米芦丁》
槐花	地方标准	DB61/T 1490—2021　《地理标志产品　永寿槐花蜜》
	团体标准	T/GYLCX 01—2021　《涡阳槐花干制品质量分级标准》

品种		标准
覆盆子	国家标准	GB 1886.284—2016　《食品安全国家标准　食品添加剂　覆盆子酮（又名悬钩子酮）》
		CXS 69—1981　《速冻覆盆子（2019 版）》
	地方标准	DB34/T 3843—2021　《掌叶覆盆子栽培技术规程》
		DB36/T 1268—2020　《覆盆子规范化生产技术规程》
		DB43/T 2381—2022　《覆盆子种植技术规程》
	团体标准	T/ZNZ 060—2021　《鲜食掌叶覆盆子红果》
		T/QDNP 0105—2021　《千岛农品　淳六味（掌叶覆盆子、黄精）》
阿胶	地方标准	DB37/T 3662—2019　《阿胶追溯体系设计与实施指南》
		DB37/T 4009—2020　《阿胶及含阿胶的食品中动物皮源性成分鉴定方法》
		DB37/T 4010—2020　《含阿胶的食品中阿胶含量的测定方法》
	团体标准	T/DEXEJ 1—2019　《阿胶糕》
		T/SDAS 69—2019　《绿色产品评价　阿胶枣》
		T/SDAS 67—2019　《绿色产品评价　阿胶片》
		T/SDAS 65—2019　《阿胶单位产品能源消耗限额》
		T/SDAS 63—2019　《阿胶类中药绿色制造　驴皮处理技术要求》
		T/SDAS 68—2019　《绿色产品评价　阿胶糕》
		T/SDAS 66—2019　《阿胶口服液单位产品能源消耗限额》
		T/SDEJ 01—2019　《阿胶》
		T/CATCM 008—2019　《阿胶质量规范》
		T/SDEJ 02—2019　《阿胶糕》
		T/SDAS 90—2019　《阿胶质量 DNA 控制规范》
		T/SDQE 006—2019　《泰山品质　阿胶》
		T/SDIFST 0001—2020　《阿胶糕类产品生产卫生规范》
		T/SDJKR 003—2022　《阿胶中驴骨源性成分鉴定方法　气相色谱法》
		T/SDAS 288—2021　《阿胶行业智能工厂技术通则》
		T/SDTWSP 0009—2022　《阿胶醋》
		T/SDAS 540—2022　《阿胶制作技艺规程》
		T/SDAS 538—2022　《道地阿胶质量控制规范》
		T/SDTWSP 0008—2022　《阿胶头抽》

品种		标准
		T/SDJKR 002—2022　《阿胶中驴皮源性成分鉴定方法　气相色谱法》
		T/SDAS 289—2021　《阿胶生产企业节水要求》
葛根	国家标准	NY/T 4307—2023　《葛根中黄酮类化合物的测定　高效液相色谱—串联质谱法》
		GB/T 30637—2014　《食用葛根粉》
		GB/T 22251—2008　《保健食品中葛根素的测定》
	地方标准	DBS45/007—2013　《食品安全地方标准　葛根粉》
		DB3211/T 035—2006　《有机葛根栽培技术规程》
		DB32/T 1277—2008　《葛根中异黄酮含量的测定　紫外分光光度法》
		DB32/T 1405—2009　《葛根有机栽培技术规程》
		DB32/T 1406—2009　《有机葛根茶加工技术规程》
		DB3211/Z 002—2006　《有机葛根茶加工技术规程》
		DB50/T 1221—2022　《鲜食葛根种植技术规程》
		DB52/T 1404—2019　《地理标志产品　榕江葛根》
		DB50/T 641—2015　《葛根种根质量分级》
	团体标准	T/AHPCA 016—2019　《葛根提取物》
		T/GDID 1022—2020　《葛根种植技术规程》
		T/QGCML 355—2022　《葛根老醋》
		T/CNHFA 111.7—2023　《保健食品用原料　葛根》
余甘子	国家标准	LY/T 3281—2021　《余甘子原汁》
		LY/T 2866—2017　《余甘子粉》
		LY/T 1324—2012　《余甘子类树皮》
	地方标准	DB53/T 1146—2023　《余甘子干燥果肉中多酚类化合物的乙醇超声提取法》
	团体标准	T/CCCMHPIE 1.61—2021　《植物提取物　余甘子提取物》
金银花	国家标准	GB 23200.11—2016　《食品安全国家标准　桑枝、金银花、枸杞子和荷叶中 413 种农药及相关化学品残留量的测定　液相色谱—质谱法》
		GB 23200.10—2016　《食品安全国家标准　桑枝、金银花、枸杞子和荷叶中 488 种农药及相关化学品残留量的测定　气相色谱—质谱法》

品种		标准
		GB/T 39363—2020 《金银花空气源热泵干燥通用技术要求》
		NY/T 2303—2013 《农产品等级规格 金银花》
	地方标准	DBS62/ 005—2020 《食品安全地方标准 金银花》
		DBS37/ 001—2022 《食品安全地方标准 金银花（开放花)》
		DB36/T 691—2018 《金银花》
		DB37/T 3070—2017 《良好农业规范 出口金银花操作指南》
		DB41/T 1849—2019 《金银花烘干贮藏技术规程》
		DB41/T 1681—2018 《地理标志产品 封丘金银花》
		DB12/T 960—2020 《金银花田间生产技术规程》
		DB41/T 2001—2020 《金银花扦插育苗技术规程》
		DB3211/Z 009—2006 《金银花茶加工技术规程》
		DB3211/Z 008—2006 《金银花生产技术规程》
		DB52/T 1060—2015 《地理标志产品 绥阳金银花》
		DB13/T 5620—2022 《金银花桑叶粗提物提取技术规程》
		DB45/T 559—2018 《地理标志产品 忻城金银花》
		DB41/T 2226—2022 《金银花主要病虫害综合防治技术规程》
		DB15/T 2375—2021 《小花金银花育苗技术规程》
		DB41/T 2187—2021 《金银花生产技术规程》
		DB33/T 655—2016 《金银花生产技术规程》
		DB43/T 214.1—2012 《地理标志产品 隆回金银花 第1部分：产品质量》
		DB43/ 214—2004 《隆回金银花》
		DB13/T 2117.5—2014 《无公害金银花田间生产技术规程》
		DB45/T 265—2005 《金银花生产技术规程》
	团体标准	T/SDCMIA YJ03—2020 《有机金银花生产技术规程》
		T/CAB CASA 0011—2018 《富硒金银花》
		T/CAB CASA 0007—2018 《富硒金银花技术规范》
		T/TCVMA 0008—2020 《天然植物饲料原料 金银花干燥物》
		T/TCVMA 0010—2020 《天然植物饲料原料 金银花粗提物》
		T/HBXX 003—2020 《金银花生态种植技术规程》
		T/CCCMHPIE 1.12—2016 《植物提取物 金银花提取物（25%绿原酸)》

品种		标准
		T/TCVMA 0009—2020 《天然植物饲料原料 金银花粉碎物》
		T/LCCMMA 003—2021 《灵寿金银花》
		T/LYFIA 035—2022 《金银花酒》
		T/HBXX 004—2020 《金银花等级质量标准》
		T/LYFIA 025—2021 《沂蒙山金银花茶》
		T/HBJYH 007—2022 《金银花木犀草苷含量快速检测》
		T/LYFIA 026—2021 《沂蒙山金银花红茶》
		T/SDAS 411—2022 《中药金银花 DNA 特征序列鉴定方法》
		T/CNIIFA 111.9—2023 《保健食品用原料 金银花》
		T/HBXX 005—2020 《金银花贮藏技术规程》
		T/SDVDA 002—2022 《兽药制剂用金银花提取物》
		T/HBXX 002—2020 《金银花干燥加工技术标准》
		T/CCCMHPIE 1.11—2016 《植物提取物 金银花提取物（5%绿原酸）》
		T/LYFIA 036—2022 《金银花露》
		T/LYFIA 024—2021 《沂蒙山金银花茶加工技术规程》
		T/LYFIA 027—2021 《沂蒙山金银花红茶加工技术规程》
		T/SDAS 358—2022 《农杆菌介导金银花遗传转化技术规程》
		T/SDAS 356—2022 《金银花 RNA 提取纯化技术规程》
		T/HBJYH 002—2022 《金银花酚酸含量快速检测》
		T/SDCMIA DD01—2020 《山东道地药材金银花》
益智	国家标准	NY/T 1474—2007 《益智 种苗》
	团体标准	T/CNHFA 111.16—2023 《保健食品用原料 益智仁》
蒲公英	国家标准	NY/T 743—2020 《绿色食品 绿叶类蔬菜》
	地方标准	DB12/T 1134—2022 《蒲公英种植技术规程》
		DB12/T 1146—2022 《规模奶牛场蒲公英粉饲喂技术规范》
		DB41/T 2059—2020 《蒲公英栽培技术规程》
		DB37/T 3908—2020 《叶用蒲公英生产技术规程》

品种		标准
		DB23/T 2810—2021　《茶用蒲公英栽培技术规程》
		DB21/T 3476—2021　《蒲公英贮运保鲜技术规程》
		DB41/T 2241—2022　《蒲公英茶加工技术规程》
		DB14/T 2349—2021　《蒲公英采收技术规程》
	团体标准	T/SVIA 010—2021　《设施次生盐渍化土壤夏秋蒲公英栽培技术规程》
		T/SDCMIA TQW01—2022　《蒲公英提取物》
		T/SHZSAQS 00149—2022　《滴灌蒲公英水肥一体化高产栽培技术规程》
		T/MSHD 003—2022　《明水蒲公英茶》
		T/CCCMHPIE 1.60—2021　《植物提取物　蒲公英提取物》
鲜芦根	团体标准	T/CCCMHPIE 1.62—2021　《植物提取物　芦根提取物》
马齿苋	国家标准	GH/T 1348—2021　《日化用马齿苋提取液》
	地方标准	DB32/T 3327—2017　《马齿苋生产技术规程》
	国家标准	SB/T 10998—2013　《饲料用桑叶粉》
		GB/T 40642—2021　《桑叶提取物中1-脱氧野尻霉素的检测　高效液相色谱法》
		DB41/T 1939—2020　《桑叶茶加工技术规程》
		DB14/T 1489—2017　《桑叶茶加工技术规程》
		DB13/T 5236—2020　《桑叶提取物提取技术规程》
		DB51/T 2947—2022　《桑叶茶加工工艺规范》
桑叶	地方标准	DB140400/T 025—2004　《绿色桑叶生产操作规程》
		DB13/T 5620—2022　《金银花桑叶粗提物提取技术规程》
		DB37/T 2186—2012　《桑叶茶加工技术规程》
		DB50/T 1154—2021　《桑叶粉饲喂蛋鸡生产技术规范》
		DB50/T 1220—2022　《食用桑叶粉加工技术规范》
		DB34/T 2681—2016　《高香桑叶茶加工技术规程》
	团体标准	T/ZDTT 01—2022　《地理标志证明商标　正定桑叶》
		T/CCPEF 073—2021　《中国生态良品　桑叶苦瓜压片糖果》
		T/XZYC 0012—2021　《可饲用天然植物粗提物-桑叶粗提物》

品种		标准
荷叶		T/NCJSC 2—2022 《食用桑叶粉加工技术规程》
		T/YTCX 003—2020 《烟台桑叶茶加工技术规程》
		T/SDCMIA TQW02—2022 《桑叶提取物》
		T/AHFIA 059—2021 《桑叶固体饮料》
		T/CCCMHPIE 1.55—2021 《植物提取物 桑叶提取物》
		T/JXSYYXH 0002—2023 《食用桑叶粉》
		T/XZYC 0011—2021 《可饲用天然植物粉－桑叶粉》
		T/NCJSC 1—2022 《脱水桑叶菜加工技术规程》
		T/JAASS 67-–2022 《肉羊用桑叶粉使用技术规范》
		T/YTCX 002—2020 《烟台桑叶茶》
荷叶	国家标准	GB 23200.11—2016 《食品安全国家标准 桑枝、金银花、枸杞子和荷叶中 413 种农药及相关化学品残留量的测定 液相色谱－质谱法》
		GB 23200.10—2016 《食品安全国家标准 桑枝、金银花、枸杞子和荷叶中 488 种农药及相关化学品残留量的测定 气相色谱－质谱法》
		SN/T 4052—2014 《出口保健食品中荷叶碱的测定》
	地方标准	DB32/T 3657—2019 《荷叶离褶伞（鹿茸菇）工厂化生产技术规程》
		DB37/T 3439.84—2018 《鲁菜 荷叶薄皮包》
		DB37/T 3439.83—2018 《鲁菜 荷叶肉》
		DB42/T 1973—2023 《地理标志产品 黄梅荷叶茶》
		DB43/T 1302.46—2017 《经典湘菜 第46部分：荷叶粉蒸鸡》
		DB42/T 895—2013 《荷叶茶加工技术规程》
		DB42/T 896—2013 《荷叶茶》
	团体标准	T/GZSX 021—2017 《盘州荷叶糯米鸡》
		T/JXSYYXH 0001—2023 《高香荷叶茶加工技术规程》
		T/SXPX 019—2021 《酱梅肉荷叶饼》
		T/CAI 134—2021 《地理标志产品 白洋淀荷叶茶》
		T/BJCA 026—2022 《京菜 荷叶粥烹饪技术规范》
麦芽	国家标准	GB 5009.8—2016 《食品安全国家标准 食品中果糖、葡萄糖、蔗糖、麦芽糖、乳糖的测定》
		GB 28307—2012 《食品安全国家标准 食品添加剂 麦芽糖醇和麦芽糖醇液》

续表

品种		标准
		GB 5009.279—2016　《食品安全国家标准　食品中木糖醇、山梨醇、麦芽糖醇、赤藓糖醇的测定》
		GB 1886.182—2016　《食品安全国家标准　食品添加剂　异麦芽酮糖》
		GB 1886.208—2016　《食品安全国家标准　食品添加剂　乙基麦芽酚》
		GB 5009.250—2016　《食品安全国家标准　食品中乙基麦芽酚的测定》
		GB 1886.282—2016　《食品安全国家标准　食品添加剂　麦芽酚》
		GB/T 20882.6—2021　《淀粉糖质量要求　第 6 部分：麦芽糊精》
		GB/T 30986—2014　《生化制品中葡萄糖、蔗糖、麦芽糖含量的测定　液相色谱示差折光法》
		SC/T 7213—2011　《鮰嗜麦芽寡养单胞菌检测方法》
		GH/T 1316—2020　《蜂蜜中松二糖、松三糖、吡喃葡糖基蔗糖、异麦芽糖和蜜三糖含量的测定　高效液相色谱法》
		BJS 201708　《食用植物油中乙基麦芽酚的测定》
		SN/T 3142—2012　《出口食品中 D－甘露糖醇、麦芽糖、木糖醇、D－山梨糖醇的检测方法　液相色谱－质谱/质谱法》
		NY/T 3163—2017　《稻米中可溶性葡萄糖、果糖、蔗糖、棉籽糖和麦芽糖的测定　离子色谱法》
		SN/T 2206.13—2014　《化妆品微生物检验方法　第 13 部分：嗜麦芽窄食单胞菌》
		SN/T 3637—2013　《出口食品中异麦芽糖、塔格糖的测定　高效液相色谱法》
		NY/T 3902—2021　《水果、蔬菜及其制品中阿拉伯糖、半乳糖、葡萄糖、果糖、麦芽糖和蔗糖的测定　离子色谱法》
		GB/T 20883—2017　《麦芽糖》
		GB/T 20881—2017　《低聚异麦芽糖》
		GB/T 27635—2011　《斑点叉尾鮰嗜麦芽寡养单胞菌检测操作方法》
		GB/T 32101—2015　《麦芽糖醇和麦芽糖醇液（工业用）》
	地方标准	DB21/T 3060—2018　《饲料中香兰素、乙基香兰素、肉桂醛、桃醛、乙酸异戊酯、γ—壬内酯、肉桂酸甲酯、乙基麦芽酚、大茴香脑的含量测定　气相色谱法》
		DB32/T 1737—2011　《嗜麦芽寡养单胞菌检验》

品种		标准
	团体标准	T/GXAS 020—2019 《啤酒绿色制造供应链商品　淡色麦芽》
		T/QGCML 360—2022 《麦芽醋》
		T/JAASS 16—2021 《淡色啤酒麦芽》
枸杞子	国家标准	GB 23200.11—2016 《食品安全国家标准　桑枝、金银花、枸杞子和荷叶中413种农药及相关化学品残留量的测定　液相色谱－质谱法》
		GB 23200.10—2016 《食品安全国家标准　桑枝、金银花、枸杞子和荷叶中488种农药及相关化学品残留量的测定　气相色谱－质谱法》
		SN/T 0878—2000 《进出口枸杞子检验规程》
		GB/T 18672—2014 《枸杞》
		GB/T 19742—2008 《地理标志产品　宁夏枸杞》
		NY/T 1051—2014 《绿色食品　枸杞及枸杞制品》
		GH/T 1302—2020 《鲜枸杞》
		GH/T 1237—2019 《枸杞浆》
		GH/T 1271—2019 《枸杞清汁》
	地方标准	DB64/T 1577—2018 《枸杞子甜菜碱含量的测定　高效液相色谱－蒸发光散射法》
		DBS64/ 006—2021 《食品安全地方标准　黑果枸杞》
		DBS63/ 0010—2021 《食品安全地方标准　黑果枸杞》
		DBS63/ 0005—2021 《食品安全地方标准　枸杞》
		DBS64/ 001—2022 《食品安全地方标准　枸杞》
		DBS63/ 0003—2022 《食品安全地方标准　枸杞籽油（超临界二氧化碳萃取法）》
		DBS64/ 684—2022 《食品安全地方标准　枸杞叶茶》
		DBS64/ 008—2022 《食品安全地方标准　枸杞原浆》
		DB64/T 1221—2016 《宁夏富硒农产品标准（水稻、玉米、小麦及枸杞干果）》
		DB62/T 4492—2022 《枸杞品种　甘杞1号》
		DB64/T 1640—2019 《中宁枸杞》
		DB62/T 2379—2019 《地理标志产品　靖远枸杞》
		DB63/T 1759—2019 《地理标志产品　柴达木枸杞》
		DB64/T 1764—2020 《宁夏枸杞干果商品规格等级规范》

品种		标准
		DB62/T 2752—2017 《地理标志产品 民勤枸杞》
		DB65/T 4474—2021 《干制枸杞果品质量分级》
		DB65/T 2083—2012 《枸杞标准体系总则》
	团体标准	T/CCCMHPIE 1.47—2019 《植物提取物 枸杞子提取物》
		T/NXFSA 006S—2021 《道地宁夏枸杞子 枸杞秋果》
		T/NXFSA 007S—2021 《道地宁夏枸杞子 白尖枸杞》
		T/NXFSA 005S—2021 《道地宁夏枸杞子 小纺锤枸杞》
		T/NAIA 0124—2022 《枸杞子》
		T/CACM 1021.50—2018 《中药材商品规格等级 枸杞子》
		T/CNHFA 111.2—2023 《保健食品用原料 枸杞子》
		T/NXFSA 003S—2020 《中宁枸杞原浆》
		T/NAIA 062—2021 《雪花枸杞》
		T/NXFSA 059—2023 《锁鲜枸杞》
		T/CXDYJ 0014—2020 《有机枸杞质量评价》
		T/QHYJGQX 001—2021 《柴达木枸杞 干果》
		T/NSFST 006—2022 《枸杞药材质量标准》
		T/NAIA 0155—2022 《地理标志证明商标产品 惠农枸杞》
		T/NSFST 005—2022 《黑果枸杞原浆》
		T/NAIA 088—2021 《低糖枸杞粉》
		T/NXFSA 002S—2020 《枸杞原浆》
薏苡仁	团体标准	T/CACM 1021.53—2018 《中药材商品规格等级 薏苡仁》
蜂蜜	国家标准	GB 14963—2011 《食品安全国家标准 蜂蜜》
		GB 23200.7—2016 《食品安全国家标准 蜂蜜、果汁和果酒中497种农药及相关化学品残留量的测定 气相色谱-质谱法》
		GB 23200.97—2016 《食品安全国家标准 蜂蜜中5种有机磷农药残留量的测定 气相色谱法》
		GB 23200.96—2016 《食品安全国家标准 蜂蜜中杀虫脒及其代谢产物残留量的测定 液相色谱-质谱/质谱法》
		GB 31657.1—2021 《食品安全国家标准 蜂蜜和蜂王浆中氟胺氰菊酯残留量的测定 气相色谱法》

品种		标准
		GB/T 18932.19—2003 《蜂蜜中氯霉素残留量的测定方法 液相色谱 – 串联质谱法》
		GB/T 23410—2009 《蜂蜜中硝基咪唑类药物及其代谢物残留量的测定 液相色谱 – 质谱/质谱法》
		GB/T 18932.16—2003 《蜂蜜中淀粉酶值的测定方法 分光光度法》
		GB/T 18932.18—2003 《蜂蜜中羟甲基糠醛含量的测定方法 液相色谱 – 紫外检测法》
		GB/T 18932.24—2005 《蜂蜜中呋喃它酮、呋喃西林、呋喃妥因和呋喃唑酮代谢物残留量的测定方法 液相色谱 – 串联质谱法》
		GB/T 18932.1—2002 《蜂蜜中碳 – 4 植物糖含量测定方法 稳定碳同位素比率法》
		GB/T 5009.95—2003 《蜂蜜中四环素族抗生素残留量的测定》
		GB/T 18932.23—2003 《蜂蜜中土霉素、四环素、金霉素、强力霉素残留量的测定方法 液相色谱 – 串联质谱法》
		农业部 781 号公告 – 8 – 2006 《蜂蜜中双甲脒残留量的测定 气相色谱 – 质谱法》
		GB/T 18932.4—2002 《蜂蜜中土霉素、四环素、金霉素、强力霉素残留量的测定方法 液相色谱法》
		GB/T 18932.17—2003 《蜂蜜中 16 种磺胺残留量的测定方法 液相色谱 – 串联质谱法》
		GB/T 18932.2—2002 《蜂蜜中高果糖淀粉糖浆测定方法 薄层色谱法》
		GB/T 19330—2008 《地理标志产品 饶河 (东北黑蜂) 蜂蜜、蜂王浆、蜂胶、蜂花粉》
		GB/T 20744—2006 《蜂蜜中甲硝唑、洛硝哒唑、二甲硝咪唑残留量的测定 液相色谱 – 串联质谱法》
		GB/T 21169—2007 《蜂蜜中双甲脒及其代谢物残留量测定液相色谱法》
		GB/T 18932.21—2003 《蜂蜜中氯霉素残留量的测定方法 酶联免疫法》
		农业部 781 号公告 – 9 – 2006 《蜂蜜中氟胺氰菊酯残留量的测定 气相色谱法》

品种	标准
	GB/T 22941—2008 《蜂蜜中林可霉素、红霉素、螺旋霉素、替米考星、泰乐霉素、交沙霉素、吉他霉素、竹桃霉素残留量的测定 液相色谱–串联质谱法》
	GB/T 18932.26—2005 《蜂蜜中甲硝哒唑、洛硝哒唑、二甲硝咪唑残留量的测定方法 液相色谱法》
	GB/T 22995—2008 《蜂蜜中链霉素、双氢链霉素和卡那霉素残留量的测定 液相色谱–串联质谱法》
	GB/T 18932.15—2003 《蜂蜜电导率测定方法》
	GB/T 18932.25—2005 《蜂蜜中青霉素 G、青霉素 V、乙氧萘青霉素、苯唑青霉素、邻氯青霉素、双氯青霉素残留量的测定方法 液相色谱–串联质谱法》
	GB/T 21533—2008 《蜂蜜中淀粉糖浆的测定 离子色谱法》
	GB/T 18932.28—2005 《蜂蜜中四环素族抗生素残留量测定方法 酶联免疫法》
	GB/T 18932.10—2002 《蜂蜜中溴螨酯、4，4'–二溴二苯甲酮残留量的测定方法 气相色谱/质谱法》
	农业部 781 号公告–7–2006 《蜂蜜中氟氯苯氰菊酯残留量的测定 气相色谱法》
	GB/T 23408—2009 《蜂蜜中大环内酯类药物残留量测定 液相色谱–质谱/质谱法》
	GB/T 18932.6—2002 《蜂蜜中甘油含量的测定方法 紫外分光光度法》
	GB/T 23194—2008 《蜂蜜中植物花粉的测定方法》
	农业部 781 号公告–10–2006 《蜂蜜中氯霉素残留量的测定 气相色谱–质谱法（负化学源）》
	GB/T 18932.14—2003 《蜂蜜中苯甲醛残留量的测定方法 液相色谱–荧光检测法》
	GB/T 18932.13—2003 《蜂蜜中苯酚残留量的测定方法 高效液相色谱–荧光检测法》
	GB/T 22944—2008 《蜂蜜中克伦特罗残留量的测定 液相色谱–串联质谱法》

品种	标准
	GB/T 18932.27—2005　《蜂蜜中泰乐菌素残留量测定方法　酶联免疫法》
	GB/T 22943—2008　《蜂蜜中三甲氧苄氨嘧啶残留量的测定　液相色谱–串联质谱法》
	GB/T 32946—2016　《蜂蜜中脯氨酸的测定　高效液相色谱法》
	GB/T 18932.9—2002　《蜂蜜中青霉素残留量的测定方法　杯碟法》
	GB/T 22940—2008　《蜂蜜中氨苯砜残留量的测定　液相色谱–串联质谱法》
	GB/T 18932.8—2002　《蜂蜜中红霉素残留量的测定方法　杯碟法》
	GB/T 21168—2007　《蜂蜜中泰乐菌素残留量的测定　液相色谱–串联质谱法》
	GB/T 23192—2008　《蜂蜜中淀粉粒的测定方法　显微镜计数法》
	GB/T 40152—2021　《蜂蜜中蔗糖转化酶的测定　分光光度法》
	GB/Z 40948—2021　《农产品追溯要求　蜂蜜》
	GH/T 18796—2012　《蜂蜜》
	GH/T 1001—1998　《预包装食用蜂蜜》
	NY/T 639—2002　《蜂蜜生产技术规范》
	NY/T 1243—2006　《蜂蜜中农药残留限量（一）》
	GH/T 1015—1999　《蜂蜜包装钢桶》
	GH/T 1106—2015　《蜂蜜中丙三醇含量的测定　气相色谱–质谱法》
	GH/T 1109—2015　《蜂蜜中丙酮醛含量的测定　高效液相色谱法》
	GH/T 1313—2020　《蜂蜜中甘油含量的测定　高效液相色谱法》
	GH/T 1316—2020　《蜂蜜中松二糖、松三糖、吡喃葡糖基蔗糖、异麦芽糖和蜜三糖含量的测定　高效液相色谱法》
	SN/T 0852—2012　《进出口蜂蜜检验规程》
	CXS 12—1981　《蜂蜜（2019版）》
	GH/T 1314—2020　《蜂蜜中甘露糖含量的测定　高效液相色谱法》
	GH/T 1315—2020　《蜂蜜中酪蛋白的测定　酶联免疫法》
	SN/T 2135—2008　《蜂蜜中转基因成分检测方法　普通PCR方法和实时荧光PCR方法》

品种	标准
	SN/T 3155—2012 《出口猪肉、虾、蜂蜜中多类药物残留量的测定 液相色谱－质谱/质谱法》
	SN/T 5223—2019 《蜂蜜中18种游离氨基酸的测定 高效液相色谱－荧光检测法》
	SN/T 4848.1—2017 《出口蜂蜜中常见蜜源植物成分的检测方法实时荧光 PCR法 第1部分：荆条》
	SN/T 4848.3—2017 《出口蜂蜜中常见蜜源植物成分的检测方法实时荧光 PCR法 第3部分：洋槐》
	SN/T 4848.5—2017 《出口蜂蜜中常见蜜源植物成分的检测方法实时荧光 PCR法 第5部分：椴树》
	SN/T 4848.2—2017 《出口蜂蜜中常见蜜源植物成分的检测方法实时荧光 PCR法 第2部分：油菜》
	SN/T 4848.7—2017 《出口蜂蜜中常见蜜源植物成分的检测方法实时荧光 PCR法 第7部分：荔枝和龙眼》
	SN/T 4056—2014 《蜂蜜中烟曲霉素残留量的测定 液相色谱－串联质谱法》
	SN/T 4848.8—2017 《出口蜂蜜中常见蜜源植物成分的检测方法实时荧光 PCR法 第8部分：紫云英》
	SN/T 4848.4—2017 《出口蜂蜜中常见蜜源植物成分的检测方法实时荧光 PCR法 第4部分：桉树》
	SN/T 4848.6—2017 《出口蜂蜜中常见蜜源植物成分的检测方法实时荧光 PCR法 第6部分：龙眼》
	SN/T 5222—2019 《蜂蜜中20种全氟烷基化合物的测定 液相色谱－串联质谱法》
	SN/T 4654—2016 《出口蜂蜜中氯舒隆残留量的测定 液相色谱－质谱/质谱法》
	BJS 202108 《蜂蜜中雷公藤甲素的测定》
	BJS 202103 《蜂蜜中链霉素和双氢链霉素的测定 液相色谱－串联质谱法》

品种	标准	
	SN/T 4961—2017 《出口蜂蜜中寡糖的测定 高效液相色谱 – 质谱/质谱法》	
	SN/T 4959—2017 《出口蜂蜜中 γ – 淀粉酶的测定 液相色谱法》	
	SN/T 4960—2017 《出口蜂蜜中耐高温 α – 淀粉酶的测定 分光光度法》	
	SN/T 4958—2017 《出口蜂蜜中 4 – 甲基咪唑和 2 – 甲基咪唑的测定方法 液相色谱 – 质谱/质谱法》	
	GH/T 1110—2015 《蜂蜜中外源性 γ – 淀粉酶残的测定 分光光度法》	
	GH/T 1107—2015 《蜂蜜中 5 种双稠吡咯啶类生物碱的测定 高效液相色谱 – 质谱/质谱法》	
	GH/T 1398—2022 《薰衣草蜂蜜风味挥发物质的测定 气相色谱质谱联用法》	
	GH/T 1394—2022 《蜂蜜中寡糖的测定 液相色谱 – 质谱/质谱法》	
	GH/T 1395—2022 《蜂蜜中苦参碱和氧化苦参碱含量的测定 液相色谱 – 串联质谱法》	
	GH/T 1393—2022 《蜂蜜中阿洛酮糖含量的测定 高效液相色谱法》	
	GH/T 1252—2017 《蜂蜜及其制品酸度的测定 电位滴定法》	
地方标准	DBS61/ 0012—2022 《食品安全地方标准 蜂蜜中 16 种激素残留的测定 液相色谱 – 质谱/质谱法》	
	DBS63/ 0006—2022 《食品安全地方标准 枸杞蜂蜜》	
	DBS61/ 0027—2023 《食品安全地方标准 秦巴土蜂蜜》	
	DB22/T 991—2018 《天然成熟蜂蜜》	
	DB61/T 1105—2017 《地理标志产品 黄龙蜂蜜》	
	DB4414/T 5—2020 《地理标志产品 桂岭蜂蜜》	
	DB23/T 1932—2017 《东北黑蜂蜂蜜生产操作规程》	
	DB50/T 1300—2022 《中华蜜蜂蜂蜜加工技术规范》	
	DB11/T 481—2007 《蜂蜜生产技术规范》	
	DB37/T 2217—2012 《刺槐蜂蜜》	
	DB34/T 1538—2011 《蜂蜜中杀草强残留量测定 液相色谱串联质谱法》	
	DB43/T 1034—2015 《蜂蜜经营管理规范》	
	DB63/T 1249—2014 《地理标志产品 贵德蜂蜜》	

续表

品种		标准
		DB51/T 1731—2014 《成熟蜂蜜生产技术规程》
		DB61/T 1105—2017 《地理标志产品　黄龙蜂蜜》
	团体标准	T/LYCY 020—2020 《大兴安岭蜂蜜》
		T/HZSBX 03—2020 《优质汉中土蜂蜜》
		T/HZSBX 02—2020 《优质汉中蜂蜜》
		T/BKTFM 1—2020 《保康土蜂蜜》
		T/LPTX 0001S—2019 《优质罗平蜂蜜》
		T/ZZB 1505—2020 《枇杷蜂蜜膏》
		T/ELINGYUNBIAN 001—2019 《"峨岭云边"食品安全公用品牌标准　蜂蜜》
		T/QSFY 001—2021 《成熟蜂蜜生产技术规程》
		T/YNFS 1.7—2021 《深纹核桃生产加工技术规程　第7部分：琥珀核桃仁和蜂蜜核桃仁》
		T/GVEAIA 010.2—2019 《药食同源果桑标准　第2部分：蜂蜜桑葚干质量标准》
		T/GZSX 073—2021 《道真特产　蜂蜜》
		T/XJBZFX 003—2021 《富硒蜂蜜制品》
		T/CAQP 010—2019 《高品质蜂蜜》
		T/HNLM 001.4—2019 《怀宁蓝莓　第4部分：蜂蜜》
		T/CQDB 0014—2021 《地理标志产品　酉阳蜂蜜》
		T/XHNCJLH 1202—2019 《心侗新晃五倍子蜂蜜流通标准》
		T/LPTX 0001S—2021 《地理标志产品　罗平蜂蜜》
		T/XHNCJLH 1201—2019 《心侗新晃五倍子蜂蜜养殖与生产标准》
		T/JGE 0009—2021 《江西绿色生态　蜂蜜》
		T/JAFY 0003—2021 《农产品地理标志集安蜂蜜产品质量标准》
		T/5115YBAPS 042.2—2023 《富硒蜂蜜》
		T/LCFY 001—2021 《地理标志证明商标　高唐蜂蜜》
		T/JAFY 0008—2021 《农产品地理标志集安蜂蜜标识使用规范》
		T/SDAS 558—2022 《单花蜂蜜真实性鉴别方法　三维荧光光谱法》
		T/ZFXH 001—2022 《歙县中蜂枇杷花蜂蜜》

品种	标准
	T/JAFY 0006—2021　《农产品地理标志集安蜂蜜使用资格认定管理规范》
	T/SQIA 016—2022　《蜂蜜中林可霉素的快速检测　胶体金免疫层析法》
	T/JAFY 0004—2021　《农产品地理标志集安蜂蜜　生产安全卫生规范》
	T/SQIA 018—2022　《蜂蜜中四环素类药物的快速检测　胶体金免疫层析法》
	T/YFX 001—2022　《中华蜜蜂蜂蜜生产技术规范》
	T/HNYJNYXH 008—2021　《优质药用植物蜂蜜标准》
	T/CKZF 001—2022　《城口蜂蜜》
	T/CAI 166—2022　《地理标志产品　桑植蜂蜜》
	T/CAI 164—2022　《地理标志产品　泾源蜂蜜》
	T/JMBX 0237—2023　《大沙蜂蜜》
	T/QDNP 0106—2021　《千岛农品　中华蜜蜂蜂蜜》
	T/HYBX 0010—2022　《优质蜂蜜》
	T/SATA 035—2022　《蜂蜜中 21 种生物碱的测定　液相色谱 – 串联质谱法》
	T/ZLX 052—2023　《遂昌土蜂蜜绿色生产技术规程》
	T/JAFY 0002—2021　《农产品地理标志集安蜂蜜采收技术规范》
	T/SDAS 559—2022　《单花蜂蜜真实性鉴别方法　荧光密度法》
	T/HNYJNYXH 007—2021　《优质炮制中药专用蜂蜜标准》
	T/JAFY 0007—2021　《农产品地理标志集安蜂蜜溯源体系建设与管理规范》
	T/ZHYF 001—2021　《赞皇蜂蜜》
	T/JAFY 0005—2021　《农产品地理标志集安蜂蜜管理规范》
	T/SQIA 017—2022　《蜂蜜中氯霉素的快速检测　胶体金免疫层析法》
	T/MMSP 11—2022　《蜂蜜中黄曲霉毒素 B1 的测定方法　ELISA 酶联免疫吸附筛查法》
	T/JAFY 0001—2021　《农产品地理标志集安蜂蜜蜜蜂饲养技术规范》
	T/QGCML 354—2022　《蜂蜜醋》
	T/LPTX 0001S—2022　《地理标志证明商标　罗平蜂蜜》
	T/XJBZFX 004—2021　《含硒蜂蜜制品》

品种		标准
		T/BKTFM 1—2020　《保康土蜂蜜》
		T/CBPA 0001—2015　《蜂蜜》
		T/JALNCP 0301—2022　《井冈蜂蜜》
黑胡椒	国家标准	GB/T 7901—2018　《黑胡椒》
		NY/T 455—2001　《胡椒》
	地方标准	DB46/T 33—2004　《胡椒粉》
	团体标准	T/CFNA 6113—2020　《黑胡椒》
		T/ZSGTS 090—2022　《香山之品　黑胡椒》
黑芝麻	国家标准	GB/T 23781—2009　《黑芝麻糊》
		GB/T 8233—2018　《芝麻油》
		GB/T 22477—2008　《芝麻粕》
		GB/T 11761—2021　《芝麻》
		LS/T 3220—2017　《芝麻酱》
		NY/T 1509—2017　《绿色食品　芝麻及其制品》
	团体标准	T/TLMY 002—2020　《黑芝麻》
		T/TLMY 001—2020　《无公害大通黑芝麻种植技术规程》
		T/YSSPSH 002—2018　《黑芝麻糊》
		T/ZJFIA 007—2022　《黑芝麻丸》
		T/LMYTC 0002—2020　《芝麻饼》
		T/HNAGS 010—2020　《湖南好粮油　芝麻油》
		T/BJAGS 0002—2022　《北京好粮油　芝麻油》
		T/ZSGTS 089—2022　《香山之品　芝麻油》
		T/BJAGS 0003—2022　《北京好粮油　芝麻酱》
		T/CCOA 29—2020　《芝麻油感官评价》
菊苣	国家标准	FFV—22　《莴苣　皱叶菊苣　阔叶苦苣》
	地方标准	DB21/T 1375—2005　《农产品质量安全　菊苣生产技术规程》
		DB13/T 5621—2022　《芽球菊苣仔根生产技术规程》
		DB13/T 5286—2020　《芽球菊苣工厂化生产技术规程》

品种		标准
		DB51/T 937—2018 《将军菊苣品种质量》
		DB51/T 1753—2014 《菊苣－饲用玉米混合青贮技术规程》
		DB65/T 3229—2011 《菊苣生产技术规程》
		DB52/T 616—2010 《黔引普那菊苣种子生产技术规程》
	团体标准	T/SVIA 004—2021 《设施次生盐渍化土壤夏秋叶用菊苣栽培技术规程》
		T/HXCY 013—2021 《人工林间菊苣草地建植技术规程》
		T/HXCY 001—2021 《川草6号菊苣种子生产技术规程》
桑椹	国家标准	GB 1886.345—2021 《食品安全国家标准 食品添加剂 桑椹红》
		GB/T 29572—2013 《桑椹（桑果）》
	地方标准	DB3205/T 078—2004 《无公害农产品"大十"桑椹生产技术规程》
		DB12/T 577—2015 《地理标志产品 红花峪桑椹》
		DB45/T 1561—2017 《绿色食品 桑果（桑椹）生产技术规程》
		DB43/T 2247—2021 《桑椹菌核病综合防控技术规程》
		DB61/T 1403—2021 《桑椹菌核病防治技术规程》
		DB51/T 2811—2021 《干桑椹（桑果）生产技术规程》
		DB32/T 1624—2010 《桑椹生产技术规程》
		DB23/T 1222—2008 《寒地桑椹生产技术规程》
	团体标准	T/CNFIA 104—2018 《桑椹（果）酒》
		T/SDSF 016—2022 《桑椹菌核病绿色防控技术规程》
		T/TPCX 004—2021 《桑椹酒生产技术规范》
		T/LSDSXH 1102—2020 《"京涞派"电商农产品桑椹种植标准》
		T/LSDSXH 1101—2020 《"京涞派"电商农产品桑椹》
		T/SCPTJGJ 001—2019 《桑椹（果）酒》
		T/XJWA 002—2021 《桑椹白兰地》
		T/AFFI 021—2022 《桑葚果汁罐头》
		T/XJWA 001—2021 《桑椹酒》
		T/AFFI 019—2022 《桑葚干》
		T/XJWA 003—2021 《桑葚利口酒》
		T/AFFI 020—2022 《桑葚膏》
		T/GVEAIA 010.2—2019 《药食同源果桑标准 第2部分：蜂蜜桑葚干质量标准》

369

续表

品种		标准
莲子	国家标准	NY/T 1504—2007 《莲子》
		SB/T 10050—92 《糖莲子》
	地方标准	DB51/T 2460—2018 《空心莲子草防治技术规程》
		DB37/T 2903.21—2017 《鲁菜 蜜腊莲子》
		DB41/T 1095—2015 《商城炖菜烹饪技艺 桂花银耳莲子羹》
		DB32/T 2995—2016 《莲子加工技术规程》
	团体标准	T/GDMZCX 024—2019 《糯米莲子窝鸭烹饪工艺规范》
		T/JXSP 001—2017 《赣南莲子》
		T/HNPPXH 0003—2021 《淮味千年 莲子》
		T/WYDX 0001—2021 《武义莲子流通规范》
		T/JHNX 004—2020 《金湖莲子》
		T/JGE 3003—2021 《莲子》
		T/FJBR 001—2021 《建宁莲子》
桃仁	国家标准	GB/T 30761—2014 《扁桃仁》
		SN/T 4419.6—2016 《出口食品常见过敏原 LAMP 系列检测方法 第6部分：扁桃仁》
昆布	国家标准	GB 20554—2006 《海带》
		SC/T 3202—2012 《干海带》
		SC/T 3212—2017 《盐渍海带》
		SC/T 3301—2017 《速食海带》
	地方标准	DB37/T 2903.70—2017 《鲁菜 昆布海参》
		DB35/T 1950—2020 《地理标志产品 连江海带》
		DB37/T 1219—2009 《地理标志产品 威海海带》
	团体标准	T/CNFIA 125—2021 《昆布抽提物》
		T/XPFA 002—2019 《风干海带》
		T/DLAA 001—2022 《地理标志证明商标 旅顺海带》
		T/FJSP 0020—2022 《即食海带》
		T/CNFIA 134—2021 《海带粉》
		T/CDYX 003—2021 《地理标志证明商标 长岛海带》
杏仁	国家标准	GB/T 31324—2014 《植物蛋白饮料 杏仁露》
		GB/T 20452—2021 《仁用杏杏仁质量等级》

品种		标准
		GB/T 41386—2022 《杏仁油》
		SB/T 10617—2011 《熟制杏核和杏仁》
		SN/T 1961.9—2013 《出口食品过敏原成分检测 第9部分：实时荧光PCR方法检测杏仁成分》
		SN/T 3272.2—2012 《出境干果检疫规程 第2部分：苦杏仁》
		SN/T 4419.5—2016 《出口食品常见过敏原LAMP系列检测方法 第5部分：杏仁》
		LY/T 2340—2014 《西伯利亚杏杏仁质量等级》
	地方标准	DB13/T 882—2007 《山杏（杏仁）质量》
	团体标准	T/CGCC 12—2018 《杏仁饼》
		T/CNFIA 005.8—2019 《坚果籽类食品质量等级 第8部分：生干杏核和杏仁》
		T/CAI 172—2022 《地理标志产品 平泉杏仁》
		T/JSQA 115—2021 《熟制开心银杏仁》
		T/GBAS 0009—2022 《杏仁饼》
		T/ZSGTS 009—2022 《香山之品 中山杏仁饼》
佛手	国家标准	GB/T 30357.7—2017 《乌龙茶 第7部分：佛手》
		GB/T 21824—2008 《地理标志产品 永春佛手》
		SB/T 10883—2012 《佛手瓜流通规范》
	地方标准	DB42/T 1553—2020 《地理标志产品 广济佛手山药》
		DB5101/T 84—2020 《地理标志产品 西岭佛手瓜》
		DB44/T 931—2011 《地理标志产品 新丰佛手瓜》
		DB3703/T 016—2005 《无公害佛手瓜生产技术规程》
		DB45/T 131—2004 《无公害农产品（佛手瓜苗）生产技术规程》
		DB35/T 708—2022 《永春佛手茶栽培与加工技术规范》
		DB62/T 1661—2007 《绿色食品 陇南佛手瓜生产技术规程》
	团体标准	T/YCCGH 00002—2021 《永春佛手》
		T/DYFSOF 1—2019 《"西岭佛手瓜"地理标志保护产品专用标志申请与使用管理规范》

品种		标准
		T/SCSKJQYLHH 12—2022 《川佛手扦插育苗技术规范》
		T/SCSKJQYLHH 15—2022 《川佛手种植管理评价规范》
		T/HNBX 152—2022 《地理标志证明商标产品 永兴佛手瓜》
		T/CAI 162—2022 《地理标志产品 武穴佛手山药》
		T/LXCY 2.31—2022 《岚县土豆宴 主食类：佛手金卷（土豆莜面卷）烹饪工艺规范》
		T/SCSKJQYLHH 11—2022 《川佛手》
		T/SCSKJQYLHH 13—2022 《川佛手种植技术规范》
		T/SCSKJQYLHH 16—2022 《川佛手园地套种大豆技术规范》
赤小豆	国家标准	GB 4404.2—2010 《粮食作物种子 第2部分：豆类》
	地方标准	DB32/T 438—2008 《新选大红袍赤豆》
铁皮石斛	国家标准	SN/T 5469—2022 《铁皮石斛鉴定方法》
	地方标准	DBS43/ 013—2022 《食品安全地方标准 铁皮石斛》
		DBS52/ 048—2020 《食品安全地方标准 铁皮石斛茎》
		DB33/ 3011—2020 《浙江省食品安全地方标准 干制铁皮石斛花》
		DB33/ 3012—2020 《浙江省食品安全地方标准 干制铁皮石斛叶》
		DBS52/ 045—2020 《食品安全地方标准 铁皮石斛花（干制品）》
		DBS35/ 001—2020 《食品安全地方标准 铁皮石斛花》
		DBS52/ 042—2020 《食品安全地方标准 铁皮石斛叶（干叶）》
		DBS35/ 002—2020 《食品安全地方标准 铁皮石斛叶》
		DBS45/ 062—2019 《食品安全地方标准 铁皮石斛花》
		DBS53/ 030—2021 《食品安全地方标准 干制铁皮石斛花》
		DBS53/ 031—2021 《食品安全地方标准 干制铁皮石斛叶》
		DBS45/ 071—2021 《食品安全地方标准 铁皮石斛茎（干制品）》
		DBS53/ 035—2022 《食品安全地方标准 铁皮石斛》
		DB35/T 1707—2017 《地理标志产品 泰宁铁皮石斛》
		DB45/T 1231—2015 《地理标志产品 雅长铁皮石斛》

品种	标准	
	DB45/T 1533—2017 《铁皮石斛采收与采后商品化处理技术规程》	
	DB36/T 1548—2021 《铁皮石斛花、叶》	
	DB35/T 1996—2021 《铁皮石斛栽培技术规范》	
	DB36/T 1553—2021 《铁皮石斛大棚栽培技术规程》	
	DB36/T 1555—2021 《铁皮石斛崖壁栽培技术规程》	
	DB45/T 2454—2022 《铁皮石斛林下栽培技术规程》	
	DB36/T 1554—2021 《铁皮石斛林下生态栽培技术规程》	
	DB53/T 534—2013 《云南铁皮石斛》	
	DB53/T 711—2015 《地理标志产品 广南铁皮石斛》	
	DB44/T 1304.3—2014 《无公害农产品 铁皮石斛 第3部分：生产技术规程》	
	DB53/T 683—2015 《地理标志产品 芒市石斛》	
团体标准	T/XMSSAL 026—2021 《供厦食品 铁皮石斛花》	
	T/XMSSAL 027—2021 《供厦食品 铁皮石斛叶》	
	T/ZNZ 168.2—2023 《丽水市铁皮石斛标准综合体 第2部分：产地环境与基地建设》	
	T/ZHCA 104—2022 《铁皮石斛茎》	
	T/YNZYC 0042—2022 《绿色药材 铁皮石斛》	
	T/GDFCA 087—2022 《锦屏近野生铁皮石斛》	
	T/YNBX 084—2023 《铁皮石斛真伪鉴别 高效液相色谱指纹图谱法》	
	T/YDSSH 003—2021 《雁荡山铁皮石斛 近野生栽培技术规程》	
	T/ZNZ 168.6—2023 《丽水市铁皮石斛标准综合体 第6部分：产品质量与包装贮运》	
	T/SGZX 007—2022 《铁皮石斛绿色生产技术规程》	
	T/ZNZ 168.1—2023 《丽水市铁皮石斛标准综合体 第1部分：总则》	
	T/ZNZ 168.5—2023 《丽水市铁皮石斛标准综合体 第5部分：初加工》	
	T/YNZYC 0043—2022 《绿色药材 铁皮石斛产地加工规程》	
	T/CNHFA 111.19—2023 《保健食品用原料 铁皮石斛》	
	T/YDSSH 002—2021 《雁荡山铁皮石斛 设施栽培技术规程》	
	T/JGE 0012—2021 《江西绿色生态 铁皮石斛》	

续表

品种		标准
		T/YYTPSH 001—2022 《余姚铁皮石斛》
		T/SAASS 10—2021 《铁皮石斛日光温室栽培技术规程》
		T/SDAS 413—2022 《铁皮石斛源性成分鉴定 实时荧光 PCR 法》
		T/AHPCA 023—2023 《铁皮石斛茎》
		T/CNHFA 111. 18—2023 《保健食品用原料 石斛》
		T/PESH 001—2021 《地理标志产品 普洱石斛》
		T/HKSHA 001—2021 《海口火山石斛》
西洋参	国家标准	GB/T 36397—2018 《西洋参分等质量》
		NY/T 1043—2016 《绿色食品 人参和西洋参》
		SN/T 0794—2018 《进出口西洋参检验规程》
	地方标准	DB37/T 2913. 2—2017 《西洋参生产技术规程 第2部分：初级加工》
		DB22/T 3325—2021 《西洋参新品种 DUS 测试规范》
		DB61/T 445. 3—2008 《西洋参 产地环境条件》
		DB61/T 445. 5—2008 《西洋参病、虫、鼠、草害防治技术规程》
		DB37/T 3663—2019 《中药材追溯 西洋参》
		DB22/T 1066—2018 《绿色食品 西洋参生产技术规程》
		DB22/T 816—2018 《西洋参加工技术规程》
		DB61/T 445. 6—2008 《保鲜西洋参》
		DB34/T 3722—2020 《林下西洋参培育技术规程》
	团体标准	T/CBSRS 3. 2—2020 《"长白山人参"品牌产品加工技术规程 第2部分：西洋参》
		T/CBSRS 2. 3—2020 《"长白山人参"品牌产品 第3部分：西洋参》
		T/XYSXH 001—2021 《地理标志产品 文登西洋参》
		T/AGIA 003—2022 《西洋参规格货分等质量》
		T/AGIA 006—2022 《鲜西洋参中总皂苷含量测定》
		T/THRS 14—2021 《西洋参黑参》
		T/CNHFA 111. 3—2023 《保健食品用原料 西洋参》
		T/CCCMHPIE 1. 58—2021 《植物提取物 西洋参提取物》
		T/AGIA 001—2021 《西洋参种子质量分级》
		T/FSRS 10—2021 《抚松优质西洋参》
		T/AGIA 002—2022 《西洋参种苗移栽技术规程》

品种		标准
		T/QGCML 608—2023　《微生物秸秆发酵有机肥用于西洋参土壤修复技术规范》
		T/THRS 10—2021　《西洋参》
		T/AGIA 005—2022　《软支西洋参加工技术规程》
		T/THRS 13—2021　《西洋参红参》
		T/HNYJNYXH 15—2023　《优质林下西洋参标准》
		T/CACM 1374.60—2021　《西洋参规范化生产技术规程》
		T/FSRS 11—2021　《抚松优质西洋参种植技术规程》
黄芪	国家标准	GB/T 37628—2019　《化妆品中黄芪甲苷、芍药苷、连翘苷和连翘酯苷A 的测定　高效液相色谱法》
		NY/T 2592—2014　《植物新品种特异性、一致性和稳定性测试指南黄芪》
	地方标准	DBS62/ 008—2021　《食品安全地方标准　黄芪》
		DBS63/ 00015—2021　《食品安全地方标准　黄芪》
		DBS62/ 011—2021　《食品安全地方标准　黄芪生产卫生规范》
		DBS61/ 0023—2022　《食品安全地方标准　子洲黄芪》
		DBS23/ 007—2019　《食品安全地方标准　干制黄芪茎叶》
		DBS23/ 006—2019　《食品安全地方标准　干制黄芪花》
		DB61/T 1004—2015　《地理标志产品　子洲黄芪》
		DB62/T 4095—2020　《天祝斜茎黄芪》
		DB14/T 2285—2021　《黄芪产地加工技术规程》
		DB14/T 2458—2022　《黄芪移栽生产技术规程》
		DB14/T 2348—2021　《仿野生黄芪采收技术规程》
		DB22/T 1071—2018　《绿色黄芪生产技术规程》
		DB34/ 551—2005　《黄芪种子》
	团体标准	T/CATCM 004—2018　《黄芪（鲜制）无硫加工技术规范》
		T/TCVMA 0003—2020　《天然植物饲料原料　黄芪粉碎物》
		T/TCVMA 0004—2020　《天然植物饲料原料　黄芪粗提物》
		T/TCVMA 0002—2020　《天然植物饲料原料　黄芪干燥物》
		T/CCCMHPIE 1.54—2021　《植物提取物　黄芪提取物》
		T/NMSPMZB01.06—2023　《"蒙"字标农产品认证要求　内蒙古黄芪》

品种		标准
		T/NAIA 0144—2022 《黄芪固体饮料》
		T/NAIA 0146—2022 《黄芪代用茶》
		T/CACM 1374.140—2021 《黄芪规范化生产技术规程》
		T/CACM 1329.2—2020 《子洲黄芪药材质量等级标准》
		T/QHNX 025—2022 《黄芪种苗繁育及分级》
		T/CNHFA 111.4—2023 《保健食品用原料 黄芪》
		T/NAIA 0145—2022 《黄芪露酒》
		T/ZSA 83—2021 《天然植物饲料原料 黄芪粗提物》
		T/CACM 1329.1—2019 《子洲黄芪栽培及产地加工技术规范》
灵芝	国家标准	NY/T 1677—2008 《破壁灵芝孢子粉破壁率的测定》
		NY/T 2278—2012 《灵芝产品中灵芝酸含量的测定 高效液相色谱法》
		NY/T 3676—2020 《灵芝中总三萜含量的测定 分光光度法》
		GH/T 1335—2021 《灵芝孢子粉》
		GH/T 1133—2017 《灵芝破壁孢子粉》
		GB/T 29344—2012 《灵芝孢子粉采收及加工技术规范》
		LY/T 1826—2009 《木灵芝干品质量》
	地方标准	DBS45/ 072—2021 《食品安全地方标准 灵芝》
		DBS52/ 057—2022 《食品安全地方标准 灵芝》
		DB15/T 1626—2019 《灵芝菌种生产技术规程》
		DB21/T 3342—2020 《林下灵芝栽培技术规程》
		DB15/T 2756—2022 《高寒地区灵芝种植虫害防治技术规程》
		DB15/T 2758—2022 《高寒地区灵芝种植生产设施设备技术规程》
		DB3311/T 231—2022 《地理标志产品 龙泉灵芝》
		DB15/T 2755—2022 《高寒地区灵芝生产技术规程》
		DB3715/T 4—2022 《地理标志产品 冠县灵芝》
		DB15/T 2757—2022 《高寒地区灵芝种植杂菌控制技术规程》
		DB13/T 1245—2010 《无公害灵芝生产技术规程》
		DB37/T 4252—2020 《灵芝菌种质量要求》
		DB37/T 3690.4—2020 《液体菌种制备技术规程 第4部分：灵芝》
		DB14/T 2209—2020 《乔木林地灵芝栽培技术规程》

品种	标准	
	DB61/T 1472.2—2021 《灵芝生产技术规范 第2部分：菌种》	
	DB61/T 1472.3—2021 《灵芝生产技术规范 第3部分：液体菌种生产技术》	
	DB61/T 1472.5—2021 《灵芝生产技术规范 第5部分：段木栽培技术》	
	DB61/T 1472.4—2021 《灵芝生产技术规范 第4部分：袋料栽培技术》	
	DB34/T 3203—2018 《地理标志产品 霍山灵芝》	
	DB44/T 1991—2017 《灵芝及其相关产品中麦角甾醇的测定 高效液相色谱法》	
	DB61/T 1472.1—2021 《灵芝生产技术规范 第1部分：产地环境》	
	DB34/T 2009—2013 《灵芝子实体和灵芝孢子粉采收加工技术规范》	
	DB35/T 144—2001 《屏南紫灵芝》	
	DB43/T 2328—2022 《灵芝代料栽培技术规程》	
	DB45/T 2445—2022 《桉木屑袋料栽培灵芝技术规程》	
	DB61/T 1517—2021 《灵芝固体菌种生产技术规范》	
	DB32/T 1313—2008 《破壁灵芝孢子粉胶囊生产管理规程》	
	DB32/T 798—2017 《灵芝生产技术规程》	
	DB22/T 2632—2017 《林下长白山松杉灵芝》	
	DB44/T 868—2011 《灵芝（赤芝）菌种》	
	DB51/T 1866—2014 《灵芝菌种》	
	DB54/T 0134—2018 《地理标志产品 林芝灵芝》	
	DB33/T 985—2015 《段木灵芝生产技术规范》	
	DB51/T 1865—2014 《段木灵芝生产技术规程》	
团体标准	T/FJHX 0001—2022 《破壁灵芝孢子粉》	
	T/JZLZ 004—2019 《金寨灵芝破壁灵芝孢子粉》	
	T/JZLZ 005—2019 《金寨灵芝孢子油》	
	T/JZLZ 003—2019 《金寨灵芝》	
	T/JZLZ 002—2019 《金寨灵芝栽培技术规程》	
	T/JZLZ 001—2019 《金寨灵芝菌种》	
	T/68C 002—2019 《灵芝干品》	
	T/CCCMHPIE 1.13—2016 《植物提取物 灵芝提取物（水提）》	
	T/CCCMHPIE 1.32—2018 《植物提取物 灵芝孢子油》	

品种	标准
	T/ZZB 0474—2018　《破壁灵芝孢子粉》
	T/AHPCA 009—2019　《破壁灵芝孢子粉》
	T/CCCMHPIE 1.49—2019　《植物提取物　灵芝提取物（醇提）》
	T/ZSJX 2101—2020　《灵芝孢子粉水提取物》
	T/LQNHL 001—2018　《龙泉灵芝生产技术规程》
	T/SATA 0001—2017　《灵芝孢子油中麦角甾醇的含量测定　高效液相色谱法》
	T/SHFCA 001—2021　《破壁灵芝孢子粉》
	T/68C 001—2019　《店子灵芝栽培技术规范》
	T/68C 001—2021　《冠县灵芝栽培技术规范》
	T/SNHFA 001—2019　《灵芝制品》
	T/GXAS 033—2019　《地理标志农产品　田林灵芝》
	T/LZZLXH 001—2019　《地理标志产品　林芝灵芝》
	T/YYTC 002—2021　《地理标志农产品　吉林长白山灵芝（赤芝）》
	T/QGCML 270—2022　《药渣栽培灵芝生产技术规程》
	T/LAPA 0001—2023　《灵芝稻米》
	T/NSFST 022—2022　《灵芝日光温室绿色生产技术规程》
	T/FDSA 036—2023　《灵芝菌丝粉》
	T/FJHX 0002—2022　《灵芝工厂化代料生产技术规范》
	T/JAASS 73—2022　《灵芝茶》
	T/SAASS 6—2021　《赤灵芝棚室栽培技术规程》
	T/FJHX 0003—2023　《灵芝及其相关产品中 β – 葡聚糖的测定》
	T/CCCMHPIE 1.64—2021　《植物提取物　灵芝孢子提取物（去油水提）》
	T/SHMHZQ 012—2022　《灵芝菌丝体粉》
	T/FJHX 0005—2023　《灵芝菌种繁育技术规程》
	T/68C 002—2021　《冠县灵芝干品》
	T/CACM 1374.83—2021　《灵芝（赤芝）规范化生产技术规程》
	T/GDFDTAEC 06—2022　《灵芝类保健食品中总三萜的测定 – 分光光度法》
	T/CI 008—2023　《灵芝孢子和破壁灵芝孢子粉中药标准》
	T/ZHCA 105—2022　《灵芝子实体》
	T/FSSYJXH 001—2022　《破壁灵芝孢子粉》

品种	标准	
		T/GXAS 356—2022 《灵芝孢子粉中多糖含量快速筛查 近红外光谱》
		T/JAASS 74—2022 《灵芝片、丝》
		T/PAZYC 00012—2022 《中药材种子种苗 灵芝菌种》
		T/FJHX 0004—2023 《灵芝提取物中性三萜及麦角甾醇的测定 高效液相色谱法》
天麻	国家标准	GB/T 19776—2008 《地理标志产品 昭通天麻》
		NY/T 2593—2014 《植物新品种特异性、一致性和稳定性测试指南天麻》
	地方标准	DBS53/ 034—2022 《天麻》
		DBS52/ 060—2022 《食品安全地方标准 天麻》
		DB52/T 1118—2016 《地理标志产品 大方天麻》
		DB5111/T 5—2021 《地理标志产品 金口河乌天麻生产技术规范》
		DB53/T 1077—2021 《小草坝天麻生产技术规程》
		DB62/T 4419—2021 《天麻栽培技术规程》
		DB22/T 2267—2015 《有机天麻林下生产技术规程》
		DB41/T 451—2006 《天麻质量技术规范》
		DB54/T 0135—2018 《地理标志产品 林芝天麻》
		DB62/T 1493—2014 《陇南市商品天麻生产技术规程》
		DB41/T 1093—2015 《商城炖菜烹饪技艺 天麻乌鸡汤》
		DB51/T 1640—2013 《天麻生产技术规程》
	团体标准	T/CQSNCQCYXH 27—2020 《南川区金佛山天麻生产技术规程》
		T/LZZLXH 004—2019 《地理标志产品 林芝天麻》
		T/CQDB 0001—2020 《地理标志产品 南川天麻》
		T/CQDB 0002—2020 《地理标志产品 云阳乌天麻》
		T/SNJYC 005—2020 《神农架天麻炖鸡》
		T/LYFIA 046—2022 《预制菜天麻鸡汤（清汤）加工技术规程》
		T/JTMX 01—2021 《地理标志产品 金口河乌天麻》
		T/PAZYC 00013—2022 《天麻生产技术规程》
		T/YLTM 001—2021 《地理标志产品 关坪天麻》
		T/YNZYC 0015—2021 《绿色药材 天麻》
		T/CAQ 29004—2021 《品质中药材 天麻》
		T/CACM 1374. 25—2021 《天麻规范化生产技术规程》

品种		标准
山茱萸	地方标准	DBS61/ 0025—2023　《食品安全地方标准　佛坪山茱萸》
		DB61/T 1255—2019　《地理标志产品　周至山茱萸》
		DB61/T 1413—2021　《地理标志产品　佛坪山茱萸》
		DB41/T 309—2003　《西峡山茱萸生产质量技术规范》
杜仲叶	国家标准	GB/T 40644—2021　《杜仲叶提取物中京尼平苷酸的检测　高效液相色谱法》
	地方标准	DBS45/ 074—2021　《食品安全地方标准　杜仲叶》
		DBS61/ 0024—2022　《食品安全地方标准　略阳杜仲叶》
		DB41/T 2357—2022　《杜仲叶茶加工技术规程》
		DB36/T 1266—2020　《杜仲叶规范化生产技术规程》
	团体标准	T/CCCMHPIE 1. 46—2019　《植物提取物　杜仲叶提取物》
粉葛	地方标准	DB4418/T 1002—2019　《地理标志产品　竹山粉葛》
		DB45/T 2551—2022　《粉葛组培苗质量要求》
		DB511700/T 23—2012　《无公害农产品　粉葛生产技术规程》
		DB36/T 1657—2022　《"赣葛1号"粉葛立架拉网栽培技术规程》
		DB4406/T 4—2021　《地理标志产品　合水粉葛》
		DB36/T 1658—2022　《"赣葛1号"粉葛组培微插繁殖技术规程》
		DB36/T 1623—2022　《粉葛种苗生产技术及质量分级要求》
		DB44/T 1257—2013　《地理标志产品　庙南粉葛》
		DB44/T 610. 1—2009　《地理标志产品　合水粉葛　第1部分：产品质量》
		DB45/T 2296—2021　《粉葛栽培技术规程》
		DB45/T 147—2004　《无公害农产品　粉葛》
		DB45/T 148—2004　《无公害农产品　粉葛生产技术规程》
	团体标准	T/GXAS 241—2022　《绿色食品　粉葛栽培技术规程》
		T/QYBX 12—2022　《"佛冈有礼"区域公用品牌　粉葛及其制品质量管理规范》
		T/GDSMM 004—2020　《粉葛健康种苗生产技术规程》
		T/GDSMM 005—2020　《粉葛高效种植技术规程》
		T/TXFP 0001—2018　《和平粉葛生产技术规程》

中国药食同源产业发展报告（2022）

品种		标准
山银花	地方标准	DB45/T 545—2008　《无公害中药材　山银花生产技术规程》
		DB50/T 521—2013　《秀山银花茶加工工艺技术规程》
	团体标准	T/XZYC 0003—2021　《山银花采收与产地初加工技术规范》
枳椇子	地方标准	DB62/T 4312—2021　《沙拐枣容器育苗技术规程》
	团体标准	T/LCGZXH 001—2022　《地理标志证明商标　栾城拐枣》

附录4 药食同源物质产品形态

附表1-3 药食同源物质的产品形态

名称	产品形态
酸枣仁（酸枣）	压片糖果、饮品（饮料、复合饮品、浓缩饮品、茶饮、酒）、膏剂、胶囊、软胶囊、多肽露、粉、油、酵素、丸剂、蒸馏酒、汤料等，其中以压片糖果、饮品为主
牡蛎	糖果（如压片糖果）、饮品（固体饮料、能量饮料、液体饮料、运动营养补充饮料、浓缩饮料）、膏剂、肽粉、酒、复合粉、丸（如蜜丸）、片、胶囊、冻干粉、罐头等，其中以糖果、膏剂为主
栀子	茶饮、压片糖果、固体饮料、片、酒、丸、提取物、油、颗粒剂、粉、浓缩饮品等
甘草	固体饮料（粉、颗粒）茶、压片糖果、膏、露、口服液、肽粉、肽液、片、酒、丸剂、汤剂、冲饮、胶囊等，其中以茶和固体饮料为主
代代花	压片糖果、肽液、肽粉以及固体饮料
罗汉果	茶、压片糖果、浓缩液、饮料、饮液、泡腾片、膏（稠膏、浸膏）、含片、汤料等，其中以茶为主
肉桂	茶饮、发酵饮品、压片糖果、固体饮料（颗粒、粉）、酒、配制酒、代用茶、膏、冲调粉、汤料等，其中以固体饮料为主
决明子	茶饮、固体饮料（颗粒、粉、多肽粉）、片、压片糖果、益生菌饮品、代用茶、保健食品（颗粒）、复合固体饮料、肽液、胶囊、膏、口服液等，其中以压片糖果和固体饮料为主
莱菔子	压片糖果、代用茶、油、冲调粉、饼干、固体饮料
陈皮（橘皮）	代用茶、酒、固体饮料（颗粒、粉）、配制酒、益生菌粉、膏、汤、酵素饮品、酱、粉、代餐粉、压片糖果等

名称	产品形态
砂仁	压片糖果、固体饮料、代用茶、饼干等，其中以固体饮料为主
乌梅	固体饮料（颗粒、粉、茶）、代用茶、压片糖果、酒、膏、复合固体饮料、汤饮浓浆等
肉豆蔻	粉、片和固体饮料等
白芷	压片糖果、固体饮料（颗粒、粉）、代用茶、胶囊、软糖等，其中以压片糖果和固体饮料为主
菊花	代用茶、压片糖果、颗粒、固体饮料、丸、植物饮品等
沙棘	果汁、原浆、果油、压片糖果、配制酒、植物饮料、粉、代用茶等
藿香	代用茶、膏、固体饮料、压片糖果、粉、精油等
郁李仁	压片糖果、口服液和复合饮品等
青果	植物饮品、酒、糖果等
薤白	固体饮料（粉）、压片糖果等
薄荷	代用茶、压片糖果、饮料、膏、浓缩液、茶、含片等
高良姜	固体饮料、压片糖果、益生菌饮品、汤料、粉、片等
白果	固体饮料、压片糖果、面、代用茶、原浆、罐头、膏等
香橼	代用茶、膏、茶、配制酒、固体饮料（粉）、压片糖果等
火麻仁	压片糖果、益生菌饮品、口服液、固体饮料（颗粒、粉）、汤、胶囊、植物饮料、片、复合饮品、膏等
橘红（桔红）	饮料、压片糖果、泡腾片、茶、膏、代用茶等
茯苓	代用茶、固体饮料（复合粉、粉、肽粉）、压片糖果、颗粒、配制酒、含片、膏、营养食品（片）、饼干、益生菌粉、胶囊、羹、植物饮料、丸、酒、复合酵素、汤、肽液、煲汤料、复合饮品、蛋白粉、浸膏、方便食品（丸）、米糊、口服液、面条、茶、饮料浓浆、冲饮、寡糖片等
香薷	代用茶、固体饮料（粉）等
紫苏(紫苏籽、紫苏子)	代用茶、茶、膏、油、配制酒、粉、软胶囊、固体饮料（颗粒）、肽液、凝胶糖果等
乌梢蛇	压片糖果、固体饮料（粉）、蛇酒、膏、片等
蝮蛇（蕲蛇）	蛇酒、压片糖果、配制酒、膏、固体饮料（粉）、丸、汤料（粉）等

名称	产品形态
八角茴香	汤料、粉等
刀豆	固体饮料、膏、粉等
姜	茶饮、糖姜、姜糖、方便食品、植物饮料、固体饮料（颗粒、粉）、口服液、精油、压片糖果、膏、浓缩液、代用茶、丸、发酵饮料、蜜饯、肽粉、罐头、汤、姜蜜、发酵酒、煲汤料、干粉制品、姜盐、超微粉、凝胶糖果、益生菌饮品、胶囊、姜片等，其中以固体饮料、膏、茶为主
枣	糕点、固体饮料、压片糖果、膏、干（条、粒）、软胶囊、代用茶、罐头、酒、口服液、丸等
山药	面、固体饮料（粉）、冲调粉、颗粒、压片糖果、糕点、配制酒、丸、复合粉、罐头、益生菌粉、汤料、酒、代用茶、粥（冲调类）、片、杂粮饼、肽液、膏、胶囊、酵素原浆等，其中以固体饮料（粉）为主
山楂	罐头、压片糖果、固体饮料（粉、颗粒）、复合酵素、软质糖果、膏、挂面、酵素粉、调制蜜、复合粉、营养食品（山楂片）、发酵酒、超微粉、果冻、冲调粉、露酒、胶囊、片、速溶粉、保健食品、代用茶、茶、醋饮、方便食品等，其中以固体饮料和粉为主
小茴香	固体饮料（粉）、冲饮等
木瓜	固体饮料（粉）、复合酵素、压片糖果、茶、浆、蜜饯、酒、植物饮料、方便食品、肽粉、肽液、汤、羹、颗粒、代用茶、冲饮等，其中以固体饮料为主
桂圆（龙眼肉）	糖果、干制品、固体饮料、代用茶、茶、配制酒、膏、复合饮品、胶囊等
白扁豆	肽液、压片糖果、粉等
百合	丸、压片糖果、干（粉）、代用茶、固体饮料（颗粒、粉）、配制酒、粉丝、膏、胶囊、糖、冲调粉、煎饼、肽液、肽粉、汤料等，其中以粉和固体饮料为主
花椒	油、调味茶等
芡实	冲调粉、咀嚼片、固体饮料（粉）、配制酒、代用茶、发酵蒸馏酒、丸、压片糖果、颗粒、肽粉、粥料、酒、膏、冲调类方便食品等

名称	产品形态
赤小豆	粥料、固体饮料（粉）、饮料浓浆、代用茶等
佛手	压片糖果、代用茶、固体饮料（颗粒）、配制酒、发酵饮品、膏、食丸、面、调味茶、粉等，其中以固体饮料和粉为主
杏仁	罐头、代用茶、油、粉、益生菌粉、固体饮料、胶囊、饼、汤、肽液、肽粉、酒、压片糖果、乳、果冻、膏、方便食品等
昆布	压片糖果、凝胶糖果、固体饮料等
桃仁	压片糖果、固体饮料（粉）、益生菌粉、丸、肽液、茶、软糖、代用茶、胶囊等，其中以固体饮料为主
莲子	压片糖果、罐头、固体饮料（颗粒）、粉、方便食品、冲调粉、膏、糖等
桑葚	配制酒、固体饮料（粉）、发酵酒、蒸馏酒、干、茶、代用茶、膏、压片糖果、植物饮品、蜜丸、煲汤料等
菊苣	代用茶、压片糖果、茶、食用丸、固体饮料（粉、颗粒）、浓缩饮液、片等
淡豆豉	粉、冲饮类方便食品、固体饮料等
黑芝麻	冲调物、复合团（粉、块、饼、棒）、膏、代餐粉、压片糖果、糊、固体饮料、油、食丸、复合蛋白饮料（乳）、糕点等
黑胡椒	粉和蘸料
蜂蜜	酵素饮料、植物饮料、发酵酒、固体饮料、丸、膏、茶、露、浓浆、粉、发酵食醋、啤酒等，其中以膏为主
薏苡仁	固体饮料（粉、颗粒）、米、汤料、液体饮料、代用茶、方便食品、丸、冲调粉、膏等
枸杞子	酒、配制酒、固体饮料（颗粒、粉）、胶囊、肽液、液体饮料、保健食品原料、肽粉、代用茶、压片糖果等
麦芽	压片糖果、糖浆、软质糖果、固体饮料（颗粒、粉）、膏、酒、哈糖、粉糖、益生菌粉、代用茶、运动营养食品、代餐粉（冲调谷物制品）等，其中以糖果为主
黄芥子	食丸和压片糖果
荷叶	茶饮、压片糖果、胶囊、代用茶、液体饮料、营养食品、固体饮料（粉）、膏、复合酵素、保健食品等

名称	产品形态
桑叶	压片糖果、配制酒、固体饮料（粉）、茶、代用茶、挂面、软胶囊、冲调粉、煲汤料、植物饮料等
马齿苋	代用茶、复合饮品、固体饮料（颗粒、粉）、膏等
鲜芦根	固体饮料（颗粒、粉）
蒲公英	固体饮料（颗粒）、压片糖果、茶饮、代用茶、营养粉、益生菌粉、浓浆、浓缩液、微精粉冲饮等，其中以固体饮料和茶饮为主
益智	固体饮料（颗粒、茶）、代用茶、膏、果冻、压片糖果、凝胶糖果、茶、酒、保健食品（胶囊）等，其中以固体饮料为主
淡竹叶	压片糖果、膏、饮品等
胖大海	茶饮、代用茶、饮料、颗粒等
金银花	压片糖果、固体饮料（粉）、露、代用茶、蒸馏液、饮料浓浆、颗粒、膏、浓缩饮叶、茶、速溶粉、配制酒、益生菌饮品、冲饮等
余甘子	固体饮料（粉）、压片糖果、运动营养食品（粉）、颗粒、胶囊等
葛根	固体饮料（茶、复合粉、颗粒、粉、泡腾片）、粉丝、粑、面、压片糖果、胶囊、代用茶、冲调粉、片、速溶茶、食丸、饼干、膏、方便食品、粉皮、酵素、汤、植物饮料、肽液、肽粉、煲汤料、饮液、配制酒、凝胶糖果、冲饮等
鱼腥草	代用茶、固体饮料（颗粒、粉）、浓缩液、胶囊等
阿胶	固体饮料（颗粒、粉）、糕点、饮料浓浆、原浆、酒、冻干粉、冻干块、压片糖果、蜜片、运动营养食品（粉）、发酵饮品、汤、软胶囊、食丸、口服液等
覆盆子	压片糖果、固体饮料（粉、颗粒）、酒、片、茶、糕、代用茶、食丸等
槐花	固体饮料、压片糖果、蒸馏酒、粉、茶等
槐米	固体饮料、粉、保健食品原料、代用茶、压片糖果等
桔梗	浓缩液、代用茶、固体饮料（粉、颗粒）、压片糖果、膏、益生菌粉、汤、冲饮等
小蓟	代用茶、饮料、压片糖果、固体饮料（颗粒、粉）等
玉竹	压片糖果、代用茶、固体饮料（颗粒、粉）、膏、挂面、丸、运动营养产品（粉）、肽液、肽粉、即食品、饮料浓浆、配制酒、益生菌饮品等

名称	产品形态
黄精	固体饮料（粉、颗粒）、代用茶、压片糖果、液体饮料、酒饮、口服液、食丸、膏、胶囊、果冻、配制酒、茶饮、蜜膏、挂面、复合酵素、代餐粉、运动营养食品（颗粒）、咀嚼片、生物酵饮品、饼干、浓浆、桃酥、复合饮品等，其中以固体饮料、膏为主
当归	辛料、胶囊、茶饮、片、颗粒、膏、汤包、蛋、醋等，其中以胶囊为主
西红花	以片为主
草果	配制酒和固体饮料
姜黄	固体饮料、胶囊、凝胶糖果等
党参	固体饮料、酒、膏、茶、汤料、露、粉、压片糖果、代用茶、颗粒、胶囊等
肉苁蓉	咖啡、茶、汤、酒、片、糖果、固体饮料、超微粉、膏、冻干片、代用茶等
铁皮石斛	代用茶、固体饮料、含片、颗粒、压片糖果、茶、冻干粉、配制酒、面条、胶囊、咀嚼片、冲调粉等
西洋参	茶饮、颗粒、胶囊、代用茶、参酒、糖果、口服液、含片、冻干粉、固体饮料、冻干块、浸膏、肽粉、保健食品等，其中以胶囊为主
黄芪	口服液、茶、固体饮料、酒、膏、粉、片、汤、煲汤料、汤料、软胶囊、压片糖果、代用茶、饼干、保健食品（胶囊）、颗粒等，其中以胶囊为主
灵芝	胶囊、灵芝孢子粉、颗粒、代用茶、固体饮料、压片糖果、茶、冻干粉、配制酒、咖啡、片、挂面、油、口服液等，其中以胶囊为主
天麻	片、罐头、饮料、胶囊、口服液、粉等
山茱萸	颗粒、饮料等
杜仲叶	代用茶、固体饮料（粉）、压片糖果等
粉葛	肽液、肽粉、压片糖果等
山银花	小分子粉与液
拐枣（枳椇子）	酒、饮料等

附录5　中国中药协会药食同源物质评价与利用专业委员会简介

　　2021年8月24日，中国中药协会决定成立中国中药协会药食同源物质评价与利用专业委员会（以下简称专委会）。专委会由从事药食同源物质管理、研发、生产、使用的个人和机构组成，旨在促进药食同源物质的开发与利用，推动中医药大健康产业的发展，为健康中国战略目标的实现提供服务，推动药食同源产品研究开发和产业化进程。首届专委会由4位院士担任顾问，另有182名委员，其中个人委员159人，单位委员23家。设主任委员1人，副主任委员6人，常务委员7人，秘书长1人，副秘书长6人，副主任委员单位2家。专委会的主要业务范围包括：开展药食同源物质的目录与政策研究，承担药食同源物质的相关培训与宣传任务，推动药食同源物质相关企业的责任研究，发布药食同源物质的相关报告，参与药食同源物质相关计划与规划的制订，推动药食同源数据库的建设，制定药食同源物质的相关标准，促进药食同源物质产品与文化方面的国际交流。

附录6 中国中药协会药食同源物质评价与利用专业委员会典型委员单位介绍

一、汾酒集团："健康国酒"，以民族自信引领中国酒业升级

药酒是我国传统中医药的重要组成部分，历代中医药典籍中几乎无一例外地记载药酒有强身养生、预防疾病之功。山西杏花村汾酒集团有限责任公司是主要生产和销售汾酒、竹叶青酒、杏花村酒，同时集白酒和大健康等产业于一体的国内著名企业。汾酒集团拥有3个中国驰名商标，其中"竹叶青"是独具特色的一种产品。竹叶青酒是我国传统历史名酒，以优质陈年汾酒作为基酒，辅以竹叶、栀子、陈皮、菊花等12种中药材，并加入了有保健功效的低聚果糖，精心配制而成，同时具有汾酒清香和药材芳香。这使得竹叶青酒成为中国载誉最多的保健酒。汾酒集团对竹叶青酒进行深入研究，取得了丰富的科研成果。竹叶青酒于1998年获批成为保健食品，2004年获得"国家科技进步二等奖"，并获得8项国家发明专利，这些研究为明确竹叶青酒的保健功效提供了依据，并为竹叶青酒新品研发奠定了坚实基础。

二、无限极："产品"+"服务"的健康养生

无限极（中国）有限公司，是一家立足于健康养生主赛道，以中草药健康产品的研发、生产、销售及服务为主的现代化大型企业。无限极依托于中华优秀养生文化，以独特的健康理念为指导，融合东方智慧和西方方法（E+W），创造性地提出"产品"+"服务"的健康养生解决方案，倡导饮食、起居、运动和情志"四合理"的健康生活方式，满足人们多元化、个性化的健康需求。同时无限极持续加大科研投入，拥有自主、完善的科研平台和研发团队，并与国内外多家权威科研机构及知名学府合作，搭建"一个中心，

多方科研技术平台支持"的独特科研体系，坚持质量为先，从产品的研发、种植、生产、检测、销售、物流到售后服务等环节全程可控，并通过现代化、规范化、标准化的中草药种植与管理，实现全程可管控、可追溯，形成独特的中草药种植及管理模式，从源头保证中草药健康产品的质量与安全。无限极持续进行中草药的相关研究和产品开发，拥有复合多糖等多个自主核心技术，申请专利超过 1 100 项，涉及保健食品、普通食品等 40 余种产品。其中以"复合多糖"为核心技术的增健口服液自上市以来已畅销 28 年，销量超过 50 亿支。

三、极泽生物：着力解决动物保护与中药资源可持续利用之间的突出矛盾

熊胆，四大名贵动物药材之首，具有清热、平肝、明目的功效，现代临床将其广泛应用于治疗肝胆、眼睛、肛肠及心血管、神经、呼吸系统疾病，已被开发出 253 种上市中成药。但目前熊胆的应用受政策禁令的限制，存在着熊胆来源匮乏的问题。重庆极泽生物科技有限公司是一家以人工转化熊胆粉原料药、中药材、中药创新药、保健食品和医美产品等为核心产品的企业。极泽生物利用合成生物技术，以临床价值为中心，着力解决动物保护与中药资源可持续利用之间的突出矛盾，实现在仿生制备、渠道整合和临床疗效评价等方面的关键技术突破，通过仿生制备技术制备出与天然熊胆粉化学等值、生物等效的产品，开发出天然熊胆粉的优秀代用品，并已成功研发出百吨级产业化制备工艺，从根本上解决了熊胆来源匮乏的问题，为增加产品品类，实现多样化健康服务，满足濒危中药材熊胆的市场原料需求，恢复或扩大含熊胆粉制剂的研发与生产创造了条件。

四、同济堂：引领大健康产品新风向

同济堂始创于清光绪十四年（1888），是贵州省唯一获得国家授予的"中华老字号"称号的医药企业。2008 年，国药同济堂的中药文化入选"国家级非物质文化遗产"名录；2013 年加入中国医药集团。国药同济堂是一家集种植、生产、科研为一体的高科技中成药生产企业，是农业产业化国家重点龙头企业、国家创新型试点企业、国家高新技术企业、国家级知识产权示范企

业。国药同济堂现拥有完善的产业链，业务覆盖中成药生产、中药饮片加工、中药配方颗粒生产与销售、中药材种植、中药代煎及代配服务、大健康产品研发及生产销售等。目前已上市添加药食同源物质的产品，包括面膜、饮品、保健食品、坚果、果脯等。

五、固正保和：打造"数字化、标准化、智能化、生活化"的中医健康管理体系

固正保和中医药科技（成都）有限公司以中医健康管理为核心业务，依托并联合中国中医科学院、南京中医药大学、成都中医药大学、香港大学、云南中医药大学、电子科技大学、世界脊诊整脊医学联盟等多家国际一流高等院校及专家团队，创新研发出了智能化数字中医健康管理平台，结合现代科技，打造"数字化、标准化、智能化、生活化"的中医健康管理体系。固正保和遵循中医"治未病"的理念，结合现代科技，以中医 9 种体质理论为基础，整合研发出了"九种体质九大调理技术"，该技术中的核心产品和关键技法满足大众"辨体调体、科学养生、个性调理"的需求，已经申请了 16 项发明和外观设计专利，31 项著作权。

六、汉江健康：为客户提供药食同源物质的全产业链产品和解决方案

湖北汉江大健康产业有限公司（简称汉江健康）由生物医药和食品营养领域的科学家共同创立，在天然活性成分萃取和开发应用方面拥有核心技术，致力于规模化药食同源植物资源的开发与产业化。汉江健康已建设运营了 6 000 平方米的植物成分智能创新工厂，拥有植物提取、液体制剂（饮料、口服液）、固体制剂（粉末、颗粒、代用茶）和健康食品（果蔬脆片）生产线，依托"南水北调"水源地和武当山、神农架的道地药材资源优势，结合严谨的质量控制、完善的生产管理流程和相关经验，为客户提供药食同源物质的全产业链（原料－提取－成品）产品和解决方案。

七、岁物者农业科技："种好药，药好买"

湖南岁物者农业科技发展有限公司（简称岁物者农业科技）是一家种植、

保护、发展道地药材平术的农业科技型企业。在湖南农业大学、湖南省农业科学院及湖南省水产科学研究所的支持下，岁物者农业科技经过多年对野生道地平术进行的一系列抢救性保护工作，实现了平术"种好药，药好买"的目标，开展平术标准化基地建设，现平术种植面积 1 085 亩，其中林下种质种苗培育 278 亩，药材间作实验地 7 亩。该企业旗下拥有"岁物者""平术"等注册商标，已申报两个发明专利。2020 年平江白术被农业农村部认定为"国家农产品地理标志"。

八、嘉亨医药：打造多元化、深层次的产品结构布局

嘉亨（珠海横琴）医药科技有限公司（以下简称嘉亨医药）为福森药业全资子公司福森澳门有限公司的下属研发公司。福森药业是我国领先的中药感冒药和治疗心血管疾病及贫血的中西药产品制造商，拥有 70 多种药品批准文号，其中独家产品 20 种，OTC 产品 30 种，基药品种 11 种。嘉亨医药主要从事中药创新药与中药的二次开发，化药原料药及制剂、轻医美类产品和大健康产品等的研发与科技成果转化，形成了一支由资深管理人员—行业专家—学术顾问构成的"产学研"团队，先后获批国家中药现代化工程技术中心（中药大品种培育分中心）、广东省疾病易感性及中医药研发工程技术研究中心（横琴中心）等科研平台，并与澳门大学、澳门科技大学、暨南大学、中国中医科学院等知名高校建立了深度合作关系，致力于福森独家品种的二次开发及大品种培育工作。作为福森大健康产业的重要组成部分，嘉亨医药凭借自产生态原料优势，生产以"夏凉茶、功能饮料、果汁饮料"为主的绿色产品，包括金银花植物饮料、草本凉茶等。

附录7　中国中药协会药食同源物质评价与利用专业委员会大事记

2021年12月24日，中国中药协会药食同源物质评价与利用专业委员会（以下简称专委会）成立。成立1周年以来，专委会围绕药食同源数据库建设，药食同源物质相关标准研究、药食同源物质产品与文化的国际交流、药食同源产业发展等工作目标进行了积极实践和探索，完成了专委会分支机构与中国中药协会的日常互动交流工作，管理23家委员单位，并认真完成政策法规解读等服务工作。在中国中药协会的大力支持及各委员单位和委员们的积极配合下，2022年，专委会除了完成以上日常工作外，还重点开展了以下工作及活动。

一、启动中国药食同源数据库建设

2022年3月15日，为进一步促进药食同源物质的开发与利用，专委会以线上线下相结合的形式在北京召开药食同源数据库建设研讨会。中国工程院院士陈君石，国家食品安全风险评估中心风险评估二室主任张磊，国家卫生健康委食品司监测评估处处长陈波，中国中药协会秘书长王桂华，药食同源物质评价与利用专业委员会主任委员陈敏，以及专委会各位副主任委员、常务委员、秘书处委员和单位委员代表参加了会议。会议由主任委员陈敏主持，专委会秘书处委员介绍了药食同源数据库的基本框架及前期筹备情况，包括建设背景、建设单位、服务对象、主要功能、数据来源及要求、数据库架构、数据库检测指标等。数据库的一级架构分为物质、产品、物质样品、产品样品四方面，主要应用于政府部门监督管理、公众查询、专业研发、国际交流等领域。

2022年7月5日，药食同源数据库软件开发协议签订，药食同源数据库开发工作启动。

2022年7月12日，专委会主任委员陈敏组织召开药食同源数据库架构讨论会。软件开发项目的负责人张林、余意（无限极）及秘书处的工作人员李洪梅、董政起、肖苏萍、唐晓晶、江宗岳、杨光、程蒙、李新月参加了会议。会上软件开发项目的负责人张林讲解了数据库的基本架构及内容：数据库的框架整体分为前台展示层及后台信息层，其中前台展示层用于物质搜索，后台信息层用于数据库底层数据录入。

2022年11月9日，专委会主任委员陈敏组织召开药食同源数据库最终架构讨论会。会议采取线上线下相结合的形式召开，软件开发项目的负责人穆晨、张林、余意（无限极）、赵宏伟（无限极）及秘书处的工作人员李洪梅、肖苏萍、唐晓晶、黄茜、江宗岳、杨光、程蒙、李新月参加了会议。会上穆晨、张林详细介绍了数据库的功能架构设计，杨光介绍了数据库所包含的内容框架，参会人员协商议定了药食同源数据库的最终架构及下一步工作。

截至2022年12月，药食同源数据库已经开展了51个药食同源物质的品种检测，检测项目包括一般营养物质、糖类、抗营养因子、氨基酸、维生素、矿物质和重金属等。专委会分别与中国检验检疫科学研究院、中国中医科学院、广州医药集团有限公司、谱尼测试集团股份有限公司和北京杏林药业有限责任公司等单位开展了合作。

二、启动《中国药食同源发展报告》编写工作

2022年4月8日，召开《中国药食同源发展报告》启动会，会议上讨论了《中国药食同源发展报告》的基本框架。中国中药协会副秘书长赵润怀，中国中药协会药食同源物质评价与利用专委会主任委员陈敏、副主任委员李洪梅，中国医学科学院药用植物研究所研究员董政起，北京岐黄中医药文化发展基金会秘书长江宗岳及秘书处全体成员参加了会议。

2022年10月10日，召开《中国药食同源发展报告》第一次编委会会议，会议由专委会主任委员陈敏召开，秘书处的工作人员李洪梅、杨光、董政起、江宗岳、唐晓晶、程蒙、李新月及企业代表朱青青、漆正方参加了会议。会上参会人员审阅了部分前期稿件，确定了下一步的编写工作安排。

三、召开专委会半年工作总结会

2022年7月20日，专委会的半年工作总结会在北京飞天大厦召开，会议由陈敏主任主持，吴宪常务副会长、王桂华秘书长、黎燕妍副主任、桢焱部

长、李洪梅副主任及在京秘书处成员参加了会议。

专委会秘书处的工作人员按照专委会 2022 年工作计划及分工方案分别汇报了有关工作进展：杨光秘书长汇报了专委会 2022 年上半年的工作情况；李新月汇报了单位委员会费缴纳和新委员申请的情况；肖苏萍副秘书长汇报了《中国现代中药》杂志药食同源专栏建设的情况；程蒙汇报了《中国药食同源发展报告》的编写工作进展情况；江宗岳副秘书长汇报了中国国际食品安全与质量控制大会药食同源分论坛的筹备情况；唐晓晶汇报了专委会与协会本部的沟通及日常管理工作的情况；张林汇报了药食同源数据库的开发建设情况。

四、开展露酒中使用药食同源物质专项调研活动

2022 年 9 月 2 日，专委会杨光秘书长、江宗岳副秘书长与中国酒业协会露酒分会王旭亮副秘书长及刘丹等人进行了座谈交流，确定了共同开展露酒中使用药食同源物质的现状调查和评估。调研活动通过设计问卷、制订分工方案、问卷调查等步骤开展，共收到问卷 41 份，涉及企业高管及技术研发、质量管理、生产管理等人员，问卷对市场上的露酒及保健酒使用的中药原料，露酒存在的问题，露酒的发展重点、市场定位和适用人群进行了全面摸底调查，对露酒下一步的开发提供了思路。

五、调研中山市药食同源产业发展情况

2022 年 9 月 23 日至 24 日，专委会陈敏主任、杨光秘书长、江宗岳副秘书长对中国检验检疫科学研究院粤港澳大湾区研究院进行了调研，中山市陈文锋副书记、中山火炬高技术产业开发区党工委徐世平副书记、粤港澳大湾区研究院王云帆执行院长、中山市健康基地集团有限公司余从洪副总经理、中山火炬高技术产业开发区经济发展和科技信息局范金土等参加了座谈，双方就中国药食同源数据库建设落户中山市等有关事项进行了洽谈。专委会一行还参观了中山市元一沉香文化馆，探讨了沉香发展的相关问题。

六、成功举办 CIFSQC 药食同源物质研究与应用分论坛

2022 年 10 月 27 日，第十六届中国国际食品安全与质量控制大会（CIFSQC）药食同源物质研究与应用分论坛在上海召开，由专委会承办。会议由陈君石院士及陈敏主任委员共同主持。

黄璐琦院士以视频形式进行了名为"药食同源的源流、发展与应用"的学术报告，黄院士指出，药食同源体现了食物在养生保健和防病治病方面的功效。报告从源流、发展与应用的角度介绍了药食同源物质，提出药食同源产业是我国"健康中国"战略的重要组成部分，并对药食同源产业发展提出了建议，认为应提高相关基础研究，减少产品同质化，加强药食同源物质标准体系建设。

刘兆平研究员以视频形式进行了名为"中国的食药物质目录管理概况"的学术报告，概括性地介绍了我国药食同源物质的发展历史和管理现状，提出药食同源物质具备食品属性，它的发展及管理可借鉴保健食品与地方特色食品的经验，下一步的发展方向是提高消费者认知，得到国际认可，促进药食同源物质的整体发展。

陈敏主任进行了名为"中国药食同源数据库建设"的学术报告，介绍了中国药食同源数据库，包括物质与产品两部分，涉及基本信息、样品数据及相关研发结果等。数据库的作用为规范药食同源物质身份，指导产品开发与应用，服务有关政府部门的工作及相关企业产品的研发推广，以便于公众及机构认识药食同源物质。

郭涛教授以视频形式进行了名为"百合产业高质量发展研究"的学术报告，指出百合产业是大健康产业发展的重要载体之一，百合产业正在不断壮大。报告重点分析了影响百合产业发展的关键因素，并提出要深入挖掘百合的保健功效，为百合产业的基础研究和大健康产品的开发指明了方向。

李洪梅副主任委员以视频形式进行了名为"基于肠道菌群的药食同源产品功效机理研究"的学术报告，介绍了脾虚型消化不良的模型，从胃肠动力、肠道菌群及代谢产物等角度对药食同源产品进行了功效评价及作用机制分析，为相关产品的研究提供了参考。

王喆部长进行了名为"药食同源与露酒研究报告"的学术报告，指出露酒产业具有政策优势，将药食同源产品作为酒类原料，符合"健康中国"的国家战略，发展空间较大，但同时应考虑消费者喜好、技术路线与工艺设计等问题。

陈君石院士主持了圆桌会议，陈敏、刘兆平、郭涛、李洪梅、王喆、杨光等与会嘉宾同线上、线下参会代表进行了讨论、交流与互动。

七、启动药食同源物质质量标准制定工作

2022 年 11 月 22 日，为尽快推进药食同源物质质量标准制定工作，专委会采用线上会议形式在北京召开药食同源物质质量标准通则研论会。会议由陈敏主任委员主持，国家卫生健康委食品司标准处齐小宁处长、国家卫生健康委食品司监测评估处陈波处长、国家食品安全风险评估中心张磊主任、中国食品药品检定研究院金红宇主任、中国中药协会王桂华秘书长、中国中医科学院中药资源中心詹志来研究员及秘书处成员李洪梅、董政起、钱丹、杨光、唐晓晶、肖苏萍、程蒙、李新月参加了会议。专委会秘书处的工作人员介绍了药食同源物质标准通则起草情况，参会人员针对通则的实操性、标准制定中样品的代表性、品种功能性指标，以及通则应侧重安全标准还是原料本身标准，是否应不同于药品标准和普通食品标准等方面内容进行了研讨。

八、设立《中国现代中药》药食同源专栏

专栏共征集稿件 25 篇，采用 5 篇，稿件内容包括近年来在药食同源物质评价和应用等方面取得的成果，涵盖营养及化学成分、功能因子、功能评价、作用机制、安全性评价、产业发展等方面。采用的 5 篇稿件已于 2022 年 12 月在《中国现代中药》杂志上正式刊发。

九、获得年度"优秀分支机构"和"优秀分支机构负责人"称号

2022 年，专委会开拓奋进，锐意进取，迎难而上，用具体行动推动各项工作顺利开展，在中国中药协会的领导下，圆满完成了各项工作。在年度评选中，专委会从众多分支机构中脱颖而出，获得了"优秀分支机构"称号，主任委员陈敏获得"优秀分支机构负责人"的称号。

中国中药协会药食同源物质评价与利用专业委员会成立

中国中药协会文件

国中药协〔2021〕136号

关于成立中国中药协会药食同源物质评价与利用专业委员会的决定

中国中药协会药食同源物质评价与利用专业委员会筹备组：

根据民政部民发〔2014〕38号《民政部关于贯彻落实国务院取消全国性社会团体分支机构、代表机构登记行政审批项目的决定有关问题的通知》精神，中国中药协会（以下简称"协会"）会长办公会对由中国中医科学院中药资源中心、中国中药有限公司、山西振东制药股份有限公司、北京以岭药业有限公司、北京同仁堂研究院等相关企事业单位提交的"关于成立专业委员会的申请"进行了认真研究，并提请协会第四届理事会第六次会议（通讯方式召开）审议通过，现决定新增中国中药协会药食同源物质评价与利用专业委员会。

专业委员会成立后，应遵守宪法和国家有关法律、法规，接受协会和社团管理机关的管理和监督，认真贯彻民发〔2014〕38号文件精神，遵守协会《章程》及《分支（代表）机构管理暂行办法》，在专业委员会业务范围内积极开展各项工作，为政府、行业、企业及社会提供服务，为促进中药行业的健康发展做出贡献。

中国中药协会

2021年8月24日

2021年8月24日，中国中药协会决定成立中国中药协会药食同源物质评价与利用专业委员会（以下简称专委会）

2021年12月25日，专委会成立大会暨中国药食同源发展论坛在北京召开

2021年12月25日，专委会成立大会暨中国药食同源发展论坛参会人员合影

2021年12月25日，专委会成立大会暨中国药食同源发展论坛委员单位签约仪式

2021年12月25日，专委会成立大会暨中国药食同源发展论坛委员单位代表合影

2021年12月25日，陈君石院士做报告

2021年12月25日，专委会成立大会暨中国药食同源发展论坛参会人员做报告

专委会 5 位顾问

中国工程院院士
陈君石

中国工程院院士
肖培根

中国工程院院士
王永炎

中国工程院院士
黄璐琦

中国工程院院士
谢明勇

专委会主任委员

陈敏

专委会副主任委员

边宝林

李洪梅

唐青涛

杨波

王枫

王继永

专委会常务委员

郭桂明

刘淑芝

王宜

王智民

徐海滨

张磊

张水寒

专委会秘书长

杨光

专委会副秘书长

杨健 钱丹 董政起

肖苏萍 唐晓晶 黄茜 江宗岳

2022年3月15日，专委会中国药食同源物质数据库建设研讨会在北京召开

2022年4月8日，《中国药食同源产业发展报告（2022）》 编写启动会在北京召开

2022年7月20日，专委会2022上半年工作总结会在北京召开

2022年9月23—24日，专委会到广东中山调研（一）

2022年9月23—24日，专委会到广东中山调研（二）

2022年10月10日，专委会《中国药食同源产业发展报告（2022）》编委会第一次会议

2022年10月27日，专委会成功举办第十六届中国国际食品安全与
质量控制大会（CIFSQC）药食同源物质研究与应用分论坛

2022年10月27日，陈君石院士主持 CIFSQC
药食同源物质研究与应用分论坛

2022年10月27日，主任委员陈敏主持 CIFSQC
药食同源物质研究与应用分论坛

2022年10月27日，参会人员采用线下线上相结合的方式参加 CIFSQC
药食同源物质研究与应用分论坛

2022年12月，专委会召开《中国现代中药》"药食同源"专栏讨论会

2022年12月，专委会在《中国现代中药》设立"药食同源" 专栏

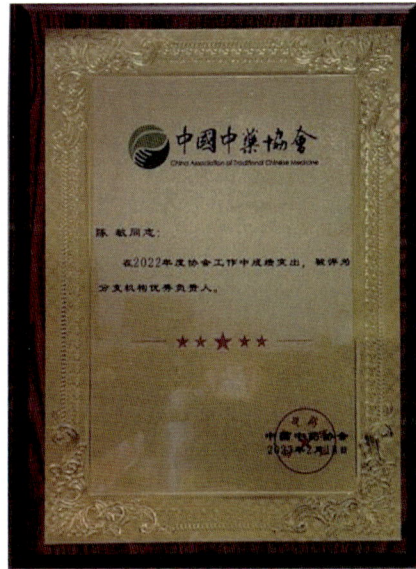

2022年，专委会获得"先进分支机构"称号，主任委员陈敏获得
"分支机构优秀负责人"称号

秘书长杨光（左）拜访肖培根院士（右）

委员何春年受邀在第四届中国中药资源大会做报告

委员王坤（左一）、薛彦玲（右一）参观青岛聚大洋藻业集团有限公司

委员单位湖北汉江大健康产业有限公司总经理晏仁义参加
第四届药食同源健康产业论坛

委员梁寒峭参加第九届高校科技创新成果展示推介会

委员龚成文（中）带领团队在甘肃漳县当归绿色标准化种植基地查看当归生长情况

委员陈新梅参加"中国（长清）扁鹊中医药文化节"

委员陈新梅（右）指导学生

委员梁宗锁组建"药食同源保健食品开发技术浙江省工程研究中心"